21世纪高等院校金融学实践创新系列教材

中央银行学

（第二版）

主　编　吴庆田　朱永亮
副主编　顾金宏　吉余峰

东南大学出版社
·南京·

图书在版编目(CIP)数据

中央银行学/吴庆田,朱永亮主编. —2版. —南京:东南大学出版社,2015.2(2022.7重印)
ISBN 978-7-5641-5491-2

Ⅰ.①中… Ⅱ.①吴… ②朱… Ⅲ.①中央银行—经济理论—高等学校—教材 Ⅳ.①F830.31

中国版本图书馆 CIP 数据核字(2015)第 026950 号

中央银行学

出版发行：	东南大学出版社
社　　址：	南京四牌楼 2 号　邮编:210096
出 版 人：	江建中
网　　址：	http://www.seupress.com
经　　销：	全国各地新华书店
印　　刷：	苏州市古得堡数码印刷有限公司
开　　本：	787 mm×1 092 mm　1/16
印　　张：	18.25
字　　数：	456 千字
版　　次：	2015 年 2 月第 2 版
印　　次：	2022 年 7 月第 3 次印刷
书　　号：	ISBN 978-7-5641-5491-2
定　　价：	39.80 元

本社图书若有印装质量问题,请直接与营销部联系。电话:025-83791830

前　言

中央银行是商品经济特别是货币信用制度发展到一定阶段的产物,是一国金融体系的核心,在一国经济发展和社会生活中发挥着重要的作用。以中央银行为研究对象的学科就是中央银行学。在西方发达国家,中央银行学作为一门独立的学科,在二战之后就开始确立起来;在中国,自1984年以来,随着中央银行体系不断完善,中央银行理论和业务技术有了巨大的发展,学者们在借鉴西方发达国家的基本理论和实务操作的基础上,吸收了国内多年来中央银行理论研究的成果,形成了比较全面系统地介绍中央银行理论与业务的"中央银行学"学科和教材。当前,随着现代经济、金融的迅猛发展,金融改革不断深化,世界金融领域正发生着巨大的变化,金融创新、金融管制放松和金融监管加强并行,中央银行在社会经济中的地位和作用日益显著,"中央银行学"也得以快速发展。尤其是2008年由次贷危机引发全球性金融危机以来,世界各国中央银行探索出一系列克服危机、重振经济的办法,这些政策和措施理应也纳入我国高等学校"中央银行学"教学之中。

我们在本书编写中,本着前沿性与适用性相结合,理论性与实践性相结合,全面性与简洁性相结合的原则,力求全面、系统、简洁并有重点地介绍中央银行的基础知识和基本理论;努力反映当前各国中央银行金融活动的新变化和新特点及相关理论与前沿成果;充分体现应用型人才培养体系的创新与实践特色。全书内容充实、观点明确、条理清楚。为了便于自学和参考,本书每章开头有"本章提要"和本章"基本概念",末尾有本章"思考和应用",其中附有较多的材料分析题。

本书是了解中央银行基本原理的入门书,又是高校教材,既适合各院校经济类、金融类、管理类专业师生使用,又适合各类金融管理部门、金融机构的实务工作者及其他想了解中央银行的朋友们阅读和参考。

全书共十四章。各章节的编写者为:第一章,河北大学朱永亮老师;第二、九章,南京航空航天大学顾金宏老师;第三、七、十四章,中南大学吴庆田老师;第四章,石家庄经济学院翟利艳老师;第五章,福建农林大学罗恩平老师;第六章,东华大学吉余峰老师;第八章,湖南商学院曾之明和吴庆田老师;第十章,沈阳农业大学栾香录老师;第十一章,东华大学王树声、吉余峰老师撰写第一至第五节,中南大学吴庆田撰写第六节;第十二章,河北大学杨丽老师;第十三章,沈阳化工学院满海红老师。本书第二版各章节全部由中南大学商学院吴庆田教授修订,部分编写人员也审定了自己所写的章节。

  历史在前进,中央银行制度、理论和实务在不断发展,中央银行学也在不断地发展和完善。《中央银行学》这本教材是在充分体现本学科发展前沿和我国金融体制改革实践经验的基础上,参考大量国内外文献和著作,集全国各地共九所高校教师多年的教学科研成果于一体,博众家之长而编写和出版的。

  在本书写作过程中,我们参考了大量文献,书后已列示做了交代,在此向这些作者表示衷心感谢。当然,对于书中所涉及的知识产权责任以及所有可能发生的错误,均由各位作者本人承担。

吴庆田

2014 年 12 月

目 录

第一章　中央银行制度 · 1
　第一节　中央银行产生的历史背景和客观必然性 · 1
　第二节　中央银行制度的形成与发展 · 5
　第三节　中国中央银行的形成与发展 · 12

第二章　中央银行的性质、职能和作用 · 16
　第一节　中央银行的性质 · 16
　第二节　中央银行的职能与主要职责 · 18
　第三节　中央银行的作用和地位 · 25

第三章　中央银行体制的类型与结构 · 34
　第一节　中央银行体制的类型 · 34
　第二节　中央银行体制的结构 · 38

第四章　中央银行的业务活动与资产负债表 · 47
　第一节　中央银行业务活动的原则与分类 · 47
　第二节　中央银行的资产负债表 · 51

第五章　中央银行的负债与资产业务 · 59
　第一节　中央银行的负债业务 · 59
　第二节　中央银行的资产业务 · 73

第六章　中央银行的支付清算服务 · 84
　第一节　中央银行支付清算服务概述 · 84
　第二节　中央银行支付清算运作 · 89
　第三节　中央银行对支付清算 · 96
　第四节　中国的支付清算体系 · 101

第七章　中央银行的其他业务 ··· 106
第一节　中央银行经理国库业务 ·· 106
第二节　中央银行的会计业务 ·· 112
第三节　中央银行的调查统计业务 ···································· 119

第八章　中央银行货币政策目标 ··· 128
第一节　货币政策概述 ·· 128
第二节　货币政策最终目标 ··· 132
第三节　货币政策中介指标 ··· 140

第九章　中央银行的货币政策工具 ···································· 147
第一节　一般性货币政策工具 ·· 147
第二节　选择性货币政策工具 ·· 157
第三节　其他货币政策工具 ··· 160

第十章　货币政策的传导机制与效应 ································ 165
第一节　货币政策的传导机制 ·· 165
第二节　货币政策效应 ·· 170

第十一章　中央银行的金融监管 ·· 179
第一节　金融监管概述 ·· 180
第二节　金融监管的目标和原则 ·· 185
第三节　金融监管的内容与方法 ·· 189
第四节　中央银行对金融机构的监管 ································· 194
第五节　中央银行对金融市场的监管 ································· 201
第六节　中国人民银行的金融监管 ···································· 206

第十二章　中央银行与外汇管理 ·· 212
第一节　外汇管理概述 ·· 212
第二节　外汇管理的主要内容 ·· 216
第三节　中央银行的外债管理 ·· 223

第十三章　中央银行的对外金融关系 ································ 234
第一节　国际货币政策协调 ··· 234
第二节　中央银行金融监管的国际协作 ····························· 241

第十四章　中央银行宏观经济分析 ·· 246
　　第一节　中央银行宏观经济分析框架 ·· 246
　　第二节　中央银行宏观经济分析的工具与内容 ···································· 254
　　第三节　中央银行宏观经济分析基本方法 ·· 265

参考文献 ·· 267

附件一　中华人民共和国中国人民银行法(修正)(2003 年) ················· 269

附件二　中华人民共和国外汇管理条例 ·· 275

附件三　外债管理暂行办法 ·· 281

第一章　中央银行制度

【本章提要】

中央银行是在社会生产力和商品经济的迅猛发展,商业银行的普遍设立,信用关系在社会经济体系中的广泛存在,而经济发展过程中新的矛盾凸显的历史背景下,基于统一银行券发行,保证银行支付能力,统一票据交换和清算,政府融资以及金融监管的需要而产生的。中央银行制度经历了初创时期、普遍推行时期和强化时期三个发展阶段。瑞典银行是世界上最早执行中央银行职能的银行。英格兰银行是世界上最早全面发挥中央银行职能的银行,是现代中央银行的"鼻祖"。我国中央银行制度的产生和发展经历了萌芽时期、国民政府时期、革命根据地时期、新中国成立后时期。1983年以来,中国人民银行独立地行使中央银行职能,经过三十余年的改革和发展,已形成为职能较为完善、机构完整的真正具有中国特色的中央银行。

【基本概念】

中央银行　皮尔条例　瑞典银行　英格兰银行　美国联邦储备体系　中国人民银行

自中央银行出现至今只有短短的三百余年历史。随着金融成为现代经济的核心,中央银行的作用日益突出。目前,中央银行制度已成为一国最基本的经济制度之一。我国要建立具有中国特色的社会主义市场经济体制,必然要求建立具有中国特色的中央银行制度。那么,研究中央银行的产生与发展过程,从而探索其发展的规律性,就成为中央银行研究的首要问题。

第一节　中央银行产生的历史背景和客观必然性

任何一种制度都是历史的产物,其产生有独特的历史背景,中央银行也不例外。

一、中央银行产生的历史背景

(一) 社会生产力和商品经济的迅猛发展

欧洲从12世纪开始,逐步兴起了"生产力革命",使其商品经济在13～14世纪得到初步的发展。15～16世纪,欧洲资本主义制度初步形成,促进社会生产加速向商品生产转化。一些手工业开始脱离农业成为新的独立的部门,并形成了若干工业中心。这一时期,农业也从传统的自给型向商品型转化,出现了一批商品农业区,资本广义因素渗透到广大农村和新兴行业。从17世纪下半叶到18世纪上半叶,西欧资本主义国家兴起的工业革命极大地促进了社会生产力的发展。18世纪下半叶到19世纪上半叶,资产阶级的统治还不到一百年,它所创造的生产力比以前世世代代总共创造的生产力还多。工业革命带来生产力的极大提高,使资本主义生产方式和经济关系发生了深刻的变化,经济和社会的发展以前所未有的速度进入了迈向现代化社会的快车道。在此历史背景下,中央银行开始产生。

（二）商业银行的普遍设立

商品经济的迅速发展带来的不仅是实物经济规模的不断扩张,也为银行业的发展提供了难得的机遇:传统的货币兑换商及高利贷已不能满足规模不断扩大、数量不断增多的工商企业对资金的巨额需求,这要求出现实力更为强大的金融机构为工商企业的发展提供信贷支持;企业经营活动产生的不只是对资金的需求,企业本身也为货币信用提供了廉价资金。因此,银行业应运而生。商业银行的产生有两条途径:一是由货币兑换业发展而来;二是直接设立新银行。银行业的最初形成是在13～14世纪,最先出现在经济贸易比较发达的欧洲。到14世纪末期,主要为贸易服务的信用机构已有了较大发展,一些以"银行"命名的信用机构也开始出现,如1397年成立的麦迪西银行,1407年成立的热那亚圣乔治银行。15～16世纪,伴随着欧洲商品经济的快速发展和资本主义生产方式的兴起,银行的设立和发展也出现了一次高潮,如1587年成立的米兰银行等已初步具有现代银行的某些特征。17～18世纪,是欧洲资本主义制度确立的时期,也是社会生产力飞速发展的时期。这一时期的银行在业务活动方面比先前的银行有了较大进步。发行银行券,为工商企业开立账户并办理转账结算,为新兴行业融资并提供服务,使银行真正具备了现代银行的特征。1609年荷兰成立的阿姆斯特丹银行是这一时期最杰出的代表。此后,大批银行相继涌现。在这一时期成立的银行中,有两家特别值得一提,即1656年成立的瑞典银行和1694年成立的英格兰银行。这两家银行不但在业务上有所创新,而且也是最早转变为中央银行的银行。商业银行的普遍设立极大地促进了资本主义生产方式的确立和商品经济的发展。这是中央银行产生的又一历史背景。

（三）信用关系在社会经济体系中的广泛存在

商品经济的迅速发展和银行的普遍设立,促进了货币、信用和经济的融合,银行的业务创新使货币、信用活动与贸易、新兴工商业的发展紧密结合起来。银行把吸收的存款当作资本来经营,使得存款者把货币作为资本来让渡的要求在更广泛的范围内被社会所普遍接受。货币和信用观念深入人心,使得资本主义的发展由以前的依靠众多的个体积累过渡到依靠社会资本积累的新阶段。此时,银行一方面为企业的资本联合和社会筹资提供条件与便利,如为股份公司代理发行股票,代付股息并建立股票市场,为企业代理债券的发行、流通和还本付息等事宜;另一方面向企业直接提供贷款,并且通过办理商业票据的承兑、贴现等业务,将商业信用转化为银行信用,克服了商业信用的局限性,大大扩展了信用范围和规模,为社会化大生产和商品经济的蓬勃发展创造了条件。这是中央银行产生的历史背景之三。

（四）经济发展过程中新的矛盾日益凸显

17世纪末、18世纪初，信用制度和银行体系已经成为商品经济运行体系中不可或缺的一部分，但由于银行的设立、业务的创新和信用规模的扩张缺乏有效的、稳定的制度保证，这时的信用制度特别是银行体系还比较脆弱，银行业的迅速发展在促进商品经济走向繁荣的同时，新的矛盾和问题不断累积，各自独立、缺乏统一的银行体系也遇到严峻挑战。其一，银行券的发行问题。由于发行银行券的银行经营规模和信誉优劣的差异，其被社会认可的程度不同。一些小银行发行的银行券得不到社会的普遍认可，流通范围有限，限制了商品流通和商品经济的发展。其二，票据交换和清算问题。银行支付中介职能的确立，使得现金结算日益被以票据为载体的转账结算所取代，银行之间的债权债务关系日益复杂。这不仅使规模有限的商业银行难以应付，降低了清算速度，加大了交易成本，而且限制了可清算的债权债务关系的范围，影响了实体经济的发展。其三，缺少统一规则的竞争使金融秩序陷入混乱状态，银行的破产和倒闭使信用体系和经济运行不断受到冲击。经济中新问题、新矛盾的凸显是中央银行制度产生的历史背景之四。

二、中央银行产生的客观经济原因

在信用制度和银行体系的发展与它们的服务对象——商品经济——快速发展之间产生矛盾的同时，解决矛盾的方法也同时形成，即中央银行的产生。我们可从下面五方面来分析中央银行产生的客观经济原因。

（一）统一银行券发行的需要

银行券是在商业票据流通的基础上产生的，用以代替商业票据的银行票据，是由银行发行的一种债务凭证。在中央银行成立之前，只要能保证银行券的随时兑现，每家银行都可发行以自身为债务人的银行券。因此，市场上有多种银行券存在和流通，其流通支付能力取决于它兑换金属货币的能力，即发行银行的信誉。如果每家银行都能保证自身发行的银行券随时兑现，那么银行券在给商品经济发展带来方便的同时不至于引发大的问题。但随着银行数量的增加及银行竞争的加剧，这种分散发行银行券制度的弊端日益显现。首先，各银行受实力、资信、分支机构的限制，所发行的银行券被接受的程度和流通的范围不同，一些中小银行发行的银行券只能在其所在地区或邻近地区流通，这有悖于生产和流通的社会化要求。其次，由于各银行都能发行银行券，这样在同一地区便有多种银行券流通。实力强、信誉佳的银行所发行的银行券流通性强，被认可程度高；而实力弱、信誉差的银行所发行的银行券的流通性受到一定限制。再次，分散发行、多种信用货币同时流通与货币作为一般等价物的本质相矛盾，也给社会的生产与流通带来困难。而且随着多种银行券流通范围的扩大，但兑换却必须分别在原发行进行，这也给使用者带来极大的不便。最后，由于银行林立，竞争加剧，各银行常无法保证银行券的及时兑现，特别是在经济危机期间，而且在银行与银行、银行与企业债权债务关系日趋复杂的情况下，某种银行券不能兑换所带来的连锁反应更加突出。更为重要的是，银行券的分散发行所带来的"货币发行纪律"问题，也就是如果银行券的发行超过了客观经济的需要将会给经济造成混乱的问题。实际上,由于在金本位制下一部分银行券处于流通状态,银行券的发行数量超过持有的贵金属数量并不会立刻引起问题,这导致银行券往往都是超量发行,当银行券的超量发行超过一定限度,一部分银行券退出流通时,货币的兑付就会产生问题,引发兑付危机。

上述问题的存在,客观上要求集中信用货币的发行权,由资金雄厚且有权威的银行发行能在全社会流通的信用货币。于是,国家开始限制一般银行发行银行券的权力,并将银行券的发行权集中到几家乃至最终集中到一家大银行,这便是中央银行产生的原因之一。

(二) 保证银行支付能力的需要

银行为了盈利,使得贷款的规模不断扩大,期限不断延长。尽管银行为了满足客户提取存款的需要,会保留一部分准备金,但一般将其控制在较低的水平。若银行发放的贷款不能按时回收或因其他原因产生挤兑时,银行便会陷入支付危机。此时,银行固然可以通过发行银行券、同业拆借、回购协议等方式融通资金,但有时这些措施是极不可靠的,特别是出现经济危机带来普遍的银行恐慌时,银行因支付能力不足而发生破产、倒闭的可能性极大。而一家银行的倒闭会迅速波及其他银行甚至危及整个银行体系。此外,随着银行业务规模的扩大化和复杂化,银行的经营风险也随之增大,可能会经常出现支付能力不足和资金调度困难的情况,因一家银行的支付困难导致整个金融业发生支付危及经济的可能性变成现实。因此,客观上需要一个金融机构作为整个银行体系的最后贷款人,适当集中银行的一部分现金,在银行出现支付危机时,向其提供资金支持,以保证其支付能力,从而维持整个银行体系的稳定。

(三) 统一票据交换及清算的需要

随着商品经济的发展和银行业务的扩大,银行收授票据的数量急剧增长,银行间的债权债务关系日趋复杂,票据交换业务日趋繁重。另一方面,不断增长的票据交换和清算业务同原有的各银行自行轧差当日清算的方式间的矛盾日趋激化,不仅异地结算时间延长、速度变慢,即使同城结算也遇到很大的困难。虽然当时有些城市已由多家银行建立了票据交换所,但主要为会员银行提供服务,中小银行难以参与其中。这在客观上要求建立一个全国统一和公正的权威性机构,作为金融支付体系的核心,能快速结清银行间的票据,从而便利资金流通,更好地为经济服务。这是中央银行产生的另一个经济原因。

(四) 政府融资的需要

在资本主义制度确立和发展的过程中,政府的职能和作用不断增强,从而导致了政府开支的增加,政府融资便成为一个重要问题。在各自独立发展的银行体系中,政府要与多家银行建立联系,不过这种联系大多是极其松散的,从而给政府融资带来不利,特别是政府需要巨额资金时。为了保证和方便政府融资,建立一个与政府有密切联系,能够受政府控制的银行机构,便成为必然。19世纪末之前,各国建立的中央银行几乎都是以解决政府融资问题为目的而建立的,如英格兰银行、法兰西银行、日本银行、美国第一国民银行和第二国民银行等。这是中央银行产生的经济原因之四。

(五) 金融监管的需要

随着经济的发展,金融业在国民经济中的重要性日益提升,并且逐渐成为现代经济的核心。另一方面,金融业是一个特殊行业:它是高风险行业,存在严重的信息不对称现象,外部不经济问题明显。完全依靠行政手段来监管金融业会扼杀金融市场的活力与创造性,降低金融市场的效率,还有可能诱发众多逃避金融管制行为的发生。因此,成立一个专门机构对金融业进行监督管理是必要的。这个机构不仅要在业务上与银行有密切联系,而且要依据政府意志制定金融政策和监管条例,通过市场手段的运用,利用金融市场的运作机制来监督和管理整个金融业,对宏观经济进行调节,以此来统筹、管理和监督整个国家的金融活动,这一职责非中央银行莫属。

上述诸方面的需要推动了中央银行的产生,但这些要求并非同时提出,其迫切程度亦不同。中央银行的产生与发展经历了一个长期的过程。

第二节 中央银行制度的形成与发展

一、中央银行制度的初创时期

如果从1656年最早成立中央银行的瑞典银行开始算起,到1913年美国联邦储备体系建立,中央银行的初创时期经历了257年的曲折历程。中央银行的产生基本上有两条途径:一是由实力强、信誉好的商业银行转化而来。商业银行在发展过程中不断地密切与政府的关系,不断得到政府的首肯和特权,最终演变成中央银行。二是由国家出面直接组建。在中央银行的初创时期,最具代表意义的有三家,即瑞典银行、英格兰银行和美国联邦储备体系。

(一)瑞典银行

瑞典银行是世界上最早执行中央银行职能的银行,1656年成立。它原是私人创办的商业银行,1661年开始发行银行券,是当时欧洲第一家发行银行券的银行,1668年被改组为国家银行。由于瑞典银行最早享有发钞权,最早由国家经营,因此被公认为中央银行的先驱。然而,虽然它最早由国家经营,但大部分业务属于商业性质;同时,虽然它最早享有货币发行权,但在1830年后,瑞典有28家银行享有发钞权,直到1897年瑞典银行才依据法律独占货币发行权。如果以独占货币发行权作为一家银行转变为中央银行的标志,瑞典银行 直到1897年才转变为纯粹的中央银行,这一时间远落后于英格兰银行。

(二)英格兰银行

英格兰银行成立于1694年,是现代中央银行的"鼻祖",是世界上最早全面发挥中央银行职能的银行。

英王威廉三世时,正值英法战争(1689—1697),英政府军费开支庞大,财政收支陷入窘境,为弥补财政赤字,英国皇室特许英格兰人威廉·彼得森(William Peterson)等人主持,由本来已是政府债权人的金匠筹资120万英镑作为股本来组织银行,为政府垫款,英格兰银行得以成立。

英格兰银行成立之初,就具有一般商业银行的性质,办理存款、贷款、贴现等业务,但同时英格兰银行享有其他银行所不具备的一些特权：一方面，它向政府贷款，支持英政府连年殖民战争的资金需要；另一方面，它获准以政府债券作抵押，发行等值银行券，从而成为第一家没有发行保证却能发行银行券的商业银行，虽然这种特权被限定在伦敦及周围65英里范围内。此外，英格兰银行还代理国库和管理政府债券，并于1752年全权管理政府债券。这表明，英格兰银行一开始就与政府有着千丝万缕的联系，是"国家银行和私人银行之间的奇特的混合物"。

1826年英国国会通过法案准许其他股份制银行成立，并可发行银行券，但限制在伦敦65英里范围之外。与此同时，英格兰银行以降低对政府贷款利率为条件，促使国家通过限制其他银行发钞权限的法案，从而使英格兰银行的特权地位得以强化。1833年国会通过法案，准许其他股份制银行在伦敦经营存款业务，但规定只有英格兰银行才具有无限法定的资格。1844年英国的银行法案《皮尔条例》为英格兰银行独占货币发行权奠定了基础。随着英格兰银行发行地位的日益提高，许多商业银行把现金储备的一部分存入英格兰银行，通过其来划拨冲销商业银行之间的债权债务关系，并进行票据交换的最后清偿工作，英格兰银行因此取得了更多商业银行的信任。1854年，英格兰银行取得了清算银行的地位，并在1847年、1857年和1866年的周期性经济危机中对普通银行提供贷款，突破了货币发行4000万英镑的限制，用它的银行券支持一般银行，充当了"最后贷款人"的角色。《皮尔条例》从中央银行的组织模式和货币发行两方面为英格兰银行行使中央银行职能奠定了基础。自此之后，英国的私人银行和股份制银行的数量逐渐减少，其货币发行额也随之减少，于是英格兰银行逐渐垄断了全国的货币发行权，占据了货币发行中心特殊的位置，并于1928年成为英国唯一的货币发行银行。

专栏1-1 英格兰银行与《皮尔条例》

1840年，英国议会在讨论银行券发行制度改革时，以通货主义的获胜而告终。通货主义认为，防止过分发行钞票的唯一办法是坚持钞票的发行必须有充足的黄金作为后盾；如果允许信用发行，也应该是数额很小并且受到严格限制，而且钞票发行的进一步增加都必须用等量的黄金来支持。银行主义则认为钞票发行无需受到这样的严格限制，而应使其可以变化，以适应当时商业的具体需求。通货主义倾向于过分强调伴随过多发行钞票的危险，而银行主义则倾向于尽量轻视这些危险。在当时的英国首相、通货主义支持者皮尔的主持下，英国1844年7月29日通过了银行特许条例——《皮尔条例》。

《皮尔条例》的主要规定有：(1)将英格兰银行划分为两个独立的部门：发行部和银行部。前者只发行钞票，后者只要求执行英格兰银行的其他职能。(2)英格兰银行获准可以在1400万英镑以内的小量信用发行，但必须全部以政府公债作抵押，超过此限额的发行必须有充足的货币金属（黄金、白银，其中白银不得超过1/4)作准备。(3)将银行券发行权集中于英格兰银行，规定在1844年5月6日止享有发行权的其他银行，其发行额不得超过1844年4月27日前12年的平均数。(4)本法颁布后不得再产生新的发行银行，原享有发行权的银行也不得再增加其发行额。由此可见，《皮尔条例》从中央银行的组织模式和货币发行上为英格兰银行行使中央银行职能奠定了基础。到1928年英格兰银行成为英国唯一的发行银行。

摘自：付一书主编《中央银行学》，复旦大学出版社，2006年版。

(三)美国联邦储备体系

1. 美国第一银行(1791—1811)

1782年美国建立了第一家具有现代意义的银行——北美银行,1791年经国会批准改组为美国第一银行,其资本金为1000万美元,20%由政府出资,其余由个人认购,经营期限20年。美国第一银行的职责是:吸收存款,发放贷款,独占货币发行权,代理联邦政府基金收付保管业务,向政府提供资金融通等。可见,美国第一银行实际上行使了中央银行的某些职能,它为解决联邦财政困难,实现国民经济状况的好转做出了重要贡献。1811年其注册期满后没有获得重新注册而关闭,主要原因是遭到各州银行及其他部门的反对。

之后,各州银行承担了货币发行和代理国库的任务,银行数量由1811年的88家骤增至1816年的246家,货币发行总额也从1811年的2270万美元上升至1815年的9900万美元,其直接后果是货币贬值,物价上涨,客观上需要建立一家新的全国性银行来结束无序的货币发行状态。

2. 美国第二银行(1816—1836)

在经历了5年的金融混乱后,1816年经美国联邦政府批准,美国第二银行成立。它在很多方面类似于美国第一银行,但规模大得多,注册期限也是20年,其注册资本总额为3500万美元,政府出资700万美元,以公债支付,其余2800万美元由个人、公司、商号、州政府认购,任何单位或个人的认购额不得超过30万美元,至1825年已成立了25家分支机构,拥有美国银行总存款的1/3。

第二银行与第一银行一样,行使了商业银行和中央银行双重职能。作为商业银行,它吸收私人、厂商、州和联邦政府的存款并向它们发放贷款、发行银行券、在地区间划拨资金、经营外汇业务等。作为中央银行,它发行货币、吸收政府存款、代理国库,并为政府账户在地区之间调拨资金,同时是各州立银行的管理者,即以州银行券提请兑付,要求各州必须以铸币及时清偿债务,以限制州银行的信用创造额。但事实上,第二银行并没有真正发挥中央银行职能,并且在1836年期满时被撤销。

3. 自由银行时期(1837—1863)

第二银行被撤销后,美国金融进入了更加混乱的自由银行时期,虽然规定设立银行要经过批准,但多数州只要有一定资本,任何人都可申请银行执照。这一时期银行业最主要的弊端是:第一,银行数量急剧增加,资本普遍不足,流动性差;第二,由银行发行的银行券和支票形式的货币供应量发生急剧的波动,或是任意放款、急剧扩张,或是减少放款、急剧收缩,从而引起经济波动;第三,对银行券和存款的准备金不足,许多银行发行了大量银行券,但准备金不足,无法及时清偿债务。

4. 国民银行(1863—1913)

针对银行券流通混乱,大量钞票不能兑现,1863年美国通过了全国货币法案,建立国民银行。建立国民银行的初衷主要有两个:一是以新的银行来取代原来不健全、不安全的州银行体系,以发行统一的安全通货;二是谋求新的放款资金来源,用以资助内战。国民银行制度的主要内容是:在联邦政府注册的国民银行,如发行银行券,必须在财政部货币总监存放政府债券,发行额不得超过存入债券的90%,若发行银行倒闭,货币总监便将其存入的债券出售来偿还银行债券的持有者。州立银行如发行银行券,需交纳10%的税款。这些规定使美国从此有了一种按面值流通的钞票。但国民银行制度也有明显的缺陷,它没有提供一个高效率的支付清算体系,存款准备金制度不健全,缺乏中央银行应具有的调节货币供应量的机制。这使得国民银行制度也不是一种理想的中央银行制度。有事实为证:美国经济在1873年至1907年间发生4次危机,几乎每隔10年就发生一次货币危机和金融危机。因此,建立一种更稳定、更健全的中央银行制度成为美国经济、金融发展的内在要求。

5. 联邦储备体系(1913至今)

在抵制和冲破重重阻力后,1908年美国国会成立了全国货币委员会,1912年货币委员会提出改进银行制度的特别法案,1913年12月国会通过《联邦储备法》,1914年11月成立联邦储备银行体系,即中央银行。美国联邦储备体系的任务主要有以下几方面:(1)运用其权力,制造通货和银行储备,为社会经济的稳定和发展创造一个有弹性的货币供应环境,以预防和应付银行业危机和金融恐慌。这些都是针对国民银行制度的缺点和1907年严重的金融危机提出的。(2)建立一个迅速的、更有效的资金清算体系。(3)根据经济发展的需要,灵活地调控货币供应量,取消以国家债券作担保发行银行券的制度。(4)对全国的银行业实行全面的联邦级的监督和管理。(5)进一步巩固存款准备金制度,集中银行业的各类储备,保证银行的支付能力。

从以上可以看出,中央银行初创时期有以下特点:

第一,普通商业银行的自然演进。从中央银行创立的过程看,不论是瑞典银行、英格兰银行,还是美国联邦储备体系,其前身都是普通的商业银行,两者之间没有严格区别,许多商业银行在办理存贷款、结算业务外,也发行银行券。银行与政府保持着密切的联系,在其发展过程中,不断得到政府授予的特权,进而从普通的商业银行发展到发行银行,再发展到中央银行。这与20世纪之后大多数中央银行有明显的差别。

第二,这一时期的中央银行一般多是私人股份或者公私合股的银行。不管是大商业银行演变而来,还是国家直接设立的中央银行,一般多是私人股份或公私合股的银行充当中央银行角色,政府只是部分参股。

第三,货币发行权的逐步集中。由于资本主义经济的发展,单纯的金属货币已不能满足经济对货币的流通手段和支付手段的需要,银行券开始流通。早期许多银行都能发行各自的银行券,后来政府为了筹集资金、代理国库以及集中管理的需要,授予一些银行垄断银行券发行的特权,最终由单一银行即中央银行发行。

第四,政府控制的不断增强。资产阶级政府为了发展商品经济,开辟海外市场和保护其经营特权,需要有相应的货币信用制度和银行制度作保障。为了预防和挽救频发的经济危机,资产阶级政府开始从金融体制上寻找原因,产生了对银行券发行进行控制的动机。同时,为了保证政府的地位和资金需要,政府逐渐萌发了控制监管整个银行体系的要求。

第五,对商业银行提供金融服务。初创时期的中央银行虽是银行之首,但同时也为商业银行提供服务,如资金清算、资金划拨、再贴现和贷款等。

初创时期成立的中央银行,除了上面提到的瑞典银行、英格兰银行、美国联邦储备体系外,还有芬兰银行、荷兰国家银行、俄罗斯银行、意大利银行、大清户部银行、朝鲜银行、埃及国家银行、乌拉圭银行等大约26家中央银行。

二、中央银行制度的普遍推行时期

中央银行制度的普遍推行时期,是从19世纪末20世纪初,到第二次世界大战结束为止。

第一次世界大战爆发后,许多国家先后放弃了金本位制,普遍发生了恶性通货膨胀,各国金融领域剧烈动荡。因此,各国政府和金融界人士普遍意识到必须加强对中央银行的控制和对信用货币的管制。于是,1920年在比利时首都布鲁塞尔召开了历史上第一次国际金融会议。会议认为财政赤字是通货膨胀的根源,稳定币值的关键是财政平衡,货币发行银行要摆脱政府的控制,因为银行券已经成为流通货币,要完全恢复金本位制是比较困难的。会议提出"凡未设立中央银行的国家应尽快建立中央银行,实行稳定的金融政策"。1922年在瑞士日内瓦召开的国际经济会议上,又重申和强调了布鲁塞尔会议所形成的决议,由此出现了中央银行形成与发展的又一次浪潮。

当然,中央银行制度的普遍推行还有其他一些不容忽视的原因:一是一战之后产生了一些新的国家,为解决国内经济金融问题,先后设立了一批中央银行;二是一批老牌的中央银行成立与发展的过程为新的中央银行的设立提供了借鉴。

从1921年至1942年,世界各国改组或成立的中央银行约有43家,其中欧洲16家,美洲15家,亚洲8家,非洲2家,大洋洲2家。主要有前苏联国家银行(1921年)、波兰国家银行(1924年)、墨西哥银行(1925年)、厄瓜多尔中央银行(1927年)、新西兰银行(1934年)、加拿大中央银行(1935年)、埃塞俄比亚银行(1942年)。世界上主要国家差不多都在这一时期建立了中央银行。在此时期,中央银行制度具有以下三个特点:

第一,大多数中央银行都不是普通商业银行自然演进的结果,而是迫于通货膨胀的压力,由政府组建。

第二,大部分中央银行在短暂的金本位制后,改革了货币发行制度,恢复虚金本位制,建立了比例准备金制度,并且垄断货币发行权,停止对政府直接贷款,稳定币值成为中央银行的首要任务。

第三,在20世纪30年代的大危机中,大量金融机构的倒闭给社会经济造成巨大震荡和破坏,使人们认识到保证金融机构和金融体系安全的重要意义。于是,存款准备金制度得到进一步巩固和强化,并成为中央银行管理金融的重要手段。中央银行作为发行的银行、银行的银行和政府的银行等的职能,在这段时期迅速扩展并趋于完善。

第四,设立中央银行已成为全球性的普遍现象,不仅是经济发达的欧洲国家普遍设立了中央银行,美洲、亚洲、非洲等经济欠发达的国家也纷纷设立了中央银行,并且数量占这一时期产生的中央银行一半以上。

三、中央银行制度的强化时期

第二次世界大战之后,中央银行发展和完善的进程并未就此止步,而是在凯恩斯理论的指导下,发展更为迅速。目前,中央银行已成为一国金融体系的核心,成为稳定金融、干预和调节国民经济不可或缺的工具。二战之后,中央银行制度的特点有下面几点。

(一) 中央银行的国有化

早期中央银行虽是作为政府的银行出现,但其资本多归私人所有。二战后,一些已经建立中央银行的国家逐渐实行国有化政策,将全部资本收归国家所有。法兰西银行于1945年率先被国有化,英格兰银行于1946年也被国有化。此后,印度、印尼、新西兰、阿根廷、巴拉圭、危地马拉、荷兰、南斯拉夫、罗马尼亚各国中央银行也相继变为国有,有些新建的中央银行一开始就由政府完全出资,即使一些继续私有或公私混合所有的中央银行,也通过各种法令限制私人股东的权限,如私人股东只能按规定获取股息,而没有投票权和经营决策权。

中央银行国有化的原因有如下几点:第一,中央银行作为政府在金融领域的代言人,应以社会利益、经济的稳定与发展为己任,而不能以私人股东利益最大化作为目标,而应以社会利益作为目标;第二,中央银行发行钞票所获收益应归国家所有。

(二) 中央银行成为国家调控国民经济的工具

二战后特别是凯恩斯主义兴起后,人们对市场机制、自由竞争等的看法发生了很大的变化,国家干预、调节经济的职能不断加强。多数发达国家从战后起到20世纪60年代中期都是根据凯恩斯模式,以财政政策为主,货币政策为辅,积极地干预和调节国民经济。到了60年代末以后,资本主义世界出现了滞胀状况,人们开始重新审视凯恩斯主义。在此背景下,货币学派兴起,强调货币和货币政策的重要性,认为财政政策只有通过货币政策,调节货币供应量才能起作用。也就是说,只有通过中央银行有效地控制货币供应量才能解决当代经济中存在的问题。由于中央银行垄断了货币发行权,中央银行的最后贷款人职能不仅在商业银行发生危机时行使,更成为日常经济运行中频频向商业银行和其他金融机构提供金融支持以及调节货币供应量的手段。例如美国联邦储蓄银行将公开市场政策作为调节货币供应量的最主要手段,日本经济增长的重要资金来源于日本银行贷款。同时,中央银行独立性的增强也为其调节宏观经济创造了条件。

(三) 货币政策的单一运用向综合运用转化

根据经济发展的需要制定和执行货币政策是中央银行的重要职能。进入中央银行的强化时期,货币政策三大工具(存款准备金政策、再贴现政策、公开市场业务)已经法令化、制度化,在具体运用中,不仅要注意单个工具的运用,更要注重政策的整体配合。随着国家干预的增强和信用制度的变化,又产生了一些其他类型货币政策工具,如选择性货币政策工具、直接信用控制工具、间接信用控制工具等。货币政策最终目标也由单纯的一个、两个发展到四个,即物价稳定、经济增长、充分就业、国际收支平衡。货币政策中间目标也由重视利率和金融市场转向货币供应量。总之,目前可供中央银行选择的货币政策工具已相当丰富,中央银行在具体运用时更加注重各种货币政策工具的搭配使用。

(四) 各国中央银行金融合作不断增强

随着国际经济、国际贸易的发展,为保证各国国际收支平衡和经济稳定,世界性的金融合作提上了议事日程。1944年7月1日,在美英两国的倡导下,44个国家的代表在美国新罕布什尔州布雷顿森林饭店召开了国际金融会议,通过了《国际货币基金协定》,据此精神成立了国际货币基金组织,其宗旨是:加强各国中央银行的合作,以利于国际贸易的发展和国际收支的平衡;稳定汇率,避免汇率的竞争性贬值,消除外汇管制,通过贷款调整各成员国的暂时性失衡。与此同时成立的还有国际复兴开发银行,即世界银行,1956年成立了国际金融公司,1960年设立了国际开发协会,这三家机构共同构成世界银行集团。1974年9月,十国集团和瑞士、卢森堡共12国中央银行代表在瑞士巴塞尔国际清算银行总部开会,决定成立一个新的组织来加强国际银行的监督和管理问题。1975年2月,成立了银行管理和监督行动委员会,即巴塞尔委员会,其目的是促进国际金融监督与管理的合作,并就国际银行业的监管问题制定出统一的标准和纲领。经过多次的讨论和修改,1988年正式通过并颁布了《关于统一国际银行资本计算和资本标准的协议》,简称《巴塞尔协议》,1997年巴塞尔委员会又推出了《有效银行监管的核心原则》。1998年以来,十国集团经过长达6年的艰难谈判和三稿意见征询,于2004年6月26日一致同意公布了《资本计量和资本标准的国际协议:修订框架》(简称《巴塞尔新资本协议》),全面取代1988年的《巴塞尔协议》(国际上称旧巴塞尔协议),并于2006年底起执行。《巴塞尔协议Ⅲ》的草案于2010年提出,此后的11月在韩国首尔举行的G20峰会上获得了正式批准实施,并在短短一年的时间内就获得了最终通过。

关于《巴塞尔新资本协议》和《有效银行监管核心原则》主要内容请参见本书第十三章第二节。

专栏1-2 巴塞尔银行监管委员会公布《中国执行"巴塞尔协议Ⅲ"情况报告》

自2010年末巴塞尔协议Ⅲ正式出台后,巴塞尔银行监管委员会(BCBS)的工作重心由政策制定转为政策执行。为促进各成员经济体及时、全面、一致地落实巴塞尔协议的既定要求,BCBS对各成员经济体实施巴塞尔协议的情况开展了全面评估。评估分为三个层次,其中第二层次评估各成员经济体监管立法与巴塞尔协议的一致性。BCBS于2012年4月发布《巴塞尔协议Ⅲ监管一致性评估项目(RCAP)》,明确了第二层次评估的内容、范畴和评估体系,评估结论包括整体评级和14项单项评级,评估结果分为四个等级:符合、大体符合、大体不符合和不符合。BCBS计划于2015年底前完成对所有成员经济体的首轮评估。

2013年1月,BCBS开始对中国开展RCAP评估。中国是继欧盟、日本、美国、瑞士和新加坡之后第六个接受评估的成员经济体。2013年9月,BCBS正式发布了《中国执行巴塞尔协议Ⅲ情况报告》及其附件《中国执行巴塞尔协议Ⅲ的监管一致性评估项目(RCAP)》。中国的总体评估结论较好,监管整体框架被评为"符合"。14项评估单项中,有12项被评为"符合",包括:监管实施范围、过渡期规定、资本定义、资本缓冲、信用风险内部评估法、证券化框架、交易对手信用风险规则、市场风险标准法、市场风险内部模型法、操作风险基本指标法和标准法、操作风险高级法、监督检查程序。信用风险标准法和市场纪律两个单项被评为"大体符合",原因在于:一是中国的资本监管规定对国内主权、银行、公共部门债权等设定了固定风险权重,而巴塞尔协议Ⅲ则建议参考外部信用评级,动态反映主权信用评级的变化。二是信贷质量和证券化等的信息披露要求不够完善,如中国没有要求银行按行业、交易对手类型等披露已损失贷款和贷款损失准备的相关信息。

RCAP评估比较客观地反映了国际银行业监管标准在我国的实施情况,并提出了诸多有价值的参考建议,有助于推动我国金融监管和国际标准趋于一致,促进我国商业银行与国际最新风险管理理念和技术接轨,全面提升风险计量和风险精细化管理水平,不断提高银行业监管的有效性。

摘自中国人民银行《中国金融稳定报告2014》。

第三节　中国中央银行的形成与发展

一、中国中央银行的萌芽

清朝末年,货币流通极为混乱,银元、铜钱、银票以及外国银元同时流通,成色不一。为了整顿币制,统一货币,1904年由户部奏准清政府设立户部银行,为官商合办,资本金400万两白银,政府拨款20万两,其余由国内各界认购,1905年8月在北京开业。其职责为经理国库、发行货币、经理公债等,成为中国最早出现的具有部分中央银行职能的银行。1908年户部银行改为大清银行,职能亦有所增强。

二、国民政府时期的中央银行

1912年中华民国成立,大清银行改组为中国银行,继续行使中央银行的部分职能。1913年10月,北洋政府规定,成立于1908年的交通银行的兑换券也取得法偿货币的资格,并具有"分理国库"的特权。因此这一时期,中国银行和交通银行共同行使一部分中央银行的职能。1924年8月,孙中山在广州组建国民革命政府,成立了国民革命政府的中央银行。1926年北伐军攻下武汉,同年12月在武汉设立了中央银行。在广州和汉口设立的这两家中央银行虽然采用了中央银行的名称,但由于存在时间较短,并没有真正行使中央银行的基本职能。

1927年南京国民政府颁布了《中央银行条例》,于1928年11月在上海设立了中央银行,额定资本为2000万元,由政府全部出资。该行被赋予经理国库和发行钞票的特权,并在全国各地设立分支机构,行使中央银行职能。在设立中央银行的同时,国民政府对中国银行和交通银行进行了改组,规定中国银行为政府特许的"国际汇兑银行",交通银行为政府特许的"发展全国实业之银行",同时它们仍享有货币发行权。1933年,国民政府将"农村金融救济总署"改组为"豫鄂皖赣四省农民银行",1935年又将其改组为"中国农民银行",总行设在汉口,后迁至南京,该行同样获准发行兑换券。因此,当时的中央银行并没有独占货币发行权,而是与中国银行、交通银行、中国农民银行共同负责银行券的发行,不是完整意义上的中央银行。

1935年5月,国民政府正式公布了中央银行法,明确规定中央银行隶属于总统府。同年11月,国民政府改革币制,实行法币政策,放弃金银本位制,改用金汇兑本位制;同时规定中央银行、交通银行、中国银行三家银行所发行的钞票为法定货币,其他商业银行的货币发行业务由这三家银行接收。中国农民银行虽未加入法币集团,但它发行的钞票仍允许与法币同时流通。法币改革在一定程度上确定了中央银行的特殊职能,终结了货币与白银的联系,顺应经济发展的需要而发行纸币,这是中国货币制度的一大进步,在中国金融发展史和中央银行发展史上具有重要地位。

1937年7月,国民政府为应付战时金融紧急情况,协调中央银行、中国银行、交通银行、中国农民银行四行的业务活动,在上海成立了四行联合办事总处,1939年对四联总处进行了一次大的改组,由四行之间的联系机构升格为中国金融的最高决策机构。四联总处设理事会,蒋介石亲任主席,财政部长和中央银行总裁孔祥熙任副主席。1942年7月1日,四联总处对四家银行的业务进行了重新划分,货币发行权完全集中到了中央银行,代理国库、调剂金融市场、外汇储备和金银储备的管理也集中到了中央银行。至此,中央银行的职能基本上健全起来。中国的中央银行制度有了较大发展。

三、革命根据地的中央银行

在国民政府中央银行制度发展的同时,共产党领导的革命根据地的中央银行也在建立和形成之中。1931年11月,在江西瑞金成立了中华苏维埃共和国临时中央政府,并决定成立国家银行。1932年2月1日,中华苏维埃共和国国家银行正式成立,资本总额定为140万,收足20万就开始营业,并在中央革命根据地各地设立分支机构。根据国家银行章程,该行除办理一般银行业务外,由政府赋予发行钞票的特权,同时接受政府委托代理国库、代理发行公债及还本付息。国家银行还设有银行管理委员会,对私人银行和钱庄进行监管。该行作为中华苏维埃共和国发行的银行和政府的银行,在革命根据地的建设中发挥了重要作用。

四、新中国中央银行制度的建立及发展

全国解放前夕,解放区的各家银行于1948年12月1日在石家庄成立了中国人民银行,1949年2月迁入北京,并按行政区划建立分支机构,形成了新中国的中央银行制度。中国人民银行依据其特点及在经济中的作用,大致可分成四个阶段:

(一)1948~1953年经济整顿时期

在此阶段,中国人民银行采取有效措施,接管了敌伪金融机构,没收了官僚资本银行,取缔了外国资本银行在华的一切特权,整顿改造了民族资本银行,并在全国各地建立了中国人民银行的分支机构。该段时期货币政策的目标是稳定物价,通过开发储蓄品种,减少游资对市场的冲击和将资金优先贷给国营贸易企业,帮助吞吐物资、平抑物价。中国人民银行作为发行的银行和政府的银行,成为新中国的中央银行。

(二)1953~1978年间的中国人民银行

这段时期,我国实际上只有中国人民银行一家银行,虽然也出现诸如中国农业银行、中国银行、中国人民保险公司等一些专业银行和金融机构,但时间都不长,也没有真正意义上的金融业务。中国人民银行同时具有中央银行和商业银行的双重职能,既执行中央银行职能,如发行货币、代理国库、管理金融等,又经营一般商业银行业务,如储蓄、信贷、结算、外汇等,并具有高度垄断性。一言以蔽之,这一时期的中央银行属于"大一统"的银

行体系。从中央银行制度看,其属于复合型的中央银行制度。这种"大一统"的银行体系和复合式的中央银行制度是与当时高度集中的计划经济体制相适应的。

(三)1979～1983年间的中国人民银行

党的十一届三中全会以后,伴随着经济体制和金融体制改革的不断深入,各专业银行和其他金融机构相继恢复和建立。1979年2月,原中国人民银行农村业务部和国外业务部分别独立出去,形成了中国农业银行和中国银行。1980年1月1日,中国人民保险公司从中国人民银行中独立出来,并恢复了中断20年之久的国内保险业务。同时,成立的还有信托投资公司和信用合作社等其他金融机构。中国人民银行的经营性职能逐步减少,而作为中央银行的职能有所增强。

(四)1983年以后的中国人民银行

1983年,国务院做出《关于中国人民银行专门行使中央银行职能的决定》,对中国人民银行的基本职能、组织机构、资金来源及与其他金融机构的关系作了比较系统的规定。1984年1月1日,中国工商银行成立,中国人民银行承担的工商信贷、城乡储蓄等非中央银行业务划归工商银行,中国人民银行专司中央银行职能。1986年1月7日,国务院颁布的《中华人民共和国银行管理暂行条例》,首次以法规形式规定了中国人民银行作为中央银行的性质、职能与地位。1995年3月18日,第八届全国人民代表大会第三次会议通过了《中华人民共和国中国人民银行法》,这也是中国第一部金融大法,该法标志着中国现代中央银行制度正式形成并进入法制化发展的新阶段。这一时期中国人民银行的基本特征是:其一,有了明确的货币政策目标,即"保持货币币值稳定并以此促进经济增长"。其二,中央银行宏观调控的方式由直接控制转向间接控制。随着经济体制改革和对外开放的推进,中国人民银行的宏观调控更多的采用经济手段和法律手段,如先后实行了存款准备金政策、再贴现政策、公开市场业务等。在此过程中,中国人民银行的职能也在不断转变中。1992年10月26日,中国证券业监督管理委员会正式成立;1998年11月18日,中国保险业监督管理委员会正式成立;2003年4月28日,中国银行业监督管理委员会正式成立,证券业、保险业、银行业的监管职能从中国人民银行的职能中剥离出来。2003年12月27日,十届全国人大常委会第六次会议通过了《中华人民共和国中国人民银行法》(修正),并于2004年2月1日起施行。新修改的人民银行法对中国人民银行的主要职责进行了调整,由原来的"制定和执行货币政策、实施金融监管、提供金融服务"调整为"制定和执行货币政策、维护金融稳定、提供金融服务"。国务院设立银行业监督管理委员会后,中国人民银行主要负责金融宏观调控,但为了实施货币政策和维护金融稳定,央行仍将保留必要的监管职责。中国人民银行在履行职责时的最大变化集中体现在三个方面:强化与制定和执行货币政策有关的职责;转换职能,即由过去主要通过对银行业金融机构的设立审批、业务审批和高级管理人员任职资格审查及日常监督管理等直接监管的职能转换为履行维护金融稳定的职能;增加反洗钱和管理信贷征信业两项职能。2005年8月10日,中国人民银行成立上海总部,作为中国人民银行总行的有机组成部分,在总行的领导和授权下开展工作,主要承担部分中央银行的具体操作职责,同时履行一定的管理职能。进入2013年后,面对新的经济和金融形势,中国人民银行创造性地使用了一些新型的货币政策工具,如短期流动性调节工具(SLO)、常设借贷便利(SLF)、抵押补充贷款(PSL)等以增强货币政策的调控效果。面对不断变化的经济和金融形势,中央银行的职责和业务也在发生相应的变化。

专栏1-3 中国人民银行上海总部

中国人民银行上海总部于2005年8月10日正式成立。上海总部的建设目标可归纳为"两个平台、一个窗口和一个中心",即把上海总部建设成为总行公开市场操作的平台、金融市场运行监测的平台、对外交往的重要窗口、一部分金融服务与研究和开发业务的中心。上海总部作为中国人民银行总行的有机组成部分,在总行的领导和授权下开展工作,主要承担部分中央银行的具体操作职责,同时履行一定的管理职能。上海总部承担的主要职责有以下几项:

1. 根据总行提出的操作目标,组织实施中央银行公开市场操作;
2. 承办在沪商业银行及票据专营机构再贴现业务;
3. 管理银行间市场,跟踪金融市场发展,研究并引导金融产品的创新;
4. 负责对区域性金融稳定和涉外金融安全的评估;
5. 负责有关金融市场数据的采集、汇总和分析;
6. 围绕货币政策操作、金融市场发展、金融中心建设等开展专题研究;
7. 负责有关区域金融交流与合作工作,承办有关国际金融业务;
8. 承担国家部分外汇储备的经营和黄金储备经营管理工作;
9. 承担上海地区人民银行有关业务的工作;
10. 上海总部承担的管理职能包括对原上海分行辖区内人民银行分支机构的管理,以及人民银行部分驻沪企事业单位的管理和协调。

摘自中国银行业从业人员资格认证考试教材《公共基础》。

【思考与应用】

1. 为什么说中央银行的产生具有一定的历史必然性?
2. 试以中央银行发展的历史说明中央银行制度。
3. 二战后中央银行制度的发展呈现出哪些特征?
4. 试述中央银行初创时期的特点。
5. 试述《皮尔条例》的基本内容及其对货币发行的影响。
6. 试述中央银行国有化的原因。
7. 试述我国中央银行产生、发展的过程及其职能和地位。

第二章　中央银行的性质、职能和作用

【本章提要】

中央银行是唯一代表国家进行金融宏观调控的特殊的金融机构,它是国家机关的重要组成部分,它处于金融活动的中心地位,它是现代金融体系的核心。中央银行职能是中央银行性质的具体体现,其基本职能是发行的银行、政府的银行和银行的银行。为了更好地发挥中央银行的职能作用,中央银行必须保持独立性,但这种独立性又只能是相对的。本章重点在于中央银行的性质、职能和作用,本章难点在于正确处理中央银行的独立性。

【基本概念】

发行的银行　政府的银行　银行的银行　调控职能　管理职能　服务职能　中央银行独立性

第一节　中央银行的性质

中央银行的性质是指中央银行自身所具有的特殊属性。从中央银行产生的过程及客观经济原因可以看出,无论是由某家大商业银行逐步发展演变成为中央银行,还是由政府直接出面组建成立的中央银行,都具有与其他银行所不同的特征。中央银行不是企业,不以盈利为目的,是政府的一个部门,处于一个国家金融业的主导和领导地位,是最高的金融管理机构。因此,中央银行的性质可以表述为:中央银行是代表国家制定和执行货币政策,对国民经济进行宏观调控和对金融业进行管理的特殊的政府金融机构。

一、中央银行是特殊的政府机关

中央银行是国家机构之一,要按照国家宏观经济发展的目标和要求,通过中央银行的货币政策工具的运用,来干预和调节经济活动,成为国家干预宏观经济的重要工具之一,并且随着市场经济体制的建立和发展,中央银行这一性质会不断深化。但是,中央银行与一般政府机关又有所不同。主要表现在以下四个方面:

(一)业务性质的特殊性

中央银行作为一个银行,其业务具有更多的银行业务的特征。它的服务对象是政府和各类商业银行及其他非银行金融机构,通过办理存贷款业务、清算业务、货币发行业务、公开市场业务等方式,来调节市场的货币供应量。同时,在业务经营过程中虽然不以盈利为目的,但通过自身的业务活动可以为政府提供一定的资金积累,这与完全依靠国家财政拨款的政府机关相比存在明显的差异。

（二）业务手段的特殊性

中央银行主要是运用其所掌握的货币政策工具来实现对宏观经济进行有效的调控,运用的是经济手段,具体通过各项金融业务来实现的。这与主要依靠行政手段进行管理的一般政府机关显然是不同的。

（三）业务作用的特殊性

中央银行在政策的制定上有很大的独立性,中央银行的宏观调控是分层次实现的,要经过货币政策的传导来调节市场主体的行为,并且存在时滞问题,而一般行政机构的行政决策是直接作用于经济主体的,并且带有强制性。

（四）与政府关系的特殊性

中央银行与政府的关系是一种相对独立的关系。按照各国中央银行法的有关规定,中央银行可以根据一国的客观经济发展状况与需要独立地制定和执行货币政策,政府不得干预。在西方发达国家,中央银行的最高领导人一般由国会直接任命,并直接对国会负责。而一般政府机关的最高领导者都由国家政府负责人任命,其行为决策必须与政府的意愿保持一致,并对政府负责。

二、中央银行是特殊的金融机构

从经营货币、信用业务的角度看,中央银行是银行,但是,由于其地位、业务和管理的特殊性,它又与一般的金融机构不同,具有其特殊性。主要表现在以下五个方面:

（一）中央银行业务范围的特殊性

中央银行的业务活动是借助于货币政策工具来调节全国的货币信用活动,对国民经济进行宏观调节、干预和管理;而商业银行和其他金融机构则主要是从事微观的金融业务活动,充当信用中介,通过货币信用业务活动来调节企业的生产经营活动。

（二）中央银行业务对象的特殊性

中央银行的业务对象是面向政府、商业银行及其他金融机构,这就决定了中央银行不经营一般商业银行和其他金融机构的业务,不与其争业务,也不会成为商业银行和其他金融机构的竞争对象;而商业银行的业务对象主要是面向各类经济主体,并为它们提供相应的金融服务。

（三）中央银行业务目的的特殊性

中央银行是国家政府机关,所需要的各项经费由国家财政拨付。同时,所从事的各项金融业务活动,是从国民经济宏观需要出发,从保持货币币值稳定的需要出发而开展的,不是为了追逐利润。因此,中央银行的业务活动是不以盈利为目的的。而商业银行和其他金融机构是企业,都是以追逐利润最大化作为经营目标。

（四）中央银行地位的特殊性

中央银行在一个国家的金融体系中居于核心,处于超然地位。它居于商业银行和其他金融机构之上,为它们提供资金融通和金融服务,并对它们的业务活动实施监督管理。

（五）中央银行职能的特殊性

中央银行作为政府的银行、发行的银行和银行的银行，国家赋予中央银行一系列特有的业务权利，如垄断货币发行、管理货币流通、集中存款准备金、维护支付清算系统的正常运行、代理国库、管理国家黄金外汇储备等，这些职能是一般商业银行和其他金融机构所不具有的。

第二节　中央银行的职能与主要职责

中央银行的性质决定着中央银行的职能，中央银行的职能又是其性质的具体体现，而中央银行的职能又是通过其具体的职责来表现的。

一、中央银行的基本职能

尽管随着中央银行制度的不断发展，中央银行的职能也得到不断地完善，内容也更加丰富，但是，中央银行是发行的银行、政府的银行和银行的银行，仍然是对中央银行职能的最典型概括。

（一）发行的银行

中央银行是发行的银行，是指中央银行接受国家政府的授权集中和垄断货币发行，是国家唯一的货币发行机构。中央银行集中与垄断货币发行权是作为中央银行最基本、最重要的标志，也是中央银行发挥其全部职能的基础。纵观中央银行发展的历史，垄断货币发行都与中央银行的产生与发展密切相关，中央银行成为发行的银行是在其历史发展过程中逐步形成的。所以，一部中央银行史，首先是一部货币发行权逐渐走向集中、垄断和独占的历史。

中央银行垄断货币发行权是统一货币发行与流通和稳定货币币值的基本保证。根据货币流通规律的要求，要保持货币币值的稳定，必须使货币的流通量与商品流通量保持相适应。因此，只有中央银行集中和垄断货币发行，才能根据经济发展的客观状况和商品流通的实际需要，决定货币的发行，满足经济发展对货币的需求。与此同时，中央银行还必须履行保持货币币值稳定的重要职责，这是社会经济正常运行与发展的一个基本条件。中央银行要根据一定时期内的经济发展需要以及物价水平等因素，制定与实施货币政策，运用多种手段有效地调控货币供应量，保持货币供应量与客观实际需要量的相对平衡，实现货币币值的基本稳定。并通过货币供应量的变动，作用于社会经济活动，从而实现对国民经济的调节和控制。中央银行垄断货币发行权是中央银行制定和执行货币政策的基础。中央银行垄断货币发行，其负债中的货币发行才是社会货币供应的源头，货币发行的规模直接决定了向社会投入的基础货币数量，在货币乘数不变的条件下，基础货币数量越多，存款货币银行创造的货币也越多。中央银行可以通过改变自身负债影响社会的货币供应量来控制银行信用规模，成为支撑流通中各种货币的基础。

(二) 政府的银行

中央银行是政府的银行,是指中央银行与政府关系密切,根据国家法律授权,制定和实施货币金融政策,通过办理业务为政府服务,在法律许可的范围内向政府提供信用、代理政府债券,满足政府的需求。具体体现在下面几个方面:

1. 代理国库,管理政府资金

国家财政收支一般都是委托中央银行代理,即通过其在中央银行开立的各种账户进行的。中央银行充当国库的总出纳,为政府管理资金提供服务,具体包括:

(1) 按国家预算要求代收国库库款。所有的预算收入都通过中央银行集中收缴并存入中央银行的账户,使中央银行成为掌管国库资金的中心。同时,这些资金也成为中央银行的重要资金来源。

(2) 按财政支付命令拨付财政支出。中央银行根据财政签发的支票,为其办理付款或转账,并对其实施监督管理,保证国库资金的安全。

(3) 向财政部门反映预算收支的执行情况。

2. 代理政府债券发行与兑付

发行政府债券已成为一个国家弥补财政赤字的最主要的方法。为了保证政府债券的顺利发行和兑付,中央银行接受政府的委托,代理政府债券的发行和债券到期时的还本付息等事宜。

3. 向政府提供信用

当政府财政收支失衡、收不抵支时,中央银行有责任也有义务为其提供资金融通。其方式主要有两种:①在法律许可限度内,直接向政府提供贷款或透支。但是,只能用于弥补财政收支的临时差额,一般不承担向政府提供长期借款或无限额贷款(或透支)的责任。这主要是为了约束财政赤字的过度扩大和长期出现,避免通货膨胀,保持货币稳定。②购买政府债券。目前大多数国家的中央银行主要通过公开市场业务买卖政府债券。这种购买方式虽不是直接向政府融资,但通过中央银行的买卖行为,扩大了市场的政府债券的容量,增强了社会对政府债券的购买能力。同时,通过公开市场业务买卖,向市场投放基础货币,也有利于新的政府债券的发行和货币供应量的调节。

4. 为国家持有和经营管理国际储备

世界各国的国际储备一般都由中央银行持有并进行经营管理。中央银行对国际储备管理的内容包括:①控制和调节国际储备的总量,使之与国内货币发行和国际贸易的对外支付的需要相适应。②控制和调节国际储备资产结构特别是外汇资产结构,使之与国际贸易对外支付货币结构和外债结构相适应。③在保证安全性、流动性的前提下,合理运用外汇储备资产,实现外汇储备资产的保值和增值。④保持国际收支的平衡和汇率的基本稳定。

5. 代表国家参加国际金融活动

中央银行代表国家参与国际金融活动主要有:①参加国际金融组织,如国际货币基金组织、世界银行、国际清算银行等世界性金融组织,亚洲开发银行、非洲开发银行、泛美开发银行等区域性金融组织,还有国际性、区域性的各种金融论坛和非正式的协调组织等。

②代表政府签订国际金融协定。③参与国际金融事务与活动等。

6. 为政府金融政策的决策提出建议和参谋

中央银行作为一个国家金融体系的核心,处于社会资金运动的中心环节,是货币、信用的调剂中心和社会资金清算中心,能够掌握全国经济金融活动的基本信息和资料,能够比较及时地反映整个经济金融运行状况。因此,当政府制定和决策金融政策时,中央银行能够提供比较全面的信息资料,并提出合理的建议。

7. 制定和实施货币政策

中央银行垄断了货币发行,具备实施货币政策的手段,尽管货币政策具有相对独立性,但仍需与政府的总体宏观经济政策相配合,因此,中央银行作为"政府的银行"具体表现之一是制定和实施货币政策。

8. 金融监管

政府对金融业的监管一般都是由中央银行或者中央银行及其他金融管理机构进行的。金融业存在外部效应、寻租、信息不对称等问题,对其的监管需要较高的技术要求和操作手段,还需要在业务上与银行有着密切的联系,以便通过业务活动来贯彻实施各项政策规定,因此,只能由中央银行来承担对金融业的监管职能。具体包括:制定并监督执行有关的金融法规、基本制度、活动准则等,监督管理金融机构的业务活动,管理规范金融市场等。

(三) 银行的银行

中央银行是银行的银行,一方面是指中央银行处于商业银行和其他金融机构之上,居于领导地位,并对其进行监督管理;另一方面是指中央银行的业务对象是商业银行和其他金融机构,集中它们的准备金,并对它们提供信用,办理商业银行和金融机构之间的资金清算等。中央银行与其业务对象之间的业务往来具有银行国有业务的特点,中央银行为金融机构提供支持服务,同时也是它们的管理者。因此,银行的银行这一职能,最能体现中央银行是特殊的金融机构的性质,也是中央银行作为金融体系核心的基本条件。主要体现在下面三个方面:

1. 集中存款准备金

为了保证商业银行和其他存款货币机构的支付和清偿能力,保障存款人的资金安全及合法权益,也为了保障商业银行等金融机构自身运营的安全,各个国家都通过法律规定,商业银行及其他存款货币机构必须按存款的一定比例向中央银行缴存存款准备金,这样中央银行就具有为商业银行等存款货币机构集中保管存款准备金的特权,成为法定存款准备金的唯一保管者。当商业银行等存款货币机构出现支付和清偿困难时,经过中央银行的认定并批准,商业银行等存款货币机构可以动用其在中央银行的法定存款准备金,以防止因发生挤兑而倒闭。中央银行集中存款准备金的另一个目的是为了调节信用规模和控制货币供应量。中央银行可以根据国民经济发展的需要,通过变更、调整法定存款准备金率,来影响货币乘数,进而改变商业银行等存款货币机构的信用创造能力,达到调控市场货币供应量的目的。因此,中央银行集中存款准备金是现代中央银行调节货币信用规模和货币供应量的重要工具之一。最后,中央银行在集中保管存款准备金的同时也意味着拥有了对存款准备金的支配权,这增强了中央银行的资金实力。

2. 充当"最后贷款人"

最后贷款人一词是巴奈霍特于1837年在其《伦巴街》一书中首次提出的,意指在商业银行发生资金困难而无法从其他银行或金融市场筹措资金时,向中央银行融资是最后的办法,中央银行对其提供资金支持则是承担最后贷款人的角色,否则便会发生困难银行的破产倒闭。由此可见,"最后贷款人"的角色确立了中央银行在金融体系中的核心与主导地位,也确立了中央银行对金融机构实施监督管理的必然性和必要性。中央银行作为最后贷款人的职能主要表现在:①当商业银行及其他金融机构在业务经营过程中,出现临时性资金头寸不足时,中央银行可以通过再贴现、再抵押或直接贷款等方式为其提供资金融通。②当商业银行或其他金融机构发生资金周转困难,出现支付危机时,中央银行给予最后的紧急的资金救助,以避免商业银行及其他金融机构频繁破产倒闭而引发系统性或地区性金融危机。③中央银行通过对商业银行提供资金支持的同时,也可以起到调节银行信用和货币供应量的目的,从而传递和实施金融调控的意图。

3. 组织、参与和管理商业银行间的清算

所谓清算,是指为避免现金支付的麻烦,而以转账的形式了结债权债务关系。企业之间因经济往来所发生的债权债务关系一般要通过商业银行来办理转账结算,这样这种企业之间的债权债务关系就转变为商业银行之间的债权债务关系。为了及时结清商业银行之间的债权债务关系,早在1854年英格兰银行就采取了对各银行之间每日清算差额进行结算的做法,后来被其他国家相继效仿而推广开来。特别是在建立了存款准备金制度后,各商业银行都在中央银行开立了账户,并在中央银行拥有存款,这样中央银行就可以很方便地通过商业银行的存款账户划拨款项,办理结算。中央银行组织、参与和管理商业银行间的清算具有安全、快捷、可靠的特点。一方面可以加速资金周转,减少资金在结算中占用的时间,提高资金的利用效率,节约清算费用,提高清算效率;另一方面也有利于中央银行通过清算系统,及时了解和掌握商业银行等金融机构的业务经营状况和资金运行情况,为中央银行加强金融分析和监管提供了条件。目前,绝大多数国家的中央银行都已经成为全国资金清算中心。并且随着现代电子计算机技术和通信技术在金融领域的广泛运用,使清算的准确性、时效性也有了极大的提高,从而进一步推动了全社会资金的加速周转,促进了市场经济的快速发展。

二、中央银行的综合职能

随着中央银行制度的不断完善,中央银行的职能也得到了不断的补充和完善,内容上也出现了一些新的变化。中央银行的综合职能就是在其基本职能的基础上的进一步发展和具体化,主要包括调控职能、服务职能和管理职能。

（一）调控职能

调控职能是指中央银行通过制定和执行货币金融政策,运用货币政策工具,来调节和控制市场货币流通量和社会信用规模,进而影响和干预社会经济进程,实现货币政策目标。中央银行履行调控职能的最终目标是保持货币币值的稳定,促进整个国民经济的健康协调发展,使国家宏观经济政策的预期目标得以实现。

中央银行的金融调控职能是围绕货币供应量展开的。由于中央银行是发行的银行,垄断了货币的发行,无论流通中的现金还是各企业单位在商业银行的存款货币都与中央银行的货币供应有着直接的关系。因此,中央银行只要运用其所掌握的各种货币政策工具,通过收缩或扩张货币供应量,就可以达到控制社会总需求和总供给的目的。

中央银行为使货币供应量保持在适度的水平上,确保国民经济的健康发展,一方面要加强对国内外经济发展变化趋势的分析预测,把握发展的动向,并根据经济发展的趋势灵活地调节和控制货币供应量,使之与经济发展的需要保持基本平衡;另一方面要根据宏观经济发展的客观实际,灵活运用好各种经济手段,如再贴现率、法定存款准备金率、公开市场操作等,引导商业银行及其他非银行金融机构朝着自己既定的方向运行。

（二）服务职能

服务职能是指中央银行以银行的身份向政府、商业银行及其他非银行金融机构所提供的金融服务。从中央银行的产生发展史中可知,中央银行首先开始于为政府及商业银行所提供的服务。现代意义上的服务职能无论在范围上还是在内容上都发生了很大的变化。

1. 中央银行为政府服务

中央银行作为政府的银行,与政府之间有着密切的关系,中央银行为政府提供各种金融服务也是天经地义的。服务的内容主要包括：①为政府融通资金。当政府出现临时性财政资金短缺时,中央银行为其提供短期融资。②协助政府债券的发行与流通。中央银行通过公开市场业务买卖政府债券,一方面可以扩大市场的交易行为,增强政府债券的流动性;另一方面通过买入以往债券,向市场注入资金,以保证政府债券的顺利发行;同时,对到期政府债券,中央银行代理还本付息事宜。③代理国库,充当国家财政预算收支的出纳。④代理国家管理黄金和外汇。为政府在金融市场上买卖黄金、调剂外汇,保持国际收支的平衡与汇率的基本稳定。⑤代表政府参加境外各种国际金融组织和有关金融活动,处理有关的国际金融事务。⑥充当政府制定金融方针政策的顾问和参谋。

2. 中央银行为商业银行和非银行金融机构服务

中央银行作为银行的银行,是现代金融体系的核心和资金往来的枢纽,这客观上要求中央银行为商业银行和非银行金融机构提供服务。具体内容包括：①保管存款准备金。一是为了保证商业银行和一些非银行金融机构稳健经营的需要;二是为了保证商业银行和非银行金融机构日常资金清算的需要。②为商业银行和非银行金融机构提供票据交换和资金清算服务,及时结清商业银行和非银行金融机构之间的债权债务关系,以保证社会资金的正常运行。③为商业银行和非银行金融机构提供短期资金融通服务。当商业银行等金融机构出现临时资金头寸短缺或遭遇流动性困难时,中央银行从维护金融业的稳定以及货币政策的需要出发,通过再贴现、再贷款的形式为其提供短期的资金融通。

3. 中央银行为社会公众服务

中央银行作为国民经济综合部门之一,可以结合自身业务的特点,为社会公众提供相关的服务。主要内容包括：①中央银行掌握着货币发行的特权,应该根据国民经济发展和商品流通的需要,控制货币发行的数量,以保持货币币值稳定,为提高和稳定人民生活服务。②中央银行通过其自身的各项业务活动,能够比较全面了解和掌握国民经济的发展动态,为社会公众提供经济发展所需要的信息。③中央银行通过制定和执行货币金融政策,引导和调节资金的流向和流量,为国民经济的发展服务。④中央银行通过对商业银行等金融机构的管理,保持金融秩序的正常运行,有利于维护客户存款的安全,保护其合法财产不受损失。

(三) 管理职能

管理职能是指中央银行作为全国金融体系的核心,代表国家行使对商业银行等金融机构管理的政府机关,为了维护全国金融体系的健全与稳定,防止金融秩序混乱给国民经济的发展造成不良影响,而对商业银行等金融机构的金融活动和金融市场进行管理和控制。

1. 制定金融政策、法令及规章制度

中央银行作为国民经济重要的调节部门,为了实现对宏观经济进行有效的调节,应该更多地采用经济手段进行调节。但是,为了保证各项调节措施得到更好地贯彻实施,必须借助于一些法律手段,实行依法管理。因此,中央银行就必须要根据国家的宏观经济政策的需要,根据中央银行管理的需要制定有关的金融法律法规、政策制度,作为全国金融活动的准则和中央银行进行管理的依据。这样才有利于将金融机构与金融市场的各项业务活动纳入到法治轨道中来,也才有利于中央银行对商业银行等金融机构进行公平公正的监督管理。

2. 依法监测金融市场的运行情况

随着我国金融市场的不断发展,金融市场的风险也在不断地增加,为了保证金融市场安全、稳定、有序、高效的运转,使金融市场能更好地发挥筹集资金和融通资金的功能,中央银行必须要加强对金融市场的监测与管理,及时掌握金融市场的发展动态,并根据国民经济发展对金融市场的需求情况,对金融市场实施宏观调控,促进其协调发展。

3. 加强对金融机构的检查监督

尽管各国金融管理的体制不同,但作为中央银行对金融机构在贯彻执行中央银行的各项金融政策和有关业务活动等方面的检查监督是十分必要的。当金融机构出现违反金融方针政策、违反中央银行的有关业务规定,甚至出现支付困难,可能引发金融风险时,中央银行可以自主或建议其他专门的监管机构对金融机构实施检查监督,以保证中央银行的各项金融政策得以贯彻执行,中央银行的各项业务活动得以正常开展,以维护金融体系的稳定。

4. 定期公布与金融有关的信息资料

中央银行根据履行职责的需要,有权要求商业银行等金融机构报送必要的资产负债表、利润表以及其他财务会计、统计报表和资料。负责统一编制全国金融统计数据、报表,并按照国家有关规定予以公布。

(四) 中央银行三项职能之间的关系

中央银行的调节职能、服务职能和管理职能是由中央银行的性质决定的。三者之间是相互依存、相互补充、相互统一的关系，其中调控是根本，服务是基础，管理是手段。调控职能是中央银行发挥其在国民经济中的作用的重要保证，中央银行就是运用其所掌握的各种货币政策工具，发挥着对国民经济的调控职能，来促进国民经济健康稳定地发展，因此，中央银行的各项工作都必须围绕调控职能来展开。服务职能贯穿于调控和管理职能过程的始终，中央银行的服务职能为调控职能和管理职能的发挥打下了坚实的基础，但又必须服从于调控职能和管理职能。管理职能是中央银行借助于行政手段和法律手段来辅助其各项调控政策措施的顺利执行，对调控职能有积极的促进作用，有效的管理有利于调控职能的顺利实施和调控目标的实现。中央银行在做好服务职能的同时，必须有管理职能的配合，才能创造一个良好的金融环境。因此，中央银行只有正确地处理三项职能之间的关系，才能更好地发挥中央银行的作用。

三、中央银行的主要职责

职责和职能在内涵上是基本一致的，但在现实工作中，两者之间还存在一些区别，职能是指一个部门或机构所具有的可以发挥作用的能力；而职责则是法律或更高一级的主管部门赋予它履行的责任和任务。职能决定职责，职责是职能的具体化。由于各国存在政治体制、经济体制和经济发展水平上的差异，中央银行在国民经济中的地位、所发挥的作用也存在差异，因此，目前世界各国中央银行的职责不尽相同。

2003年12月27日第十届全国人民代表大会常务委员会第六次会议通过的《中华人民共和国中国人民银行法》（修正），其中第一章第四条规定中国人民银行履行下列职责：

(1) 发布与履行其职责有关的命令和规章；
(2) 依法制定和执行货币政策；
(3) 发行人民币，管理人民币流通；
(4) 监督管理银行间同业拆借市场和银行间债券市场；
(5) 实施外汇管理，监督管理银行间外汇市场；
(6) 监督管理黄金市场；
(7) 持有、管理、经营国家外汇储备、黄金储备；
(8) 经理国库；
(9) 维护支付、清算系统的正常运行；
(10) 指导、部署金融业反洗钱工作，负责反洗钱的资金监测；
(11) 负责金融业的统计、调查、分析和预测；
(12) 作为国家的中央银行，从事有关的国际金融活动；
(13) 国务院规定的其他职责。

上述中国人民银行的各项职责可以归纳为作为发行的银行、银行的银行和政府的银行三个方面的职能。如第三条为发行的银行的职能；第九条为银行的银行的职能；第一条、第二条、第四条、第五条、第六条、第七条、第八条、第十条以及第十一条是政府的银行的职能。其中，反洗钱和管理信贷征信是两项新增加的职能。中国人民银行组织协调全国的反洗钱工作，指导、部署金融业反洗钱工作，承担反洗钱的资金监测职责，并积极参与有关的国际反洗钱合作。此外,中国人民银行负责管理信贷征信业,推动社会信用体系建设。

由此可见,中央银行职能与职责发生了较大的变化。主要表现在:一个强化,即强化了中央银行与制定和执行货币政策有关的职能,中国银行业监督管理委员会成立后,中央银行可以集中精力从事货币政策的制定与执行,保证国家宏观调控政策措施的落实,维护国民经济的健康发展。一个转换,即转换实施对金融业宏观调控和防范与化解系统性金融风险的方式,从原来的微观监督管理转变为从宏观上对整个金融体系的监管,维护金融体系稳定。两个增加,即增加反洗钱和管理信贷征信两项职能。

专栏2-1 中国反洗钱监测分析中心和中国人民银行征信中心

1. 中国反洗钱监测分析中心

中国反洗钱监测分析中心依据相关法律,根据国家反洗钱工作的需要,不断提高对大额与可疑资金流动的监测分析水平。主要职责是:

(一)会同有关部门研究、制定大额与可疑资金交易信息报告标准。

(二)负责收集、整理并保存大额与可疑资金交易信息报告。

(三)负责研究、分析和甄别大额与可疑资金交易报告,配合有关行政执法部门进行调查。

(四)按照规定向有关部门移送、提供涉嫌洗钱犯罪的可疑报告及其分析结论。

(五)按照规定向有关部门提交大额支付信息。

(六)研究分析洗钱犯罪的方式、手段及发展趋势,为制定反洗钱政策提供依据。

(七)负责研究大额与可疑资金交易信息管理项目的业务需求,参与项目的开发,负责系统的运行和维护。

(八)根据授权,承担与国外金融情报机构的交流与合作工作,配合人民银行有关部门进行反洗钱领域的对外交往事宜。

(九)承办人民银行授权或交办的其他事项。

2. 中国人民银行征信中心

中国人民银行征信中心是中国人民银行直属的事业法人单位,主要职责是依据国家的法律法规和人民银行的规章,负责中国统一的企业和个人信用信息基础数据库和动产融资登记系统的建设、运行和管理;负责组织推进金融业统一征信平台建设。中国人民银行征信中心业务归口征信管理局指导。

第三节 中央银行的作用和地位

随着经济、金融和现代科学技术的迅速发展,现代经济体系的运行机制、组织管理及宏观调控等方面都发生了很大的变化。尤其是中央银行在现代经济体系中的作用和地位更加突出,日益成为现代经济体系稳定健康发展的主要组织者和保证者。

一、中央银行与现代经济发展

（一）现代经济发展的特点

进入20世纪中后期，随着电子计算机、现代通信技术的快速发展，世界经济出现了前所未有的高速发展时期，与此同时，在现代经济发展中，出现了许多与金融业有关的新特点。主要表现在以下几个方面：

1. 金融已经成为现代经济的核心

金融作为现代经济运行中最基本的战略资源，已经广泛、深刻地渗透到社会经济生活的各个方面。首先，金融在市场资源配置中起到核心作用。金融作为一种特殊的资源，具有引导和配置其他资源的作用。由于资金的转移都以增值为目标，所以无论是银行还是非银行金融机构，都不是简单接受资金存入和转移支出，而是在有选择的收支活动中充当中介人，因此资金活动实质就是资金的配置运动，从而实现社会资源的重新整合，优化了资源配置。其次，金融是调控宏观经济的重要"杠杆"。现代经济运行的基本要求是社会总供给与总需求基本平衡，促进国民经济均衡增长。一般说来，货币供应总量可以调节社会总需求，货币供应总量和社会商品、劳务总供给保持基本平衡，就能使物价稳定。金融业与国民经济各部门有着密切的业务联系，它能够比较深入、全面地反映全社会经济活动，它是国民经济活动的资金枢纽和神经中枢。金融运行情况是国民经济活动的晴雨表，透过金融现象，可以反映国民经济运行中出现的新情况、新问题、新矛盾和新趋势。同时，国家可以根据宏观经济政策的需要，通过中央银行运用各种调控手段，适时松紧银根，调控货币供应的数量、结构和价格，从而调节经济发展、规模、速度和结构，在稳定物价的基础上，促进经济发展。

2. 经济全球化推动了金融国际化

随着科学技术的发展和人类文明的进步，世界各国之间的经济联系日益增强，现在已呈现出全球一体化的趋势。从20世纪经济全球化发展变化的过程来看，经济的全球化与金融的国际化是紧密联系在一起的。经济全球化的内在要求推动着金融国际化的发展，而金融的国际化又为经济的全球化不断创造着必要条件。金融国际化主要表现为：①金融业务的跨国经营。一方面由于国际贸易的迅速增长使得国际结算业务和国际金融服务业务迅速增长，另一方面国际资本流动和国际间的资金融通业务迅速发展，在整个金融业务中的比重不断增加。②金融机构的跨国设立。随着跨国公司的迅速增加，为了更好地满足跨国公司对资金融通和国际结算业务的需求，一国的金融机构纷纷走出国门，到国外设立分支机构，从而加快了金融业在国际间的融合。③金融市场的一体化。由于电子计算机技术和现代通信技术的不断发展与完善，各种金融工具的创新层出不穷，使得各国的金融市场与国际金融市场紧密地联系在一起。现在已经形成了以伦敦、纽约和东京等三大国际金融市场为中心的遍布世界各地的国际金融市场体系，可以更加方便地为银行及顾客在世界各地进行各种传统的和创新的金融交易提供优质服务。

3. 政府对金融运行的干预程度不断增强

在现代经济中，不管是发达国家还是发展中国家，不管是已经实行市场经济体制的国家还是正在向市场经济体制过渡的国家,国家或政府越来越认识到金融在国民经济中的重要地位和作用,越来越认识到加强对金融运行控制的必要性。因此,对金融运行的干预程度在不断增强,集中表现在:一方面政府通过颁布金融法律、制度来加强对金融运行的约束与规范;另一方面政府通过中央银行运用货币政策工具等金融政策实施对金融业的调控,来加强对金融运行的干预和控制。

(二)中央银行在现代经济体系中的作用

从中央银行产生的基本经济原因和它的发展过程以及中央银行自身所具有的职能和承担的社会责任分析中可以看出,中央银行在现代经济体系中的地位和作用不断提高。主要体现在以下几个方面:

1. 稳定货币,为国民经济体系的正常运行提供保障

随着商品生产和商品流通的扩大,对货币的需求量也在不断增长。为此,中央银行作为一个国家唯一的货币发行者,可以根据国民经济发展的客观需要,不断地向经济体系提供相应的货币供给,为经济的发展提供必要的条件。而且,货币发行的多少,决定国内市场货币流通总量,对社会经济生活的各个方面都会产生直接的影响,成为推动国民经济发展的重要力量。与此同时,中央银行还为经济体系的正常运行提供有效的保障,表现在两方面:一方面是中央银行为经济运行提供稳定的货币环境,通过稳定货币实现国民经济的稳定增长。这主要是中央银行利用其所掌握的货币发行权,根据国内外经济金融发展的动态,在国家法律规定的额度内,通过制定并执行正确的货币政策,来实现对全国货币供应量的控制,使全社会的总供给与总需求保持基本均衡,从而保持货币币值的稳定,这就为国民经济的正常运行和稳定增长提供了保障。另一方面是中央银行为国民经济体系的信用活动提供支付保障。中央银行通过对金融机构实施严格的监督管理,通过货币金融政策干预金融市场,沟通各种信用关系,作为商业银行等金融机构的"最后贷款人",对全社会的支付体系承担着最终的保证责任,消除不稳定的因素,引导金融业务活动保持良好的运行状态。由此可见,中央银行通过保持货币币值的稳定和信用及支付系统的顺畅,为国民经济体系的正常运转提供有效的保障。

2. 调节经济,促进国民经济的健康发展

中央银行作为国民经济中最重要的宏观调控部门之一,其地位日益突出。中央银行对宏观经济的调节作用主要是从两个方面来实现的。第一,从总量上进行调节。中央银行作为货币政策的制定者和执行者,掌握着货币发行的特权,因而可以通过国家授权的特定业务的操作,改变货币供应量。中央银行采取适度的扩张政策,经济就趋于繁荣;反之,中央银行采取紧缩政策,经济发展就要受到影响。因此,在正常情况下,中央银行从宏观上控制住基础货币,也就控制住了包括派生存款在内的货币供应总量,从而国民经济各部门的发展规模、速度在总量上就有了控制,就可以实现宏观调控的目标。第二,从结构上进行调节。要保持国民经济健康稳定地发展,不仅要在总量上保持合理的增长速度,而且要保持经济结构的均衡发展。为此,中央银行可以采取各种有效的措施,如调整贷款规模、存款准备金率和再贴现率等政策措施,确定信贷支持的重点,引导商业银行的信贷资金流向,对需要发展的部门、产业、产品和地区,在资金上优先供应,在利率上给予优惠,促

使经济结构与产品结构的优化,促进国民经济健康稳定的发展。

3. 加强联系,促进国际经济金融的合作与交流

随着国际贸易、经济技术合作、国际资本流动和跨国公司的不断发展,当代世界经济越来越成为一个相互依存、相互交流的整体。中央银行在促进世界经济金融的合作与交流等方面也发挥着重要的桥梁和纽带作用。①在国际交往中,货币是不可缺少的必要手段,中央银行作为一个国家的货币的供应者和管理者,应当积极参与国际间货币支付体系,并且要努力维护其稳定。②在国际经济合作、融合和一体化过程中,中央银行一般是代表国家参与国际间谈判、磋商和签约的主管机关,对国际间的联合起到重要的推动作用。③在金融国际化过程中,中央银行作为一个国家金融体系的核心和领导者,在国与国之间的金融关系中发挥着协调和决策的作用。④中央银行是代表国家参加国际金融组织,要加强同世界各国的沟通与联系,共同承担着建立和维护国际经济、金融秩序的责任。

综上所述,中央银行已经成为现代经济体系中最重要的组成部分,成为经济运行的核心,在现代经济运行中扮演重要的角色。

二、中央银行的独立性

由于中央银行在一国国民经济中的特殊地位,世界各国都非常强调中央银行的独立性。

中央银行独立性是指中央银行履行自身职责时法律赋予或实际拥有的权力、决策与行动的自主程度。其实质是中央银行与政府之间的关系问题。这一关系包含两方面的含义:中央银行应对政府保持一定的独立性;但这种独立性只能是相对的。

1. 中央银行在与政府关系上必须保持一定的独立性

这种独立性是指中央银行能够独立地制定和实施货币政策,而不受政府的干预、影响和控制;也就是中央银行具有金融调节方面的独立性。这是由于中央银行在金融体系和国民经济中处于特殊的地位,其工作的特殊专业性和重要性要求法律授权,使中央银行具有一定的独立性,防止政府滥用职权干预中央银行货币政策的制定与执行。中央银行保持一定独立性,这是保持经济、金融稳定和维护社会公众信心的一个必要条件。

(1)中央银行是特殊的金融机构,其业务具有较高的专业性和技术性。中央银行作为宏观经济的调控部门,与其他一般的政府部门不同,它的调控对象是货币、信用、金融机构与金融市场,调控手段是技术性很强的货币政策工具等经济手段,需要最高管理人员具有熟练的业务、技术和制定货币金融政策、调节货币流通的经验。政府对中央银行在制定和执行货币金融政策过程中的不正确的干预,都会导致整个经济陷入困境。

(2)中央银行与政府两者所处的地位、行为目标、利益需求及制约因素有所不同。政府往往过多地关注社会经济的发展问题,如基础建设问题、地区平衡发展问题、扶贫救灾问题、就业问题、社会保障问题等,而关注的重点又是随着具体情况的变化而变化的。这就要求中央银行必须独立于政府,保持超然地位,以稳定货币为天职,为政府各项目标的实现提供条件、环境和保障,从而促进社会经济的长期、持续、稳定发展。

(3)中央银行享有独立的货币发行权,独立制定和执行货币政策,能有效地实现对国

家经济的宏观调控。中央银行独立行使货币发行权既是其履行职责的需要,更是其发挥作用的基础,没有货币发行权,中央银行就不能有效地实现对国家经济的宏观调控,只有保障了中央银行独立发行货币的权力才能保证币值的稳定。中央银行在何时何地发行多少货币、发行什么样面额的货币,不应该受到任何政府更替、任何个人观点的影响,而应该根据国家宏观经济政策和经济发展的客观需要来确定。货币政策作为一种宏观经济管理的工具,能正确处理经济发展和货币稳定的关系,中央银行必须把货币政策的制定权牢牢掌握在自己的手中,在货币政策的制定过程中应当保持高度的独立性,不受来自任何机构、个人的影响。政府应当积极配合中央银行制定和执行货币政策,以发挥货币政策在国家经济生活中的积极作用。

(4)中央银行保持一定的独立性,可以使中央银行与政府其他部门之间的政策形成一个互补与制约的关系,避免因某项决策或政策的失误而造成经济与社会发展的全局性的损失。

(5)中央银行保持一定的独立性,还可以使中央银行的分支机构全面、准确、及时地贯彻总行的方针政策,减少地方政府的干预,保证货币政策决策与实施的统一,增加中央银行宏观调控的时效性,提高中央银行运行的效率。

2. 中央银行对政府的独立性又是相对的

在现代经济体系中,中央银行是国家实施宏观经济管理的重要工具,因此,中央银行不能完全独立于政府之外,凌驾于政府之上,不受政府的任何制约,而应该在国家总体经济政策指导下和政府的监督之下,独立地制定和实施货币政策。所以,中央银行的独立性又是相对的。

(1)中央银行货币政策目标不能背离国家总体经济发展目标。任何一个国家都有自己的总体经济发展目标,中央银行作为一国宏观经济的调控者,其业务活动必须符合国民经济运行的客观规律和要求。中央银行的货币政策是实现国家经济发展总体目标的重要工具和国家干预、调节经济的重要手段。因此,中央银行在制定和执行货币政策的过程中,不仅要考虑自身担负的任务和承担的责任,还必须重视国家的利益,不能背离国家总体经济发展目标。

(2)货币政策是国家宏观经济政策的一部分,它必须服从、配合、服务于整个宏观经济政策的制定和实施,中央银行作为货币政策的制定者与执行者,有责任与义务合理地运用货币政策,特别是与财政政策的密切配合,实现宏观经济目标。

(3)中央银行的各项业务活动的开展,都是在国家授权下进行的,具有一定的行政管理部门的性质;同时,无论哪国的中央银行,也无论中央银行资本结构和组织形式如何,其最高领导成员一般都是由总统或政府委任的,这也决定了中央银行不可能绝对独立于政府之外。

(4)中央银行在履行自己的职责时,需要政府其他部门的协作与配合,而其他部门的关系则需要由政府来协调。只有这样,中央银行的各项货币金融政策才能得到有效的贯彻,也才能更好地发挥其作用。

三、中央银行独立性的三种类型

中央银行的独立性,主要取决于中央银行的法律地位。即主要表现在法律赋予中央银行的职责及履行职责时的主动性的大小。由于各国的国情与历史传统不同,各国中央银行的法律地位也有所不同,中央银行对政府独立性的强弱也不同。

（一）独立性较强的中央银行

独立性较强的中央银行有德意志联邦银行、美国联邦储备体系、瑞典银行等。主要特点是:中央银行直接对国会负责,中央银行在很大程度上独立于政府。如美国1913年通过的《联邦储备法》规定,联邦储备委员会有权独立地制定和执行货币政策,总统未经国会批准,不能对联邦储备委员会发布指令。联邦储备体系没有向政府提供长期融资的义务,财政融资只能通过公开市场发行债券。德意志联邦银行是独立性和权威性最强的中央银行,它的地位被写入了宪法,在行使授予的权力时不受政府指令的干涉,联邦银行虽然也有义务在保证其完成自身任务的前提下,支持政府总的经济政策,但当二者出现矛盾时,联邦银行则以完成自己的职责为主。联邦银行的行长由总统任命,任期8年,一般不得中途罢免。联邦政府的成员虽然有权参加联邦银行理事会的会议并可提出动议,但没有表决权。再如瑞典银行法规定,瑞典银行直属国会,银行理事会只接受来自国会的指示,而不受政府的干预。

（二）独立性较弱的中央银行

独立性较弱的中央银行有意大利银行、法兰西银行以及一些经济转轨国家的中央银行。这类中央银行的特点是:中央银行属于政府,中央银行在制定和执行政策、履行其职责时,都比较多地服从政府或财政部的指令。如意大利银行在西方发达国家中属于独立性较弱的中央银行。在体制上,意大利银行受财政部统辖,其货币政策措施一般也要经过信用与储蓄部委员会的批准才能执行,当意大利银行的意见与政府不一致时,一般也是以政府的指令为准。法兰西银行的独立性也是较弱的,其理事会的成员大都是由财政部提名,内阁会议通过后由总统任命。

（三）独立性居中的中央银行

独立性居中的中央银行有英格兰银行、日本银行,一些新兴的工业化国家的中央银行也大都属于这种类型。这类中央银行的特点是:中央银行隶属于政府,在名义上独立性较弱,但在实际中中央银行拥有较大的决策与管理权。

例如:作为中央银行发展历史最早的英格兰银行,从名义上来看,就不如德国联邦银行、美国联邦储备体系、瑞士银行等。它隶属于政府的财政部,名义上的独立性较差。但在实际运作中,中央银行拥有较大的决策与管理权和独立性,比法律规定的要大得多。特别是1997年5月工党执政以来,英格兰银行的独立性进一步增强。主要表现在以下几个方面:①1987年的《银行法》,以立法的形式规范了英格兰银行的权力和责任。政府一贯尊重英格兰银行有关货币政策的意见,从不过问货币政策的制定,财政部也从未行使过向英格兰银行发布命令的权力。②英格兰银行的最高决策机构是董事会,其中16名成员均由政府推荐,英王任命。且政府人员和下议院议员不得担任董事。③在与政府的资金关系方面,英格兰银行一般不给政府垫款,只提供少量的隔夜资金融通。它通过两个办法来解决政府的资金问题:一是每周对国库券进行招标;二是每日在证券市场上卖出国库券。④在货币政策工具的运用方面,英格兰银行也有直接决定的权力,如调整利率等。⑤进入20世纪90年代以来,英格兰银行的独立性进一步提高,英格兰银行可以独立出版通货膨胀报告以及英格兰银行和财政部定期会议的纪要。英格兰银行的行长可以直接向财长和首相提供建议,可以通过其每季报告影响有关的经济和货币政策。

四、中国人民银行的独立性

按照通常意义上的标准衡量,中国人民银行的独立性相对较弱。但其实际上的独立性有不断增强的趋势。

2003年修正后的《中华人民共和国中国人民银行法》第二条规定:"中国人民银行是中华人民共和国的中央银行。中国人民银行在国务院领导下,制定和执行货币政策,防范和化解金融风险,维护金融稳定。"这就明确了中国人民银行隶属于国务院,是国务院领导下的宏观调控部门。该法第五条规定:"中国人民银行就年度货币供应量、利率、汇率和国务院规定的其他重要事项作出的决定,报国务院批准后执行。"该法第十二条规定:"中国人民银行设立货币政策委员会。货币政策委员会的职责、组成和工作程序,由国务院规定,报全国人民代表大会常务委员会备案。"法律在规定中国人民银行必须接受国务院领导的同时,也对中国人民银行的独立性给予了一定范围的授权。该法第七条规定:"中国人民银行在国务院领导下依法独立执行货币政策,履行职责,开展业务,不受地方政府、各级政府部门、社会团体和个人的干涉。"第十三条规定:"中国人民银行对分支机构实行统一领导和管理。中国人民银行的分支机构根据中国人民银行的授权,维护本辖区的金融稳定,承办有关业务。"另外,法律还对中国人民银行的业务等作了更大程度上的授权。

从以上法律规定来看,中国人民银行的法律地位是国务院领导下的中央银行,在重大事项的决策方面对政府的独立性较弱,但对地方政府和各级行政部门而言,法律赋予了中国人民银行较为完全的独立性。从近年来的实践来看,中国人民银行实际上的独立性有不断增强的趋势,具体表现如下:

(1) 实现了宏观金融调控方式向间接调控手段的转变。中国人民银行自1998年建立起了以存款准备金、再贴现、公开市场操作为主要手段的间接调控工具体系,取消了对各商业银行信贷规模的控制,实现了宏观金融调控方式向间接调控手段的转变。

(2) 1998年年底中国人民银行管理体制实行改革,撤销省级分行,改为按经济区划设立分支机构,在全国设置9个跨区域分行,以此减少地方政府干预。

(3) 1997年3月建立了中国人民银行货币政策委员会,作为中国人民银行制定和执行货币政策的咨询议事机构,为货币政策的科学制定和有效执行奠定了基础。

(4) 2003年4月成立了银行监督管理委员会,将货币政策职能和金融监管职能分离,中国人民银行工作重心在宏观调控和金融风险防范方面,较少考虑金融的监管和操作。

(5) 2005年8月10日正式成立中国人民银行上海总部,上海总部在总行的领导和授权下开展工作,主要承担部分中央银行业务的具体操作职责,同时履行一定的管理职能。

【思考与应用】

1. 如何理解中央银行的性质?
2. 为什么说中央银行是特殊的金融机构?
3. 中央银行的基本职能的主要内容有哪些?如何理解中央银行三大综合职能之间的关系?
4. 试述中央银行在现代经济体系中的作用。
5. 如何理解中央银行的独立性?
6. 联系我国实际,谈谈中国人民银行在我国金融体系和经济体系中的地位和作用。
7. 资料分析:

哈佛大学的学者于1990年对中央银行独立性的价值判断进行了实证研究。该项研究使用的资料是17个工业化国家从1951年至1988年的国民经济统计资料,研究采取的衡量中央银行独立性的标准有两个:一是政策独立性标准,即通过政府对货币政策决策的干预程度及中央银行行长行使的权力来判断独立性;二是经济独立性标准,即依据中央银行对财政赤字提供财务支持的额度和范围来判断。通过这两个标准将中央银行的独立性分成非常高、比较高、比较低、非常低四个等级,以此来研究中央银行独立性与经济总体发展有关联的一些主要因素之间的联系。其具体数据详见下表:

各国中央银行独立性与通货膨胀和经济增长情况对照表

中央银行独立性等级	代表国家	通货膨胀指数	经济增长率
非常高	德国、瑞士	3.1%	3.1%
比较高	美国、荷兰、日本、加拿大	4.4%	4.3%
比较低	法国、英国、丹麦、瑞典、比利时等	6.0%	3.4%
非常低	澳大利亚、新西兰、爱尔兰等	7.5%	3.8%

注:通货膨胀指数为1951年至1988年期间的平均值;经济增长率为1955至1987年期间的平均值。

根据以上哈佛研究结果,你认为可以得出什么样的结论?对中国中央银行有何指导意义?

资料一:日本中央银行的独立性与日本经济

二战后,日本银行在明显受到政府压力的情况下做出了错误性货币政策选择,并因此严重危害经济的健康发展,集中反映在以下三个时期:第一,池田内阁的"国民收入倍增计划"实施初期。大藏省掌握了指导权,在此情况下官定利率进行了政治性的下调,日本银行虽有察觉实施紧缩性货币政策的必要,但在政府的压力下政策却迟迟不能出台,最后在日本银行强烈主张下才实施了包括上调官定利率在内的紧缩性货币政策,但为时已晚,1962年日本经济便陷入了一场较为严重的经济危机之中。第二,70年代初的"列岛改造计划"出台时期。1972年5月日本银行已经从多方面认识到了经济景气复苏动向,根据大藏大臣建议实施扩张性货币政策,在过度扩张性货币政策与财政政策的双重压力下,日本经济运行出现很多过热的征兆。在正常情况下,日本银行应该及时实施紧缩性的货币政策,然而受到"列岛改造计划"的影响,日本银行迟迟不能实施合理的货币政策,从而引发了第一次石油危机前后的严重通货膨胀。第三,以"国际协调"为名目而持续实施扩张性货币政策的80年代后半期。从1986年1月至1987年2月一年多的时间里,日本银行5次调低官定利率。这样80年代后半期日本便发生了严重的泡沫经济现象。

材料二:美国联邦储备体系的独立性与美国金融危机

美联储是公认的世界上独立性最强的中央银行之一,其成功经验为各国所效仿。美国法律制度允许美联储主席的任期可以长于美国总统,以保障美联储政策的长期性和独立性。正是由于美联储的高度独立性,美联储前主席格林斯潘采取了长时期的宽松货币政策,将利率维持在低水平,放松监管,使得美国经济经历了长达10年的繁荣。但是2008年开始席卷全球的金融危机,将格林斯潘拉下了神坛,各方将矛头对准了美联储。尽管将次贷危机归咎于长期的低利率是片面的,更为主要的原因是金融监管的缺失,格林斯潘也不得不承认美联储的监管体系是失败的,美联储没有足够重视次级贷款的风险,对大型银行的监管不力,导致了金融衍生品规模失控。而监管放松和缺失的根源正是美联储的高度独立性。

问题一:阅读材料一、二,联系我国国情分析中国人民银行保持独立性的原因以及重要意义。

问题二:美联储的高度独立性在此次金融危机下受到损害,给我国中央银行独立性的启示。

第三章　中央银行体制的类型与结构

【本章提要】
　　目前，世界各国中央银行体制归纳起来有四种类型：、单一式中央银行制度、复合式中央银行制度、准中央银行体制和跨国中央银行体制。中央银行的资本结构有全部资本为国家所有、公私股份混合所有、全部资本非国家所有、无资本金和全部资本为多国共有等五种形式。中央银行的权力分配结构主要指中央银行的最高权力即决策权、执行权和监督权的分配状况，目前主要有三大权力机构一体化、分散化和相互交叉三种模式。尽管各国中央银行的内部机构设置数量不等、名称亦有差别，但总体来看，大都包括业务部门、金融监管部门、经济金融调研部门和行政办公部门。中央银行分支机构的设置大致有三种情况：按经济区域设置、按行政区划设置或以经济区域为主、兼顾行政区划设置。

【基本概念】
　　单一式中央银行制度　复合式中央银行制度　准中央银行体制　跨国中央银行体制

第一节　中央银行体制的类型

　　中央银行体制是指中央银行的责任和权力分配以及组织方式。尽管世界各国基本上都建立了中央银行，并且中央银行的性质、职能和作用基本一致，但由于各国历史传统、文化背景、经济发展水平、国家政体各不相同，中央银行体制也存在着较大差异。归纳起来，目前大致有单一式中央银行制度、复合式中央银行制度、准中央银行体制和跨国中央银行体制等四种类型。

一、单一式中央银行制度

　　单一式中央银行制度是指国家建立单独的中央银行机构，使之全面行使中央银行职能，领导全部金融业的中央银行制度。它又分为两种类型

　　（一）一元式中央银行体制
　　一元式中央银行体制是指全国只设立一家统一的中央银行机构，并根据需要在全国设立一定数量的分支机构，全面行使中央银行的权力和履行中央银行的全部职责的中央银行体制。
　　一元式中央银行体制的特点是，中央银行机构设置一般采取总分行制，逐级垂直隶

属,权力集中统一,职能完善。这种组织形式下的中央银行是完整、标准意义上的中央银行。目前世界上绝大多数国家的中央银行都实行这种体制。除少数国家外,这种体制下中央银行的总行或总部通常都设在首都,根据客观经济需要和本国有关规定在全国范围内设立若干分支机构,如英国、法国、日本等。英国的中央银行英格兰银行总行设在伦敦,在伯明翰、利物浦等8个城市设有分行;法国的中央银行法兰西银行总行设在巴黎,在国内设有大小200多家分支机构和办事处;日本的中央银行日本银行,总行设在东京,在全国设有33家分行和13个办事处,还在纽约、伦敦、巴黎、法兰克福、香港等设有代表处。中国的中央银行——中国人民银行目前实行的是一元式中央银行体制。

（二）二元式中央银行体制

二元式中央银行体制是指在一个国家内设立一定数量的地方中央银行,并由地方银行推选代表组成全国范围行使中央银行职能的机构,从而形成由中央和地方两级相对独立的中央银行机构共同组成的中央银行体系。在这种体制中,中央级中央银行和地方级中央银行在货币政策方面是统一的,中央级中央银行是最高金融决策机构,地方级中央银行要接受中央级中央银行的监督和指导。但在货币政策的具体实施、金融监管和中央银行有关业务的具体操作方面,地方级中央银行在其辖区内有一定的独立性,与中央级中央银行不是总分行的关系,而是按法律规定分别行使其职能。这种中央银行体制一般与联邦制的国家体制相适应,目前的美国、德国是其典型代表。

美国的中央银行称为联邦储备体系。在中央一级设立联邦储备理事会作为联邦储备体系的最高决策机构;设立联邦公开市场委员会,作为公开市场政策的制定和执行机构;设立联邦顾问委员会,对经济发展及银行业发展问题向联邦储备理事会提出建议和提供咨询。在地方一级设立联邦储备银行。联邦储备理事会设在华盛顿,负责联邦储备体系的具体运营和管理以及全国的金融决策,对外代表美国中央银行。美国联邦储备体系将50个州和哥伦比亚特区划分为12个联邦储备区,每一个区设立一家联邦储备银行。各联邦储备银行可根据需要设立分行,在各自的辖区内履行中央银行职责。德国中央银行在中央一级设立中央银行理事会和为其服务的若干业务职能机构,在地方一级设立了9个州中央银行。

专栏3-1 纽约联邦储备银行简介

纽约联邦储备银行(简称纽约联储,FRBNY)是1924年新文艺复兴时期建造的银行,位于曼哈顿的金融区。它是美国联邦储备系统中最重要的、最有影响力的储备银行,负责第二个储备区,在美国的金融领域占据着举足轻重的地位。它有别于全美其他11个地区性银行,因其位处美国金融中心,直接执行中央政府的货币政策,进行大量的外汇交易,管理美国财政部很大一部分的债务。纽约联邦储备银行在美国联邦开放市场委员会(Federal Open Market Committee,FOMC)和财政部的指导下,承担着执行货币政策和保护正常货币流通的任务。同时,在联邦储备银行的地方系统中,纽约联储也是最有力的银行监督者,因为它的势力范围内集中了大量美国和海外的银行。而其总裁,是联邦公开市场委员会的终身会员、副主席,该组织负责制定利率。

纽约联邦储备银行最重要的一个客户是美国政府。正是因为美国财政部的账户开在纽约联邦储备银行,因此它还充当着美国财政部银行的角色。通过在货币市场中的交易行为,纽约联邦储备银行负责贯彻执行美国联邦开放市场委员会有关货币政策的决策。受美国财政部之托,纽约联邦储备银行监视着美国联邦政府日常的资金周转活动以及重大的战略性资金周转活动,不但负责监视和控制美国银行的日常业务往来,而且还负责和世界各国的中央银行保持官方的支付业务关系,并且执行外汇交易。

纽约联邦储备银行在网站的主页上是这样描述自己的:纽约联邦储备银行在货币政策、金融监管和支付体系中扮演领导者的角色。

———

摘自:http://wiki.mbalib.com/wiki/纽约联邦储备银行。

二、复合中央银行制度

复合式中央银行制度是指国家不专门设立专司中央银行职能的中央银行机构,而是由一家集中央银行与商业银行职能于一身的国家大银行行使中央银行职能的中央银行制度。这种中央银行制度往往与中央银行初级发展阶段和国家实行计划经济体制相对应,前苏联和以前多数东欧国家即实行这种制度。中国在1983年前也实行这种制度。

三、准中央银行体制

准中央银行体制是指国家不设通常意义上的完整的中央银行,而设立类似中央银行的金融管理机构,负责执行部分中央银行的职能,并授权若干商业银行也承担部分中央银行职能的中央银行体制。采取这种中央银行体制的国家有新加坡、马尔代夫、斐济、沙特阿拉伯、阿拉伯联合酋长国、塞舌尔等。在这类中央银行体制下,国家设立的专门金融管理机构的名称和职责在各国也有所不同,如新加坡设立金融管理局,隶属财政部,该金融管理局不负责发行货币,货币发行权授予大商业银行,并由国家货币委员会负责管理,除此之外,金融管理局全面行使中央银行的其他各项职能,包括制定和实施货币政策、监督管理金融业、为金融机构和政府提供各项金融服务等;马尔代夫设立货币总局,负责货币发行和管理,制定和实施货币政策,同时授权商业银行行使某些中央银行职能;斐济设有中央金融局;沙特阿拉伯设有金融管理局;阿拉伯联合酋长国设有金融局;塞舌尔设有货币局。这些都是类似中央银行的金融管理机构,这类准中央银行体制通常与国家或地区较小而同时又有一家或几家银行在本国一直处于垄断地位相关。

中国的香港特别行政区基本上也是属于准中央银行体制类型。在货币发行制度方面,港币发行历史上长期由渣打银行、汇丰银行和中国银行香港分行三家负责,实行港币与美元挂钩的联系汇率制度。在金融监管方面,长期采取放任自由的方针,不设金融管理机构,直至1993年4月1日香港才成立金融管理局,集中行使货币政策、金融监管和支付体系管理职能。票据清算由汇丰银行负责进行。香港特区政府财政资金的进出根据《公共财政条例》由财政司司长书面授权民间银行办理。

四、跨国中央银行体制

跨国中央银行体制是指由若干国家联合组建一家中央银行,在其成员国范围内行使全部或部分中央银行职能的中央银行体制。这种中央银行体制一般与区域性多国经济的相对一致性和货币联盟体制相对应。它有下面两种类型：

（一）没有中央银行的数个国家组建一家联合中央银行

第二次世界大战后，一些地域相邻的欠发达国家建立了货币联盟，并在联盟内成立了由参加国共同拥有的中央银行。这种跨国的中央银行为成员国发行共同使用的货币和制定统一的货币金融政策，监督各成员国的金融机构及金融市场，对成员国的政府进行融资，办理成员国共同商定并授权的金融事项等。实行这种跨国中央银行制度的国家主要在非洲和东加勒比海地区，目前，西非货币联盟、中非货币联盟、东加勒比海货币区属于跨国中央银行的组织形式，其成员国基本没有中央银行。

西非货币联盟建立于1962年5月12日，由非洲西部塞内加尔、尼日尔、贝宁、科特迪瓦、布基纳法索、多哥、马里等7个成员国组成。同年11月1日西非货币联盟成立了"西非国家中央银行"，1963年11月，多哥加入了该联盟。作为成员国共同的中央银行，总行设在塞内加尔首都达喀尔，除马里拥有自己的中央银行外，其他各成员国只设有总行的代理机构，总行负责制定货币政策，管理外汇储备，发行共同的货币"非洲金融共同体法郎"，统一规定各国商业银行的再贴现总量和统一的准备金率，规定对政府贷款的数量。西非国家中央银行在制定货币政策方面对其成员国政府保持很大的独立性，对各国政府的贷款不超过该国上年财政收入的20%。

中非货币联盟由喀麦隆、乍得、刚果、加蓬和中非共和国5个成员国组成，1973年4月1日成立了共同的中央银行，称为"中非国家银行"，总行设在喀麦隆首都雅温得，发行共同的货币"中非金融合作法郎"。中非国家银行的组织结构基本上类似于西非货币联盟，但中非国家银行在制定货币政策等方面更多地听取各成员国的意见，成员国有较大的自主权。

东加勒比货币区也属于跨国的货币联盟，该货币区由安提瓜、多米尼加、格林纳达、蒙特塞拉特、圣卢西亚、圣文森特等国组成。1983年10月1日东加勒比货币区成立了东加勒比中央银行，统一发行区内各国共同使用的货币——"东加勒比元"，但不负责对各国银行的监督，不规定上缴存款准备金，也不承担"最后贷款人"的义务，对各国政府贷款规定一般不超过该国政府年收入的10%，取代了区内原来的货币管理局。

（二）拥有本国中央银行的各国联合建立跨国中央银行

建立跨国中央银行的成员国本来就拥有本国中央银行，为了加强区域经济合作，又建立了跨国中央银行。这种跨国中央银行制度的典型代表是欧洲中央银行。欧洲中央银行的起源可以追溯至欧洲经济合作组织于1950年7月1日建立的"欧洲支付同盟"以及1958年取代了该同盟的"欧洲货币协定"。经过近50年的磨合和发展，于1998年7月1日正式成立欧洲中央银行，并于1999年1月1日正式发行欧盟11国统一的货币——欧元，2002年7月1日，欧元正式成为欧盟各成员国统一的法定货币。欧洲中央银行的最高决策机构是理事会，理事会由欧洲中央银行执行委员会的6名成员和加入欧元区成员国的中央银行行长组成，其职能是制定货币政策和监督成员国中央银行是否根据欧洲中央银行的指导行事。与一般中央银行相比，欧洲中央银行的职能主要表现在货币政策方面,中央银行的其他职能继续由各国中央银行承担。欧洲中央银行的成立和欧元的正式启动,标志着现代中央银行体制又有了新的内容,并进入了一个新的发展阶段。

第二节 中央银行体制的结构

中央银行的结构主要包括中央银行的资本结构、权力分配结构和组织结构。

一、中央银行的资本结构

中央银行的资本结构是指作为中央银行营业基础的资本金是怎样构成的,即中央银行的资本所有制形式。概括起来,世界各国中央银行的资本结构有五种形式。

(一)全部资本为国家所有

目前大多数国家中央银行的资本金是为国家所有的。它的形成有两种情况:

1. 国家通过购买中央银行资本中原来属于私人的股份而对中央银行拥有了全部股权

一般说来,历史比较久远的中央银行大多为私营银行或股份银行演变而来,最初的资本金大多为私人投资或股份合作。1936年后,一些国家加强对经济的干预,使中央银行的地位不断上升和作用逐渐增强,为了更好地行使中央银行职能,许多通过购买私人股份的办法逐渐实行了中央银行的国有化。如1938年加拿大银行、1945年法兰西银行、1946年英格兰银行、1948年荷兰银行、1949年挪威银行和印度储备银行、1958年德国联邦银行、1962年西班牙银行分别被本国政府将其全部股本收归国有。

2. 中央银行成立时,国家就拨付了全部资本金

1920年布鲁塞尔国际经济会议要求各国普遍建立中央银行制度以后,许多国家由政府直接拨款建立中央银行。特别是第二次世界大战之后,欧洲出现国有化浪潮,一批新独立的国家更是由政府拨款直接建立了自己的中央银行。

目前,中央银行资本为国家所有的国家有英国、法国、德国、加拿大、澳大利亚、荷兰、挪威、西班牙、瑞典、丹麦、俄罗斯、匈牙利、罗马尼亚、南斯拉夫、蒙古、泰国、新西兰、萨尔瓦多、印度、巴哈马、肯尼亚、埃及、阿曼、尼日利亚、坦桑尼亚、印度尼西亚、阿拉伯联合酋长国等。并且中央银行的国有化已成为一种发展趋势。中国人民银行的资本组成也属于国家所有的类型,《中华人民共和国中国人民银行法》(修正)第八条规定:"中国人民银行的全部资本由国家出资,属于国家所有。"

(二)公私股份混合所有

这种资本组成类型,国家资本一般占中央银行资本总额的50%以上,非国家资本即民间资本包括企业法人和自然人的股份低于一半。如日本银行,政府拥有55%的股份,其余45%的股份由民间持有;墨西哥的中央银行,国家资本占53%,民间资本占47%;巴基斯坦中央银行的股份,政府持有51%,民间资本占49%。也有些国家如比利时、厄瓜多

尔等国中央银行的资本中政府和民间股份各占50%。在采取这种所有制结构的中央银行中，法律一般都对非国家股份持有者的权利作了限定，如只允许有分取红利的权利而无经营决策权，其股权转让也必须经中央银行同意后方可进行等。对于一些具体事宜有些国家还作了更为详细的规定，如日本银行规定，私股持有者每年享受的最高分红率为5%。由于私股持有者不能参与经营决策，所以对中央银行的政策基本上没有影响。中央银行采取这种所有制结构的主要国家还有：巴基斯坦、委内瑞拉、卡塔尔、奥地利、土耳其等国。

（三）全部资本非国家所有

这类中央银行，国家不持有股份，全部资本由其他股东投入，经政府授权，执行中央银行职能。主要有美国、意大利和瑞士等少数国家。美国12家联邦储备银行的股本全部由参加联邦储备体系的会员银行出资，商业银行要成为联邦储备银行的会员银行，必须购买所属联邦区的联邦储备银行的股份，其购买的股份按照规定，相当于该银行实收资本和公积金的6%，认购时先缴付所认购股份的一半即3%，另一半由联邦储备银行董事会根据需要，随时通知缴付。会员银行不能将所持联邦储备银行的股份转让和抵押。意大利在1936年的《意大利银行法》中规定意大利银行为公法银行，并将股份持有人限定为储蓄银行、公营信贷银行、保险公司、社会保障机构等，股份转让也只能在上述机构之间进行，并须得到意大利银行董事会的许可。

专栏3-2 没有实权的美国联邦储备银行的"所有者们"

美国联邦储备体系特有的资本形式，使会员银行均是联邦储备体系的所有者，它们持有联邦储备银行的股票，但并不享有所有权带来的一般利益。具体表现：(1)它们对美联储的收益没有要求权，不论美联储收益如何，只能得到每年6%股息。(2)与一般的股东不同，它们对联邦储备体系如何使用其财产没有发言权。(3)每个会员银行对6个A类和B类董事职位只能推选一位候选人，而且这位候选人通常由联邦储备银行行长（转由委员会批准）提名，结果是会员银行被排除在联邦储备体系的政治程序之外，没有实际影响力。

———————

资料来源：[美]弗雷德里克·S.货币银行学(第6版)，北京：中国人民大学出版社，2005，352。

（四）无资本金的中央银行

由于中央银行获得国家的特别授权执行中央银行职能后，即可通过发行货币和吸收金融机构的准备金存款获得资金来源，因此，作为中央银行，有无资本金在其实际业务活动中并不重要。韩国的中央银行是目前唯一没有资本金的中央银行。

（五）全部资本为多国共有

货币联盟中成员国共同组建中央银行的资本金是由各成员国按商定比例认缴的，各国按认缴比例共同拥有对中央银行的所有权。

中央银行的资本组成虽然有上述5种类型，但有一点是共同的，即无论是哪种类型的中央银行，都是由国家通过法律（跨国中央银行是通过成员国之间的条约）赋予其执行中央银行的职能，资本所有权的归属不对中央银行的性质、职能、地位、作用等发生实质性影响。

二、中央银行的权力分配结构

中央银行的权力分配结构主要指最高权力分配状况,这通过权力机构的设置和职责分工体现出来。中央银行的最高权力可分为决策权、执行权和监督权三个方面,分别由一个或几个机构单独或分别行使。其中决策权是权力的核心,是中央银行权威的象征;执行权是权力的集中体现,在执行中又包含着许多次级决策权;监督权是对决策和执行权利的约束,是对中央银行有效行使职能的保证。

由于各国的历史传统、文化背景、经济制度、经济发展水平和金融业总体状况不同,中央银行在社会经济中所处的地位不同,决定了中央银行在行使决策权、执行权和监督权的方式上存在一定的差异。但总的说来,有以下三种模式:

(一)中央银行的决策权、执行权和监督权一体化的模式

这种模式中一般设立一个权力机构——中央银行理事会行使所有的权限。理事会既是各项政策、方针和规章制度的制定者,又负责这些政策、方针的贯彻实施和监督。英国、美国、菲律宾、马来西亚等国的中央银行属于这种类型。

美国联邦储备体系的最高权力机构是联邦储备委员会,也称理事会。其主要职责有:制定货币政策包括规定和变更存款准备金率、批准调整再贴现率等;监管12家联邦储备银行和联储管辖范围内的金融机构即会员银行和银行持股公司等;保证美国支付体系的完整性和连续性;负责监督执行有关消费信贷的联邦法规。此外,理事会还须向国会提交其经营情况的年报,以及一年两度的有关国家经济发展状况和联储货币与信贷供应增长目标的特别报告。联邦储备理事会成员共7名,由总统任命,并须得到参议院的核准,任期为14年,每两年更换1人,不得连任,但可在期满之前辞职或解职。理事会主席、副主席由总统在理事会成员中挑选,也须得到参议院的核准,任期为4年,可以连任,但最长不得超过作为理事会成员的14年任期;联邦储备理事会的经费来源于各联邦储备银行,每年由一家公开的会计师事务所对理事会的财务状况作一次全面检查,国家会计总局也有权检查其账户。在联邦储备体系内又设联邦公开市场委员会,负责联储在公开市场的操作,包括买卖政府和联邦机构的证券、吞吐存款机构的储备以及规定和指导外汇市场上美元对外国货币的操作等。公开市场委员会由12名成员组成,包括联储理事会的7名成员和5家联邦储备银行的行长,其中纽约联邦储备银行的行长为当然性成员,其余4位成员由各储备银行轮流担任,任期4年。英格兰银行理事会负责货币政策的制定和实施。理事会由正副总裁各1人和16名理事组成,均由政府推荐,英王任免。正副总裁任期5年,可以连任,理事任期4年,轮流离任,每年2月底更换4人。理事会成员包括商业银行行长、企业家和工会领袖等,议员、政府成员、公职人员不能担任理事。1997年设立货币政策委员会,专门负责再贴现率的调整,由英格兰银行正副总裁和来自英格兰银行的内部委员2名以及外部委员4名组成。中国人民银行采取的也是一体化模式。《中华人民共和国中国人民银行法》(修正)第十条和第十一条分别规定:"中国人民银行设行长一人,副行长若干人。中国人民银行行长的人选,根据国务院总理的提名,由全国人民代表大会决

定；全国人民代表大会闭会期间，由全国人民代表大会常务委员会决定，由中华人民共和国主席任免。中国人民银行副行长由国务院总理任免。""中国人民银行实行行长负责制。行长领导中国人民银行的工作，副行长协助行长工作。"根据此项法律，中国人民银行的行长行使最高决策权。第十二条又规定："中国人民银行设立货币政策委员会。货币政策委员会的职责、组成和工作程序，由国务院规定，报全国人民代表大会常务委员会备案。"1997年4月15日国务院制定了《中国人民银行货币政策委员会条例》，该条例规定："货币政策委员会是中国人民银行制定货币政策的咨询议事机构。"货币政策委员会的职责是：在综合分析宏观经济形势的基础上，依据国家的宏观经济调控目标，讨论下列货币政策事项，并提出建议：(1)货币政策的制定、调整；(2)一定时期内的货币政策调控目标；(3)货币政策工具的运用；(4)有关货币政策的重要措施；(5)货币政策与其他宏观经济政策的协调。货币政策委员会通过全体会议履行职责。货币政策委员会的组成人员有：中国人民银行行长，中国人民银行副行长2人，国家发展计划委员会副主任1人，国家经济贸易委员会副主任1人，财政部副部长1人，国家外汇管理局局长，中国证券监督管理委员会主席，国有独资商业银行行长2人，金融专家1人。其中，中国人民银行行长、国家外汇管理局局长、中国证券监督管理委员会主席为当然委员，其他委员由中国人民银行提名或由中国人民银行会同有关部门提名，报请国务院任命。货币政策委员会设主席、副主席各1人，主席由中国人民银行行长担任，副主席由主席指定。货币政策委员会设立秘书处，作为货币政策委员会的常设办事机构。目前，货币政策委员会秘书处与中国人民银行货币政策司合署办公。货币政策委员会在制定货币政策方面发挥着重要作用，但由于该委员会的性质是咨询议事机构，因此，从中国人民银行的权力分配结构看，是属于决策权、执行权、监督权合一并且权力高度集中的中央银行。

决策权、执行权和监督权一体化的模式下，决策层次少、权力集中，有利于政策间的衔接和一致，便于迅速决策和操作；缺点是相互之间缺乏制衡机制。

(二)中央银行的决策权、执行权与监督权分别由不同机构来行使的相对分离的模式

采取这种模式的中央银行主要有日本银行、德国联邦银行、法兰西银行、瑞士银行等。

日本银行的最高决策权力机构是日本银行政策委员会，其主要职责是：改变再贴现率和存款准备金率，制定调整金融市场的运作和管理规则，讨论通过日本银行主要职能机构的变更以及在业务、会计等方面的重要事项。日本银行政策委员会由9名委员组成，包括日本银行的总裁和2名副总裁以及来自外部的6名委员，全部由内阁任命，议会批准，任期为5年。日本银行的最高执行权力机构是日本银行理事会，负责执行政策委员会的决定和研究处理日常经营中的重大事项。理事会由日本银行总裁、副总裁和17名理事组成，正副总裁任期5年，其他理事任期4年，均由大藏大臣任命。同时，日本银行还设立监事会，由5名成员组成，任期4年，内阁任命，负责监督检查日本银行的业务和政策执行情况。

德国联邦银行的最高决策机构是联邦银行理事会，其成员由联邦银行行长、副行长、9个州的州中央银行行长及6名理事组成，负责制定货币政策、中央银行业务和经营管理基本方针以及联邦银行理事会和州中央银行执行理事会的权限范围等。德国联邦银行的执

行权力机构是中央银行执行理事会,负责实施中央银行理事会做出的决议,领导并管理联邦银行的业务活动。执行理事会成员全部从中央银行理事会成员中产生,该执行理事会由联邦银行行长、副行长以及不多于6人的专家组成,经中央银行理事会研究后,由联邦政府提名,总统任命,任期一般为8年。

法兰西银行的最高决策权力机构是法兰西银行货币政策委员会,其主要职责是制定货币政策,监督和管理通货总量,制定中央银行公开市场操作的方针等。法兰西银行货币政策委员会由9名成员组成,包括法兰西银行行长、2名副行长和6名行外著名人士。其中行长和副行长任期6年,其他6名委员任期9年,全部由政府任命。法兰西银行的最高执行权力机构是法兰西银行理事会,负责法兰西银行的重要具体事务,如研究银行准备金的运用,审定分支机构的设置、撤销,提出利率的调整方案等。法兰西银行监督权力机构是法兰西银行管理委员会,由法兰西银行行长、国家法制委员会所属的财政委员会主任、国库局长、银行行业公会代表和银行职工工会代表共5人组成。该委员会独立行使监督管理职能,拥有管理、发布规定和执行纪律的权力。

决策权、执行权与监督权相对分离的模式下,权力分散,有利于专业化管理和权力的制衡;缺点是相互协调的效率较低。

(三)中央银行的决策权、执行权与监督权由不同机构交叉承担的模式

采取这种模式的比较典型的是瑞士国家银行。瑞士国家银行除股东大会外,还有参事会是瑞士国家银行的监督机构,同时具有决策权。理事会是瑞士国家银行的最高执行权力机构,理事会有权制定贴现率和贷款利率。

三、中央银行的内部组织结构

中央银行的结构除了以上阐述的权力分配结构外,还包括内部职能机构设置和分支机构设置等内部组织结构。中央银行的内部组织结构是中央银行制度的重要内容之一,中央银行行使其职能要在既定的内部组织结构框架下进行。

(一)中央银行的内部机构设置

中央银行内部机构的设置,是指中央银行总行或总部机关的职能划分及分工。内部机构设置的合理与否和各机构相互之间配合如何直接关系到中央银行业务的开展和完成其职能的效率。为确保中央银行行使其职能,各国中央银行内部都设置了一些具体的职能机构进行业务操作。各国中央银行内部职能部门的设置都是根据其担负的任务,包括货币政策的组织实施、与各类金融机构的业务往来、金融监管等,按照精干、高效和有利配合协调等原则而设置的。尽管各国中央银行的内部机构设置数量不等、名称亦有差别,但总体来看,大都包括如下几种部门:

1. 业务部门

各国中央银行都必须设立与其行使中央银行职能直接相关的各业务部门。这是中央银行内设机构的主体部分,包括办理与金融机构业务往来的部门、货币政策操作部门、负责货币发行的部门、组织清算的部门。

2. 金融监管部门

主要负责对金融机构、金融市场的管理,对金融业务的监督等等。

3. 经济金融调研部门

主要负责对有关经济金融资料和情报的收集、整理、统计、分析,对经济社会发展情况进行研究,为金融决策部门提供咨询和建议。该部门又可进一步细分为统计分析部门、研究部门等。

4. 行政办公部门

主要负责中央银行的日常行政管理,为中央银行有效行使职能提供保障,是行政管理服务的部门,包括秘书、人事、服务部门、后勤保障部门等。

中央银行内部职能机构的设置并不是固定不变的,随着中央银行职能和业务量的变化,职能机构也会随之调整,各部门之间的业务分工也会视工作的方便而有所改变,但一般说来,在一定时期内,中央银行的内部职能机构是比较稳定的。例如,目前英格兰银行的内部机构主要有发行部和银行部两大体系,彼此相对独立。具体职能部门有银行监督局、金融结构和机构局、货币市场局、政府债券局、外汇局、国际局、统计局、经济研究局等;法兰西银行的内部机构有发行局、贴现局、信贷局、国外业务局、银行管理局、研究局等;日本银行内部机构有发行局、国库局、国债局、管理局、调查统计局、储蓄推进局、检查局等;为美国联邦储备理事会服务的职能部门,有理事会办公室、法律部、消费者及社会事务部、银行监督管理部、联邦储备银行业务部、国际金融部、数据处理部、研究统计部、服务部、人事部等。

中国人民银行内设机构有18个职能司(厅、局或部)和服务机构,它们是:办公厅、条法司、货币政策司、金融市场司、金融稳定局、调查统计司、会计财务司、支付结算司、科技司、货币金银局、国库局、国际司、内审司、人事司、研究局、征信管理局、反洗钱局、党委宣传部。按目前规定,中国人民银行总行机关行政编制为500名。总行机关实行国家公务员制度。

(二)中央银行分支机构的设置

中央银行的分支机构是中央银行体系中的重要组成部分,是中央银行全面行使职能和高效顺利履行规定职责所必需的组织保证。世界各国的中央银行基本上都设立了自己的分支机构。中央银行分支机构的设置大致有下面三种情况:

1. 按经济区域设置分支机构

这种设置方法是根据各地经济金融发展状况和中央银行业务量的大小,视实际需要按经济区域进行分支机构的设置。

(1) 经济区域的划分主要考虑的因素:①地域关系;②经济、金融联系的密切程度;③历史传统;④业务量。一般来说,中央银行分支机构都设立在选定区域内的经济和金融中心,机构规模的大小视实际需要而定。

(2) 按经济区域设置分支机构的特点。这种设置方式的主要特点表现在:①有利于中央银行各项政策方针的贯彻执行和货币政策的集中统一操作;②反映出中央银行是国家的宏观经济调控部门而非一般行政机构的基本特征,从而少受地方政府的干预;③使分支机构设置的主动权完全掌握在中央银行,中央银行可根据实际需要确定分支机构的数量和分布,使分支机构能够尽可能地集中,有利于减少成本、提高效率;④能更好地体现市场经济的原则,也符合商品经济发展的客观规律。

目前世界上大多数国家中央银行的分支机构都是按照经济区域设置的。美国是按经济区域设置中央银行分支机构最典型的国家。美国12家联邦储备银行虽然不是联邦储备理事会的下属分支机构,但事实上作为美国联邦储备体系的重要组成部分,它们是按照经济区域成立的。美国联邦储备体系将全国50个州和哥伦比亚特别行政区划分为12个联邦储备区,每个区在指定的中心城市设立一个联邦储备银行。美国联邦储备银行在各自的辖区内执行中央银行的职能。这12家联邦储备银行分别设在纽约、波士顿、费城、克利夫兰、里奇蒙、亚特兰大、芝加哥、圣路易斯、明尼波里、堪萨斯城、达拉斯、旧金山。这12家联邦储备银行多数还在本辖区内设立了分行和特别办事处。

英格兰银行的分支机构也是按照经济区域设置的。目前,英格兰银行在全国5个中心城市伯明翰、布里斯尔、利兹、曼彻斯特、纽卡斯尔设立了区域分行,在3个城市格拉斯哥、利物浦和南安普敦设立了代理处。

2. 按行政区划设置分支机构

在这种设置方式下中央银行分支机构的设置与国家的行政区划相一致,逐级设置分行或支行。分支机构规模的大小与其所在的行政区的级别相关,而与业务量的关系不大。这种设置方式一般是与计划经济体制相适应。前苏联以及其他实行计划经济体制的国家基本上都是采取按行政区划设置分支机构的方式。在1998年以前中国人民银行也是采取这种设置方式:总行设在首都北京,各省、自治区、直辖市以及经济特区和国家确定计划单列的重点城市,设立一级分行;在省辖地区和市设立二级分行;在全国的县一级设立支行。总、分、支机构实行垂直领导和管理。

3. 以经济区域为主、兼顾行政区划设置分支机构

这种设置方式一般是按经济区域设置分行,而分行之下的机构设置则考虑行政区划并尽量与行政区划相一致。采取这种设置方式的国家有日本、德国、意大利、匈牙利、南斯拉夫、中国(1998年后)等国。

日本银行把全国47个都、道、府、县划分为33个业务区,每区设立一个分行,分行所在的中心城市也是商业银行等金融机构比较集中的地区,同时还设有12个办事处。分行以下机构的设立则更多地考虑行政区划。

德国将全国9个州的中央银行作为德意志联邦银行的分行,分行以下根据业务需要设置分支机构,并考虑行政区划的因素。

中国人民银行于1998年底在分支机构设置上进行了重大改革,撤销了省级分行,按经济区域设立了9家跨省、自治区、直辖市的分行,它们是:天津分行(管辖天津、河北、山西、内蒙古);沈阳分行(管辖辽宁、吉林、黑龙江);上海分行(管辖上海、浙江、福建);南京分行(管辖江苏、安徽);济南分行(管辖山东、河南);武汉分行(管辖江西、湖北、湖南);广州分行(管辖广东、广西、海南);成都分行(管辖四川、贵州、云南、西藏);西安分行(管辖陕西、甘肃、青海、宁夏、新疆)。同时,撤销北京分行和重庆分行,在这两个直辖市设立总行

营业管理部履行所在地中央银行职责。在撤销省级分行、设立9家大经济区域分行之后，在不设分行的省会城市设立中心支行，经济特区和国家确定的计划单列市的分行改设为中心支行，原在省辖地区和市设立的二级分行也改设为中心支行，县级支行仍然保留。所以，目前中国人民银行的分行是按照经济区域设置的，而中心支行和支行则是按行政区域设置的。

从总的情况看，按经济区域和按业务量设分支行，是各国中央银行设分支机构的一般原则。当然，这只是一种大的分类，实际上，各国中央银行设置分支机构时，在遵循某种基本原则时，也必然受其历史发展、传统习惯、政治体制、中央银行职能等诸多因素的影响。目前世界各国的中央银行，除美国联邦储备体系之外，其分支机构都可以看作为中央银行总行或总部的派出机构。总行或总部对分支机构一般都实行集中统一领导和管理，在分支机构层次较多的情况下，大都按逐级管理的方式进行运作。

值得一提的是，由于中央银行的宏观调控职能不能跨越国界，目前各国中央银行都没有在国外设立分支机构，只是少数国家中央银行根据需要，在国外设立代表机构。如日本银行在纽约、伦敦、巴黎、法兰克福和香港设有代表处；澳大利亚联邦储备银行在纽约和伦敦设有代表处。中国人民银行也在海外设立了若干代表机构，目前有：驻美洲代表处、驻欧洲（伦敦）代表处、驻法兰克福代表处、驻东京代表处、驻南太平洋代表处、驻非洲代表处、驻加勒比开发银行联络处等。

专栏3-3 中国人民银行组织机构设置的几条原则

(1) 货币政策的执行功能，一定要尽可能地集中并与行政区划保持一定距离，这样可以减少行政力量对货币政策的影响。

(2) 在中央银行吞吐基础货币的手段逐渐以公开市场业务为主之后，需要面对金融机构办理基础货币业务的只有再贴现业务，这种业务量不宜太大，相对集中在一些分行办理，有利于减少行政干预。

(3) 金融监管要实行下管一级的原则，以减少同级干预。中国的金融机构，由于历史的原因形成了在各级行政区注册并有相应级别的现状。

(4) 由同一驻地同一级别的中央银行分支机构监管当地金融机构，难以做到铁面无私。因而在中央银行机构设置时，可考虑用下管一级的原则，设置分支机构。

(5) 保持中央银行金融服务体系的相对完整与稳定。

(6) 人民银行承担着一些与货币政策相对独立的服务功能：现钞发行、代理国库、联行清算和金融统计。由于这些功能不直接与地方利益联系，很少受到外来干预，又由于这些功能技术性强，在人民银行机构设置时，应注意保持系统的完整性。

(7) 减少同一地理领域人民银行机构的重复设置，按照交通、通信设施的情况调整相邻机构。

摘自《上海证券报》，1998年11月19日，《新一轮改革中的中国金融》编写组，吴晓灵等。

专栏3-4 中国人民银行在悉尼设立驻南太平洋代表处

中国人民银行于2006年11月19日宣布在澳大利亚最大城市悉尼设立驻南太平洋代表处，代表处于当日起正式办公。中国人民银行驻南太平洋代表处的主要职责包括研究本地区经济金融发展动态，促进中国人民银行与南太平洋地区货币当局间的日常联系和交流。中国人民银行在声明中称，其驻南太平洋代表处的设立有助于扩大中国人民银行与南太平洋地区国家货币当局在货币金融政策研究、金融市场发展、人员培训等方面的合作，并将进一步提升双方经济金融合作的层次和水平。

来源：新华网。

【思考与应用】

1. 试比较四种类型的中央银行制度的特点。
2. 请就目前中国人民银行的制度结构进行评价。
3. 中央银行的组织结构一般包括哪些内容？
4. 概要说明中国人民银行目前的组织结构状况。
5. 中美中央银行制度的异同。

第四章　中央银行的业务活动与资产负债表

【本章提要】

中央银行作为特殊的金融机构和国家的宏观金融管理部门,其业务活动要在法律的保证和约束下进行。中央银行的法律规范包括法定业务权力、法定业务范围和法定业务限制。中央银行在法定业务活动中应该遵循非盈利性、流动性、主动性、公开性、相对独立性等原则。中央银行的业务活动分为银行性业务和管理性业务两大类。中央银行资产负债表的资产方主要有国外资产、对中央政府的债权、对各级地方政府的债权、对存款货币银行的债权、对非货币金融机构的债权、对非金融政府企业的债权、对私人部门的债权等,负债方主要有储备货币、定期储备和外币存款、发行债券、进口抵押和限制存款、对外负债、中央政府存款、对等基金、政府贷款基金、资本项目等。根据资产负债必然相等的会计原理,中央银行资产负债表主要项目之间的关系包括资产与负债的基本关系、资产负债主要项目之间的对应关系等。

【基本概念】

法定业务权力　非盈利性　流动性　主动性相对独立性　银行性业务　管理性业务
中央银行资产负债表

第一节　中央银行业务活动的原则与分类

一、中央银行业务活动的法律规范

现代中央银行作为金融体系的核心和宏观金融管理者,其重要性越来越突出,其业务活动不仅会对一国的金融机构和金融市场产生重要影响,而且对一国的经济甚至世界的金融和经济都会产生重大影响。因此,有必要通过法律来规范中央银行的业务活动,使之在开展业务活动时既有法律作保证,又可以对其自身进行必要的法律约束。目前,各国都先后制定了"中央银行法",中央银行的各项业务活动都必须依法进行。各国对中央银行业务活动的法律规范大致可分为法定业务权力、法定业务范围、法定业务限制三个方面。

(一)中央银行的法定业务权力

中央银行的法定业务权力是指法律所赋予的中央银行在进行业务活动时可以行使的特殊权力。根据各国的中央银行法,中央银行的法定业务权力一般有以下几项:

1. 发行货币的权力

在现代信用货币制度下，中央银行垄断货币发行权。当中央银行行使法定货币发行权时，就形成了货币发行业务，构成了中央银行的负债。

2. 管理货币流通的权力

中央银行对货币流通的管理分为宏观管理和微观管理。宏观管理是指对货币流通总量的确定、货币流通结构的计量与测定、货币流通调节手段的选择等，中央银行可以通过法定存款准备金率和贴现率的调整以及再贴现资格的确定，调节货币流通。微观管理主要是指对货币流通实施的具体性、技术性管理，包括货币发行与回笼的程序、货币流通的渠道与方式等，对货币流通的微观管理主要体现在货币发行和清算业务中。

3. 持有、管理、经营国家的黄金外汇储备的权力

为了使中央银行能更好地履行稳定货币、调节汇率的职责，各国都规定由中央银行持有、管理、经营黄金外汇储备，由此形成了中央银行对黄金外汇的买卖业务，黄金外汇资产成了中央银行重要的资产项目。

4. 经理国库的权力

一般实行委托国库制的国家都通过立法的形式授权中央银行经理国库，由此形成了中央银行的经理国库业务和会计业务。

5. 发布监管金融机构的业务命令和规章制度的权力

各国法律都赋予了本国中央银行对金融机构业务活动发布行政命令和规章制度的权力，各金融机构必须遵照执行。例如，当中央银行发布金融机构资产负债比例管理监管命令时，各金融机构就要相应调整其资产负债的结构，如果流动性不足，金融机构就需要向中央银行申请再贴现和贷款，或卖出证券，由此形成中央银行的资产负债业务。

6. 对金融业的活动进行统计和调查的权力

各国都通过法律赋予中央银行统计调查权，各金融机构必须依法如实、准确、及时地提供数据资料，以保证中央银行统计业务的正常开展。

7. 保持业务活动的相对独立性的权力

各国中央银行法一般都明确规定中央银行有权独立进行业务活动，不受各级政府、政府部门、社会团体或个人干预，依法行使权力开展业务活动。

(二) 中央银行的法定业务范围

根据中央银行的法定业务权力，中央银行的法定业务范围主要是：

(1) 货币发行业务；

(2) 存款准备金业务；

(3) 为在中央银行开立账户的金融机构办理再贴现和贷款；

(4) 在公开市场从事有价证券的买卖；

(5) 经营黄金外汇储备；

(6) 经理国库；

(7) 代理政府向金融机构发行、兑付国债和其他政府债券；

(8) 组织或协助金融机构开展清算业务，提供必要的清算设施与服务；

（9）对金融活动进行统计调查，编制金融统计数据和报表，按照国家规定定期予以公布；

（10）对各金融机构的业务活动进行稽核、检查和审计；

（11）对中央银行的财务收支进行会计核算；

（12）法律允许的其他业务。包括外国中央银行或政府的存款、非存款货币银行的存款、特种存款，发行中央银行债券等其他负债业务以及向财政部、外国中央银行或政府、国际性金融机构的放款等其他资产业务。

（三）中央银行的法定业务限制

为了保证中央银行更好地履行职责，通常各国中央银行法都对其业务活动进行了必要的限制性规定，主要有以下几项：

（1）不得直接从事商业票据的承兑、贴现业务；

（2）不得直接从事不动产的买卖业务；

（3）不得从事商业性证券投资业务；

（4）不得经营一般性的银行业务或非银行金融业务；

（5）不得直接向个人、企业发放贷款，有的国家还规定不得向地方政府、各级政府部门、非银行金融机构提供贷款；

（6）一般不得向财政透支、直接认购包销国债和其他政府债券。

二、中央银行业务活动的基本原则

中央银行在业务活动中所遵循的经营原则与一般商业银行、政策银行及其他金融机构有所不同。因为中央银行的各项业务活动是为了履行其各项法定职责而进行的，比如中央银行的货币发行业务、存款准备金业务、再贴现和贷款业务、公开市场业务等都必须要服从于实施货币政策的需要，如果中央银行采取扩张性货币政策，就应该扩大各项资产负债业务，如果采取紧缩性货币政策则应该缩减各项资产负债业务，绝不能脱离或背离货币政策的实施需要而孤立进行。因此，中央银行最基本的业务活动原则应该是必须服从于履行中央银行职责的需要。在具体的业务经营活动中中央银行应该遵循非盈利性、流动性、主动性、公开性、相对独立性等原则。

（一）非盈利性

非盈利性是指中央银行的一切业务活动都不以盈利为目的。中央银行是以调控宏观经济、稳定货币、稳定金融、为银行和政府服务为职责的宏观金融管理机构，它具有特殊的地位和作用。中央银行在日常业务活动中，首先要考虑宏观金融管理需要，而非盈利，有时即使是不盈利甚至亏损的业务也要去做。当然，中央银行的业务活动不以盈利为目的，并不意味着不讲经济效益，在同等或可能的情况下，中央银行的业务活动也应该获得应有的收益，尽量避免或减少亏损，以降低宏观金融管理的成本。中央银行在实际业务活动中，也往往能获得一定的利润，但这只是一种客观的经营结果，并非其进行业务活动的初衷。

（二）流动性

流动性主要是指中央银行的资产业务需要保持足够的流动性。因为中央银行在充当金融机构的"最后贷款人"、进行货币政策操作和宏观经济调控时，必须要拥有相当数量的可随时动用的资金，才能满足其调节货币供求、稳定币值和汇率、调节经济运行的需要。所以，中央银行必须使自己的资产保持最大的流动性，不可投资于不易变现的资产，一般不允许发放长期贷款，如2003年修正后的《中华人民共和国中国人民银行法》第二十八条规定中国人民银行对商业银行贷款的期限不得超过一年。

（三）互动性

主动性是指中央银行的资产负债业务需要保持主动性。只有其资产负债业务保持主动性才能根据履行职责的需要，通过其资产负债业务实施货币政策和金融监管，有效地控制货币供应量和信用总量。

（四）公开性

公开性是指中央银行应定期向社会公布其业务与财务状况，并提供有关的金融统计资料，发布经济、金融信息。中央银行的业务活动保持公开性，有利于社会公众监督，确保其业务活动公平合理；有利于提高中央银行的信誉和权威；也有利于国内外及时了解中央银行的政策意图，便于他们进行合理预期，调整经济决策和行为，从而增强货币政策的效果。因此，许多国家以法律形式规定中央银行必须定期公布其财务状况和金融统计资料，其业务活动必须保持公开性，不能隐匿或欺瞒。

（五）相对独立性

相对独立性是指中央银行与政府、与其他宏观经济管理部门之间应保持相对独立，能够独立行使中央银行的权利，独立制定执行货币政策，不受政府的行政干预。

三、中央银行业务活动的一般分类

由于中央银行的地位和职能的特殊性，它的业务活动的种类与一般金融机构也有很大差别。按中央银行的业务活动是否与货币资金的运动相关，一般可以分为银行性业务和管理性业务两大类。

（一）银行性业务

银行性业务是指中央银行作为发行的银行、银行的银行、政府的银行所从事的业务。这类业务都直接与货币资金相关，都会使货币资金的运动和数量发生变化。银行性业务又可分为两种：

1. 形成中央银行资金来源和资金运用的资产负债业务

这类业务主要有货币发行业务、存款准备金业务、其他存款或发行中央银行债券、外汇黄金业务、再贴现业务和贷款业务、公开市场证券买卖业务、其他贷款或融资业务等，这类业务所形成债权债务状况综合反映在中央银行的资产负债表内。

2. 与货币资金运动相关但不进入资产负债表的银行性业务

这类业务主要有经理国库业务、清算业务、代理政府向金融机构发行及兑付债券业务、会计业务等。

(二)管理性业务

管理性业务是指中央银行作为一国最高金融管理当局所从事的业务。这类业务主要服务于中央银行履行宏观金融管理的职责,它最大的特点是:(1)与货币资金的运动没有直接的关系,不会导致货币资金的数量或结构变化;(2)需要运用中央银行的法定业务权力。管理性业务主要有金融调查统计业务和对金融机构的稽核、检查、审计业务等。

需要注意的是,上述的分类是相对的,有时它们之间的界限也不能截然分开。例如,清算业务中统计时点上的在途资金会反映在资产负债表的其他负债项目中;还有,资产负债业务中对商业银行的放款、存款准备金业务,会影响到清算业务、统计业务。因此,中央银行的各个业务部门需要在分工的基础上密切配合,共同履行职责。

第二节 中央银行的资产负债表

中央银行的资产负债表是反映其基本业务活动的综合会计记录,是中央银行发挥职能的基本体现。中央银行资产负债业务的种类、规模和结构,都综合地反映在一定时期的资产负债表上。因此,要了解中央银行的业务活动和资产负债的情况,必须首先了解中央银行的资产负债表及其构成。

一、中央银行资产负债表的一般构成

为了便于各国之间相互比较和了解,国际货币基金组织定期编制的《国际金融统计》刊物,以相对统一的口径提供了各成员国中央银行资产负债表的基本格式,称之为"货币当局资产负债表"。各国中央银行在编制资产负债表时主要是参照国际货币基金组织的格式和口径来编制,表4-1为国际货币基金组织提供的货币当局资产负债表的主要项目。

表4-1 简化的货币当局资产负债表

资　　产	负　　债
国外资产	储备货币
对中央政府的债权	定期储备和外币存款
对各级地方政府的债权	发行债券
对存款货币银行的债权	进口抵押和限制存款
对非货币金融机构的债权	对外负债
对非金融政府企业的债权	中央政府存款
对私人部门的债权	对等基金
	政府贷款基金
	资本项目
	其他

(一)资产

一国货币当局的资产包括两大类:国外资产和国内资产。

1. 国外资产

国外资产主要包括中央银行持有的可自由兑换外汇、黄金储备、不可自由兑换的外汇、地区货币合作基金、国库中的国外资产、其他官方的国外资产、对外国政府和国外金融机构贷款、未在别处列出的其他官方国外资产、在国际货币基金组织中的储备头寸和特别提款权的持有额等。

2. 国内资产

国内资产主要是由中央银行对政府、金融机构和其他部门的债权构成。

(1) 对中央政府的债权也就是中央政府对中央银行的债务,它包括中央银行所持有的国库券、政府债券、财政短期贷款、对国库的贷款和垫款以及法律允许的透支额等。

(2) 对各级地方政府的债权是指地方政府对中央银行的债务,包括中央银行所持有的地方政府债券和其他证券、贷款、垫款等。

(3) 对存款货币银行的债权是指存款货币银行对中央银行的债务,包括再贴现、担保信贷、贷款、回购协议、其他债权和中央银行在一些银行的存款等。

(4) 对非货币金融机构的债权与上面对存款货币银行的债权二者内容基本相同,区别在于债权对象是两类不同的金融机构。

(5) 对非金融政府企业的债权是指中央银行持有的对"为政府所有和控制并大规模向公众出售工业或商业货物和劳务的企业"的债权,包括票据、证券、国内货币和垫款、外币贷款和垫款、非金融政府企业的出口资金融通、长期发展贷款和其他放款等。

(6) 对私人部门的债权是指中央银行对非金融私人企业、家庭及私人非营利组织的债权,主要包括对私人票据的直接贴现、对企业和个人的直接担保垫款、对中央银行职工提供的抵押贷款和消费贷款以及在公开市场购买的私人企业的证券等。

(二) 负债

1. 储备货币

储备货币是货币当局资产负债表内负债中的主要项目,是中央银行用来影响存款货币银行的清偿手段,从而影响存款货币银行创造存款货币能力的基础货币,又称高能货币。主要包括公众手中持有的现金、存款货币银行持有的现金、存款货币银行在中央银行的存款(包括法定存款准备金和超额准备金)、政府部门以及非货币金融机构在中央银行的存款、特定机构和私人部门在中央银行的存款等。

2. 定期储备和外币存款

定期储备和外币存款主要包括各级地方政府、非金融政府企业、非货币金融机构等期限在1个月以上的定期存款和外币存款以及反周期波动的特别存款、特别基金和其他外币债务等。

3. 发行债券

发行债券主要包括自有债务,向存款货币银行和非货币金融机构发行的债券以及向公众销售的货币市场证券等。

4. 进口抵押和限制存款

进口抵押和限制存款包括本国货币、外币、双边信用证的进口抵押金和反周期波动的特别存款等。

5. 对外负债

对外负债包括对非居民的所有本国货币和外币的负债,例如从国外银行的借款、对外国货币当局的负债、使用基金组织的信贷额以及在国外发行的债券等。

6. 中央政府存款

中央政府存款包括国库持有的货币、活期存款、定期和外币存款等。

7. 对等基金

对等基金是指受援国政府在外国援助者的要求下,要存放一笔与外国援助资金相等的本国货币的情况下而建立的基金。

8. 政府贷款基金

政府贷款基金是指中央政府通过中央银行渠道从事贷款活动的基金。

9. 资本项目

资本项目主要包括中央银行的资本金、准备金、未分配利润等。

10. 其他

其他项目等于负债方减去资产方的净额。

二、中国人民银行的资产负债表

从 1994 年起,中国人民银行根据国际货币基金组织编制的《国际金融统计》中规定的基本格式,开始编制中国货币当局资产负债表并定期向社会公布。

需要注意的是,自 2011 年 1 月起,人民银行采用国际货币基金组织关于储备货币的定义,不再将其他金融性公司在货币当局的存款计入储备货币,不再将其他金融性公司在货币当局的存款计入储备货币。表 4-2 是 2011~2013 年中国货币当局的资产负债表。

表 4-2 2002~2004 年货币当局资产负债表　　　　　　　　　单位:亿元
Balance Sheet of Monetary Authority　　　　　Unit:100 million yuan

报表项目 Items	2002.12	2003.12	2004.12
国外资产 Foreign Assets	237 898.06	241 416.90	272 233.53
外汇 Foreign Exchange	232 388.73	236 669.93	264 270.04
货币黄金 Monetary Gold	669.84	669.84	669.84
其他国外资产 Other Foreign Assets	4 839.49	4 077.13	7 293.66
对政府债权 Claims on Government	15 399.73	15 313.69	15 312.73
其中:中央政府 Of which: Central Government	15 399.73	15 313.69	15 312.73
对其他存款性公司债权 Claims on Other Depository Corporations	10 247.54	16 701.08	13 147.90
对其他金融性公司债权 Claims on Other Financial Corporations	10 643.97	10 038.62	8 907.36
对非金融性部门债权 Claims on Non-financial Sector	24.99	24.99	24.99

续表

报表项目 Items	2002.12	2003.12	2004.12
其他资产 Other Assets	6 763.31	11 041.91	7 652.04
总资产 Total Assets	280 977.60	294 537.19	317 278.55
储备货币 Reserve Money	224 641.76	252 345.17	271 023.09
货币发行 Currency Issue	55 850.07	60 645.97	64 980.93
其他存款性公司存款 Deposits of Other Depository Corporations	168 791.68	191 699.20	206 042.17
不计入储备货币的金融性公司存款 Deposits of Financial Corporations Excluded from Reserve Money	908.37	1 348.85	1 330.27
发行债券 Bond Issue	23 336.66	13 880.00	7 762.00
国外负债 Foreign Liabilities	2 699.44	1 464.24	2 088.27
政府存款 Deposits of Government	22 733.66	20 753.27	28 610.60
自有资金 Own Capital	219.75	219.75	219.75
其他负债 Other Liabilities	6 437.97	4 525.91	6 244.57
总负债 Total Liabilities	280 977.60	294 537.19	317 278.55

注：数据来源于中国人民银行网站。

从表4-1和表4-2的比较中可见，我国货币当局资产负债表的主要格式和主要项目与国际货币基金组织的规定基本相同。但根据我国现行的金融体制和信用方式，表中的项目具体内容有所不同，各主要项目的概念及定义也有所差别。

（一）资产

1. 国外资产

国外资产是国外资产与国外负债轧抵后的净额，包括中国人民银行所掌握的外汇储备、货币性黄金以及其他国外资产的净额。其中，外汇储备增长非常迅速，在国外资产中所占的比重也最大。

2. 对政府的债权

对政府的债权主要是对中央政府债权，即中央政府以各种形式向中国人民银行的借款。

3. 对存款货币银行债权

对存款货币银行债权主要是指中国人民银行向存款货币银行发放的信用贷款、再贴现等所形成的债权。在国内资产中对存款货币银行的债权是所占比重最大的项目。我国的存款货币银行包括中国工商银行、中国农业银行、中国银行、中国建设银行、中国农业发展银行、交通银行、中信实业银行、光大银行、华夏银行、广东发展银行、深圳发展银行、招商银行、浦东发展银行、福建兴业银行、中国民生银行、渤海银行、浙商银行、蚌埠住房储蓄银行和各城市商业银行、城市信用社、农村信用社、财务公司、邮政储汇局等。

4. 对特定存款机构债权

对特定存款机构债权是指中国人民银行对特定存款机构发放的信用贷款。我国的特定存款机构是指金融信托投资公司、租赁公司和国家开发银行、中国进出口银行这两家政策性银行。

5. 对其他金融机构的债权

对其他金融机构的债权是指中国人民银行对其他金融机构发放的信用贷款。在我国其他金融机构包括证券公司、保险公司、资产管理公司等机构。2002年以前，在中国的货币当局资产负债表中其他金融机构称作非货币金融机构。

6. 对非金融机构的债权

对非金融机构的债权是指中国人民银行为支持老少边穷地区经济开发等所发放的专项贷款。一般来说，中央银行不直接对企业和住户发放贷款，但考虑到这些地区的特殊性，中央银行会在信贷方面直接给予一些专门的支持。中央银行直接给企业和住户发放贷款，必然会增加货币供给；由于这些专项贷款多属政策性业务，在1993年成立政策性银行后划归政策性银行来办理，使专项贷款在人民银行资产总额中所占比重连续下降，从1994年的3.3%下降到1996年的2.6%，1997年的0.5%，1998年的0.3%，2004年的0.17%。

7. 其他资产

其他资产（净）是一个平衡项目，是其他资产与其他负债轧抵后的差额。

（二）负债

1. 储备货币

储备货币主要包括中国人民银行所发行的货币以及金融机构的存款和非金融机构的存款，其中金融机构的存款中存款货币银行的存款所占的比重最大。具体来说储备货币主要包括公众手中持有的现金、存款货币银行的库存现金，各金融机构依法缴存中国人民银行的法定存款准备金和超额存款准备金，邮政储蓄机构转存中央银行的存款和金融机构吸收的由财政拨款形成的部队、机关、团体等的财政性存款。需注意的是从1998年起部队存款改由开户的金融机构支配，但机关、团体存款仍属财政性存款要全部缴存中央银行。特定存款机构和其他金融机构在中央银行的存款主要目的是用于清算的需要，存多存少他们自行决定，但中央银行可以通过存款利率的变动进行调节。

2. 发行债券

发行债券是指中国人民银行发行的融资债券，发行债券构成了中央银行的一个资金来源。近年，该项目的数额增长较大，说明了我国中央银行的公开市场业务发展较快。

3. 国外负债

国外负债是指外国银行或外国政府存放在中国人民银行的存款，目的是用于贸易结算和清算债务，国外负债的多少取决于外国银行和政府的需要，本国的中央银行处于被动地位，而且外国存款的变动会对本国的外汇储备和中央银行基础货币的投放产生一定的影响，但由于该项目的数额很小，其影响力不大。

4. 政府存款

政府存款在中国货币当局的资产负债表中是指中央政府存款，即各级财政在中国人民银行账户上预算收入与支出的余额，中央银行作为政府的银行，具有代理国库的职能，政府的收入与支出均通过财政在中央银行开立的各种账户进行。

5. 自有资金

自有资金是指中国人民银行的资本金和信贷基金。

6. 其他负债

其他负债(净)是一个平衡项目,即其他资产与其他负债轧抵后的差额。

三、中央银行资产负债表主要项目之间的关系

根据资产负债必然相等的会计原理,对资产负债表主要项目之间关系的分析可以从以下几个方面进行。

(一) 资产和负债的基本关系

在中央银行的资产负债表中,由于资本项目(在我国称自有资金)也是中央银行资金运用的来源之一,因此将资本项目列入负债方,而实际上,资本项目不是真正的负债,它和一般负债的作用也是不同的,所以,如果把资本项目和负债分列,则资产与负债的基本关系可以用下面三个公式来表示:

$$资产 = 负债 + 资本项目 \qquad 公式一$$
$$负债 = 资产 - 资本项目 \qquad 公式二$$
$$资本项目 = 资产 - 负债 \qquad 公式三$$

上面三个公式表明了中央银行的资产总额、未清偿的负债总额、资本总额之间的基本的等式关系。

公式一表明,在资本项目一定的情况下,中央银行的资产持有额的增减,必然导致其负债的相应增减。换言之,如果资产总额增加,则必须创造或增加其自身的负债或资本金,反之,如果资产总额减少,则必须缩减或减少其自身的负债或资本金。

公式二表明,中央银行的负债的多少取决于其资产与资本项目之差,在资本项目一定的情况下,如果中央银行的负债总额增加,则其必然扩大了等额的债权,增加了资产;反之,如果中央银行的负债总额减少,则其必然要减少等额的债权,减少了资产。

公式三表明,在中央银行负债不变时,资本项目的增减,可以使其资产相应增减,例如负债不变而资本项目增加,那么外汇储备或其他资产就会相应增加。

以上三个公式的政策意义有两点:第一,中央银行的资产业务对货币供应有决定性作用;第二,由中央银行资本项目增加而相应扩大的资产业务,不会导致货币发行的增加。

(二) 资产负债主要项目之间的对应关系

这里主要是从对货币供给影响的角度来分析,资产方的主要项目和负债方的主要项目之间存在着一定的对应关系,这种对应关系归纳起来主要有下面三点:

1. 对金融机构债权与对金融机构负债之间的关系

对金融机构的债权包括对存款货币银行、对特定存款机构和对其他金融机构的再贴现以及各种贷款、回购等;对金融机构的负债包括存款货币银行、特定存款机构和其他金融机构在中央银行的法定准备金、超额准备金等存款。这两种项目反映了中央银行对金融系统的资金来源与运用的对应关系,同时也是一国信贷收支的一部分。当中央银行对

金融机构债权与负债总额相等时,不影响资产负债表内的其他项目;当债权总额大于负债总额时,如果其他对应项目不变,那么其差额部分通常用货币发行来弥补;反之,当债权总额小于负债总额时,则会相应减少货币发行量。由于中央银行对金融机构的债权比负债更具主动性和可控性,所以中央银行对金融机构的资产业务对于货币供应具有决定性作用,因此中央银行可以通过扩大或减少资产业务相应增减货币供给。

2. 对政府债权与政府存款之间的关系

对政府的债权包括对政府的贷款和持有的政府债券总额等;政府存款在我国包括中央政府存款和部队存款等财政性存款。这两种项目属于财政收支的范畴,反映的是中央银行对政府财政的资金来源与运用的对应关系。

一般来说,如果这两种对应项目总额相等,则对货币供应的影响不大,但如果在其他项目不变时,由于政府财政赤字过大而增加的中央银行对政府债权大于政府存款时,就会出现财政性的货币发行;反之,如果政府存款大于对政府的债权,则将消除来自财政方面的通货膨胀的压力,并为货币稳定提供支持。

3. 国外资产与其他存款及自有资本之间的关系

当金融机构债权与金融机构负债、政府债权与政府存款两个对应关系不变时,如果中央银行国外资产的增加与其他存款及自有资本的增加相对应,则不会影响国内基础货币的变化;相反,如果中央银行国外资产的增加与其他存款及自有资本的增加不相对应时,则会导致国内基础货币的净增加。因此,中央银行的国外资产业务的增长是有条件限制的,不能无限制地增长下去,原因在于国外资产的增长对国内基础货币的增长有着很重要的影响。

需要说明的是,这三种对应关系的分析是相对而言的,中央银行在现实的资产负债业务活动中,可以在各有关项目之间通过对冲操作来减轻对货币供应的影响,还可以通过强化操作来加大对货币供应的作用。例如,中央银行为了保持基础货币不变,维持汇率稳定,在扩大国外资产业务,增加外汇储备的同时,可以相应减少对金融机构的债权,适当收回对金融机构的贷款或减少再贴现或发行中央银行票据,以此对冲由于外汇储备增加而引起的基础货币供给的增加。通过分析上述这些关系,对于我们理解中央银行资产负债业务活动的作用与影响,理解中央银行实施金融宏观调控和货币政策操作的原理是十分重要的。

【思考与应用】

1. 从中央银行职责的角度,试分析其法定业务权力、法定业务范围和法定业务限制各有哪些?
2. 为什么中央银行的业务活动原则与商业银行的经营原则不同?
3. 中央银行的业务活动可以分为哪几类?
4. 中国人民银行资产负债表的项目构成与国际货币基金组织的规定有哪些不同?
5. 依据中央银行资产负债表主要项目之间的关系,试分析下列资料对中国人民银行资产负债表的影响。

(1) 2003 年末,国家外汇储备 4032.5 亿美元,比年初增加 1168.4 亿美元,是外汇储备增加最多的一年(至 2003 年止)。

(2) 2003 年末,中国人民银行基础货币余额 5.23 万亿元,同比增长 16.7%,增幅比上年末提高 4.9 个百分点。基础货币增速加快主要是因为外汇占款继续大量增加,全年外汇占款增加 1.1459 万亿元,同比多增加 6850 亿元。

(3) 从 2003 年 4 月 22 日至 12 月底,中国人民银行共发行 63 期央行票据,发行总量为 7226.8 亿元,发行余额为 3376.8 亿元。2003 年中国人民银行共开展 59 次公开市场操作,通过公开市场债券交易累计回笼基础货币 13186 亿元,累计投放基础货币 10492 亿元,投放、回笼相抵,净回笼基础货币 2694 亿元。外汇占款投放基础货币 11459 亿元,外汇、人民币公开市场操作相抵,净投放基础货币 8765 亿元。

资料来源:《2003 年中国货币政策执行报告》。

6. 试对中国、美国、日本、英国中央银行近 5 年来的资产负债表变化进行分析,说明原因与可资借鉴之处。

第五章 中央银行的负债与资产业务

【本章提要】

由于各国的体制不同、经济环境各异,中央银行所经营的业务也有些差异,但一些基本业务是共同的。本章主要介绍中央银行的负债业务和资产业务。中央银行的负债业务主要包括存款业务、货币发行业务、其他负债业务和资本业务等四个部分。中央银行的资产业务主要包括再贴现业务、贷款业务、证券买卖业务、国际储备业务以及其他资产业务。本章重点是中央银行存款业务的意义,货币发行的原则,几种主要的货币发行准备制度;中央银行的证券买卖业务与贷款业务的联系与区别,中央银行外汇储备经营管理。难点在于中央银行的再贷款和再贴现的利率的确定,中央银行外汇储备经营管理。

【基本概念】

存款准备金制度 货币发行 经济发行 财政发行 现金准备 证券准备 比例准备制度 发行基金 发行库 业务库 中央银行贷款 公开市场操作 国际储备

中央银行作为特殊的金融机构,与其他金融机构一样,也具有负债业务、资产业务和中间业务等金融业务。尽管由于各国的体制不同、经济环境各异,中央银行所经营的业务也有些差异,但一些基本业务是共同的。本章主要介绍中央银行的负债业务和资产业务。

第一节 中央银行的负债业务

中央银行的负债是指金融机构、政府、企业、个人和其他部门持有的对中央银行的债权。中央银行的负债业务主要包括存款业务、货币发行业务、其他负债业务和资本业务等四个部分。

一、中央银行的存款业务

(一)中央银行存款业务的意义与特征

1. 中央银行存款业务的意义

中央银行作为一个金融机构,吸收存款是其主要业务,不过中央银行吸收存款的目的与一般金融机构不同。中央银行吸收存款的意义可以从以下几个方面加以理解:

(1) 调控信贷规模与货币供应量。中央银行通过对法定存款准备金比率的规定,直接限制商业银行创造信用的规模;通过对法定存款准备金比率的调整,间接影响商业银行超额准备金的数量,从而调控商业银行的信贷规模。另一方面,通过存款业务集中资金,有利于中央银行在金融市场上主动地开展再贴现业务和公开市场操作,从而增强中央银行的调控社会货币供应量的能力。

(2) 维护金融业的安全。从中央银行产生的历史进程看,中央银行集中保管准备金,大大地缓解了单个商业银行支付能力不足的问题,相对节约了商业银行的资金占用。在商业银行出现清偿力不足时,中央银行可利用其集中的准备金予以贷款支持,发挥其最后贷款人职能,帮助商业银行渡过难关。另外,中央银行通过为商业银行开立存款账户,有利于分析商业银行资金运用状况,加强监督管理,提高商业银行的经营管理水平,从而减少金融业的风险。

(3) 实施国内的资金清算。作为全国的支付清算中心,中央银行为商业银行等金融机构间提供资金清算服务,通过收存金融机构的存款,有利于商业银行等金融机构之间债权债务关系的顺利清算,从而加速全社会资金的周转。

2. 中央银行存款业务的特征

中央银行性质、职能和地位的特殊性,决定了其存款业务不同于一般商业银行的存款业务。与一般商业银行的存款业务相比,中央银行的存款业务具有以下四个方面的不同点:

(1) 存款的强制性。从存款的原则来看,商业银行办理存款业务一般遵循"存款自愿,取款自由,存款有息,为存款人保密"的原则;而中央银行收存存款,往往遵循一国的金融法规制度,具有一定的强制性。例如法定存款准备金,世界上大多数国家的中央银行都要通过法律手段,对商业银行、非银行金融机构的存款规定存款准备金比率,强制要求商业银行按规定比率上缴存款准备金。另外,一些国家也不同程度地以法律形式规定财政部门、邮政机构的存款转存中央银行。

(2) 存款动机的非盈利性。商业银行吸收存款,是为了扩大资金来源,利用规模效应降低存款成本,从而扩大资金运用,争取盈利,因此,商业银行吸收存款的最终目标是利润最大化;而中央银行吸收存款,主要是为了便于调控社会信贷规模和货币供应量,监督管理金融机构的运作,从而达到稳定币值等方面的目的。因此,中央银行收存存款是出自金融宏观调控和监督管理的需要,是执行中央银行职能的需要。

(3) 存款对象的特定性。商业银行的存款业务主要是吸收社会个人、工商企业的存款,中央银行的存款业务主要是收存商业银行、非银行金融机构、政府部门及特定部门的存款,不直接面对个人、工商企业。

(4) 存款当事人关系的特殊性。商业银行与存款当事人之间是一种纯粹的经济关系。个人、工商企业到银行存款,是为了保值和获取利息,商业银行吸收存款是为扩大资金的来源以争取盈利,存款人和银行之间是一种平等互利的经济关系;而中央银行与存款当事人之间除了经济关系之外,还有管理者与被管理者的关系。

(二) 准备金存款业务

1. 准备金存款的构成

存款准备金是商业银行等存款货币机构按吸收存款的一定比例提取的准备金。它由三部分组成：一是支付准备金，也称"自存准备"，通常以库存现金的方式存在；二是法定准备金，即依照法律规定，商业银行必须按某一比例上缴中央银行的部分；三是超额准备金，即在中央银行存款中超过法定准备金的部分称为超额准备金。中央银行的准备金存款主要包括后面两个部分。

2. 准备金存款业务的主要内容

(1) 存款准备金比率及其调整幅度的规定。在存款准备金制度下，商业银行等金融机构吸收的存款必须按照法定比率提取准备金缴存中央银行，其余部分才能用于放款或投资。正是由于存款准备金率的调整对商业银行的信用创造能力产生巨大的冲击，其调整效果十分强烈，因而多数国家中央银行都对法定准备金率的调整幅度有不同程度的规定，有些国家制定了调整的最高与最低界限；也有少数国家对于存款准备金率的调整幅度不予限制。

(2) 按存款的类别规定准备金比率。不同类型存款的货币性不同，为此，多数国家规定了不同的法定准备金比率。一般来说，期限越短、货币性越强的存款，所规定的存款准备金率越高，反之亦然。在这个原则下，一般活期存款准备金率最高，定期存款次之，储蓄存款准备金率最低。不过，也有比较特殊的情况，如巴拉圭，该国为了控制定期存款的增长，反而规定定期存款的准备金率高于活期存款准备金率。有些国家甚至只对活期存款规定应缴纳的准备金比率。此外，在1953年之后建立存款准备金制度的国家，大多采用单一的存款准备金率制，即对所有种类的存款一视同仁，按同一比率计提存款准备金，不过目前一些国家正在改革这种单一的存款准备金制度。

(3) 按金融机构的信用创造能力不同规定不同比率。除了自身的经营管理的因素外，金融机构的信用创造能力主要受金融机构的类型、经营规模、经营环境等因素的影响。从金融机构的类型看，商业银行的信用创造能力比其他金融机构要高，有些国家对不同类型的金融机构规定不同的法定准备金率，一般是商业银行比其他金融机构的存款准备金率略高一些；也有些国家不分金融机构的类型，实行统一的准备金政策。从经营规模看，一般而言，银行的规模若比较大，其创造信用的能力就比较强，一般对其规定的存款准备金率就比较高；小银行创造信用的能力相对较弱，对其规定的存款准备金率就较低。从经营环境看，一般说来，经营环境较好，如所处地区经济发展较快、工商业比较发达地区的商业银行，其创造信用的能力相对较强，因而存款准备金率就比较高；反之亦然。但也有些国家不论银行规模大小和经营环境的好坏，一律规定同一存款准备金比率。一般认为，对不同经营规模和经营环境的银行，分别制定不同比率的方法，较有利于中央银行更准确地控制货币供应量。

(4) 规定可充当存款准备金资产的内容。存款准备金资产在西方国家有第一准备和第二准备之分。第一准备也称"现金准备"或"主要准备"，主要包括库存现金及存放在中央银行的法定准备金；第二准备也叫"保证准备"，是指银行最容易变现而又不致遭受重大损失的资产,如国库券及其他流动性资产。不过能够充当法定存款准备金的只能是存在中央银行的存款,商业银行持有的其他资产不能充作法定存款准备金。

(5) 确定存款准备金计提的基础。存款准备金是存款余额与存款准备金率的乘积,因此存款余额的确定与计提方式是一国准备金存款业务的一项重要内容。这一业务主要涉及两个方面的问题:

第一,存款余额的确定。一般有平均余额法和期末余额法两种确定方法。平均余额法是将商业银行存款的日平均余额扣除应付未付项,作为计提准备金的基础。这种计提存款准备金的方法反映了商业银行每天存款负债的变化,具有及时性和保证性的优点,有利于中央银行有效地通过控制存款准备金来控制货币量,很大程度上防止了商业银行把应交未交的法定准备作为超额准备金而用于资产业务的现象;但其缺点是过于繁琐,难以保证顺利执行。期末余额法是以月末或旬末的存款余额,扣除当期应付未付款后作为准备金的计提基础。这种方法具有简便易操作的优点,但是按此方法计算的准备金不能适应每天存款负债的变化,商业银行在缴存存款准备金的间隔内可能创造短期存款而不相应增加准备金,特别是商业银行还可能采取期末暂时挪用其他资金抵缴准备金,或在期末暂时压低存款余额以逃避缴存准备金等办法,使中央银行的控制被削弱。

第二,确定缴存存款准备金的基期。以什么时候的存款余额作为缴存准备金的基期,一般有当期准备金账户制和前期准备金账户制两种做法。当期准备金账户制是指一个结算期的法定准备金以当期的存款额作为计提基础。这种做法的优点是商业银行等金融机构有较充分的时间来准备法定准备金的要求,缺点是在货币供应量控制方面不够及时、准确。前期准备金账户制是指一个结算期的法定准备金以前一个或前两个结算期的存款余额作为计提基础。这种做法的优点是能够及时、准确地控制货币供应量,缺点是商业银行等金融机构一旦发现存款准备金不足,难以有充分时间来筹措资金。

(三) 中央银行的其他存款业务

1. 政府存款

政府存款是中央银行在经理国库过程中形成的存款。政府存款的构成各国不完全一致。有的国家只包括中央政府的存款,有的国家还包括各级地方政府的存款、政府部门的存款。即使如此,政府存款中最主要的仍是中央政府存款。中央政府存款一般包括国库持有的货币、活期存款、定期存款及外币存款等。中国人民银行资产负债表中"中央政府存款"是指各级财政在中国人民银行账户上预算收入与支出的余额。

2. 外国存款

一些外国政府或中央银行将其资金存放在本国中央银行,这些存款是本国的外汇的一部分。外国存款的目的是为了国家间贸易结算和往来支付的需要,因而存款量的多少取决于他们的需要,这一点对于本国中央银行来说有较大的被动性。虽然外国存款对本国外汇储备和中央银行基础货币的投放有影响,但由于外国存款数量较小,影响力并不大。

3. 特种存款

特种存款是指中央银行根据银根松紧和宏观调控的需要以及商业银行和其他金融机

构信贷资金的营运情况,以特定的方式对这些金融机构吸收一定数量的存款。特种存款是中央银行直接信用控制方式之一,是中央银行调整信贷资金结构和信贷规模的重要工具。特种存款业务有以下几个特点:

(1) 非常规性。中央银行一般只在特殊情况下为了达到特殊目的才开办特种存款。

(2) 业务对象的特定性。特种存款业务对象具有特定性,一般很少面向所有的金融机构。

(3) 短期性。特种存款期限较短,一般为1年。

(4) 强制性。特种存款的数量和利率完全由中央银行确定,金融机构只能按规定完成存款任务。

此外,中央银行的存款业务还包括非银行金融机构存款、邮政储蓄存款、特定机构存款和私人部门存款。有的国家中央银行将非银行金融机构存款纳入准备金存款业务;有的国家中央银行则将之单独作为一项存款业务,在这种情况下,存款不具有法律强制性,其主要目的是便于清算。过去我国的邮政储蓄存款长期都全额存入中国人民银行,作为中国人民银行的资金来源。2005年起,邮政储蓄转存央行的8290亿元资金分五年逐步转出,到2010年6月底全部转入邮储银行自主运用资金账户,不再享受无风险利差的利率优惠。特定机构存款是中央银行为了特定的目的,如对这些机构发放特别贷款而形成的存款,或是为了扩大中央银行资金来源而对一些特定的机构收存的存款。当前,中国人民银行收存的特定机构存款主要有机关团体的财政性存款,由开户的国有商业银行吸收后100%上缴中国人民银行。私人部门的存款多数国家法律规定不允许中央银行收存,有些国家虽然法律允许收存,但也只限于特定对象,并且数量很小。

(四) 中央银行存款业务与其发挥职能作用的关系

中央银行各种存款业务的开展与发挥其职能作用是密切相关的。作为发行的银行,中央银行存款业务与流通中现金的投放有直接关系。由于资产负债必须相等,在资产业务量既定的情况下,负债方若存款增加,意味着需要现金投放减少或增加回笼;存款的减少则意味着需要增加现钞投放。作为银行的银行,中央银行通过准备金存款业务,可以调节存款货币银行在中央银行准备金存款的数量,对存款货币银行的信用创造能力和支付能力有决定性作用,从而成为实施中央银行货币政策的三大法宝之一;中央银行通过存款业务集中必要的资金,有利于在不影响货币供给的情况下发挥最后贷款人的作用;中央银行收存各金融机构的存款,有利于组织全国的资金清算等。作为政府的银行,中央银行为政府经理国库,为政府融通资金。政府存款的任何变化,都是中央银行代理国库收支、购买和推销公债、向财政部增加或减少贷款的结果;同时,中央银行作为一国金融业的监督管理部门,通过对商业银行和其他金融机构在中央银行账户上存款变化情况的掌握,可以及时了解和监督金融业的资金运动状况和态势,从而为中央银行制定和执行货币政策,监控、防范和消除金融业经营风险提供可靠的依据。

专栏 5-1 中国人民银行的准备金存款业务

存款准备金率历次调整一览表

次数	时间	调整前	调整后	调整幅度（单位：百分点）
47	2014年4月25日	（县域农村商业银行）18%	16%	−2
		（县域农村合作银行）14.5%	14%	−0.5
46	2012年5月18日	（大型金融机构）20.50%	20.00%	−0.5
		（中小金融机构）17.00%	16.50%	−0.5
45	2012年2月24日	（大型金融机构）21.00%	20.50%	−0.5
		（中小金融机构）17.50%	17.00%	−0.5
44	2011年12月5日	（大型金融机构）21.50%	21.00%	−0.5
		（中小金融机构）18.00%	17.50%	−0.5
43	2011年6月20日	（大型金融机构）21.00%	21.50%	0.5
		（中小金融机构）17.50%	18.00%	0.5
42	2011年5月18日	（大型金融机构）20.50%	21.00%	0.5
		（中小金融机构）17.00%	17.50%	0.5
41	2011年4月21日	（大型金融机构）20.00%	20.50%	0.5
		（中小金融机构）16.50%	17.00%	0.5
40	2011年3月25日	（大型金融机构）19.50%	20.00%	0.5
		（中小金融机构）16.00%	16.50%	0.5
39	2011年2月24日	（大型金融机构）19.00%	19.50%	0.5
		（中小金融机构）15.50%	16.00%	0.5
38	2011年1月20日	（大型金融机构）18.50%	19.00%	0.5
		（中小金融机构）15.00%	15.50%	0.5
37	2010年12月20日	（大型金融机构）18.00%	18.50%	0.5
		（中小金融机构）14.50%	15.00%	0.5
36	2010年11月29日	（大型金融机构）17.50%	18.00%	0.5
		（中小金融机构）14.00%	14.50%	0.5
35	2010年11月16日	（大型金融机构）17.00%	17.50%	0.5
		（中小金融机构）13.50%	14.00%	0.5
34	2010年5月10日	（大型金融机构）16.50%	17.00%	0.5
		（中小金融机构）13.50%	不调整	—
33	2010年2月25日	（大型金融机构）16.00%	16.50%	0.5
		（中小金融机构）13.50%	不调整	—

续表

次数	时间	调整前	调整后	调整幅度（单位：百分点）
32	2010年1月18日	（大型金融机构）15.50%	16.00%	0.5
		（中小金融机构）13.50%	不调整	—
31	2008年12月25日	（大型金融机构）16.00%	15.50%	−0.5
		（中小金融机构）14.00%	13.50%	−0.5
30	2008年12月05日	（大型金融机构）17.00%	16.00%	−1
		（中小金融机构）16.00%	14.00%	−2
29	2008年10月15日	（大型金融机构）17.50%	17.00%	−0.5
		（中小金融机构）16.50%	16.00%	−0.5
28	2008年09月25日	（大型金融机构）17.50%	17.50%	—
		（中小金融机构）17.50%	16.50%	−1
27	2008年06月25日	17%	17.50%	0.50
26	2008年06月15日	16.50%	17%	0.50
25	2008年05月20日	16%	16.50%	0.50
24	2008年04月25日	15.50%	16%	0.50
23	2008年03月18日	15%	15.50%	0.50
22	2008年01月25日	14.50%	15%	0.50
21	2007年12月25日	13.50%	14.50%	1
20	2007年11月26日	13%	13.50%	0.50
19	2007年10月25日	12.50%	13%	0.50
18	2007年09月25日	12%	12.50%	0.50
17	2007年08月15日	11.50%	12%	0.50
16	2007年06月05日	11%	11.50%	0.50
15	2007年05月15日	10.50%	11%	0.50
14	2007年04月16日	10%	10.50%	0.50
13	2007年02月25日	9.50%	10%	0.50
12	2007年01月15日	9%	9.50%	0.50
11	2006年11月15日	8.50%	9%	0.50
10	2006年08月15日	8%	8.50%	0.50
9	2006年07月5日	7.50%	8%	0.50
8	2004年04月25日	7%	7.50%	0.50
7	2003年09月21日	6%	7%	1

续表

次数	时间	调整前	调整后	调整幅度（单位：百分点）
6	1999年11月21日	8%	6%	−2
5	1998年03月21日	13%	8%	−5
4	1988年09月	12%	13%	1
3	1987年	10%	12%	2
2	1985年	央行将法定存款准备金率统一调整为10%	—	—
1	1984年	央行按存款种类规定法定存款准备金率，企业存款20%，农村存款25%，储蓄存款40%	—	—

资料来源：中国人民银行网站。中国人民银行的准备金存款业务对象包括存款货币银行和特定存款机构，特定存款机构吸收的存款也按统一的存款准备金率计提缴存。中国人民银行对各类金融机构的准备金存款按旬平均余额计算。我国目前对存款准备金率的调整及其调整幅度未作明确规定，而是根据客观情况和货币政策的操作需要进行调整。

二、中央银行的货币发行业务

从中央银行产生和发展过程来看，统一货币发行是中央银行制度形成的最主要的经济原因之一，当前，各国的中央银行均享有垄断货币发行的特权。因此，货币发行是最重要的负债业务。

（一）货币发行的含义和类型

1. 货币发行业务的含义

从货币发行的不同角度来看，它有不同的含义：若从货币发行的过程看，货币发行是指货币从中央银行的发行库通过各家商业银行的业务库流到社会；若从货币发行的结果来看，是指货币从中央银行流出的数量大于从流通中回笼的数量。这二者通常都被称为货币发行。因此货币发行有两重不同的含义。

流通中的现金都是通过货币发行业务流出中央银行的，货币发行是基础货币的主要构成部分。中央银行通过货币发行业务，一方面可以满足社会商品流通扩大和商品经济发展对货币的客观需要；另一方面可以筹集资金，满足履行中央银行各项职能的需要。

2. 货币发行的类型

货币发行按其性质划分，可以分为经济发行和财政发行两种。货币的经济发行指中央银行根据国民经济发展的客观需要增加货币供应。在货币经济发行的条件下，货币投放适应了流通中货币需要量增长的需要，既避免货币投放过多，又能确保经济增长对货币的需要。

货币的财政发行指因弥补国家财政赤字而进行的货币发行。在国库可以直接发行货币的条件下,政府可以通过发行货币直接弥补财政赤字;在现代信用货币制度下,一般不允许以直接发行货币来弥补财政赤字,而是通过向银行借款或发行公债,迫使银行系统额外增加货币发行。财政性货币发行由于没有经济增长作为基础,所增加的货币发行会形成超经济需要的过多货币量,导致市场供求失衡和物价上涨。

为保证货币按经济需要发行,各国一般都建立健全了货币发行制度,其中包括:货币发行的程序、货币发行的最高限制、货币发行准备制度等。

(二) 货币发行渠道与程序

中央银行的货币发行,主要是通过向商业银行等金融机构提供贷款(又称再贷款)、接受商业票据再贴现、在金融市场上购买有价证券、购买金银和外汇等方式将货币注入流通的,并通过同样的渠道反向组织货币的回笼。

货币发行与回笼一般都有法律规定的程序,但各国不尽相同。绝大部分国家都是根据本国货币流通的收支规律和满足货币流通量宏观控制的需要,以本国的货币发行机制为基础,制定本国货币发行与回笼的法律程序与操作程序,确保货币发行和回笼的安全、准确、严密,以充分配合宏观货币政策的执行。

(三) 货币发行的原则

1. 垄断发行原则

垄断发行原则是指货币发行权高度集中于中央银行。货币的垄断发行,有利于统一国内的通货形式,避免多头发行造成的货币流通混乱;有利于控制货币的发行和流通管理;有利于中央银行制定和执行货币政策,灵活有效地调节流通中的货币量。

2. 信用保证原则

信用保证原则是指货币发行要有一定的黄金或有价证券作保证,即通过建立一定的发行准备制度,以保证中央银行独立发行。在现代不兑现信用货币制度下,货币发行要受到国民经济发展水平的制约,为了保证货币发行数量不超过经济发展的客观需要,必须制定某种强有力的货币发行准备制度,使货币的发行有可靠的信用和制度保证。

3. 弹性发行原则

弹性发行原则是指货币发行要具有一定的伸缩性和灵活性。经济活动是千变万化的,因此,要保证货币供应量适应经济状况变化的需要,货币发行就应当有一定的弹性。既要充分满足经济发展的要求,避免因货币供应不足而导致通货紧缩与经济衰退;也要严格控制货币发行数量,避免因货币供应过多造成通货膨胀与经济混乱。

中国人民银行的货币发行要坚持集中统一、经济发行、计划发行的原则。

(四) 货币发行的准备制度

为维护货币信用,各国均以立法的形式对中央银行的货币发行的准备制度予以具体的规定。货币发行的准备制度是指中央银行以某种或某几种形式的资产作为其发行货币的准备,从而使货币的发行与某种或某几种资产建立起数量上联系和制约关系。

1. 货币发行准备制度的演变

中央银行货币发行的准备制度在不同的货币制度下是不同的。在金属货币制度下,货币发行以法律规定的贵金属金或银作为准备,早期一般都采用百分之百的金属准备,随着商品货币经济的发展和信用货币流通的扩大,后期采用部分金属准备制度,在货币制度演化过程中,这个比例逐步递减,直至金属货币制度的崩溃。在现代信用货币制度下,货币发行的准备制度已经与贵金属脱钩,多数国家都采用以资产主要是外汇资产作准备,也有的国家以物资作准备,还有些国家的货币发行采取与某个国家的货币直接挂钩的方式,如盯住美元或英镑等。

2. 货币发行准备制度的基本内容

目前,各国货币发行准备制度的基本内容包括下面几点:

(1) 货币发行准备的构成。中央银行发行货币的准备一般由现金准备和证券准备两部分构成。前者包括黄金、外汇等具有极强流动性的资产;后者包括短期商业票据、财政短期国库券、政府公债券等在金融市场上流通的证券。现金准备使所发行的货币具有现实的价值基础,有利于货币的稳定,但缺乏弹性,不利于中央银行根据经济发展的变化调节货币发行。证券准备有利于货币发行具有适应经济运行需要的弹性,但在货币发行的控制上难度要大一些,对中央银行货币发行、管理及调控的技术要求更高一些。

(2) 货币发行准备金的比率。货币发行准备金的比率有两重含义:一是指用作货币发行的准备与货币发行量之间的比率;二是指在发行准备中,现金准备和证券准备各自所占的比例。随着商品经济的发展和中央银行业务操作水平的提高,近年来,有些国家如美国,取消了法定现金准备率的制度,而改用100%的证券准备,称之为"发行抵押"制度。目前世界上大多数发达国家的货币发行现金准备率都比较低,主要是采取证券准备作为发行基础。

3. 货币发行准备制度的类型

目前,主要有以下几种货币发行准备制度。

(1) 现金准备发行制。它是指货币的发行必须以100%的包括黄金、外汇等在内的现金作准备。这种制度虽能防止货币过度发行,但缺乏弹性。

(2) 证券保证准备制。它是指货币发行须要以政府公债、短期国库券、短期商业票据等作为发行准备。这种制度容易导致货币的财政发行,造成货币发行过多。

(3) 弹性比例制。它是指增加发行的钞票数超过了规定的现金比率时,国家对超过法定现金准备部分的发行征收超额发行税;如果钞票回笼或准备现金增加,且达到规定比例,则免征发行税,以限制中央银行过度发行钞票。

(4) 保证准备限额发行制。它是指在规定的发行限额内,可全部用规定证券作为发行准备,但超过限额的发行,必须以十足的现金作为发行准备。这种制度有利于限制货币的财政性发行,但弹性较低。

(5) 比例准备制。它是指规定货币发行准备中,现金与有价证券各占一定比重。这种制度能够克服现金准备发行制缺乏弹性的缺点和保证准备制难以控制的缺点,但各种准备资产的比例往往难以科学确定。

4. 几种典型的货币发行制度简介

(1) 美国的货币发行制度。1980年以前,美国联邦储备银行发行钞票必须有黄金或黄金证券作为发行准备,其准备金率一般不得低于流通量的40%,如低于40%时,须缴纳超额发行累进税。从 1980 年开始,美国《联邦储备法修正案》取消了现金发行准备率和发行税的规定,开始实行"发行抵押"制度,规定各联邦储备银行的货币发行必须有 100% 合格抵押品以及附加担保品。可以充当发行抵押的证券包括:黄金证券;在公开市场上流通的、美国政府发行的债券;经联邦储备银行审查合格的商业票据、抵押票据、银行承兑票据等;合格的州和地方政府发行的债券。这种"发行抵押"制度使联邦储备银行的货币发行成为具有充分担保的经济发行,没有规定的限额,具有相当的弹性。

(2) 英国的货币发行制度。英格兰银行是世界上最早集中全国货币发行业务的中央银行。1844 年的《皮尔条例》规定,英格兰银行发行银行券必须有十足的黄金准备,以政府证券作准备的信用发行量不能超过 1400 万英镑。随后,频繁爆发的经济危机突破 1400 万英镑的限制。1939 年公布的货币法改革了英国的货币发行制度,规定货币的发行总额最高限,限额内可以完全地以政府债券或其他证券作为发行准备,但英格兰银行可以根据自身持有的黄金数量超额发行。目前,英格兰银行的货币发行已经由部分证券保证转变为完全的证券保证。英格兰银行只在英格兰和威尔士享有货币发行权,苏格兰和北爱尔兰由商业银行发行货币,但要以英格兰银行发行的货币作为保证。因此,英格兰银行也是苏格兰、北爱尔兰两地事实上的发行银行。英格兰银行通过自己的分支机构供应货币时,贷款给贴现所和承兑所,而不直接贷款给商业银行。

(3) 日本的货币发行制度。日本的货币是在最高发行额弹性限额制度的规范下发行的。大藏大臣决定货币的最高发行限额,日本银行在这个范围内发行货币。必要时,日本银行可以超过上述最高限度发行银行券,即限度外发行。但是,在连续进行限度外发行超过 15 日时,须经大藏大臣认可,超过 15 日则须缴纳发行税。

发行货币时,日本银行必须拥有与发行额等额的担保。发行保证物,按法律规定为金银、外汇、3 个月内到期的商业票据、银行承兑票据以及 3 个月内到期的以票据、国家债券、其他有价证券及生金银、商品为担保的放款等。金银和外汇之外的保证物(债券、票据贷款等)充当保证的限度由大藏大臣决定,不同的时期有不同的比例要求。

(4) 加拿大的货币发行制度。加拿大的货币发行是其中央银行最大的负债项目。加拿大银行发行银行券的准备全部为政府债券,不需要黄金或外汇作为发钞准备,因此其货币发行被称为"债券货币化"。加拿大银行向政府购进证券,形成货币发行。在公开市场上出售证券,则形成货币回笼。

(5) 香港特别行政区的货币发行制度。因为香港没有真正的中央银行,长期以来,香港行政当局将货币发行权授予汇丰银行和渣打银行行使(1911 年有利银行也被授权发行货币,但已于 1978 年被撤销)。1994 年 5 月,中国银行香港分行也获授权,成为香港第三家发行货币的银行。由于香港的经济本身具有特殊性,以国际贸易和服务业为经济主导成分,并已成为著名的国际金融中心,使得港币的稳定性在极大的程度上依赖于它与国际间主要可兑换货币,特别是作为国际间贸易主要结算货币的美元之间的汇率的稳定程度。依照香港的有关法律规定,发行港元必须有 100% 的等值外汇资产作准备金,港币与美元之间实行"联系汇率制"。该制度的主要内容是:港币的发行与美元之间的汇率保持固定的联系(一直维系在 1 美元兑换 7.7~7.8 港元),但在外汇市场上则由市场规律来调节其汇率。其基本做法是：发钞银行在发行港元前，必须按 7.7～7.8 港元等于 1 美元的比率，将等值美元存入港府管理的外汇基金管理局，取得外汇基金管理局发给的"债务证明书"后，方可凭此发行等值港元。当外汇基金管理局要求收回其"债务证明书"时，向相应发钞银行支付与"债务证明书"中载明的相同数额的美元，则该发钞行须将等值的港元钞票回笼。这种特殊的货币发行机制比较适合近几十年来香港经济活动发展的情况，特别是以 100％的外汇作为货币发行的准备，有利于本地区货币的稳定。

（五）中国人民银行人民币的发行业务及管理

货币发行业务作为中央银行向流通领域投放货币的活动，一直是中国人民银行的一项十分重要的负债业务。

1. 人民币的发行机构

中国人民银行是我国唯一的货币发行机关，承担货币的印制、发行、调拨、兑换等职责。总行设有货币金银局负责拟订有关货币发行管理办法，承担人民币管理和反假货币工作，安排现钞和辅币的生产、保管、储运、更新和销毁；管理现金投放、回笼及库款安全。中国人民银行下属的中国印钞造币总公司负责人民币的印刷工作。人民币的具体发行工作是由中国人民银行设置的发行库管理处来办理的。

2. 发行基金及其计划

发行基金是人民银行为国家保管的待发行的货币，由设置发行库的各级人民银行保管，并由总行统一掌握。各分库、中心支库、支库所保管的发行基金都只是总库的一部分。发行基金的来源有两个：一是人民银行总行所属印制企业按计划印制解缴发行库的新人民币；二是开户的各金融机构和人民银行业务库缴存人民银行发行库的回笼款。

发行基金和现金是既有联系又有本质区别的两个概念。两者在规定的操作手续下可以相互转化，发行基金从发行库进入业务库成为现金，现金从业务库缴存发行库成为发行基金。两者的主要区别在于：发行基金是国家尚未发行的货币，而现金则是现实的通用货币。

发行基金计划是在一定时期内，发行或回笼货币的计划。就是通过现金投放与回笼相抵后的差额（货币净投放或净回笼）形成当期的现金发行，反映计划时期现金的变动情况。作为一个差额计划，发行基金计划是由现金投放、现金回笼、现金净投放（净回笼）三部分组成，三个部分之间遵循这样的等式关系：

现金投放－现金回笼＝现金净投放（净回笼）

若现金投放总额大于现金回笼总额，则为现金净投放；若现金回笼总额大于现金投放总额，则为现金净回笼。它们与现金投放及回笼渠道有密切关系。现金投放渠道主要包括工资及对个人其他支出、城镇储蓄存款提取、农副产品采购支出、行政企业管理费支出及其他支出等；现金回笼渠道主要有商品销售收入、服务事业收入、税收收入、储蓄存款收入和其他收入等。发行基金计划的编制一般要根据国家在发展经济方面的政策、社会经济发展状况、有关部门的经济计划指标和历史数据等为依据，通过编制草案、协调计划、上报计划等步骤来完成。

3. 人民币的发行原则

（1）集中发行原则。人民币的发行权集中于中国人民银行，其他任何单位和个人不得印刷、发售货币或代币票券。

（2）经济发行原则。根据经济发展情况来决定货币的发行，不能搞财政发行，杜绝以货币发行的方式来弥补财政赤字。

（3）计划发行原则。每年根据国民经济计划来确定综合信贷计划和现金计划，从而确定计划发行额。

4. 人民币的发行管理

中国人民银行集中货币发行权的同时，还负有保持人民币正常流通及管理的责任。货币发行业务的管理内容较多，大致可概括为以下几个方面：

（1）人民币发行库。人民币发行库是中国人民银行发行库，是为国家保管货币发行基金而设置的金库，由中国人民银行根据经济和业务发展的需要决定设置。发行库依法办理发行基金、金银和其他有价证券的保管、调运，负责损伤、残缺人民币的兑换和销毁等工作。根据《中华人民共和国中国人民银行法》和《中国人民银行货币发行管理制度（试行）》的规定，发行库的主要职能有：保管人民币发行基金；办理人民币发行基金出入库和商业银行及其他金融机构的现金存取业务；负责回笼现金的整理清点。

业务库是商业银行基层分、支行和处、所为办理日常现金收付业务而建立的金库。业务库与发行库的区别是：其一，机构设置不同。发行库是由中国人民银行根据自身机构情况和各地区经济发展的需要设立的；业务库则是各家商业银行根据基层行（处、所）业务经营的需要而设立的。其二，保管的货币性质不同。发行库保管的是发行基金，是待发行的货币；业务库保管的是现金，是已发行的货币。其三，业务对象不同。发行库的业务对象是各商业银行和其他金融机构；业务库的对象是全社会，是与银行有业务关系的普通客户。其四，收付款项的起点不同。发行库出入库有金额起点的规定，必须整捆出入库；而业务库收付现金则不受金额起点的限制。

（2）人民币样币管理及反假币工作。人民币样币是检验人民币印制质量和鉴别人民币真伪的标准样本，由印制人民币的企业按照中国人民银行的规定印制，人民币样币上应当加印"样币"字样。票样管理主要是制度管理，包括票样的分发、保管、检查、流失的处理等方面的规定。

对于反假人民币及破坏人民币工作，中央给予高度重视。国务院反假货币工作联席会议是我国反假货币工作的最高组织形式，主要负责组织和协调各有关部门做好打击、防范假币犯罪活动工作，开展反假货币宣传、教育、管理等工作。目前联席会议的成员单位已扩大为28家，涉及政府的各个部门及四大国有商业银行。国务院反假货币工作联席会议办公室主任为人民银行货币金银局历任局长，货币金银局与国务院反假货币工作联席会议办公室合署办公。

根据《中华人民共和国人民币管理条例》，目前反假人民币及破坏人民币工作的有关规定主要如下：第一，中国人民银行、金融机构、公安机关发现伪造、变造的人民币，应当予以没收，加盖"假币"字样的戳记，并登记造册；持有人对公安机关没收的人民币的真伪有异议的,可以向中国人民银行申请鉴定;没收的假人民币应当缴解当地中国人民银行。第二,中国人民银行对没收的假币应填制登记表,并由专人负责登记保管,同时上报上级行,发现可疑票币本单位不能鉴别的,应写出书面报告提出疑点上报上级行鉴别。第三,归档保存的假票应视同票样管理,建立定期或不定期检查制度。第四,对于伪造货币、破坏人民币等金融犯罪行为,依法予以经济上或刑事上的处罚。

(3) 人民币出入境限额管理。为了有效地管理人民币流通,1951年3月6日中华人民共和国政务院颁布了《禁止国家货币出入国境办法》,禁止人民币出入国境。1957年7月25日中国人民银行发布《关于小额人民币进出国境的规定》,规定最高限额每人每次不超过5元,票面额不超过人民币1元(含1元)。1987年中国人民银行和海关总署联合发出通知,将人民币出入境限额提高到每人每次200元。1993年2月5日中国人民银行发布公告,规定中国公民和外国人出入境时,每人每次携带的人民币限额为6000元;2004年12月3日,中国人民银行发布公告将人民币限额提高为每人每次20000元。在边境开放区和贸易点的出入境限额,由当地人民银行会同海关确定数额,报人民银行总行和海关总署批准后实施。

三、中央银行的其他负债业务

除了存款业务、货币发行等主要业务之外,还有如发行中央银行债券、对外负债和资本业务等其他一些业务也可以成为中央银行的资金来源,并引起中央银行资产负债表负债方的变化。

(一) 发行中央银行债券

许多发展中国家在由直接调控转向间接调控的过程中,由于金融市场不发达,特别是国债市场不发达,中央银行缺乏公开市场操作所需要的有价证券,这种情况下,中央银行往往发行债券作为公开市场操作的主要对象。发行中央银行债券是中央银行的一种主动负债业务。中央银行债券发行的对象主要是国内金融机构。中央银行发行债券的目的主要有两个:一是针对商业银行和其他金融机构超额储备过多的情况,发行债券以减少它们的超额储备,从而有效地控制货币供应量;二是以此作为公开市场操作的工具之一,通过中央银行债券的市场买卖行为,灵活地调节货币供应量。一般说来,当中央银行买进已发行债券时,商业银行的超额储备增加,货币供应量增加;当中央银行卖出其债券时,商业银行的超额储备减少,货币供应量减少。然而,中央银行必须为所发行的债券支付利息,因此,该项业务的成本较高。中国人民银行发行的债券主要采取中央银行融资券的形式,2004年底达到11079.01亿元。

中央银行票据2007—2013年发行量   单位:亿元

年份	2007	2008	2009	2010	2011	2012	2013
央行票据	36 587	48 121	42 326	40 909	23 336	13 880	7 762

资料来源:中国人民银行网"货币当局资产负债表"。

(二) 对外负债

中央银行的对外负债业务主要包括从国外银行借款、对外国中央银行的负债、向国际金融机构贷款、在国外发行的中央银行债券等。各国中央银行对外负债的目的主要是为了平衡国际收支、维持本币汇率水平、应付货币危机或金融危机。如在1997年东南亚爆发的金融危机中，许多国家都向国际金融机构借款，以干预外汇市场，维持汇率水平，这对尽快克服金融危机起到重要作用。

(三) 资本业务

中央银行的资本业务就是筹集、维持和补充自有资本的业务。中央银行自有资本的形成主要有政府出资、私人持股、公私合股等多种类型。为了保持增资以后股权结构不变，中央银行补充自有资本的渠道和方法也受其出资方式所决定。

当然，由于中央银行的特殊地位和法律特权，其资本金的作用很小，有的国家中央银行甚至没有资本金，因此，中央银行资本业务的重要性不能与一般金融机构相提并论。

第二节　中央银行的资产业务

中央银行的资产，是指中央银行所持有的各种债权。中央银行的资产业务主要包括再贴现业务、贷款业务、证券买卖业务、国际储备业务以及其他资产业务。

一、中央银行的再贴现与贷款业务

作为"银行的银行"，中央银行一方面吸收商业银行等金融机构的存款，另一方面以再贴现和贷款为主要方式为后者提供资金融通。同时，再贴现和贷款业务也是中央银行投放基础货币的重要途径。

(一) 再贴现和贷款业务的重要性

1. 这是中央银行提供基础货币、调控货币供应量的重要渠道

在现代信用制度下，中央银行所提供的基础货币通过商业银行的信用活动，形成社会的货币总供给。随着社会生产和流通的扩大，货币供给和信用方面的需求随之增加，而中央银行对商业银行等金融机构的再贴现和贷款便是中央银行提供基础货币的重要渠道。另一方面，中央银行也可以通过提高或降低再贴现率和贷款利率的方式影响商业银行等金融机构的筹资成本，达到调控货币供应量的目的。

2. 这是中央银行履行"最后贷款人"职能的具体手段

商业银行等金融机构为了满足经济发展对资金的需要以及利润最大化动机的驱使，会尽可能地扩大贷款规模。然而，当一些贷款不能按期偿还或者出现突然性的大量提现时，商业银行等金融机构便会出现资金周转不灵、兑现困难的情况。面对这种问题，虽然可以通过同业拆借的方式来解决部分问题，但同业拆借的数量不可能很大，特别是当遇到普遍的金融危机时，情况就会更为严重。此时，中央银行作为"最后贷款人"通过再贴现和

贷款业务向商业银行等金融机构提供资金融通便利,成为解决金融机构流动性的最后手段。

20世纪60年代之前,再贴现业务和贷款业务在中央银行的资产业务中一直占有很高的比重。近年来随着金融市场的发展以及外汇资产的快速增长,再贴现和贷款业务在中央银行全部资产业务中的比重下降了。从市场经济成熟国家来看,商业性金融机构其资金应该是自求平衡、以存支贷,即通过吸收存款及同业拆借等渠道扩大资产运用规模,不应依赖于中央银行借款。但是,这两项业务在前述两个方面的重要性并未改变,特别是在金融市场不很发达的发展中国家,这两项业务的重要性就更加突出。

(二)再贴现业务

1. 再贴现业务的概念

再贴现也称"重贴现",是指商业银行将通过贴现业务所持有的尚未到期的商业票据向中央银行申请转让,中央银行据此以贴现方式向商业银行融通资金的业务。对于中央银行而言,接受再贴现即为买进商业银行已经贴现的商业票据,付出资金;对于申请贴现的商业银行而言,则是卖出票据,取得资金。

2. 再贴现业务的一般规定

(1)再贴现业务开展的对象。只有在中央银行开立了账户的商业银行等金融机构才能够成为再贴现业务的对象。我国《商业汇票承兑、贴现与再贴现管理条例》规定,再贴现的对象是在中国人民银行及其分支机构开立存款账户的商业银行、政策性银行及其分支机构。对非银行金融机构再贴现,须经中国人民银行总行批准。

(2)再贴现业务的申请和审查。一般而言,中央银行设立再贴现窗口,受理、审查、审批各商业银行等金融机构的再贴现申请,并经办有关的再贴现业务(以下简称再贴现窗口)。商业银行等金融机构必须以已办理贴现的未到期的合法票据,申请再贴现。中央银行接受商业银行所提出的再贴现申请时,主要审查票据的合理性和申请者资金营运状况,确定是否符合再贴现的条件。若审查都一致通过,商业银行则在票据上背书并办理再贴现手续。

(3)再贴现金额和利率的确定。

① 再贴现金额。再贴现时实付的金额按原承兑汇票票面金额扣除再贴现利息计算:

再贴现实付金额=票据面额-贴息额

贴息额=票据面额×日贴现率×未到期天数

日贴现率=(年贴现率÷360)=(月贴现率÷30)

② 再贴现利率。大多数国家的再贴现利率是一种基准的官定利率,它是根据国家的信贷政策所规定的,在一定程度上反映着中央银行的政策意向,其他各种利率依据再贴现率的变动而调整。在有些国家,再贴现利率在任何时候都保持在比短期市场利率更高一些的水平上,这时,它是作为一种"惩罚性利率",来限制商业银行过多地向中央银行融资。有的国家还对不同期限、不同种类的票据,规定了不同的再贴现利率。中国人民银行的再贴现期限一般为3个月,最长不得超过4个月。其再贴现率一般低于再贷款利率。

一般而言,再贴现利率是采取定期挂牌的方法公布的。再贴现利率的调整,一般都作为实现货币政策的手段。在货币供应量增长过多的时期,提高再贴现利率可以抑制存款机构向中央银行借款的势头,从而减少货币和信贷增加额,还能对公开市场业务压缩非借入的准备金额度发挥配合作用,反之亦然。在利率体系完善、健全的国家,再贴现率的调整对市场利率有明显的告示作用。

(4) 再贴现票据的规定。商业银行等存款机构向中央银行申请再贴现的票据,必须是确有商品交易为基础的真实票据,这在许多国家的金融立法中都有明文规定。这样做的目的是为了保证再贴现资金用于商品和劳务的生产销售,不会因此引发通货膨胀。我国《商业汇票承兑、贴现与再贴现管理条例》第三条规定:承兑、贴现、转贴现、再贴现的商业汇票,应以真实、合法的商品交易为基础。第五条规定:再贴现的期限,最长不超过四个月。随着各国经济发展与经济环境的变化,以上这些对再贴现票据资格的规定和限制,有逐步放宽和变通的趋势,如不再严格强调真实票据,未到期的国库券也可予以贴现。

(5) 再贴现额度的规定。由于再贴现利率在大多数国家略低于货币市场利率,商业银行在资金不足和其他条件许可时,通常希望通过再贴现窗口取得资金。因而,有些国家的中央银行为了强化货币政策与金融监管的配合,对银行的再贴现总金额加以限制。如中国人民银行规定,各级人民银行对再贴现实行限额管理,任何时点均不得突破,也不得与其他再贷款限额相互串用。德国中央银行也建立了再贴现总额限额制度,再贴现额度总金额由中央银行理事会确定。自1974年起,为了使再贴现额度总额在银行之间进行分配,联邦银行使用统一的计算方法。

(6) 再贴现的收回。再贴现的票据到期,中央银行通过票据交换和清算系统向承兑单位或承兑银行收回资金。如承兑单位账户存款不足,由承兑单位开户银行将原票据按背书行名退给申请再贴现的商业银行,按逾期贷款处理。

中国的再贴现业务起步较晚,在计划经济体制下,商业信用受到了极大的限制,没有商业票据,自然不可能有再贴现业务。改革开放以后,我国的商业信用开始恢复发展,1986年,中国人民银行颁布了《中国人民银行再贴现试行办法》,人民银行的一些分行开始办理中央银行再贴现业务。从1994年10月起中国人民银行总行开始办理再贴现业务。1995年末,人民银行规范再贴现业务操作,开始把再贴现作为货币政策工具体系的组成部分,并注重通过再贴现传递货币政策信号。1998年,央行改革再贴现、贴现利率生成机制,使再贴现利率成为中央银行独立的基准利率并扩大再贴现的对象和范围,把再贴现作为缓解部分中小金融机构短期流动性不足的政策措施。2008年以来,为有效发挥再贴现促进结构调整、引导资金流向的作用,人民银行进一步完善再贴现管理:适当增加再贴现转授权窗口,以便于金融机构尤其是地方中小金融机构法人申请办理再贴现;适当扩大再贴现的对象和机构范围,城乡信用社、存款类外资金融机构法人、存款类新型农村金融机构,以及企业集团财务公司等非银行金融机构均可申请再贴现;推广使用商业承兑汇票,促进商业信用票据化;通过票据选择明确再贴现支持的重点,对涉农票据、县域企业和金融机构及中小金融机构签发、承兑、持有的票据优先办理再贴现;进一步明确再贴现可采取回购和买断两种方式,提高业务效率。

（三）贷款业务

中央银行贷款业务是指中央银行采用信用放款或者抵押放款的方式，对商业银行等金融机构、政府以及其他部门进行贷款。它是主要的资产业务之一，也是中央银行向社会提供基础货币的重要渠道。

1. 贷款业务的种类

按贷款对象划分，中央银行贷款可以分为：对商业银行等金融机构的放款、对非货币金融机构的放款、对政府的放款以及其他放款等。按贷款方式划分，中央银行贷款可以分为信用贷款、抵押贷款两种。

（1）对商业银行等金融机构的放款。这是中央银行放款中最主要的贷款种类。作为"银行的银行"，为商业银行等金融机构融通资金，保证商业银行等金融机构的支付能力，是中央银行最重要的职责之一。贷款是履行这一职责最主要、最直接的手段，也是最能体现中央银行"最后贷款人"职能的业务行为。随着金融市场的发展和金融业务的创新，商业银行的融资渠道不断增多，融资手段也多样化了，但中央银行的贷款仍是商业银行等金融机构扩大信用能力的重要渠道，在保证支付方面，仍然是最后的手段。

中央银行通常定期公布贷款利率，商业银行提出借款申请后，中央银行审查批准具体数量、期限和利率，有的还规定用途。一般借款都是短期的，采取的形式多为政府证券或商业票据为担保的抵押放款。

中国人民银行自1984年开始专门行使中央银行职能后，对银行的贷款一直是最主要的资产业务，也是中国人民银行提供基础货币的最主要渠道。在1993年以前，该业务占总资产的比重平均高达70%以上。1994年我国外汇管理体制进行了重大改革之后，中国人民银行的外汇资产业务迅速上升，贷款比重相对下降。从贷款对象看，1984年以后的贷款对象基本上是工、农、中、建4家国家专业银行。随着三家政策性银行的设立，其他商业银行的蓬勃发展，中国人民银行的贷款对象大为增加。从贷款结构看，1998年开始，由于商业银行"存差"的不断扩大，中国人民银行的再贷款主要是发放给政策性银行和农村信用社。从贷款种类看，主要有年度性贷款、季节性贷款和日拆性贷款三种。近年来，我国金融宏观调控方式转向间接调控，再贷款所占基础货币的比重逐步下降，结构和投向发生变化。新增再贷款主要用于促进信贷结构调整，引导扩大小微企业和"三农"的信贷投放。

专栏5-1　人民银行拓宽支农再贷款适用范围支持扩大"三农"信贷投放

2012年，人民银行积极运用支农再贷款政策，支持金融机构扩大涉农信贷投放。年初，人民银行下发《关于管好用好支农再贷款支持扩大"三农"信贷投放的通知》，要求各分支机构进一步发挥支农再贷款引导金融机构扩大涉农信贷投放的积极作用，支持农村经济持续、稳固发展。8月，人民银行下发《关于开展拓宽支农再贷款适用范围试点的通知》，在陕西、黑龙江两省开展试点，在坚持涉农贷款占各项贷款比例不低于70%的发放标准不变的前提下，将试点地区支农再贷款的对象由现行设立在县域和村镇的农商行、农合行、农信社和村镇银行等存款类金融机构法人拓宽到设立在市区的上述四类机构。2013年2月，人民银行下发《关于拓宽支农再贷款适用范围做好春耕备耕金融服务工作的通知》，在全国范围内推广拓宽支农再贷款适用范围政策，并要求各分支行加强对支农再贷款使用效果的监测考核，进一步发挥支农再贷款引导农村金融机构扩大"三农"信贷投放的功能,同时做好春耕备耕金融服务工作。

2012年,人民银行继续加大支农再贷款的支持力度。按照强化正向激励的原则,对全国累计安排增加支农再贷款额度681亿元,主要用于涉农贷款占比较高的西部和粮食主产省(区)。年末全国支农再贷款限额2203亿元,余额1375亿元,比年初增加281亿元;当年累计发放支农再贷款2090亿元,比上年增加382亿元。从地区分布看,西部地区和粮食主产区支农再贷款限额及余额占全国的比重均超过90%。支农再贷款支持农村金融机构扩大涉农信贷投放取得明显效果,2012年末,全国农村金融机构涉农贷款余额5.3万亿元,同比增长16.0%。总体看,支农再贷款政策的实施,对引导金融机构扩大涉农信贷投放、改善农村金融服务发挥了积极作用,有助于促进实现粮食生产"九连增",有力推动了农村社会事业的发展和农村面貌的改善。

———————

资料来源:人民银行网站。

(2) 对非货币金融机构的放款。非货币金融机构是指不吸收一般存款的特定金融机构。在我国,主要包括国家开发银行和中国进出口银行两家政策性银行(中国农业发展银行由于吸收一般存款,所以在统计分类中放在存款货币银行中)、金融信托投资公司和租赁公司。。

(3) 对政府的放款。在政府收支出现失衡时,各国中央银行一般都负有提供信贷支持的义务。中央银行对政府的放款一般有三种方式:一是政府正常借款,这种放款一般是短期的,且多是信用放款;二是政府透支,有些国家政府可在法律允许的限度内向中央银行透支,但多数国家法律禁止政府向中央银行透支;三是债务投资性放款,中央银行在公开市场购买政府发行的国库券和公债,事实上是间接向财政部发放了贷款。值得注意的是,许多国家为了防止政府滥用借款权利,都立法对政府的借款行为作了种种限制。

《中华人民共和国中国人民银行法》第二十九条规定:中国人民银行不得对政府财政透支,不得直接认购、包销国债和其他政府债券。第三十条规定:中国人民银行不得向地方政府、各级政府部门提供贷款。这样,在法律上限制了政府向人民银行借款的行为。

(4) 其他放款。主要有两类:一是对非金融部门的贷款,这类贷款一般都有特定的目的和用途,贷款对象的范围比较窄,各国中央银行都有事先确定的特定对象。中国人民银行为支持老少边穷地区的经济开发所发放的"安定团结贷款",即属此类。二是中央银行对外国政府和国外金融机构的贷款,这部分贷款一般放在"国外资产"项下。

2. 中国人民银行贷款业务

中国人民银行贷款对象是经过人民银行批准,持有金融业务许可证,在人民银行开立独立的往来账户,按规定向人民银行缴纳存款准备金的商业银行和其他金融机构。贷款方式有信用放款、抵押放款和票据再贴现等三种。贷款期限有20天以内、3个月以内、6个月以内和1年期四个档次。申请人民银行贷款的金融机构必须具备3个条件:一是属于人民银行的贷款对象;二是信贷资金营运基本正常;三是还款资金来源有保障。

二、中央银行的证券买卖业务

(一) 中央银行买卖证券的目的

中央银行买卖证券的目的在于调节和控制货币供应量或者市场利率。这主要通过两个途径：其一，中央银行在公开市场上买进证券就是直接投放了基础货币，而卖出证券则是直接回笼了基础货币；其二，中央银行通过买卖不同期限的有价证券来影响利率的水平和结构，进而影响对不同利率有不同敏感性的贷款与投资，达到调控货币供应量或市场利率的目的。

中央银行在证券的买卖过程中会获得一些证券买进或卖出的价差收益，但就中央银行自身的行为而言，目的在于通过对货币量的调节，以影响整个宏观经济，而不是为了营利。

(二) 中央银行证券买卖业务与贷款业务的比较

中央银行的证券买卖业务与贷款业务既有相同之处，也有不同之处。

1. 中央银行的证券买卖业务与贷款业务相同之处

(1) 二者都是中央银行调节和控制货币供应量的工具。

(2) 就对货币供应量的影响而言，中央银行买进证券同发放贷款一样，实际上都会引起社会的基础货币量增加，通过货币乘数的作用，从而引起货币供应量的多倍扩张；相反，中央银行卖出证券同收回贷款一样，实际上都会引起社会的基础货币量减少，在货币乘数的作用下引起货币供应量的多倍收缩。

(3) 就其融资效果而言，中央银行买进证券实际上是以自己创造的负债去扩大资产，这相当于中央银行的贷款；而卖出证券，则相当于贷款的收回，其融资效果都是相同的。

2. 中央银行的证券买卖业务与贷款业务的不同之处

(1) 资金的流动性不同。中央银行的贷款尽管大都是短期的，但是由于受贷款合同的约束，也必须到期才能收回；而证券业务则因证券可以随时买卖，不存在到期问题。因此，证券买卖业务的资金流动性高于贷款业务的资金流动性，中央银行的主动性和灵活性也更强。

(2) 收益的表现形式不同。对中央银行而言，贷款有利息收取问题，通过贷款业务，可以获得一定的利息收入；而未到期的证券买卖则没有利息收取问题，只有买进或卖出的价差收益。

(3) 对金融环境的要求不同。证券买卖业务对经济、金融环境的要求较高，一般都以该国有发达的金融市场为前提；而从事的贷款业务则对经济金融环境的要求较低，一般国家的中央银行都可以从事贷款业务。

(三) 中央银行买卖证券的种类及业务操作

中央银行的证券买卖业务一般都是通过公开市场进行的。中央银行在公开市场上买卖的证券主要是流动性非常高、随时都可以销售的有价证券如政府公债、国库券以及其他流动性很高的有价证券，这一点是由中央银行资产必须保持高度的流动性这一业务原则决定的。在具体的有价证券种类上，各国存在着一些差别，如有的国家只允许中央银行买卖政府公债,而有些国家的中央银行还可以买卖在证券交易所正式挂牌的上市债券。另外,中央银行买卖证券一般只能在证券的交易市场上,即二级市场上购买有价证券,这是保持中央银行相对独立性的客观要求。

关于中央银行买卖证券种类及业务操作请参看本书第九章第一节。

专栏 5-2 中国人民银行的证券买卖业务

中国人民银行1996年4月9日开始在二级市场买卖短期国债,但当年仅有几笔交易,交易量仅20多亿元,随后实际上停止了公开市场交易。1998年5月26日又恢复了公开市场操作。2013年1月18日,人民银行决定启用公开市场短期流动性调节工具,作为公开市场常规操作的必要补充,在银行体系流动性出现临时性波动时相机使用中国人民银行从1998年开始建立公开市场业务一级交易商制度,选择了一批能够承担大额债券交易的商业银行作为公开市场业务的交易对象。2014年度公开市场业务一级交易商共包括44家,这些交易商可以运用国债、政策性金融债券等作为交易工具与中国人民银行开展公开市场业务。从交易品种看,中国人民银行公开市场业务债券交易主要包括回购交易、现券交易和发行中央银行票据。其中回购交易分为正回购和逆回购两种:正回购为中国人民银行向一级交易商卖出有价证券,并约定在未来特定日期买回有价证券的交易行为,正回购为中国人民银行从市场收回基础货币的操作,正回购到期则为中国人民银行向市场投放基础货币的操作;逆回购为中国人民银行向一级交易商购买有价证券,并约定在未来特定日期将有价证券卖给一级交易商的交易行为,逆回购为央行向市场上投放基础货币的操作,逆回购到期则为央行从市场收回基础货币的操作。现券交易分为现券买断和现券卖断两种,前者为中央银行直接从二级市场买入债券,一次性地投放基础货币;后者为中央银行直接卖出持有债券,一次性地回笼基础货币。中央银行票据即中国人民银行发行的短期债券,央行通过发行央行票据可以回笼基础货币,央行票据到期则体现为投放基础货币。

摘自:"公开市场业务",www.hazq.com/bj,2004.9.20。

三、中央银行的黄金外汇储备业务

(一)中央银行保管和经营黄金外汇储备的目的和意义

1. 保管和经营黄金外汇储备的目的

各国中央银行从国家利益考虑,从稳定本国货币出发,从加强国际经济往来着想,都要保留一定数量的黄金和外汇储备。在金本位制条件下,保留黄金外汇储备主要是为了银行券兑付的需要;在不兑换的信用货币条件下,中央银行保留黄金外汇储备主要是作为国际支付的保证金,并且成为一国对外经济交往实力的象征。由于黄金和外汇是国际支付手段,各国都把它们作为储备资产,由中央银行保管和经营,以便在国际收支发生逆差时,用来清偿债务。

2. 中央银行保管和经营黄金外汇储备的意义

(1)稳定币值。币值稳定是中央银行的一个主要货币政策目标,为此,许多国家的中央银行都保留一定数量的国家黄金外汇准备金。当国内商品供给不足、物价呈上涨趋势时,就利用持有的黄金外汇储备从国外进口商品或直接向社会售出上述国际通货,以回笼本国货币,平抑物价,使币值保持稳定。

(2) 稳定汇价。在实行浮动汇率制度的条件下,一国货币的对外价值会经常发生变动。汇率的变动对该国的国际收支乃至经济发展产生重大影响。为了稳定本国货币的对外价值,中央银行通过买卖国际通货,使汇率保持在合理的水平上。

(3) 调节国际收支。当国际收支发生逆差时,就可以动用黄金外汇储备补充所需外汇的不足,以保持国际收支的平衡。从结构看,当国际收支经常项目出现顺差、黄金外汇储备充足有余时,中央银行则可以用其清偿外债,减少外国资本流入。

(二) 国际储备的构成及特点

1. 国际储备及其构成

国际储备是指一国货币当局能随时用来干预外汇市场、支付国际收支差额的资产。构成国际储备的资产主要是黄金、外汇和在国际货币基金组织的储备头寸及未动用的特别提款权。作为国际支付手段,要求国际储备必须具备安全性、收益性和流动性。因此,一个国家在保有上述国际储备时一般都要根据各种国际储备资产的特点考虑它们构成的比例问题。

2. 主要国际储备资产的特点

(1) 黄金储备的特点。由于黄金产量有限,跟不上需求的增长,所以,从长期趋势来看,黄金是保值的最好手段,具有安全可靠的特点。但是,黄金不如外汇和特别提款权便于支付使用。同时,保存黄金也没有收益,管理成本比较高。因此,目前各国的国际储备中,黄金所占的比重正日益下降。

(2) 外汇储备的特点。外汇资产的流动性是毋庸置疑的,而且管理成本低廉,有收益。但其风险性较其他两种国际储备资产大,因为汇率的变动可能带来外汇贬值的损失,从而降低储备资产的实际价值,削弱本国的支付能力。

(3) 特别提款权的特点。特别提款权以及在国际货币基金组织的储备头寸,这种由国际货币基金组织于1970年初创设的国际储备,与黄金、外汇资产相比是比较完美的,既安全可靠又灵活兑现。但不足的是,目前各国还不能随意购入,不能成为主要国际储备资产。

从以上分析可知,三类国际储备资产各有优缺点,各国中央银行在保有国际储备时,必须从安全性、收益性和灵活兑现性这三个方面考虑其构成比例问题,其中,灵活兑现性问题最为重要。从现实来看,外汇是国际储备中最主要的资产。为了合理解决构成问题,目前各国中央银行普遍的做法是:努力优化国际储备构成,尤其是注重实现外汇资产的多样化,以争取分散风险,增加收益,同时获得最大的流动性。

(三) 保管和经营黄金外汇储备应考虑的两个问题

(1) 确定合理的黄金外汇储备数量。国际储备过多是对资源的浪费,过少则可能导致国际支付能力不足,因此,确定合理持有水平是一个十分重要的问题。保有多少国际储备并没有统一的固定不变的标准,受到众多因素的影响,主要有以下几个方面:

首先,要从国家支付债务和商品进口方面考虑,满足其周转需要,防止出现支付困难。从发达国家经验看,外汇储备的数量一般相当于2~3个月的进口额。同时,从债务偿还角度看,如果长期债务构成比重大,外汇储备可偏低一些;短期债务多,则需保有较多的外汇储备。其次,要考虑货币政策方面的需要。国际储备在许多国家也是货币发行准备金,它对于调节货币发行、稳定对内对外币值有着重要的作用。因此,一国保有国际储备还要根据货币政策的需要,干预外汇市场。再次,要考虑一国经济的对外依存度。一般而言,对外依存度越高,所需要的国际储备越多,反之亦然。此外,外汇管制、国际金融市场环境等都会对国际储备数量的确定产生影响。

(2)保持合理的外汇币种构成。布雷顿森林体系崩溃之后,国际货币体系进入了浮动汇率时代,储备货币也从单一的美元转变为美元、欧元、日元、英镑等多种储备货币并存的局面。不同储备货币的汇率、利率波动也不尽相同,给国际储备业务的管理带来很大的不确定性。在黄金与外汇比例短期内难以大幅改变的条件下,目前各国在国际储备上主要是从外汇资产多元化入手,争取分散风险,增加收益,获得最大的流动性,通过一揽子货币来解决外汇资产多元化问题。

(四)我国国际储备管理

1. 我国国际储备的构成及管理概况

(1)我国国际储备的构成。1985年至2000年底,我国的黄金储备一直保持1270万盎司不变。2001年,我国开始增加黄金储备数量。至2014年3月,我国黄金储备达3389万盎司。

在国际货币基金组织的储备头寸和特别提款权合计有10多亿美元,数额甚小。因此,对国际储备的管理主要表现在中央银行对外汇储备的管理方面。

(2)我国外汇储备管理现状。改革开放以来,中国人民银行有步骤地推进外汇体制改革。1994年起实行新的外汇管理体制,与此同时,建立了中国人民银行集中管理外汇储备的新型体系,取消了外汇移存业务,中国人民银行直接在外汇交易市场上吞吐外汇,购买了大量的外汇资金进入储备。国家外汇管理局作为中国人民银行管理外汇储备的专门机构,依法进行外汇管理,国家外汇管理局下设外汇储备司,具体实施外汇储备的管理和经营。在新的外汇体制下,外汇储备的职能发生变化。过去其职能主要是单一地进行经常项目下和部分资本项目下的日常支付,现在外汇储备在稳定人民币汇率方面起重要作用。我国的外汇储备主要由国家外汇管理局直接经营,同时对部分储备资金实行委托管理。

黄金和外汇储备

年份	2007.12	2008.12	2009.12	2010.12	2011.12	2012.12	2013.12
黄金(盎司)	1 929	1 929	3 389	3 389	3 389	3 389	3 389
外汇储备(亿美元)	1 582.49	19 460.3	23 991.52	28 473.38	31 811.48	33 115.89	38 213.15

资料来源:中国人民银行网站

2. 我国外汇储备的规模管理

确定外汇储备的适度水平是外汇储备管理的一项重要内容。国际上一般认为,一国外汇储备持有量应该保持在该国3~4个月的进口用汇水平上,并且不少于该国外债余额的30%。我国习惯上也经常采用这个标准来维持储备规模。但在实际操作中,作为发展中国家,我国需要保持较大的外汇储备规模。这主要因为:

第一,国际收支对外汇储备的影响。从经常项目看,我国自改革开放以来,大部分年限经常项目均为顺差,1994年之后更是年年顺差。经常项目的顺差减轻了外汇储备的压力。但若经常项目中贸易外汇及非贸易外汇出现逆差,而且在内部调节后仍出现逆差,就需要通过外汇储备进行弥补。从资本项目看,改革开放以来,我国长期保持资本净流入的势头。20世纪90年代以后,我国已经开始步入偿债高峰期,偿还外债将会对我国外汇储备产生更大的需求。因此,我国需要积累充足的外汇储备资金。

第二,人民币实现可兑换对外汇储备的要求。1996年,我国实现了人民币经常项目可兑换,在一定程度上放松了对外汇使用方面的管制。并且,我国还把实现人民币资本项目可兑换作为下一个目标。这就要求我国必须有充足的外汇储备,以便在外汇供求不能自行平衡时进行必要的弥补。因此,我国需要保持一个中等偏高的外汇储备规模,以保证国家经济持续、快速、健康地发展。

3. 我国外汇储备资产经营管理的原则与目标

当前,对外汇储备资产的经营遵循安全性第一、流动性第二、增值性第三的原则,即在保证外汇资金安全和流动性的基础上,达到有所增值。因此,管理外汇储备资产,就是要根据我国国民经济发展的实际需要和对外经济发展的具体情况,合理安排外汇储备资产的各种结构关系,适时调整货币结构和外汇投资结构,规避外汇资产风险,使之达到最优组合,以体现储备经营的原则。

我国外汇储备经营的具体目标包括:

(1)采取科学的管理和经营手段,保证中国人民银行调整外汇供求、平衡外汇市场等宏观控制目标的实现。

(2)加强风险防范,确保外汇资金安全,保证外汇资金的及时调拨和运用。

(3)建立科学的储备资产结构,提高储备经营水平,增加资产回报。

(4)合理安排投资,有重点地支持国内建设项目。

4. 我国外汇储备经营管理模式

为了实现我国外汇储备的经营目标,必须建立起适合中国国情的外汇储备经营管理模式。

(1)建立严密的风险管理制度。中央银行在外汇储备经营中,主要面临三种风险:主权风险、商业信用风险和市场风险。主权风险主要指因国家间关系恶化或对方国发生政治经济混乱而冻结我方资产,或使我方资产难以调回而带来的风险;针对主权风险,要尽量多持有一些硬通货,如美元、欧元、英镑等。在外汇交易和投资过程中,因发债主体破产而无法清偿债务或者因为代理行经营不善或倒闭可能带来的风险称为商业信用风险;针对商业信用风险应选择主要发达国家中的信用等级在A级以上的跨国银行和国际清算银行作代理行,投资国际市场上AA级以上的金融工具。市场风险则是指由于汇率变动导致外汇资产投资损失。为防范市场风险,一是要使币种多元化,以分散风险。根据我国进出口的币种比例和外债的币种比例,综合考虑我国实际经济发展状况和国际金融市场的变化情况来确定币种结构,实行以比较坚挺的货币为主的储备币种多元结构,以保持外汇储备购买力相对稳定,以分散风险。二是合理安排储备资产,确保流动性需要。根据储备资产各组成部分的不同用途和一定时期的不同需要安排储备资产结构,保证外汇资产的充分流动性。三是合理安排储备期限结构,在保证安全性和流动性的前提下,根据市场发展情况安排各种投资期限结构,实现合理的收益性。四是建立储备资产的基准结构,参照国际市场上的一些通用的指数建立和完善储备资产的基准结构,以提高储备业务的经营效益。

(2) 建立外汇储备风险管理制度。随着金融自由化和外汇管制的趋于放松,中国的货币管理当局应当注重对外汇储备的风险管理,在外汇储备管理过程中建立和完善风险管理框架,该框架应当包括运用先进的风险控制手段、建立完善的内部管理制度和风险披露制度等。同时应增强中国外汇储备管理的透明度,及时披露外汇储备的投资损益状况,进一步提高中国外汇储备管理的效率,确保储备资产的安全。

(3) 合理划分经常性储备和战略性储备。我国是发展中国家,正处于经济高速发展时期,在外汇储备经营中应选择符合经济发展要求的经营模式,将实际储备分为经常性和战略性两个组成部分,从而实现流动性和盈利性的统一。经常性储备主要用于干预外汇市场,稳定人民币汇率,保持必要的对外支付能力,因此,经常性储备宜采取短期性运用和投资的做法,提高外汇储备的流动性;战略性储备则主要用于满足国家较长期限的资金需求,可用于进行中长期资产投资,在必要时经政府特批也可动用一部分战略性储备用于国家重点建设项目,以提高外汇储备的收益。建立经常性储备和战略性储备要注意以下两个问题:一是要合理划分二者的比例,在保证经常性外汇储备充足的基础上安排战略性储备;二是战略性储备用于国内重点建设项目部分应建立严格审批制度,不能轻易动用,在建设项目投产后应尽快收回所投外汇资金并退还于储备。

【思考与应用】

1. 中央银行的存款业务与商业银行的存款业务有何不同?
2. 中央银行货币发行必须遵循哪些基本原则?为什么?
3. 试比较各种货币发行准备制度的优缺点。
4. 简述中央银行发行债券的目的和作用。
5. 中央银行的再贴现与贷款业务有何意义?
6. 再贴现业务的主要内容是什么?
7. 中央银行的证券买卖业务与贷款业务有何异同?
8. 中央银行在证券买卖业务中应注意些什么?为什么?
9. 中央银行保管和经营黄金外汇储备有何目的与意义?
10. 你认为应如何完善我国外汇储备的经营管理?

第六章 中央银行的支付清算服务

【本章提要】
中央银行的支付清算服务是指中央银行以一国支付清算体系的管理者和重要的参与者出现,通过一定的方式、途径,使金融机构之间的债权债务清偿及资金转移顺利完成。一国的支付清算体系由清算机构、清算工具、支付系统、清算制度构成。支付清算体系运作有差额清算和全额清算两种方式,中央银行在支付清算体系发挥着不可替代的重要作用。支付清算系统由于多种因素的影响可能产生各种风险,中央银行必须采取切实可行的措施加以防范。

【基本概念】
结算 清算 支付清算服务 票据交换所 差额清算系统 实时全额清算系统 赫斯塔特事件 支付系统风险

从中央银行制度的历史演变中,不难发现金融机构对中央银行的支付清算服务的需求,就是中央银行赖以产生和存在的重要原因。随着社会经济规模的不断扩大,尤其是在世界经济一体化的今天,高效安全的支付清算服务体系是一国经济活动和社会活动顺利进行的可靠保证,关系到一国经济安全以及金融稳定。根据 2003 年《中华人民共和国中国人民银行法》的规定,中国人民银行在支付体系中的法律职责为:"应当组织或者协助组织银行业金融机构相互之间的清算系统,协调银行业金融机构相互之间的清算事项,提供清算服务"。

第一节 中央银行支付清算服务概述

一、中央银行支付清算服务的含义

清算源于"结算"。结算是指对由于商品交易、劳务供应、金融活动等经济往来所引起的债权债务清偿而发生的货币收付,是货币发挥流通手段和支付手段职能的具体表现。结算当事人通常包括收款人、付款人和金融机构。随着商品经济活动规模的不断扩大,结算业务日益成为商业银行的重要服务项目。银行运用信用功能和遍布城乡的机构网络及其技术设施办理支付结算,成为商品交易的媒介和连接社会资金与国民经济各部门、各单位及个人经济活动的纽带。目前,我国每天通过银行办理支付结算的数量,多达几百万笔,金额数千亿元。

结算存在多种具体的形式,可以从不同的角度加以区分。从支付媒介的角度看,结算可分为现金结算和转账结算。现金结算是指以现金为媒介实现的经济交易或消费支付。转账结算又称之为非现金结算,一般需要通过银行间的账户设置和一定的结算方式,来实现各种经济行为依法的债权债务清偿和资金的划转。在通常情况下,如果一国的经济和金融产业越发达,则该国的现金结算的比重越低,非现金结算的比重越高。随着货币信用制度的发展和金融信息技术的不断进步,转账结算在社会结算体系中扮演着越来越重要的角色。结算还可以从地域的角度划分,结算活动分为国内结算和国际结算。国内结算处理一国境内的相关结算事项;而国际结算则主要办理跨国间由于经济交往或者非经济活动所导致的货币资金的转移。一般而言,一国经济开放程度越高,则国际结算的规模就越大。

从商业银行的结算业务流程来看,商业银行在提供结算服务的过程中,除了必须采取相应的结算工具、结算方式之外,还需要借助其他银行的协作,才能最终实现客户委办的结算业务。此外,出于银行开展其他业务的需要,银行也会与其他金融机构产生大量的业务往来。为此,需要通过一定的清算机构和支付系统,进行支付指令的发送与接受、对账与确认、收付数额的统计轧差、全额或净额清偿等一系列程序,即所谓的"清算"。

最初的清算安排是商业银行之间自发形成的双边清算制度,在参与者众多功能日益复杂的现代金融体系下,双边清算制度难以适应规模庞大的资金清算需求,这种制度的最大缺陷是运转效率低下,而且在清算过程中各种利益矛盾也急需一个权威的机构加以协调规范。在这种情况下,就需要中央银行出面提供必要的支付清算服务,适应经济和金融产业发展的客观需要。尽管各国的支付清算制度不完全相同,但银行同业间的资金转移一般都是通过中央银行的最终清算来实现的。中央银行义不容辞地承担着提供支付清算服务的责任,在此过程中,中央银行以一国支付清算体系的管理者和重要的参与者出现,通过一定的方式、途径,使金融机构之间的债权债务清偿及资金转移顺利完成,维护支付系统的平稳运行,从而保证经济活动和社会活动的正常进行。

与清算联系密切的另一个概念是支付,支付是债务人以一定方式满足债权人的清偿要求并了结债务的行为。因此,支付是从债务人行为角度概括的清算。

二、中央银行的支付清算体系

支付清算体系是指中央银行向商业银行等金融机构的社会经济往来提供各种清算服务的综合安排,它主要由清算机构、清算工具、支付系统、清算制度构成。一般情况下,各国清算制度的建立是在中央银行统一领导下进行的,中央银行居于清算中心的地位。

(一)清算机构

清算机构是为金融机构提供资金清算服务的中介组织,在各国支付清算体系中占有重要的位置。在不同国家或地区,清算机构采取了不同的组织形式,比如票据交换所、清算中心、清算协会。最典型、最传统的清算机构是票据交换所,随着现代科技在金融领域的应用,许多票据交换所的电子化和自动化的程度大大提高。各国的清算机构在经营者和业务范围方面存在一定的差异:既有私营的,也有官方的;既有地方性的,也有全国性的;既有只提供国内清算服务的,也有国际性的清算组织。清算机构一般实行会员制,会员必须遵守组织章程和操作规则,并需交纳会费。在很多国家,中央银行通常作为清算机构的重要成员,直接参与清算活动;而另外一些国家的中央银行则不直接加入清算机构,但对其实现监管并为金融机构提供清算服务。

广义的清算机构是指从事清算业务的金融机构和部分非金融机构,既包括专门从事清算业务的清算组织,又包括具有清算职能的非专门性机构,除了票据交换所之外,还包括商业银行、其他存款机构、中央银行和其他非金融机构。

清算机构的义务:

(1) 向中央银行缴存交换保证金,并有一定比率的控制,通常保证金是按清算银行的存款额乘以一定比率确定的;

(2) 在中央银行开立往来账户,以供交换差额的转账结算;

(3) 指派经审查合格的交换员(清算员);

(4) 承担缴纳应负担的一切费用。

(二) 清算工具

债权债务关系的清偿需要借助于一定的清算工具,尽管清算工具多种多样,但由于清算工具均要通过最终转移货币所有权来实现,故各种清算工具均以不同形式来实现货币的支付职能和媒介职能。货币在支付清算过程中以三种形态出现:第一,现金形态,包括铸币和纸币,它属于中央银行的负债,是法律保障和推行的一种法定支付手段。第二,商业银行存款货币,交易双方在商业银行开设存款账户,一般可通过转账方式实现大额交易和异地交易的清算。现代商业银行利用存款货币创造的清算工具层出不穷,包括票据、信用卡、贷记支付工具、借记支付工具和电子资金等,它克服了现金结算的固有缺陷,因而它实质上成为最主要的清算工具。第三,中央银行存款货币,即商业银行在中央银行储备账户中的存款,它是商业银行之间清算债权债务关系的最终手段。

(三) 清算系统

金融支付清算系统也称清算系统、支付结算系统。它是一个国家或地区对伴随着经济活动而产生的交易者之间、金融机构之间的债权债务关系进行清偿的制度安排,是提供支付服务的中介机构。清算系统的任务是快速、安全、有序地实现货币资金的所有权在各交易者间的转移。

支付系统构造及其运行取决于多种因素,使得不同国家的支付系统总体构成、一国内不同支付系统之间均存在差异。这些因素主要有:第一,一国金融产业的整体水平和科技实力,直接决定支付系统的硬件环境、软件水平,进而影响着支付系统的服务质量和风险控制能力。第二,稳定的宏观经济环境,尤其是一国的价格水平状况,直接影响到公众对本币及支付系统的信心,影响着以本币为计值单位的支付系统的有序运行。第三,一国的货币制度对支付系统设计及其运行效率具有关键的影响,它决定着支付结算体系的整体结构和支付系统的规模与范围。第四,支付系统的法律框架和操作规程越完备,将越有助于系统运行效率的提高,对维护系统用户的合法权益也具有积极作用。

(四)清算制度

清算制度是对市场交易形成的债务进行清偿的组织和安排,在这种安排中,必须明确各方的权利义务关系,清算工具的设置、性质和使用,清算机构的职责,清算程序及清算风险的处理等,唯有法律才能作出缜密有效的安排。与清算制度有关的法律包括票据法、银行法、结算法、合同法以及中央银行法、中央银行及政府有关部门制定的支付清算的具体规则和操作规程等。

三、清算制度的发展

20 世纪 70 年代之前,各国清算制度都以手工操作为主,效率低下,不可避免地造成资源浪费。随着票据交换业务量急剧增加以及电子技术的迅猛发展,美国纽约清算所于1970 年、1975 年相继开通了 2 个电子清算网络,即纽约清算所同业银行支付系统和纽约清算所系统。电子计算机和自动化技术的引进,极大地提高了清算效率,加快了资金的周转速度。1973 年 5 月由北美和欧洲多家大银行共同组建了环球银行间金融电讯协会(SWIFT),为跨国清算提供了便利。随着国际贸易、国际投资、国际借贷的发展,跨国清算业务量日趋扩大,现在 SWIFT 已经为遍布全球的许多金融机构提供通讯网络信息传递业务。

目前,世界各国的支付系统制度设计丰富多彩,具体情况请参见表 6-1:

表 6-1 有关国家中央银行运行的支付系统

支付系统名称	所属中央银行	始运行时间	设计模式
全国电子联行系统(EIS)	中国人民银行	1991 年	分散式
中国国家现代化支付系统(CNAPS)	中国人民银行	2000 年	RTGS
联邦资金转账系统(FEDWIRE)	美联邦储备银行	1918 年	RTGS
日本银行金融网络系统(BOJ-NET)	日本银行	1988 年	RTGS、净额
瑞士跨行清算系统(SIC)	瑞士国民银行	1987 年	RTGS
韩国银行金融电信网络(BOKWIRE)	韩国银行	1994 年	RTGS
储备银行信息与转账系统(RITS)	澳大利亚储备银行	1991 年	RTGS
行间支付系统(SPEEDS)	马来西亚中央银行	1989 年	净额
法兰西银行转账系统(TBF)	法兰西银行	1992 年	RTGS
欧洲实时全额自动清算系统	欧洲中央银行	1999 年	RTGS

资料来源:《国际清算银行十国集团支付系统》、《亚太十国金融市场体系与运作》,中国金融出版社。

专栏 6-1 支付清算系统的发展趋势

随着电子商务的迅速兴起,电子支付已成为现代支付清算系统发展的主流趋势。2010年,中国人民银行网上支付跨行清算系统运行,这是继大、小额支付系统后建设的又一人民币跨行支付清算基础设施,是人民银行为适应网上支付业务特点组织建设运行的跨行清算平台,进一步提高了网上支付等新兴电子支付业务跨行清算的处理效率,促进电子商务的快速发展。中国人民银行数据显示,2013年全国共发生电子支付业务257.83亿笔,金额1075.16万亿元,同比分别增长27.40%和29.46%。其中,网上支付业务236.74亿笔,金额1060.78万亿元,同比分别增长23.06%和28.89%;电话支付业务4.35亿笔,金额4.74万亿元,同比分别下降6.59%和8.92%;移动支付业务16.74亿笔,金额9.64万亿元,同比分别增长212.86%和317.56%。2013年,支付机构累计发生互联网支付业务153.38亿笔,金额9.22万亿元,同比分别增长56.06%和48.57%。

同样为迎合电子商务的同步交换需求,第三方支付应运而生并迅速发展起来。从2004年起,第三方支付在我国进入爆炸式增长时期,连续5年增长率保持在3位数以上。2009年二季度中国第三方电子支付交易规模达1307亿元,环比增长20%,同比增长142%。据Enfodesk最新数据显示,2013年全年中国第三方支付机构各类支付业务的总体交易规模达到17.9万亿,同比增长43.2%。其中银联商务交易额份额占比42.51%、支付宝占比20.37%、财付通占比6.69%、快钱占比6.02%、汇付天下占比5.98%、通联支付占比5.11%、易宝支付占比2.31%、环迅支付占比1.07%。2011年5月26日,中国人民银行公布了首批获得第三方支付许可证的27家单位。截至2013年底获得第三方支付牌照的机构已增至250家。

支付清算系统现代化变革的同时,也对金融风险监管提出了新的挑战。中国人民银行、银监会针对电子支付业务先后出台多项条例:2001年6月,中国人民银行颁布《网上银行业务管理暂行办法》,2006年中国银监会颁布《电子银行业务管理办法》和《电子银行安全评估指引》。

四、中央银行支付清算服务的作用

以往人们对中央银行支付清算服务作用的认识比较肤浅,认为该项服务只是一种资金转账服务。其实,它不仅体现了中央银行的"政府银行"的职能,而且更重要的是,它对于中央银行执行货币政策、维护金融稳定以及促进经济和社会的发展都具有积极的影响。

(一) 支付清算系统是中央银行执行货币政策和实现政策目标的重要工具

1. 支付清算系统与公开市场操作

灵活高效的支付清算系统是中央银行卓有成效地进行公开市场操作的基本前提与保证。中央银行通过在货币市场上买卖有价证券,以改变商业银行的准备金,从而控制信贷规模和货币供给量时,需要通过资金转账,清算系统实现证券交割和资金清算。在发达的市场经济国家,大额支付系统已经成为中央银行货币政策传导机制的重要工具。

2. 支付清算系统与存款准备金率制度

存款准备金率制度也是中央银行控制信贷规模和货币供给量的政策工具之一。一般而言,中央银行对法定存款准备金不支付利息,即使付息,其利率也低于市场水平,因而商业银行持有准备金存款无疑增加了机会成本。为了减少对清算资金的占用,商业银行倾向于采用差额清算而非全额清算,但差额清算的风险较大。若法定准备金数额较大,并且允许用于支付清算时,将有助于商业银行降低机会成本,此时商业银行也会接受实时全额清算。因此,清算支付系统的运行也是中央银行执行存款准备金政策的协调工具之一。

3. 支付清算系统与放款政策

中央银行在办理清算服务过程中,有时会向金融机构通过透支便利。透支的方式有全额担保透支、当日回购或有条件的隔夜贷款。无论哪种方式都会使商业银行负债增加,从而相应扩大了其在中央银行的存款准备金,进而会扩大商业银行贷款能力,最终使整个金融系统的货币供给量增加。

4. 支付清算系统与政策效果

清算制度提供低成本、高效快速的清算服务,有助于提高货币市场的流动性,有助于中央银行更灵活有效地实施货币政策。有些国家金融法明确规定对清算系统的时滞进行管理,便于中央银行掌握金融机构资金流入量与流出量,掌握货币资金流动规律,提高货币政策制定的正确性。特别是银行间货币市场流动性的增强,可使中央银行更准确快捷地进行货币操作,政策操作信息可迅速传递至各市场参与者,其反应可快速反馈至中央银行,提高中央银行货币政策操作的实际效果。

(二)支付清算系统是金融稳定的指示器

随着金融日益成为现代市场经济的核心,各国中央银行逐步认识到建立、完善支付清算系统,也是保障金融稳健运行、保障正常的交易与支付秩序、防范金融危机的重要措施。因为支付系统是金融政策信息和金融危机的主要传递渠道之一。如果金融体系中一家银行不能履行支付义务,则债权银行及该银行的客户也会对其他银行和交易主体拒绝转账划拨,从而发生连锁效应。在经济金融一体化发展和信息快速传播的情况下,整个国家乃至跨国支付系统面临极大威胁,直接危及整个社会金融体系的稳定。中央银行通过提供支付清算服务,可以及时了解支付清算系统的运行状况,从而进一步判断整个金融体系的运行状况。在这个过程中,中央银行通过制定支付清算系统的相关规章制度,实际上也是其履行金融监管职能的体现,从而实现金融监管的目标——金融稳定。

(三)支付清算系统运行是经济和社会正常运转的重要保障

大多数国家的中央银行在清算制度中占有支配地位,为商业银行等金融机构和各类重要的大额交易提供最后的清算支付服务,使同城、异地及跨国交易所引起的债权债务以及衍生金融工具交易得以实现最终划拨清偿,避免商业银行等金融机构占用大量汇差资金,减少在途资金,对于优化资源配置、提高劳动生产率、保障经济健康有序发展以及社会生活的正常运转具有极为重要的意义。

第二节 中央银行支付清算运作

一、中央银行支付清算的基本原理

各国的主要金融机构在其本系统内都拥有自己的清算系统,负责行内各分支机构间的清算,而各商业银行之间的清算则需要中央银行的参与,并设立清算中心及各城市分中心。金融机构需在中央银行开立账户,金融机构所持有的中央银行账户的结构在支付交易的清算和结算中起着十分重要的作用。在每一级,商业银行必须在相应的中央银行分支机构开设账户。

资金清算包括两个基本程序:第一,付款行通过清算系统向收款行发出支付指令信息。第二,付款行和收款行间实现资金的划转。清算可通过差额清算和全额清算两种方式进行。

（一）差额清算原理

所有银行间的应收应付款项都可通过清算系统相互轧抵后,仅仅收付其差额。只要清算系统把在某一时点上收到的各金融机构应收金额数,减去该金融机构发出去的应付转账金额数,得出应收或者应付的净差额,该净差额通过中央银行或者清算银行进行收付的划拨,就可实现清算。因为任何一家银行的应收总额一定等于所有其他银行的应付总额;任何一家银行的应付总额一定等于所有其他银行的应收总额;各家银行应收总额总和,必然等于各家银行的应付差额总和。差额清算可以是双边的或多边的。如表6-2所示:

表6-2 差额清算　　　　　　　　　　　　　　　　单位:亿元

	A	B	C	D	应收总额	应付差额
A	—	80	150	60	290	—
B	60	—	140	75	275	-15
C	130	100	—	170	400	
D	80	110	70	—	260	-45
应付总额	270	290	360	305	1 225	⇩
应收差额	20		40	—	⇨	60

表6-2中,A银行应该从其他3家银行收款计290亿元,应该向其他3家银行共支付款项270亿元,两者相抵应收差额20亿元。其他银行同理可以算出。

差额清算是在某个时点进行,该时点通常为营业日结束时,故在整个营业日内,参加清算的所有债权银行实际上已经向债务银行提供了信贷,从而产生了信用风险。因为在清算时,如果净债务银行没有足够的备付头寸时,清算系统将无法完成清算。因此,为了克服差额清算过程中的信用风险,各国中央银行逐步试行全额清算支付系统。

（二）实时全额清算系统的运行原理

20世纪90年代左右,多数发达国家纷纷采用实时全额清算系统(Real Time Gross Settlement,RTGS),主要原因在于系统设计原理比较先进,它能够有效地防范与控制系统运行中的各种风险。RTGS系统的名称充分显示其固有的特征,实时的意思是清算在营业日清算期间内非间断、非定期地持续进行;全额的意思是每笔业务单独进行、全额清算,而非在指定时点进行借贷双方总额轧差处理。该系统还有一个重要特征,系统处理过的所有支付清算都是不可变更和无条件的终局性清算。系统的运行要求以现代通信信息技术为支持手段,故它在世界各国还不十分普及。

在清算系统的运行中,支付间隔(从支付信息的发出到资金最终清算之间的时间差)越长,所蕴含的风险越大。RTGS系统设计了4种支付信息发送和资金清算流程,各种流程对支付间隔的长度及支付风险控制有不同的影响。

1. V型结构

付款行首先将完整的支付信息发送给中央银行,待中央银行完成资金汇划后,再将完整的支付信息发送给收款行。工作流程如图6-1所示。

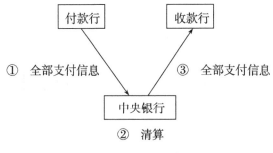

图6-1　V型结构

2. Y型结构

Y型结构可以看作是V型结构的改进,它的主要不同表现为在支付信息的传递流程中,加入了中央处理器这个中间环节,如图6-2所示。中央银行在得到付款行的信息后,需要确认付款行账户上有无足够的资金用于清算。如果付款行资金充足,则马上进行清算;如果付款行的资金不足,则将其置于排队状态,直至其资金足够时再进行清算。有些国家中央银行可以对付款行提供不超过一个交易日的日内透支。当清算完成后,中央银行将已经清算的信息传回中央处理器,再由中央处理器把完整的信息发送给收款行。

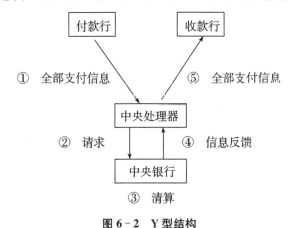

图6-2　Y型结构

3. L型结构

付款行向中央银行传递完整的支付信息,中央银行核实付款账户上的资金并且作出

清算或排队等决定后,向付款行传回信息,再由付款行将其传至收款行,如图6-3所示:

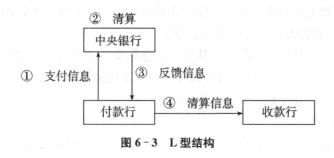

图6-3 L型结构

4. T型结构

付款行同时向中央银行和收款行传递支付信息,收款行先收到未经清算的信息,其后才可能收到中央银行发送的证实信息,如图6-4所示。

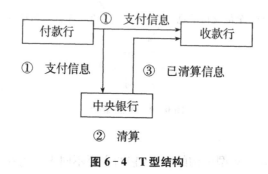

图6-4 T型结构

通过对以上各种实时全额清算系统的运行流程进行比较,可以发现:第一,V型和Y型结构具有共同的特征,支付信息首先传递至中央银行,待清算完毕后才将信息传至收款行;第二,V型结构中央银行兼具传递信息和资金清算双重职能,而L型结构中央银行只负责清算,不负责传递清算信息;第三,在前面的三种结构中,收款行只有在清算了结后才可收到支付信息,而T型结构中在清算了结之前,收款行就可以得到信息。由于清算时滞的存在,可能使收款行分不清已清算信息和未清算信息,一旦应付行因备付金金额不足并未实现划转,而收款行已经按收到的支付信息将应收资金贷记其客户账户时,可能产生流动性风险或信用风险。故各国中央银行很少采用T型结构。

二、中央银行支付清算服务的主要内容

由于各国中央银行职能范围的不同,它们支付清算服务的内容也有所差异,归纳起来主要有下面几点:

(一)组织票据交换清算

中央银行票据清算制度是在商业银行代客收付资金时具有相互收付特征的基础上产生的。商业银行为客户收进的票据(如支票)向出票人的开户行索款(由于支票的签发是以客户在银行有存款为前提的,因此,支票授受双方的债权债务关系就转化为双方开户银行间的债权债务关系),早期的结清方法是由每天派人持客户交来的收款票据前往各应付

款银行收取款项(现金),这种方法费时费力又不安全。18世纪英国伦敦的伦巴第街是金融业集中的地区,1773年在那里诞生了世界上第一家票据交换所,开创了票据集中清算的先河。1853年,美国纽约市成立了美国第一家票据交换所。不久,波士顿等城市也成立了这样的机构,票据交换制度在全世界发展起来了。1854年,英格兰银行实行了票据清算制度,其他各国中央银行也纷纷仿效建立这种制度。

票据交换的基本程序有下面三步。

第一步,入场准备

各清算银行的清算员将应收票据按付款分别整理,在票据上加盖交换戳记后结出总额,填写"提交票据汇总单"(一式两份),并按号码次序逐一填入"交换票据计算表"的贷方,计算出当场交换的应收票据总金额。

第二步,场内工作

清算员一方面将提出票据分别送交有关付款行;一方面接受他行提交的应由本行付款的票据,清点张数,计算金额,并按号码逐一填入"交换票据计算表"的借方,结出总金额,然后与贷方总额比较,计算出当场应收或应付差额,填写"交换差额报告单",递交给票据交换所的总清算员。

第三步,票据交换工作

交换所的总清算员收到各行提交的交换差额报告单后,填制交换差额总结算表,按各行应收款计入贷方,应付款计入借方,结出总数(借贷应平衡),当场交易即告结束,各行差额交由中央银行转账结清。票据交换所通常在银行营业日的每天交换一场,有些业务繁忙、金融机构集中的城市,也可以每天交换两场。

(二)办理异地跨行清算

各银行间的异地债权债务形成了各银行间的异地汇兑,会引起资金头寸的跨银行、跨地区划转,各国中央银行通过各种方式为异地跨行清算提供服务。票据交换所的业务是中央银行通过其分支机构组织同城票据交换与清算。而各银行之间的异地汇兑形成的异地银行间的债权债务,则是依靠全国性的清算中心提供服务,在全国范围内办理异地资金汇兑,这是中央银行资金清算业务的主要部分。一般有两种办法:一是先由各金融机构内组成联行系统,最后各金融机构的清算中心通过中央银行办理转账结算;二是将异地票据统一集中传送至中央银行总行,办理轧差头寸的划拨。大部分中央银行拥有并且经营国家主要的大额支付系统,直接参与异地清算。像美联储的联邦电子资金系统FEDWIRE、日本银行的日银网络系统就是如此。2010年,中国人民银行网上支付跨行清算系统运行,这是继大、小额支付系统后建设的又一人民币跨行支付清算基础设施。

通过在全国范围内办理异地资金清算,中央银行不仅为全国各地的众多银行提供清算服务,而且通过资金清算对全国的资金供求状况加以了解,从而对货币资金供求状况和市场货币流通量进行合理的控制与调节。

(三)为私营清算机构提供差额清算服务

在许多发达国家,私营性质的清算组织已经成为清算制度的主要组成部分。这些清算组织为经济交易提供各种形式的结算服务,为了实现清算机构参加者间的差额头寸清算,很多私营清算机构乐于利用中央银行提供的差额清算服务。

美国的私营清算组织众多,在美国的支付体系中发挥着重要作用。目前,美联储约为150家私营清算组织提供差额清算服务,这些私营清算组织包括CHIPS、支票清算所、区域性自动清算所、自动取款机及信用卡网络等等。

为利用在联储设立的账户进行差额头寸的清算,私营清算组织首先将在一个营业日中各清算参加者的净债务或净债权头寸加以计算,然后将各参加者的头寸情况提交联储,由联储借记或贷记各参加者在联储的账户来完成资金的清算。或者,清算组织也可以在联储建立一个专门账户,在一个营业日结束后,该清算组织通知各产生净债务头寸的参加者通过联邦电子资金划拨体系将资金转入该专门账户,在所有净债务头寸收清后,由清算组织将账户资金转移到产生净债权头寸的参加者的账户上。

中央银行对私营清算机构的服务还体现在,为私营清算机构尤其是经营大额支付体系的私营机构制定清算原则并对这些私营机构进行监管,通过对私营清算组织的组织结构、清算安排、操作规则等加以审查与批准,对私营清算组织达成诸如双边信贷额度、多方信贷额度、担保、损失分担原则等等有关安排加以监管,以保证当日清算活动能及时、最终地完成。

(四)提供证券和金融衍生工具交易清算服务

因为证券和金融衍生工具交易不同于一般经济活动所产生的债权债务清算,故在不少发达国家都设立了专门为证券和金融衍生工具交易提供结算服务的支付系统。比如英格兰银行提供中央金边证券系统(CGO)和中央货币市场系统(CMO)的结算与支付服务。由于证券交易金额大,不确定因素多,易引发支付系统风险,尤其是政府证券交易直接关系到中央银行公开市场操作效果,所以中央银行对其格外关注。

(五)跨国支付服务

在国家的对外支付清算和跨国支付系统网络建设中,中央银行也发挥着不可替代的作用。跨国清算通常是通过各国的指定银行分别向本国的中央银行办理。由两国中央银行集中两国之间的债权债务直接加以抵消,完成清算工作。跨国支付清算业务具有如下一些特点:

1. 涉及不同国家的货币

基于各种因素的综合影响,美元、欧元和日元逐步演化成为世界主要支付与储备货币,在跨国支付清算中占有重要位置。

2. 涉及不同的清算制度

由于参与跨国清算的交易国别不同和交易方式有别,因此涉及不同的清算制度安排。

3. 必须借助跨国支付系统及银行的国际往来账户,实现跨国银行间清算

银行的国际往来账户包括:中央银行往来、国际同业银行往来、国际联行往来和代理行往来等。

4. 中央银行在跨国支付清算活动中具有重要地位

中央银行在履行作为政府的银行职能时,必然涉及跨国支付清算,中央银行往往通过直接或间接的方式介入其中。

5. 跨国清算的影响具有世界性

跨国支付不但涉及不同国家的货币及其汇率水平,而且还涉及不同当事人与当事国的利益,因此跨国清算行为必然带有世界性的影响。

三、形形色色的支付清算系统

在不同的国家,服务于不同的支付清算领域,设立了不同类型的支付系统,中央银行对这些支付系统的参与程度及监管方式也各不相同。

(一) 按经营者身份的不同划分

1. 由中央银行拥有并经营

由于支付系统对国家经济、金融及社会生活的影响重大,各国政府对支付系统特别是主干支付系统的建设与运行极为重视,很多国家的中央银行直接拥有并经营支付系统,像美国联邦储备体系、中国人民银行、日本银行、瑞士银行、德国联邦银行等,都通过其拥有的支付系统,干预和影响社会整体支付清算活动。

2. 由私营清算机构拥有并经营

像纽约清算所协会的 CHIPS 系统、英国的 CHAPS 系统、日本东京银行家协会的全银数据通信系统等。CHAPS 系统是英国的大额英镑清算系统,于 1984 年投入运行。在 CHAPS 运行高峰时期的 1992 年,每 7 天通过该系统支付的英镑金额与英国当年的 GDP 旗鼓相当,最高时日交易量相当于英国全年 GDP 的 25%。

3. 各银行拥有并经营的行内支付系统

商业银行往来处理各分支机构间的汇兑往来和资金清算,一般都建立自己的行内支付系统。通过该系统的运行,可以为客户提供更加快捷的支付清算服务。

(二) 按支付系统的服务对象及每笔业务量划分

1. 大额支付(资金转账)系统

大额支付系统是一国支付系统的主干线,其运行对金融市场及金融体系效率产生重大影响。对系统用户的准入资格有严格要求,一般采用电子资金转账系统。根据系统服务的提供者、时间安排及透支与否等不同,大额支付系统可以进一步划分为:

(1) 中央银行运行的实时全额、无透支系统。

(2) 中央银行运行的实时全额、有限透支系统。

(3) 中央银行运行的定时、净额结算系统。

(4) 私营多方差额清算系统。

2. 小额支付系统(零售支付系统)

小额支付系统与社会经济和消费活动紧密交融,其服务对象主要是工商企业、个人消费者、其他小型经济交易的参与者。小额支付系统一般由各国的银行系统、私营清算机构经营,大部分采用批量处理、差额结算方式。该系统的运行效率反映了一个国家金融基础设施状况,其服务质量影响着公众对金融业的评价与信心。

（三）按支付系统服务的地区范围划分

1. 境内支付系统

境内支付系统是整个支付清算系统的主要构成部分，主要处理一国境内各种经济和消费活动所产生的本币支付与清算，运行的质量对一国经济和金融活动的效率具有重大的影响。

2. 国际性支付系统

国际性支付系统主要处理国际间各种往来所产生的债权债务清偿和资金的转移，一般可服务两种类型：

（1）由某国清算机构建立并运行，由于该国金融及货币在世界经济中居于领先地位，境内支付系统逐步扩展至国际支付清算领域，比如美国的CHIPS、英国的CHAPS以及日本的外汇日元清算系统等，国际金融领域的大部分交易都借助于这些系统进行处理。

（2）由不同国家共同组建的区域性支付系统。如由欧洲中央银行建立的"欧洲间实时全额自动清算系统（TARGET）"，即发展欧元区国家间大额欧元交易的支付清算。

第三节　中央银行对支付清算系统的风险管理

一、支付清算系统的风险类别

支付清算系统是整个经济大系统和金融系统的一个子系统，由于系统外部环境的变化，或者由于系统内部因素的变动，都有可能产生各种风险，危及支付清算系统的安全。中央银行支付清算系统的风险主要有以下几类：

（一）流动性风险

流动性风险是指在支付过程中一方无法如期履行合同的风险。流动性风险仅仅是在合同规定的时间内无法如期如数履行债务，并不意味着债务人清偿力一定发生危机，但如果给予其足够的时间，该方可以通过变卖资产筹措相应资金满足清算的要求。这种预期付款，可能迫使对方为弥补资金缺口而另辟其他融资渠道。如果融资失败，将引起收款行或客户对自己的债权人延期支付，如果这种连锁的延期支付愈演愈烈，并且扩大到整个清算体系时，极易引起金融体系的混乱。

（二）信用风险

信用风险是支付过程中因一方拒绝或者无法履行债务，从而给另外一方或其他当事人带来一定的损失。信用风险的发生源于支付过程的一方陷入清偿力危机，即资不抵债。在交易支付清算系统的任何一个环节都存在着发生信用风险的可能性。在非现金结算的商品交易中，卖方承担着买方拒付或者无力支付货款的风险，买方承担卖方不能如期交货的风险。当商业银行向客户提供信贷时，银行承担客户借款无法偿还的风险，而银行的存款人承担着银行倒闭存款收不回的风险;当中央银行向商业银行提供透支便利时,面临着透支额不能弥补的风险。

在国际结算中,如果一方违约,将导致另外一方不能在交割日收到交易货币进而影响对其他到期应付债务的清偿,加上时区因素的影响,潜在的风险隐患更大。20世纪70年代发生的赫斯塔特(Herstatt)事件就是国际范围内的信用风险的典型案例。1974年德国的赫斯塔特银行与美国一些银行进行美元与马克交易,赫斯塔特银行买入马克卖出美元,交易支付需通过货币发行国的国内支付系统进行,由于时差原因,美国银行比赫斯塔特银行提前1个营业日交割马克。在美国银行完成交割后,德国赫斯塔特银行宣布倒闭,使美国银行蒙受损失,对支付系统的运行秩序产生严重的负面影响。

(三)系统风险

系统风险指支付过程中一方无法履行债务合同造成其他各方陷入无法履约的困境。系统风险的发生与流动性风险和信用风险的存在有密切的关系,流动性风险和信用风险发生所造成的后果将导致系统风险的产生。系统风险是支付系统构造中各国货币当局最为关注的问题,由于支付系统的运转直接支撑着一国金融市场的运作以及经济活动的进行,支付系统的中断必然造成整个金融市场秩序紊乱,经济活动停顿,可能产生多米诺骨牌效应,引发整个国家经济陷入危机。

(四)法律风险

法律风险指由于缺乏支付法或法律的不完善,造成支付各方的权力与责任的不确定性,从而妨碍支付系统功能的正常发挥。尽管各国已经在支付清算方面制定了一些法律规章制度,但不能适应科学技术在金融领域的广泛应用中所面临的新问题,比如电子支付和电子凭证的有效性、数字签名的合法性以及与电子支付有关的纠纷、索赔、保险等等。此外,随着经济全球化程度的加深,跨国支付的交易额大幅度上升,由于系统的运行覆盖不同的国家,建立统一的法规成为各国中央银行面临的共同课题。

(五)技术风险

技术风险指在现代化支付系统运用的电子数据处理设备及通讯系统出现技术性故障时,使整个支付系统运行陷入瘫痪的潜在风险。现代化支付系统对技术的依赖程度与日俱增,有关人员的错误操作或违法操作以及系统外部的黑客和花样繁多的病毒,甚至恐怖主义的袭击,都使得支付系统发生技术风险的概率大大增加。

2001年9月11日上午,在世贸大楼被袭击后,美联储十分果断地做出了两个决定:第一,立刻关闭美国的三大金融市场——股市、汇市、债市。第二,立刻停止靠近纽约的新泽西美元支付系统的运行。启动灾难备份系统,将美元支付系统从纽约新泽西切换到里士满和达拉斯。在整个切换过程中,支付系统没有中断支付服务,也没有丢失一个数据,充分显示了美国支付系统高度安全、快速有效的运行能力。这两个决定不仅保卫了美国经济发展的基础设施,更重要的是保证了美国金融系统免遭破坏,保住了美元的地位和美元在全球的支付结算。

二、中央银行对支付清算系统的风险管理

维护金融稳定是中央银行义不容辞的职责。古人曰:"圣人见微以知萌,见端已知末,

故见象箸而怖,知天下不足也"(《韩非子》),应借鉴古训,针对产生支付清算系统风险的各种因素,结合本国支付清算体系结构和支付系统运行特征,各国中央银行应该采取多方面的措施,切实将支付清算系统的风险降至最小的程度。

对支付系统风险的管理和对支付系统风险的监管是中央银行的职责之一,以美国为例,目前美联储对支付系统风险的管理包括以下几个方面:

(一) 对大额清算系统当日透支的收费

当日透支是指一个金融机构在一个营业日中其储备账户余额为负。当日透支的存在,使联储银行面临巨大的信用风险。为了控制金融机构在联储账户上的当日透支,从1994年4月开始,联储对金融机构平均每日透支进行收费。收费的平均每日透支包括由FEDWIRE资金转移及记账证券转移两部分产生的合并透支额(在此以前,联储对记账证券产生的透支不予管理),其计算方法是对FEDWIRE营业时间内(目前正常营业时间为十小时)每分钟的最后时间金融机构储备账户的负值加以总计(正值不予计算),再将总透支额除以当日FEDWIRE运行的总分钟数得到金融机构每日平均透支额。联储对每日平均透支额减去相当于银行合格资本的10%的部分征收费用。但联储保留根据市场反映情况对征收标准进行修改的权力,联储有权加速对金融机构当日透支征收费用的进行,也可以将费用征收标准加以改变。

(二) 最大透支量

为限制金融机构在储备账户上当日透支的总量,联储对产生储备账户透支的各金融机构分别制定最大透支额,即一个金融机构在一定时间内可以产生的净借记头寸总量。一个金融机构的最大透支额的计算等于该机构的资本金乘以一个透支类别乘数。美联储为各金融机构设定了五个透支类别,其类别乘数如表6-3:

表6-3 美联储透支额有关规定

透支类型	两周平均乘数	单日乘数
高	1.5	2.25
高于一般	1.125	1.875
一般	0.75	1.125
低	0.20	0.20
零	0.00	0.00

美联储在设定透支类别乘数时,可以给金融机构两种选择,一是两周平均乘数,一是单日乘数。美联储认为,由于金融机构的支付活动每天都可能发生波动,因此设定两周平均乘数将为金融机构提供较大的灵活性。两周平均透支额的计算根据金融机构在两周时间内每天在储备账户产生的最大透支额加总后除以计算周期内联储的实际营业天数。如果在计算周期中某天金融机构的储备为贷记头寸,则该天金融机构的透支额视同为零。金融机构在两周内的最大透支额则等于两周平均透支额乘以透支类别乘数。单日类别乘数要高于两周平均乘数,主要是为了控制金融机构在某天中产生过大的透支,迫使金融机构完善内部控制手段,加强对每日信用量的管理。

美联储规定,如果一个金融机构在一个营业日中所产生的当日透支基本上不超过1000万美元或相当于资本的10%两个数字中较小的一个,则认为该金融机构对联储造成的风险较小,无需向联储提交其自我评定的最大透支上限保证,从而减轻金融机构进行自我评定的负担。

（三）记账证券交易抵押

美联储对金融机构当日透支的计算是将金融机构的资金转移透支和记账证券转移透支合并计算。对一些财务状况比较健全,但却由于记账证券转移造成超过最大透支额的金融机构,美联储要求该金融机构对所有的证券转移透支提供担保。美联储对于抵押品的种类没有特别的要求,但抵押品必须要能够被美联储接受。

经营状况健康,没有超过最大透支额的金融机构也可以对其部分或全部证券转移透支提供抵押品,但提供抵押品并不能增加他们的最大透支额。

（四）证券转移限额

美联储对金融机构通过 FEDWIRE 进行的二级市场记收证券转移限额规定不能超过5000万美元,以减少证券交易商因积累头寸而造成记账证券转移透支。证券交易商积累头寸是造成记账证券转移透支的重要原因。

（五）对金融机构支付活动的监测

美联储对金融机构支付活动的监测一般在事后进行。如果一个金融机构当日净借记头寸超过其最大透支额,美联储要把该金融机构的负责人召到联储,与其讨论该金融机构减低当日透支的措施。美联储有权单方面减少该机构的最大透支额,要求金融机构提供抵押或维持一定的清算余额。对于联储认为不健康并在联储产生超乎正常透支的金融机构,联储对其头寸情况进行现时跟踪,如果该机构的账户余额超过联储认为正常的水平,联储可以拒绝或延迟对该机构支付命令的处理。

专栏 6-2　美国金融体系中的支付系统

（一）美国支付系统概况

美国的国家历史并不很长,当老牌的中央银行——英国的英格兰银行建立了票据交换所支付系统时,美国的支付结算还是相当落后的搬运结算（Porters Exchange）。美国东西海岸间还用长途汽车运送现金和票据,不仅效率低,而且风险大。美国的票据交换所晚于伦敦80年才出现。1853年10月11日美国有52家银行在华尔街第14号地下室进行了首次票据交换,它标志着美国票据交换所支付系统的成立。但是美国在日后不断向欧洲金融业学习并凭借着强大的政治、经济和科技实力使美国电子支付系统的建立早于伦敦14年,在票据电子交换的基础上又经过多年的实践和完善,目前美国的支付系统以高科技、高水准和高效能著称于世。美国的中央银行——联邦储备体系,在政策制定、提供服务、监督管理、风险控制等多方面参与了美国政府清算安排,并在其中发挥了核心和主导作用,保障了美国金融体系的稳定运行,促进了美国社会和经济的发展。

（二）美国支付系统的特点

美国的支付系统是美国经济发展、金融业成长、法规建设、中央银行作用、科技进步的综合成果。

1. 法律框架完备

美国对支付清算及相关活动的法律建设与管理非常重视,制约支付活动的法律规范较多。比如:

1913年的《联邦储备法》赋予了美联储运行美国支付系统的权利。联邦储备法规条例规定了美联储及其系统用户的权利与义务。美联储还通过发布操作细则等措施对支付清算活动加以监督。美国的私营清算机构也定有严格的组织章程和操作规则。可以说多如牛毛的各种法规对美国支付系统的运行起到了保驾护航的作用。

2. 支付系统众多,服务机制发达

在美国能够提供支付服务的机构和组织非常多,有商业银行、储蓄信贷协会、信用联社、银行卡公司、清算协会以及非银行金融机构,如美国邮政局等等。他们的服务水准高,手段高度现代化,各类经济交易的资金结算快捷便利。不论是个人消费还是公用费用的支付都高效、安全、迅速。

3. 支付工具多样化,高科技化

美国非现金结算体系十分发达,信用卡、各种票据,尤其是商业支票、政府支票、旅行支票、邮政汇票、个人支票在美国流通较广。近年来,电子钱包、电子现金、电子支票、电话银行、电视银行、在线银行也得到了广泛的使用,极大地便利了美国各阶层经济及其他往来所产生的货币所有权的转移。

4. 支付体系庞大健全

美国金融市场规模巨大,支付媒介众多,支付系统的构建很好地匹配了市场和交易的需求。因此,美国有大额支付系统、小额支付系统、证券结算系统等等。这些系统涉及了境内外众多的金融机构以及美国的货币市场、资本市场、外汇市场、金融衍生品市场,这些市场对支付结算又产生了强烈的相互依赖性,纵横交错的各种支付系统都各自发挥了很好的作用。

(三)美国主要的支付系统

纽约是集聚美国重要支付清算系统的所在地,拥有美元实时全额清算系统(Real Time Gross Settlement,简称RTGS)。而且实现了外汇清算系统、证券清算系统与美元支付清算系统的DVP连接(DVF:Delivery Ver-MYMU8 Payment,即券款对付,是指债券交易达成后,债券和资金在双方指定的结算日同步进行相对交收并互为交割条件的一种结算方式)。外汇、证券的交割与美元清算可以同步进行。

1. 美元跨行支付系统

美国跨行支付清算主要有五种渠道:(1)美元大额支付系统FEDWIRE(联邦电子资金转账系统)和CHIPS(清算所同业支付清算系统)是支持美元全球清算的两大主要大额支付系统。FEDWIRE系统是一个高度集中化的系统,由纽约联储建设、管理和运行。其中,FEDWIRE资金转移系统提供实时全额结算服务,主要用于金融机构之间的隔夜拆借、行间清算、公司之间的大额交易结算等,可实时进行每笔资金转账的发起、处理和完成,运行全部自动化;CHIPS系统则是一个著名的私营跨国美元大额支付系统,目前95%的跨国美元最终清算通过CHIPS系统进行,为来自全球95家会员银行提供美元大额实时最终清算服务。该系统采用了多边和双边净额轧差机制实现支付指令的实时清算。实现了实时全额清算系统和多边净额清算系统的有效整合,可以最大限度地提高各国金融机构美元支付清算资金的流动性。(2)支票结算体系。据统计,全美大约有30%的支票在开立行内清算,另外70%通过银行间的清算机制来进行清算。银行间的清算除了直接提示付款行或者通过代理行和联储银行外,还可以通过当地支票清算所进行清算。(3)自动清算所(Automated Clearing House,简称ACH),联储作为美国最大的自动清算所运营者,每天都要处理85%以上的ACH交易,纽约清算所的电子支付系统是全美唯一一家私营ACH。(4)银行卡结算网络,银行卡、ATM机和POS机构成了一个庞大的支付网络,现在网上银行发展也非常迅速,形成了更加完整的银行卡结算网络。(5)联储全国清算服务,是指联储还为私营的清算机构提供净额结算服务。整个私营系统的最终清算是联储通过调整私营的清算机构会员在联储银行里的账户余额来进行的。

2. 证券交易结算系统

当前美国的证券市场主要包括政府债券市场、企业股票市场以及固定收益债券市场,不同的市场由不同的机构和系统分别负责清算和结算。纽约的证券交易清算机构主要有两个:一个是固定收益工具清算公司(Fixed Income Clearing Corporation,简称 FICC);另一个是全美证券清算公司(National Security Clearing Corporation,简称 NSCC)。证券托管结算系统主要有两个:一个是证券集中托管公司(Depository Trust Company,简称 DTC)管理的系统;另一个就是 FEDWIRE 系统中的簿记证券子系统。其中,FICC、NSCC 和 DTC 均为全球最大的证券托管机构美国证券集中托管清算集团(DTCC)的子公司。美国的证券结算系统采用的是商业银行货币与中央银行货币相结合的资金清算模式,证券交易中的有关各方,其中一方或几方在中央银行开户,另一方或几方在商业银行开户。中央证券登记结算公司作为特许参与者加入支付系统,负责提交清算轧差结果。

———————

摘自:潘永,刘灿霞《中美支付清算系统比较研究》,《金融与经济》,2010.07。

第四节 中国的支付清算体系

一、中国现行支付清算体系

中国现行的支付清算体系已经步入了适应现代银行体制、为市场经济和对外开放条件下的经济及社会活动提供现代化支付清算服务的阶段。它由以下三个层次构成:

(一)反映全社会经济活动资金支付清算全过程的银行账户体系

银行账户系统包括政策性银行、商业银行、城乡信用社、合资银行以及外国银行的分行和办事机构为企事业单位和个人商品交易、劳务活动等经济往来所引起的货币收付活动而在银行开立的各类活期存款账户;中央银行为商业银行实现行间清算支付,抑制派生存款而开立的存款准备金账户,即清算账户。

商业银行的每家分支机构都要在所在地人民银行分支机构开设三种账户:储备金账户、备付金账户及贷款账户。支付交易的资金结算是通过商业银行分行在中央银行的备付金账户之间资金转账来实现的。一般而言,在同一管理等级上各商业银行、各分行相互不开设账户,同一级人民银行分/支行之间也互不开立账户,支付清算需把资金转账到上一级人民银行机构。

证券、期货交易也是通过代理商业银行进行支付清算的。

(二)以票据、信用卡为主体,以电子支付工具为发展方向,满足不同经济活动需求的支付清算工具体系

支付清算工具体系包括以银行转账为特点的转账支付结算工具,如汇兑、委托收款、托收承付、借记卡、定期借记和定期借贷等;具有信用功能的信用支付结算工具,如银行本票、汇票、支票、信用卡、国内信用证等;以及新型支付工具,如网上支付、买方付息票等。

(三)各方相对独立的分系统

这些分系统包括:中国人民银行管理的 2500 多家同城票据交换清算所(LCHS),处

理行内和跨行支付交易；四大商业银行内部的全国电子资金汇兑系统，处理全国2/3的异地支付清算业务；中国人民银行运作的全国电子联行系统(EIS)，处理异地跨行支付的清算与结算；银行卡授信系统；邮政汇兑系统；中国现代化支付系统。

二、中国人民银行直接参与的分系统

对每一个分系统都可以按照支付工具的种类和支付工具的清算和结算方法进行描述。虽然不同的支付工具其处理方式不尽相同，但支付清算系统的一个最根本的部分是所有异地跨行支付都首先经过同城清算，在商业银行之间进行跨行清算和结算，然后再进行所谓各商业银行系统内处理异地支付清算的联行(手工三级联行或电子资金汇总)系统。人们通俗地称这种异地支付的清算方式为"先横(跨行)后直(行内)"。但是，由于上面叙述过的账户开设和管理办法，这种"先横后直"的处理方式不仅把一笔支付交易至少变成了两笔支付交易，而且使处理程序复杂化了，中国人民银行的电子联行系统(EIS)正是为了克服这种不足而建立的异地跨行电子资金转账系统。

(一)同城清算所(LCHS)

本地或同城支付是通过约2500个分布在中心城市和县城的同城清算所进行处理的。"同城"系按行政区划划分，包括市辖郊县范围。所有同城跨行支付和大部分行内支付交易是通过同城清算所进行交换和结算的。另外，异地跨行支付在送交商业银行内联行系统处理之前，首先经同城清算所进行跨行交换和结算。

中国人民银行拥有和运行同城清算所，对参与票据交换的成员进行监督和提供结算服务。在支付业务量大的地方，一天进行两次交换，一般每天上午交换一次。余额结算采取净额方式，资金次日抵用。

20世纪80年代，中国同城票据交换所主要采取手工处理方式，其缺陷是效率低、劳动强度大、错误率高。自80年代中期，中国启动了同城清算的电子化和自动化改革。部分同城交换开始采用磁介质交换信息，一些大城市同城交换开始采用票据清分机或用网络交换支付信息。目前，这些同城清算所自动化和网络程度在迅速提高。

(二)全国电子联行系统

电子联行系统是中国人民银行在支付系统现代化建设中的第一次尝试，其主要设计思想是要克服由于纸票据传递迟缓和清算流程过分烦琐造成的大量在途资金，从而加速资金周转，减少支付风险。电子联行系统采用VSAT卫星通讯技术，在位于北京的中国人民银行清算总中心主站和各地人民银行分/支行的小站之间传递支付指令。中国人民银行于1989年开始建立处理跨行异地支付的全国电子联行系统(EIS)，1991年正式运行，专门处理银行业异地资金的汇划业务。2002年该系统平均每天处理电子联行业务15万笔左右，金额1500多亿元，是我国异地资金汇划调拨的主渠道。该系统对加快我国的资金周转，提高社会资金的运用效率，促进国民经济的发展，发挥了重要的作用。

电子联行系统的业务流程可以概括如下：

(1)汇出行(商业银行分/支行)把支付指令提交到(手工或电子方式)当地发报行(人民银行分/支行)。

（2）发报行将支付指令经账务处理（借记汇出行账户）后送入系统，经卫星通讯链路传输到全国清算总中心。

（3）清算总中心（实际作为信息交换中心）将支付指令按收报行分类后，经卫星通讯发送到收报行。

（4）收报行接收到支付指令后，按汇入行分类。

（5）收报行为每一家汇入行生成支付凭证和清单，送汇入行。

EIS系统的设计使异地支付（包括商业银行内各分行之间的支付和异地跨行支付）的处理流程更加合理，从而大大加快了异地支付的清算和结算过程。但是由于人民银行清算账户的开设和管理方式仍然没有改变，所有的账务处理仍然分散在人民银行各分行完成，EIS系统只不过是把支付工具交换路程最远的一段"电子化"了。

近几年来，无论是中央银行还是商业银行，都对银行电子化进行了大量投资，取得了显著的效果。中央银行和各大商业银行都基本上建立起了全国范围的通讯网络和各级支付清算中心。

（三）中国现代化支付系统

中国人民银行从1991年开始规划建设中国现代化支付系统（China National Advanced Payment System，简称CNAPS），并于2002年建成启动运行。该系统是在国家级金融通信网（CNFN）上运行的我国国家级的现代化的支付系统，是集金融支付服务、支付资金清算、金融经营管理和货币政策职能为一体的综合性金融服务系统。集全国电子联行系统、商业银行电子汇总系统等于一身，是中国人民银行建设运行的核心支付系统，是连接各银行资金运行的枢纽和桥梁，是社会经济活动的重要金融基础设施。该支付系统为各银行机构和广大企事业单位以及金融市场提供快速、安全、可靠的支付清算服务，支撑多种支付工具的运用，满足社会经济活动的需要。

互联网的勃兴和新兴电子支付的发展，令央行第一代人民币跨行支付系统改造升级迫在眉睫。传统的支付系统已无法满足需求的不断增长。一般的支付业务，当付款人需要向他行账户付款时，该笔款项将从付款行网上银行系统，经过付款人开户银行行内业务系统、人民银行现代化支付系统、收款人开户银行行内业务系统等多个环节。支付业务指令须经过多个节点、多个系统间的转换，效率低、成本高。2009年以来，中国人民银行开始规划建立第二代支付系统和中央银行会计核算数据集中系统（ACS）系统。第二代支付系统能为银行业金融机构提供灵活的接入方式、清算模式和更加全面的流动性风险管理手段，实现网银互联，支撑新兴电子支付的业务处理和人民币跨境支付结算，实现本外币交易的对等支付（PVP）结算。中央银行会计核算数据集中系统能实现中央银行会计数据的高度集中，通过再造业务流程，实现内部管理扁平化，信息数据的网络化传输和共享，支持金融机构提高资金管理水平，为其提供多元化的服务。同时，系统还创建严密的风险防范和安全管理机制，具备健全完善的灾难备份功能。2011年1月，第二代支付系统的网银互联应用系统完成全国推广。2012年10月第二代支付系统的其他应用系统和ACS系统开始上线运行。

三、中国证券市场清算系统

中国证券市场清算通过中国证券登记结算公司的清算系统。深沪两市的场内股票、债券和基金等证券交易的投资者,在中国证券登记结算公司登记系统中开设证券交易账户办理结算,可以实现跨市场直接划拨、资金实时到账。

2004年11月30日,中国证券登记结算公司为进一步防范和化解证券结算风险,保障结算系统的安全运行,并维护结算业务参与各方的合法权益,发布实施《结算备付金管理办法》,明确规定,证券公司等结算参与人应当在中国结算开立资金交收账户(即结算备付金账户),用于存放结算备付金;结算公司将根据各结算参与人的风险程度,每月为各结算参与人确定最低结算备付金比例,并按照各结算参与人上月证券日均买入金额和最低结算备付金比例,确定其最低结算备付金限额。结算参与人被认定为高风险结算参与人的,结算公司有权随时提高其最低结算备付金限额。根据市场风险状况或认为必要时,结算公司有权重新确定最低结算备付金限额的计算方法和调整时间。资金交收账户的资金由于相关原因被冻结,结算参与人应保证资金交收账户中冻结资金以外的资金能完成正常交收并满足该结算参与人最低备付金限额的要求。2014年5月19日,全国中小企业股份转让系统证券交易及登记结算系统正式投入运行,中央银行公开市场业务以及金融机构之间的国债、政策金融债的场外交易则由中央国债登记结算公司办理登记结算。联网客户在系统中开设有证券账户和资金账户。上海、大连及郑州三大期货交易所的结算部门则提供期货交易的结算服务。此外,还有政府债券登记、交割和结算系统。该系统将依赖CNFN、CHINADDN和CHINAPAC提供的通讯服务,并与CNAPS、国际结算系统联网。

专栏6-3 中国支付清算系统的改革与发展

2002到2010年经过近8年的建设发展,中国现代化支付系统已建成了比较完整的跨行支付清算服务体系,为各银行业金融机构及金融市场提供了安全高效的支付清算平台,随着中国社会经济的快速发展,金融改革继续深入,金融市场日益完善,支付方式不断创新,这对中央银行的支付清算服务提出了许多新的、更高的要求。由此,人民银行已开始着手建设更加安全、高效的第二代支付系统和中央银行会计核算数据集中系统。第二代支付系统能为银行业金融机构提供灵活的接入方式、清算模式和更加全面的流动性风险管理手段,实现网银互联,支撑新兴电子支付的业务处理和人民币跨境支付结算,实现本外币交易的对等支付结算。中央银行会计核算数据集中系统将实现中央银行会计数据的高度集中,通过再造业务流程,实现内部管理扁平化,信息数据的网络化传输和共享,支持金融机构提高资金管理水平,为其提供多元化的服务。同时,系统还创建严密的风险防范和安全管理机制,具备健全完善的灾难备份功能。

但是相对于发达地区支付清算系统来说,我国的支付清算系统无论是在完善性方面、各子系统连接的紧密性方面,还是在系统的安全性、服务范围和效率方面,都有进一步改善的空间。因此,为完善我国支付清算体系,我国须努力提高各支付清算子系统的连接度和融合度以及安全性和服务效率、加快发展我国的跨境支付清算系统、积极推动支付标准化工作,打造现代化的支付体系、牢固树立系统安全意识,同步建设业务监控和灾备系统,吸收借鉴国际经验,因地制宜地发展中国特色支付清算体系。

摘自:陈玺如等《中美欧中央银行支付清算体系比较研究》,湖南大学,2013.05。

【思考与应用】

1. 中央银行的支付清算系统是怎样构成的?
2. 中国目前的支付清算系统现状如何?
3. 比较四种实时全额清算系统的运行流程及利弊。
4. 中央银行支付清算服务的主要内容是什么?
5. 中央银行在支付清算系统中有什么作用?
6. 如何防范和控制支付系统风险?美联储在这方面有什么经验值得借鉴?
7. 假设你是某个商业银行的员工,有1家企业在你所在的银行开设了资金账户,它需要把一笔资金支付给外地一家企业,如果该企业恰好在同一商业银行的另一个分行开设了资金账户,此时资金应当怎样转移为好?如果该企业在另外一家商业银行开设了资金账户,又该怎么办?请给出你的建议方案。

第七章　中央银行的其他业务

【本章提要】

经理国库业务、会计业务和调查统计业务在中央银行的业务活动中占有重要位置,是中央银行行使职能的具体体现。国库制度主要有独立国库制和委托国库制两种形式。中央银行会计的对象是中央银行办理各项业务、进行金融宏观调控等活动所引起的资金变化的过程和结果。中央银行会计的任务包括正确组织会计核算、加强服务与监督、加强财务管理以及加强会计检查与分析。中央银行会计的职能包括反映职能、监督职能、管理职能和分析职能。中央银行的年度决算可为总结和评价年度工作状况、调整和制定金融货币政策提供真实、准确的会计信息。中央银行的调查统计活动是其获取经济金融信息的基本渠道,其中金融统计处于核心位置。金融统计的对象即以货币和资金运动为核心的金融活动,金融统计业务必须遵循客观性、科学性、统一性、及时性和保密性原则。金融统计的主要内容包括货币供应量统计、信贷统计、现金统计、金融市场统计、对外金融统计、保险统计及资金流量统计。

【基本概念】

国库制度　独立国库制　代理国库制　中央银行会计　中央银行会计对象　中央银行年度决算　中央银行会计报表　金融统计　货币供应量统计　信贷收支统计　现金收支统计　资金流量统计

中央银行的主要业务活动除了负债业务、资产业务、支付清算服务业务以外,还有一些重要的其他业务活动。如经理国库、会计业务、调查统计业务及宏观经济分析。这些业务是中央银行行使职能的具体表现。

第一节　中央银行经理国库业务

国库是国家金库的简称,是负责办理国家财政收支的机关,担负着国家预算资金的收纳和库款的支拨、代理政府债券的发行与兑付、反映国家预算执行情况的重任。作为政府的银行,中央银行经理国库的业务实质上就是接受政府的委托,代表国家管理财政的收入和支出。

一、国库制度

国库制度系指国家预算资金的保管、出纳及相关事项的组织管理与业务程序安排。一般而言,国家根据其财政预算管理体制和金融体制,确立和实施相应的制度。世界各国对国家财政预算收支保管一般有两种基本的制度:独立国库制和代理国库制。

(一) 独立国库制

所谓独立国库制,是指国家特设经管国家财政预算的专门机构,负责办理国家财政预算收支的保管和出纳工作,目前世界上仅有少数国家采用独立国库制。

(二) 代理国库制

代理国库制又称委托国库制,是指国家不单独设立经管国家财政预算的专门机构,而是委托银行(主要是中央银行)代理国库业务,接受委托的银行根据国家的法规条例,负责国库的组织建制、业务操作和管理监督。目前,世界上大多数国家都实行委托国库制。如美国、英国、中国等国家。

专栏 7-1 美国的代理(或委托)国库制

美国是实行委托国库制的国家。18 世纪末期美国的一些大银行即代理政府行使贷款、管理金库、调拨资金等重要事项。1913 年颁布的《联邦储备法》以法律形式授权美国的中央银行——联邦储备体系代理财政筹集、保存、转移支付国库资金。美国联邦储备体系经理国库的职能范围包括:①为政府保管资金并代理财政收支。美联储是联邦政府资金的主要保管者,绝大部分政府支出通过美联储付诸实施。为经理国库,美联储为美国政府开立了存款账户,政府的财政支出和其他政府资金的支拨主要通过美联储的联邦电子资金划拨系统 FEDWIRE 进行。②代理发行政府证券。作为财政代理人,美联储承担了联邦政府债券的发行、清偿及其相关工作。证券发售之前,联储协助财政部确定债券收益率、预测市场需求;债券发售时,负责公布发行条件、接受投标和认购,在报价人之间分配和发送证券,收取款项;联邦证券到期时,负责支付证券利息,偿还联邦政府债务。③代理政府进行黄金、外汇交易。美国财政部是国家黄金的唯一监管人,而美联储作为政府黄金买卖的代理人代为进行黄金交易;另外,纽约联邦储备银行还代理财政部进行外汇买卖。美国联邦储备体系经理国库,不仅履行了中央银行的法定职责义务,还有助于货币政策的制定与实施。如美联储根据联邦证券的发行规模,通过相应的公开市场买入或卖出操作,控制货币供应量,维持金融市场的稳定。此外,美联储与金融市场和银行体系保持着密切联系,对货币流通状况及变动趋势有较好的把握;通过经理国库,可增强与政府和财政的联系,从而有利于财政政策和货币政策的协调,为宏观经济政策制定提供依据。

摘自:王广谦主编,《中央银行学》,高等教育出版社,1999 年,第 140 页。

二、中央银行经理国库的意义

从实行委托国库制国家的国库管理体制来看,政府一般是将国库委托给本国的中央银行经营和管理。这是因为,中央银行作为政府的银行,由其经理国库符合自己的特殊身份;作为银行,又具备货币保管、收付和经营的便利条件。中央银行经理国库的重要意义表现为下面几点：

（一）满足了国家对财富运用、保管及监督的特殊需要

国库资金是国家行使各项权力及管理职能的物质保障，国库工作效率事关国家预算执行、财政收支平衡、国民经济发展及社会安定之大局，政府需要一个可以代表国家管理国家财政收支，贯彻执行财政金融政策，并为国家提供各种金融服务的职能机构，专门经理国家金库。由中央银行经理国库，可充分利用银行与社会各部门、企业、个人之间密切的账户往来及金融服务关系，便利国家预算收入的及时入库和预算支出的按时拨付。财政部门可直接通过银行的联行往来系统，加速税款收缴和库款调拨，便捷、灵活地调动、运用国家预算资金，提高财政预算资金的集中和分配效率，保障经济和社会发展的资金需求。因此，作为政府的银行，中央银行最具资格经理国库。

（二）有利于财政部门和金融部门协调配合

财政和金融都是处于国民经济核心地位的宏观调控部门，两者的收支均是货币收支，调控对象是共同的，两者之间的货币资金联系是错综复杂的，其与国民经济的各项活动和各个微观经济主体有密切关系。由于经济生活中的任何一项变动均会引起财政收支和银行信贷收支的相应变化，故宏观经济政策的制定必须注重财政与金融的综合平衡。实行委托国库制，由中央银行经理国库业务，可使财政部门和金融部门相互衔接、相互制约及相互监督，有利于在政府资金和银行资金之间提供一个可行的协调机制，促进财政政策和货币政策的协调。通过经理国库，中央银行还可及时了解、掌握国家财政的现状与发展动态，更好地把握社会资金的流动趋向，为制定和实施货币政策提供重要依据。同时，通过中央银行办理和监督国家预算收支，及时、全面地向政府提供库款缴拨和预算执行情况，便于财政部门及时掌握来自金融部门的各种信息，有利于财政政策的制定及其与货币政策的协调呼应。

（三）有利于扩大中央银行信贷资金来源

由中央银行经理国库，则国库预算收入款和盈余款，在财政部门拨付使用之前，形成存放于中央银行的财政存款，扩大了中央银行信贷资金来源，对其控制货币供应量和信贷规模、加强金融宏观调控力度具有十分重要的意义。

（四）有利于保证国库资金安全，确保国库资金及时、准确地解缴入库

中央银行通过规范各级国库、征收机关的业务操作程序，对国库的日常收付及预算资金转移进行逐笔监督，装备先进的国库储藏、保管的安全设施，能有效地保证国库资金安全，确保及时、准确地解缴入库。

（五）可充分发挥中央银行的优势，提高国库经营管理效率

中央银行经理国库，可利用其具有专业特色的组织体系、机构的内部组合以及电子化操作的优点和完备的信息传输网络，更有效率地执行国家预算收支及相关事项，从而降低成本，节约人力、物力和财力。

三、中央银行经理国库的主要内容

中央银行代理国库业务的主要内容包括下面三点：

（1）经办政府的财政收支，按国家预算要求协助财政、税收部门收缴库款；根据财政支付命令向经费单位划拨资金，充当国家金库的出纳；

（2）代理国债的发行与兑付。债券发售之前，协助确定债券收益率、预测市场需求；债券发售时，负责公布发行条件、接受投标和认购，在报价人之间分配和发送证券，收取款项；到期时，负责支付利息和对付。

（3）随时向政府及财政部门反映办理预算收支过程中的预算执行情况，负有对国家预算收支和国库资金转移的监督责任。

（4）代理政府进行黄金和外汇买卖。

从实行委托国库制国家的实践情况来看，由中央银行经理国家金库，不仅符合对国家财富运用、保管及监督的特殊需要，也是政府、财政及金融部门均乐于接受的组织管理体制。

四、中国国库的产生和发展

中国早在周朝就出现了国库的雏形。在漫长的发展进程中，中国的国库发展大体上经历了两个阶段：一是以实物形式为主的国库，从周朝一直延续到1908年的清朝；1910年清朝资政院订立了统一国库管理的《统一国库章程》；1912年大清银行改组为中国银行；1913年北京临时参议院通过《中国银行例则》30条，明确经理国库为其主要职责之一。二是银行代理国库，始于清朝末年，1908年原户部银行改为大清银行，由大清银行代理国库之职。新中国建立后，先后公布了三个法律文件，分别是1950年的《中央金库条例》、1985年的《中华人民共和国国家金库条例》和1995年《中华人民共和国中国人民银行法》，确立了由中国人民银行经理国库。1994年，全国实行分税制，划分了中央和地方的事权和收入。中国人民银行经理国库的工作也随之作相应的调整：国家金库分别设立了中央国库和地方金库两个工作机构。中央国库实行了业务上垂直领导的管理体制，地方金库实行中国人民银行与地方政府双重领导的体制。2001年，国务院明确了"建立以国库单一账户为基础、资金缴拨国库集中收付为主要形式"的国库集中收付制度改革目标，其核心和要害是国库单一账户。

专栏 7-2　国库单一账户制度

国际通行的国库单一账户制度的基本含义是：将所有的政府财政性资金集中在　家银行的账户上，全部财政收入由纳税人直接缴入该账户，全部财政支出由该账户直接支付给商品或劳务供应商，这一账户被称作国库单一账户。由于中央银行能确保政府资金安全，有利于货币政策与财政政策协调配合，这一账户通常选择开立在中央银行。世界主要市场经济国家普遍实行国库单一账户制度，集中管理所有的政府资金收支。

在借鉴国际经验的基础上，我国于2001年开始国库单一账户制度改革的试点，这一制度开始成为财政国库管理制度，后逐渐发展为国库集中收付制度。国库集中收付制度改革是对财政资金账户设置和收支缴拨方式的根本变革，是加强财政资金管理，提供资金使用率，从源头上防止腐败的一项重大举措，是继1994年分税制改革后的财政领域中的又一项重大变革。

受制于当时的客观条件，我国采取了单一账户体系的过渡做法，即设置了三类财政资金账户：国库存款账户、财政存款账户和预算单位存款账户。国库集中收付制度,是以国库单一账户为基础,这是两种不同制度路径选择,二者因资金账户设置框架不同而产生不同的制度效果。主要区别:一是账户设置数量不同。国库单一账户,就是各级政府财政部门只需在中央银行开设一个账户来管理全部的资金收支。国库单一账户体系,则是各级政府除在中央银行开设国库单一帐户外,还在商业银行开设众多的收入过渡账户和支出过渡账户,来实现资金的收缴和支付活动。账户数量众多,导致政府资金分散管理,信息不完整、不透明,影响政府财力的统筹安排与科学调度。二是业务处理流程不同。国库单一帐户制度,要求政府财政收入从纳税人账户体系下,收入和支出均通过层层过渡性账户来处理,资金流转环节多,业务处理手续繁杂,资金运转效率和安全完整很难保证。三是国库运作成本不同。国库单一帐户制度下的成本仅限于重要银行办理业务所需,而国库单一账户体系下的成本,除中央银行外,还需要向商业银行支付高额的代理费用和其他为防范资金风险而产生的各种监督成本。

摘自:付一书主编《中央银行学》,复旦大学出版社,2013年,第186页。

国家通常以颁布法令、条例的形式规定国库的职责与权限。履行国库职责和在权限范围内行使权力,是做好国库经理业务的重要保障。

专栏7-3 中国国库的职责和权限

1989年由中国人民银行和财政部根据《中华人民共和国国家金库条例》第二十一条制定的《中华人民共和国国家金库条例实施细则》中第九条规定:

国库的基本职责要求如下:

(一)准确及时地收纳各项国家预算收入。根据国家财政管理体制规定的预算收入级次和上级财政机关确定的分成留解比例或确定的定额上解数额、期限,正确、及时地办理各级财政库款的划分和留解,以保证各级财政预算资金的运用。

(二)按照财政制度的有关规定和银行的开户管理办法,为各级财政机关开立账户。根据财政机关填发的拨款凭证,办理同级财政库款的支拨。

(三)对各级财政库款和预算收支进行会计账务核算。按期向上级国库和同级财政、征收机关报送日报、旬报、月报和年度决算报表,定期同财政、征收机关对账,以保证数字准确一致。

(四)协助财政、征收机关组织预算收入及时缴库;根据征收机关填发的凭证核收滞纳金;根据国家税法协助财税机关扣收个别单位屡催不缴的应缴预算收入;按照国家财政制度的规定办理库款的退付。

(五)组织管理和检查指导下级国库和国库经收处的工作,总结交流经验,及时解决存在的问题。

(六)办理国家交办的同国库有关的其他工作。

第十条规定:

国库的主要权限如下:

(一)各级国库有权督促检查国库经收处和其他征收机关所收款项,是否按规定及时全部缴入国库,发现拖延或违法不缴的,应及时查究处理。

(二)各级财政机关要正确执行国家财政管理体制规定的预算收入划分办法和分成留解比例。对于擅自变更上级财政机关规定的分成留解比例的,国库有权拒绝执行。

(三)各级财政、征收机关应按照国家统一规定的退库范围、项目和审批程序办理退库。对不符合规定的,国库有权拒绝执行。

（四）监督财政存款的开户和财政库款的支拨，对违反财政制度规定的，国库有权拒绝执行。

（五）任何单位和个人强令国库办理违反国家规定的事项，国库有权拒绝执行，并及时向上级报告。

（六）国库的各种缴库、退库凭证的格式、尺寸、各联的颜色、用途以及填写内容，按照本细则的规定办理，对不符合规定的缴退库凭证或填写不准确、不完整的凭证，国库有权拒绝受理。

五、中外国库管理运作模式的比较与启示

（一）中外国库管理运作模式的比较

1. 国库机构的设置方面

西方国家国库机构的设置一般分为两种类型：一类是设有单独的国库机构，如美国、英国、意大利等；另一类是国库作为财政部的下属机构设置在财政部内，如法国、日本等。中国的国库机构一直设在中国人民银行内部。这种机构设置，使得对财政资金的管理仅仅是人民银行的一个辅业，再加上有些地方的人民银行中，国库人员配备不齐，业务素质较差，很难保证财政资金的管理质量，严重影响了财政资金管理的效率。

2. 国库职能的定位方面

西方国家的国库已不单纯是国家金库，更重要的是在进行政府现金管理的基础上，对政府预算包括预算外资金进行广泛而严格的控制，并代表政府制定政府融资政策，负责国债的发行和管理，开发、维护相应的管理信息系统等。在中国，国库具有明显的收纳和拨付财政资金的代理性质，国库仅仅是对财政收支进行会计核算的机构，扮演着政府财产的保管者和出纳者的角色。

3. 国库的运作机制方面

西方国家国库的管理运作机制主要体现在两个方面：一是设置国库单一账户。所有的国库资金收支都是通过财政部在中央银行开立的国库单一账户进行的。二是集权化政府支出模式，即只有当国库资金实际支付给商品供应商或劳务提供者后才将资金从国库单一账户中划转出去，支出部门按支出预算向供应商采购商品（或劳务），在确认商品或劳务已获得时，具体由国库在审核同意后直接支付给供应商。在中国，由于没有国库单一账户，国库资金的收纳、报解和支付主要是通过征收机关和预算单位设立多重账户分散进行的。这种运作机制存在的主要问题是：重复和分散设置账户，导致财政收支透明度不高，大量政府性资金游离于预算管理之外，脱离财政管理和监督；收入执行中征管不严，退库不规范，财政收入流失现象相当普遍；支出执行中资金分散拨付，使大量财政资金滞留在各预算单位，既降低了资金使用效率，又成为滋生和诱发腐败的温床；财政信息反馈迟缓，难以对预算执行过程实施有效及时的监控。

4. 国库的监督控制系统方面

西方国家是依法规定不同责任人在国库资金运作管理中的责任；建立分工明确、相互制衡的监督审计控制系统。中国的国库监管体制主要由财政部和政府的监督、人民代表大会的监督构成。这种监管体制存在的主要问题是权责利既不明确也不对称；审计机关隶属于各级政府，缺乏独立执法的能力；权力之间缺乏制衡，监督约束软化。

（二）西方国家国库管理运作模式对中国的启示

西方国家有一套系统的现代国库管理的新理念。如市场导向的理念、崇尚法治的理念、讲究效益的理念、追求效率的理念、系统控制的理念、合规守信的理念等，这些先进的管理理念已经成为政府和社会公众共同遵守的行为规范，并以制度的方式贯穿在财政管理的方方面面。

1. 变革和创新国库管理新理念

要从社会主义市场经济发展和经济全球化的高度来认识变革和创新政府公共管理理念的必要性和紧迫性。牢固树立与市场经济相适应的法制观念、市场观念、效益观念、效率观念和系统控制等国库管理新理念，全面加强财政管理。

2. 健全法制，强化国库职能

制定新的"国库管理法"及与之相关的法律法规；依法强化国库的管理职能和监督职能；建立以独立金库制为特征、以财政管理为核心的国库管理新模式。

3. 建立国库集中收付制度

根据我国具体国情并借鉴国际成功经验，尽快建立具有中国特色的、以国库单一账户体系为基础、资金缴拨以国库集中收付为主要形式的现代国库管理制度。在制度设计过程中，要特别注意账户之间的匹配和收付程序的科学性。

4. 完善监督控制系统

加强预算收支执行系统各行为主体之间的协调和国库系统内部的制度性管理控制；建立独立的审计监督系统。

5. 实现国库信息化管理

加快国库管理信息系统建设，实现财政管理现代化，实现财、税、关、库、行之间的联网，以达到信息互通，资源共享，提高效率。

第二节 中央银行的会计业务

中央银行会计是针对中央银行行使的职能和业务活动，按照会计的基本原理，制定核算形式和核算方法，中央银行的会计业务就是体现和反映中央银行履行职能，监督管理和核算财务的一种会计业务。中央银行的会计业务是加强金融管理、行使中央银行职能作用的重要基础工作，是银行全部业务活动的出发点和归宿。

一、中央银行会计的对象

一般而言，会计核算的对象即经济活动中的资金和资金运动。中央银行的会计对象是中央银行行使职能、办理各项业务、进行金融宏观调控等活动所引起的资金变化与运动的过程和结果。

二、中央银行会计的特点

由于中央银行行使的职能和其业务活动的特殊性,中央银行会计不同于其他行业会计,也不同于金融企业会计,有其自身的特点。

（一）会计核算形式与核算方法的特殊性

中央银行作为国家的金融权力机关,负责制定和执行货币政策,为政府和其他金融机构提供诸如支付清算、经理国库、代理国家发行和兑付国债、金融统计与分析等各种服务,由此而产生的资金变化和财务活动需要有适应中央银行职能和业务特征的会计核算形式与核算方法,进行连续、系统、全面地反映和监督。

（二）会计核算内容、科目、报表、凭证的特殊性

中央银行的货币发行与回笼、存贷款的增减变化以及其他资金变动,都必须通过会计核算来完成,如货币政策实施业务的核算、联行往来及联行资金清算核算、货币发行与现金出纳业务核算、金银业务核算、外汇业务核算、经理国家金库及代理发行和兑付国家债券业务核算、内部资金和损益核算等等。因而中央银行会计从核算内容到会计科目、会计报表乃至会计凭证的设置,均不同于金融企业会计,体现着金融宏观管理的职能特征。

（三）具有核算管理、预测分析和参与决策的特点

中央银行除承担自身会计核算任务以外,还担负着指导、管理、监督商业银行及其他金融机构会计核算的职责,需要按照金融宏观调控和金融监管的需要,建立体现中央银行职能的会计体系。另外,中央银行还需对银行间的资金清算进行管理,对金融机构信贷资金活动进行综合分析与监测,需要全面、系统地掌握银行资产负债结构和资金流量变化；各类金融机构均须按期向中央银行呈报规定的会计、财务报表。从这一意义上讲,通过中央银行的会计活动,既可揭示商业银行和其他金融机构的经营活动与资金变化,又综合反映了国家的金融、货币状况。因此,中央银行会计具有核算管理、预测分析和参与决策的特点。

三、中央银行会计的任务

会计任务,是指会计在经济管理中所具有的功能。中央银行的会计工作,是其行使中央银行职能的重要工具和手段,既具有核算作用,又具有管理职能。根据《中国人民银行会计制度》,中国人民银行会计的任务是：

（一）正确组织会计核算

中央银行会计根据国家的经济方针、政策、法令以及银行的规章制度和办法,通过建立中央银行会计核算体系和组织会计核算,高效地处理各项银行业务,真实、准确、完整、及时地记录计算和综合反映金融活动所产生的财务收支情况,为贯彻有关国家政策,考核国民经济发展情况,履行中央银行职能和国家宏观经济决策提供准确的信息与依据。

（二）加强服务与监督

中央银行会计通过办理资金收付与划拨清算,掌握金融机构的经营状况和资金变化,督促其严格遵守会计制度和会计原则,促进和监督各单位认真执行国家财经纪律,改善经

营管理,加速资金周转,提高经济效益。

（三）加强财务管理

中央银行会计通过正确核算成本,有效地管理银行内部资金和财务收支,努力增收节支,以提高效益,维护资金、财产安全。

（四）开展会计检查与分析

中央银行会计必须对会计数据和会计资料进行检查、考核、分析和判断,充分发挥会计反映和监督的重要作用,促进中央银行提高会计工作质量与效率,有效地施行金融宏观调控。

（五）防范会计风险

任何一项金融活动都须经过会计核算过程,金融风险的产生与蔓延可能与会计不当核算密切相关,因此,有必要强化中央银行会计的内部控制和制度建设,防范其自身会计风险,指导和督促各类金融机构健全会计风险防范机制。

四、中央银行会计的职能

（一）反映职能

中央银行行使职能的一切活动,最终表现为货币资金收付,而一切货币资金收付又必须通过会计核算过程才可实现。这样,中央银行会计部门便可以通过对会计科目的设置和运用、对会计报表的制作与分析、为商业银行和政府财政部门开立账户、办理资金的划拨与清算等会计活动,综合反映国民经济金融动态、金融机构存贷款的变化、货币流通状况、国家财政收支及预算执行情况,为调整、制定货币和金融监管政策提供重要依据。

（二）分析职能

会计分析是其会计核算的继续和发展。中央银行对自身及金融机构的财务收支和经营管理进行的综合分析,将为数众多的业务数据,转化为充分反映金融系统和全社会资金运动状况与变化趋势的会计信息资料,掌握金融机构的运营状况乃至宏观经济状况,评价与考核金融系统安全性、流动性及盈利性水平,为金融监管和经济金融决策提供依据,有助于强化中央银行职能。

（三）管理职能

中央银行作为国家的金融管理机构,通过会计活动可以在一定程度上实现其相应的管理职能。中央银行会计业务的管理职能表现在两个方面：

1. 制定统一的会计制度和政策

中央银行要制定统一的金融会计制度和政策,设计统一的会计科目、健全内部控制机制、建立会计电算化系统等等,建立中央银行会计核算体系,管理中央银行系统内的会计工作,以确保会计信息及时、准确、客观地反映中央银行的业务活动。

2. 管理金融机构的会计活动

中央银行会计根据国家的会计立法,制定金融会计准则,规范金融会计工作,审批和修改金融机构的会计制度和会计科目,促使其符合国际通行做法。

(四) 监督职能

中央银行会计的监督职能是指通过会计核算、会计分析和会计检查的综合运用,监督金融机构的经营和资金活动,督促其认真遵守财经纪律,保证国家金融政策与制度的贯彻执行;监督中央银行系统内部的财务收支和预算执行情况,保证财务收支计划的完成;监督内部控制机制的运作,保证中央银行资产安全。因此,发挥中央银行会计的监督职能,对维护国家经济与金融安全具有特殊意义。

专栏 7-4　如何进行中央银行会计监督

中央银行职能转换,决定中央银行会计务必行使监督职能。在新形势下如何进行会计监督,试提出以下对策:

(1) 加强结算监督,维护金融秩序。在现实经济生活中,有 90% 以上是通过银行办理转账结算。所以,加强结算监督,保证良好的结算秩序,对于生产、流通、分配、消费的顺利进行和国民经济的健康发展,有着重要的意义。中央银行会计要切实转变职能,运用经济、法律、行政手段,加强对金融结算秩序的监督。监管的范围应主要是结算制度的执行、结算管理和账户管理等方面。

其一,严格执行结算制度,维护结算制度的统一性、严肃性。

其二,加强结算管理,强化结算监督。

其三,加强账户管理,保证货币收付正常进行。

(2) 坚持执法监督,行使监管职能。中央银行要依据《中华人民共和国会计法》和有关金融法规,对金融机构的会计、结算、联行等业务的监督。对于保证党和国家路线、方针和政策的贯彻执行,促进金融机构经营的规范化、法制化有着重要作用。

其一,依据《金融企业会计制度》,强化会计制度监督。

其二,依据《银行结算办法》规定,强化结算监督。

其三,依据联行往来制度规定,加强联行监督。

(3) 加强中央银行会计基础工作,强化监督职能。中央银行会计的基础工作主要内容有建立和完善中央银行会计监督的组织体系,加强会计队伍建设,开展会计达标活动,建立和完善电子计算机系统。只有强化中央银行会计工作基础建设,才能充分发挥监督职能。

第一,加强中央银行会计监督体系建设。

第二,加强中央银行会计队伍建设。

第三,开展会计达标活动,提高会计监管水平。

第四,加强电子化建设,实现会计监督科学化。

为了保证会计电子化的正常运行,防止利用电子计算机作案,要规范内部管理制度。如:建立约束机制,制定电子计算机管理规范细则,制定惩治电脑犯罪的专门法规,造就高素质的电脑专业队伍,达到会计监督的科学化、制度化、规范化、法制化。

摘自王雷、吴立国、吴景杰:《试论中央银行会计对金融业的监督管理》,(东北财经大学)中华财会网,2003.12.12(略有删减)。

五、中央银行的年度决算

(一) 年度决算的含义

中央银行的年度决算是中央银行会计工作的重要内容,是中央银行会计部门运用会计核算资料,对会计年度内各项业务、财务、账务的动态和状况进行全面概括的数字总结。通过年度决算,中央银行对资金、财务及账务进行全面、系统的清理、盘点和核对,并在此基础上,结算损益(利润),编制决算报表,为总结和评价年度工作状况、调整和制定金融货币决策提供真实、准确的会计信息。

中央银行的会计年度是每年公历1月1日到12月31日,每年的12月31日为年度决算日。年度决算一般采取逐级汇总上报决算报表,进行全行的汇总决算。

中央银行的年度决算是总结银行全年情况的一项综合性工作。年度决算做得好,对于有效地发挥中央银行职能,考核其经济调控职能的发挥情况,都具有重要的意义。因此各国中央银行都对年度决算工作极为重视,通常以颁布条例的形式对年终决算进行规范要求。如中国人民银行总行为了确保年度决算的质量与效率,根据《中华人民共和国中国人民银行法》及《中国人民银行会计制度》,制定了《中国人民银行会计年终决算实施办法》,对年终决算做了全面、周密、具体的规定,以促使年终决算实现规范化、标准化和科学化。

(二) 年度决算的准备工作

做好年度决算准备工作是确保年度决算质量与效率的先决条件,各级银行会计部门应在会计年度末期,严格按照年度决算工作的要求,开始认真进行年度决算的准备工作。主要包括:

(1) 清理资金,核对账务;

(2) 清查资产和核实收支和损益;

(3) 办理发行基金的年终核对工作;

(4) 编制年度试算平衡表;

(5) 完成与年终决算有关的其他准备工作。

(三) 年终决算日的工作

(1) 及时办理和核对决算日的账务;

(2) 做好12月份的月结工作,并结转损益;

(3) 编写会计决算报表和决算说明书。

会计决算报表是反映中央银行全年业务及财务收支状况的数字总结与说明,认真编制会计决算报表是确保会计信息客观、公正、准确的重要条件。会计决算报表由以下几部分组成:

(1) 基本报表。主要有:资产负债表、损益明细表、各种货币汇兑业务状况报告表、各种货币业务状况报告表等。

(2) 附表。包括暂收与暂付款项科目分户明细表、固定资产明细表、年终库存统计报表、机构与人员情况报告表、业务量情况报告表、缴存款、利息差错统计表等。

(3)决算说明书。它是对决算报表的文字说明,包括决算说明书和财务说明书。

(4)结转新旧科目及新旧账簿,整理装订旧账表。

(5)会计决算报表的审查、核对、汇总与上报。会计决算编写完毕后,应严格审查、核对会计决算报表的各项数据,对报表本身及报表之间、有关科目之间的数据关系进行重点审查。审查无误后,逐级汇总上报。

六、中央银行的会计报表

中央银行的会计报表是定期对会计核算资料进行归类、整理和汇总,综合反映中央银行各项业务、财务收支和各项计划执行情况的数字信息总括,也是平衡账务的工具。

中央银行定期编制会计报表,能够综合反映其各项业务活动和财务收支情况,为国家宏观经济政策决策部门提供大量数字和信息,也为分析考核货币信贷政策执行情况、检查各中央银行业务工作提供重要依据。因此,中央银行会计业务的职能和作用,在很大程度上是通过报表发挥出来的。

(一)中央银行会计报表的编制要求

1. 数字必须真实、正确

数字真实、准确,这是编制会计报表的基本要求和保证会计报表客观、公正的基础。因此,在编制报表之前,要认真核对账务,做到账账、账款、账据、账实、账表、内外账务完全相符,保证真实、正确、如实反映情况,不得弄虚作假。在完成报表编制以后,还须将各种报表间的数字进行核对、检查,保证报表与报表之间的有关数字必须衔接一致。

2. 内容必须完整简要

会计报表都具有一套完整、科学的指标体系,每一报表的内容、报表之间的相互关系均有严密的结构设计和既定的用途,都是反映业务和财务活动、考核计划、检查政策执行情况和管理国民经济的依据。这就要求会计报表填制的内容必须完整、准确,不得漏填、漏编、漏报或任意取舍。同时,在编写决算说明书时,要求文字精练、简要,抓住实质。

3. 编制报表必须及时快速

会计报表反映了既定时期内的会计信息,为了便于报表的使用者尽快分析、评价、预测相关事项并及时掌握情况、指导工作,充分发挥报表的作用,会计报表必须按时编报。

(二)中央银行会计报表的种类和编制方法

中央银行的会计报表,按编制的时期划分为日计表、月计表、决算表和全国银行统一报表四种。

1. 日计表

日计表是按日编制的会计报表。各级中央银行填列时要根据各科目总账当日发生额和当日余额填报。这种报表全面反映中央银行当日资金来源和资金运用以及各项业务动态和状况,也是平衡当日账务的工具。此种报表由本单位留存,不必上报。

2. 月计表

月计表是按月编制的会计报表,各级中央银行填列时是根据各科目总账的上月末余额、本月发生额和本月月末余额分别结出会计数填列,这种报表全面反映当月的业务、财务动态和状况,反映综合信贷计划的执行情况,供上级行凭以指导工作。因此,月计表必须按月及时上报。

3. 决算表

决算表是按年编制的会计报表,反映中央银行全年业务情况和财务成果,是检查中央银行会计工作的依据。

4. 全国银行统一报表

全国银行统一会计报表分季报和年报两种。根据每季度末月的月计表和年终决算表,按全国银行统一会计科目进行归类编报。为充分发挥报表的作用,加快编报速度,季报只反映余额,不反映发生额。年报则按决算报表编制,中央银行各分支行以及各商业银行统一会计报表进行汇总,逐级报送中央银行总行汇总。年报与季报的汇总和报送方法相同。

专栏 7-5　今后一段时期人民银行会计财务工作的方向和目标

今后人民银行会计财务工作的总体要求是,以邓小平理论和"三个代表"重要思想为指导,落实全国银行、证券、保险工作会议和中国人民银行工作会议提出的要求,加强会计财务制度建设,完善财务管理体制,强化固定资产和基本建设项目监督管理,加大集中采购工作力度,不断提高金融服务水平。

(1) 始终坚持"艰苦奋斗、勤俭办行"的财务工作方针。人民银行财务工作,一定要以"三个代表"重要思想为指导,按照"两个务必"和"八个坚持、八个反对"的要求,切实加强财务资金的管理,努力提高使用效益。艰苦奋斗、勤俭办行。

(2) 始终高度重视会计财务规章制度的贯彻执行。必须严格按制度办事,坚决纠正有章不循、违章不纠的现象,绝不能以信任代替制度、以人情代替原则。不执行制度造成不良后果必须严肃处理,不执行制度没有造成不良后果也要处理,只有这样才能避免因制度执行不力而酿成更大的后果或留下隐患。

(3) 实施基本建设项目的全程监督管理。人民银行各分支行一定要高标准、严要求,加强基建项目管理,严格执行基建纪律,严格管理建设资金,严格按基本建设程序办事,不搞政绩工程和标志性建筑。各管辖行要对辖内基建项目切实负起监督管理责任,实行全过程跟踪监督管理,严把工程质量关,加强安全生产。

(4) 加大集中采购力度,加强固定资产管理。要严格按《中华人民共和国政府采购法》的规定,建立规范的集中采购运行机制,逐步扩大集中采购的范围。人民银行中心支行以上机构要设立集中采购管理委员会。建立健全集中采购监督机制,实行"阳光作业"。要切实加强人民银行的固定资产管理,做到家底清,责任明,杜绝账外核算,防止资产流失,确保国有资产安全完整。

(5) 进一步加强企事业单位财务管理。要高度重视财务风险的防范。要改变人民银行所属企事业单位财务管理过于宽松的情况,坚决解决部分企事业单位财务工作较为薄弱、核算不规范和多头开户等问题。

(6) 切实加强财务基建工作的廉政建设。坚持标本兼治、惩防并举的方针,建立健全教育、制度、监督并重的惩治和预防体系,从源头上防止腐败的产生。进一步建立健全费用分配、基建审批和财产调拨等方面的规章制度,形成用制度规范从政行为、按制度办事、靠制度管人的机制。

(7) 建设高素质的会计财务队伍。这是新形势下履行中央银行职责,做好金融服务工作的客观要求。会计财务人员要增强使命感和工作责任感,转变观念,更新知识,增强本领。要加强业务培训、政治学习和法制教育,培养高尚的职业道德情操。人民银行各级领导要调动会计财务人员的积极性和创造性,逐步建立会计财务人员的激励机制。

———————

摘自吴晓灵《求真务实严格管理——努力开创中央银行会计财务工作新局面》,《金融会计》,2004年第6期专稿(略有删减)。

第三节 中央银行的调查统计业务

中央银行的调查统计体系是国民经济统计核算体系的重要组成部分,是国家宏观经济管理的重要工具,是中央银行制定货币政策的重要依据和及时反馈货币政策效果的重要途径。

中央银行的统计信息体系主要由金融统计、经济调查统计和分析预测三部分构成。金融统计使我们掌握金融业运行状况,在整个体系中处于核心位置,是中央银行调查统计活动的最主要内容;经济调查统计使我们把握宏观、微观经济形势,在此基础上进行分析、预测,形成对经济、金融形势的判断,提出政策建议,并对政策实施效果进行反馈,从而构成完整的中央银行决策的信息支持系统。本节主要介绍金融统计和经济调查统计的主要内容,中央银行经济分析预测方面的内容将在第八章中阐述。

一、中央银行调查统计工作的职责与任务

(一)工作职责

中央银行调查统计的工作职责是:收集经济、金融信息,判断经济、金融形势,提出货币政策调整建议。中央银行的调查统计部门要负责中央银行、商业银行和其他金融机构的金融统计,负责收集、整理货币政策管理过程中所需要的政府各职能部门的经济统计资料,并对这些资料进行分析。中央银行从总行到各级分支机构都具有这样的职责,总行调查统计司的职责是服务于货币政策决策而收集信息,判断形势和研究政策,分行调查统计处(科)的职责也同样是服务于货币政策决策而收集信息,判断形势和研究政策。不同的是,分行调查统计部门为地方政府和分行服务,但应融合在为统一的货币政策服务之中。也就是说,分行调查统计工作要体现本地区的经济、金融发展特点,把为统一的货币政策服务与为地方经济发展服务高度结合起来,不能游离于统一的货币政策之外,为地方经济谋求特殊利益。

(二)工作任务

中央银行调查统计部门的工作任务是与其职责紧密相连、密不可分的。具体来讲,包括以下四个方面:

1. 为宏观经济决策服务

调查统计工作在广泛收集整理生产、流通、分配、消费等领域产、供、销、储、运各环节的大量经济信息的基础上,对经济形势作出准确判断,并提出政策建议,为宏观经济决策

部门提供重要依据。

2. 为企业生产和流通服务

企业是国民经济的基本构成单位,宏观经济金融政策最终都要通过对微观经济主体产生相应的影响,才可能最终实现其目的。只有企业搞好了,才能使正确的宏观决策落到实处,使货币政策传导顺畅。而企业的经营管理离不开准确、及时、完整的经济金融运行情况和信息。

3. 为提高中央银行自身的金融决策能力和工作水平服务

中央银行的金融决策必须在进行全面的调查研究和掌握大量准确的数据和信息的基础上,才能正确判断和选择什么时候投放,用什么方式投放,投放多少;什么时候回笼,用什么方式回笼,回笼多少;在什么时候,用什么方式和手段调节货币流通效果最佳等等。

4. 为深化经济金融改革服务

深化经济金融改革是一项长期而又艰巨的任务,是前所未有的系统工程,有许多新情况、新问题需要中央银行去调查研究,从而找到符合金融运行实际的改革思路和方法,使金融改革少走弯路。

二、中央银行调查统计部门的信息收集方法

中央银行调查统计部门信息收集的方法主要有统计法、专题调查法和动态反映法三种。

（一）统计法

统计法是中央银行宏观经济金融信息收集的主要方法,它是通过一定的统计指标体系反映宏观经济活动的总体情况。通过一定的统计指标体系的信息收集,我们可以掌握由无限分散的单个商品生产者和消费者活动所合成的整个宏观经济的总体状况,它是取得宏观经济管理信息的基本方法。

目前我国金融统计采用的是全面统计的方法,调查统计司的工业流动资金统计采用的是选择统计法。现代统计比较重视抽样统计法。

（二）专题调查法

相对于统计法的定期制度性信息收集来说,专题调查方法是非定期非制度性的信息收集方法。专题调查既可运用统计法,也可采取个别典型调查的方法。典型调查适合于对事物的定性分析。

（三）动态反映法

动态反映是指对经济、金融运行过程中一些异常情况的反映。当宏观经济金融运行中出现某种异常现象或某种异常变化趋势时,可以以动态反映的形式提请有关决策部门注意。因为某些个别现象很可能是一种普遍现象的先兆。由于宏观经济政策效应本身存在时滞性,这就要求中央银行建立完整的预警系统,在某种不良趋势萌芽时,就能够及时地发现并采取相应的前瞻性措施,否则,就可能延误宏观经济决策时机。经济金融的动态反映,作为经济、金融信息的收集方法,它的任务就是及时发现某种将要成为一种趋势的苗头,并提请决策者注意,以便中央银行掌握宏观经济政策调控的主动权。

中央银行宏观经济金融信息收集的上述三种方法,在实践中往往需要配合运用,才能及时、全面把握经济金融运行状况。

三、金融统计

(一) 金融统计的含义

金融统计是按照统计制度,根据统计的一般原理,运用科学的统计方法,对金融活动及相关现象的数量信息进行收集、整理、分析,从而为经济金融决策提供依据及政策建议的过程。包括各级金融机构根据统一规则定期进行的金融统计;各级金融机构就金融活动的某一领域进行的专项调查;各级金融机构逐级上报的有关金融运行中的突出事件及动态反映等等。

(二) 金融统计对象

金融统计对象是以货币和资金运动为核心的金融活动,它由金融活动的主体——金融机构、金融活动的内容——金融业务和金融活动的场所——金融市场所构成。

(三) 金融统计的基本原则

为确保统计质量与统计数据的准确度,金融统计工作必须遵循以下五项原则:

1. 客观性原则

统计数据资料的真实、正确,是统计价值的根本所在。金融统计人员在统计调查过程中,必须尊重客观事实,按原始资料如实进行统计操作,不得有主观意念,不受外力影响和制约,如实准确地反映实际情况、问题和矛盾。

2. 科学性原则

金融统计是对金融活动的反映与揭示,是为制定政策、考核业绩、揭露矛盾提供重要依据。因此,金融统计活动必须坚持科学性原则,科学、合理地设置统计报表、统计指标及计算方法;严格遵守统计业务操作程序,确保统计资料准确、及时、全面、系统地反映经济与金融现象。

3. 统一性原则

金融统计工作必须按照统计的一般原理及统计对象的特性,建立科学、统一、有效的统计制度,各级金融统计部门须按照统一的统计指标、统计方法、统计口径及统计时间实施统计程序。

4. 及时性原则

由于金融统计具有很强的时效性,过期、滞后的统计资料将失去信息价值,因此,各级金融统计部门必须在规定时间内编制及上报统计报表,便于报表的使用者及时掌握各方面信息。

5. 保密性原则

金融统计数据涉及宏观经济的重要信息及商业性金融机构的商业机密,事关重大,统计部门及统计工作人员须遵守保密制度,不得泄漏信息。

(四) 金融统计的主要内容

金融统计涉及面广、层次多、内容丰富,是一个庞大的体系,主要包括货币供应量统计、信贷统计、现金统计、金融市场统计、保险统计、对外金融统计、资金流量统计、社会融资统计。

1. 货币供应量统计

货币供应量统计是金融统计的首要任务，提供关于货币供应的基本数据。根据国际货币基金组织编印的《国际金融统计》，各成员国的货币供应量统计采用三级汇总形式，货币和金融资料分为三级并进行汇总。其框架结构如图7-1。

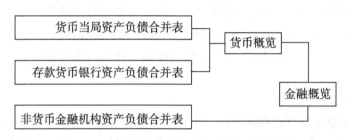

图7-1 金融统计资料三级汇总的框架结构图

第一级是将金融机构划分成货币当局、存款货币银行和其他金融机构三个部门，并分别形成各部门的资产负债表。

第二级是将货币当局和存款货币银行的资产负债表合并成"货币概览"（或称货币统计表），提供关于货币和信贷的统计方法及数据资料。货币概览是对资产负债表的一些项目进行合并、轧抵而成货币概要展示，是为中央银行执行管理货币职能而建立的货币运行监测报表。它描绘了货币供应总量与构成、货币与信贷以及货币与宏观经济的内在联系。主要用于分析受货币当局影响最大、对其他国民经济总量最有影响的金融总量状况。

第三级是将其他金融机构资产负债表与货币概览合并成"金融概览"，记录一国金融活动的整体状况，描述整个金融体系与其他经济部门之间经济联系信息，便于中央银行分析整体金融活动。

目前，我国尚未进行第三级汇总，但编制了以货币概览和特定存款机构的资产负债表合并而成的"银行概览"，特定存款机构包括金融信托投资公司、租赁公司、国家开发银行、中国进出口银行等。

2. 信贷统计

信贷统计是反映与分析金融机构以信用方式集中和调剂的资金数量的专门统计。它综合反映了金融机构的全部资产和负债状况，是金融机构的主要业务统计。信贷统计是以报表的形式表现。信贷统计报表一般分为旬报、月报、季报和年报，以信贷资金收支余额表的表式编制，由资金来源和资金运用两部分组成。

3. 现金统计

现金统计是商业银行根据中央银行统一规定的项目归属指标，对通过银行的一切现金收支数量进行的业务统计。一方面，由于现金收支是商业银行的重要业务活动，是国民经济中现金活动的中心，因而现金收支统计是商业银行金融统计的一项重要内容。另一方面，由于控制现金投放是中央银行的重要任务，所以现金统计也是中央银行金融统计的重要组成部分，对中央银行分析现金流通状况具有重要的信息价值。现金统计一般通过定期编制现金收支报表取得统计资料。

4. 金融市场统计

金融市场统计一般以金融市场类型划分统计范围，包括货币市场统计、资本市场统计、外汇市场统计、黄金市场统计。

(1) 货币市场统计。主要是对货币市场各子市场的交易主体、交易工具种类、交易规模、资金流向和利率水平等信息资料进行收集、整理、分析。

(2) 资本市场统计。主要是对股票、债券等有价证券的发行和交易规模及相关市场活动进行数据统计，用以分析长期投资的规模和结构变动；利息和收益率水平以及资金的供求状况等。

(3) 外汇市场统计。主要是对外汇市场交易主体、交易规模及交易价格（汇率）等的纪录及相关信息资料的收集、整理及汇总过程，是国家对外汇市场进行调控的重要依据。

(4) 黄金市场统计。黄金市场统计是对与黄金市场交易有关的信息反映。

5. 保险统计

保险统计是通过各种调查、统计对保险相关信息及数据资料进行整理和分析，以反映保险及相关经济活动的规模、程度、市场结构、承包水平、保费收入、理赔支出和盈利状况的过程。它是加强保险监管、规范保险市场、完善保险运作机制的重要工具。

6. 对外金融统计

对外金融统计是对与涉外金融活动有关的信息资料进行收集、整理、分析并依此作出判断与结论的过程。它包括：反映银行外汇存、贷款业务的银行外汇信贷业务统计；反映外汇收支、储存情况的国家外汇收支统计；反映国家外债的规模、使用效益、偿还状况的国家外债统计；反映一国一定时期内全部对外交往所产生的外汇资金来源与运用全貌的国际收支统计，它以国际收支平衡表表示。

7. 资金流量统计

资金流量统计是从国民经济各机构部门收入和分配社会资金的角度描述各类交易活动的一种统计核算方法，是国民经济核算体系的重要组成部分。根据国际统一标准，国民经济的机构部门通常划分为非金融私人企业、金融机构、政府、私人非盈利机构和居民部门5类。

资金流量核算的内容包括实物部分的资金流量核算和金融交易部分的资金流量核算。

国际上对资金流量的统计有三种不同的统计范围：(1)只包括金融交易；(2)包括金融交易、总储蓄和实物投资；(3)包括金融交易、收入、分配、再分配、消费和投资的形式。

8. 社会融资统计

2010年，中国人民银行着手编制社会融资总量统计指标，以适应宏观调控的需要。社会融资总量是全面反映金融与经济关系，以及金融对实体经济资金支持的总量指标。社会融资总量是指一定时期内实体经济从金融体系获得的全部资金总额。其中的金融体系为整体金融的概念，从机构看，包括银行、证券、保险等金融机构；从市场看，包括信贷市场、债券市场、股票市场、保险市场以及中间业务市场等。

四、中央银行的经济调查统计

为了及时、准确地了解国民经济发展状况,制定合理的货币政策,提高宏观调控效果,中央银行除了进行金融统计外,还必须进行经济调查统计。由于各国中央银行经济调查统计制度不同,其经济调查统计设计的指标和内容也不完全相同。中国人民银行于1986年起逐步建立和完善反映经济景气变化的经济调查统计制度,由工业景气调查统计制度、城乡居民储蓄问卷调查统计制度、物价统计调查制度、银行家问卷调查统计制度、进出口企业问卷调查制度、宏观经济数据模型和分析框架等六大部分组成。

1. 工业景气调查统计制度

1987年,中国人民银行组织了对我国22个大中城市中的425户国有大型企业的生产经营状况调查;1990年,在中国人民银行调查统计司的主持下,建立了全国5000户工业生产企业景气调查制度,并定期在《中国人民银行统计季报》上公布每季的调查结果;1993年以后逐步增加了对部分合资、外资及股份制工业生产企业的调查;1998年国家统计局采取的抽样调查和重点调查相结合的方法对16000家国家级企业的景气调查。工业景气调查统计制度为分析我国宏观经济提供一种基于微观经济基础的研究方法,通过对统计结果的分析可以及时了解我国工业企业经济景气状况,把握工业未来发展态势,为制定货币政策提供依据。

2. 城市居民储蓄问卷调查统计制度

1993年,中国人民银行建立了居民统计问卷调查制度,其目的主要是为及时了解居民的收支状况和储蓄意愿,以便对居民的储蓄存款的稳定性、层级性以及变动趋势作出判断。其主要调查内容主要包括储户的基本信息、储蓄动机以及消费意向、对收入以及物价的判断与预期、金融资产和负债状况。

专栏7-5　2013年第1季度储户问卷调查报告

2013年第1季度,由中国人民银行在全国50个城市进行的2万户城镇储户问卷调查显示:

一、物价感受指数

居民物价满意指数为20%,较上季下降2个百分点,高于去年同期0.3个百分点。其中,62.1%的居民认为物价"高,难以接受",较上季提高3.6个百分点。居民未来物价预期指数为66.9%,较上季下降3.3个百分点,高于去年同期4.8个百分点。其中,38.6%的居民预期下季物价水平"上升",较上季下降3.2个百分点;51%的居民预期"基本不变"或"下降",较上季提高2.8个百分点。

二、收入感受指数

居民收入感受指数为54.6%,分别高于上季和去年同期2.8和2.7个百分点,连续3个季度回升。其中,88.1%的居民认为收入"增加"或"基本不变",较上季和去年同期分别提高1和1.9个百分点。居民未来收入信心指数为55.8%,较上季下降0.5个百分点,较去年同期提高0.9个百分点。

三、就业感受指数

居民就业感受指数为41.9%,较上季提高1.3个百分点,连续2个季度回升,低于去年同期0.4个百分点。居民未来就业预期指数为52%,分别高于上季和去年同期0.8和0.7个百分点,连续2个季度位于景气区间。

四、储蓄、投资和消费意愿

近五成居民(44.5%)倾向于"更多储蓄",较上季下降 2.6 个百分点;倾向于"更多消费"的居民占比为 17.9%,较上季下降 1.5 个百分点;倾向于"更多投资"的居民占比为 37.6%,较上季提高 4.1 个百分点。居民偏爱的前三位投资方式依次为:"基金及理财产品"、"房地产投资"和"购买债券",选择这三种投资方式的居民占比分别为 25.9%、19.9%和 14.6%。

居民各项消费意愿小幅波动。居民未来 3 个月购车意愿为 14.7%,较上季下降 0.7 个百分点,结束了连续 5 个季度上行的趋势;居民未来 3 个月购买大件商品(电器、家具及高档商品等)的消费意愿为 24.8%,较上季下降 1.8 个百分点;居民未来 3 个月旅游意愿为 24.6%,较上季提高 1.5 个百分点。

五、房价预期与购房意愿

68%的居民认为目前房价"高,难以接受",较上季提高 1.3 个百分点,高于去年同期 0.3 个百分点;30.1%的居民认为"可以接受";2%的居民认为"令人满意"。

对下季房价,预期"上升"的居民占比为 34.4%,较上季提高 5.4 个百分点,高于去年同期 16.7 个百分点。未来 3 个月内准备出手购房的居民占比为 14.8%,较上季下降 0.6 个百分点。

资料来源:中国人民银行网站

3. 物价统计调查制度

自 1957 年开始,国家统计系统承担了全国物价统计调查工作,其他部门不再编制各种物价指数。1979 年,根据市场物价出现的新情况,修订了物价统计报表制度。1983 年,国家统计局正式组建城市社会经济调查总队,负责物价调查工作。1994 年,我国物价调查进行了一次力度较大的方法制度改革,实施新的价格统计报表制度方法。2001 年,对居民消费价格指数的编制方法对计算公式、商品和服务项目、固定基期、价格指数、指数编制技术等方面进行了重大修改。2003 年,对商品零售价格指数和农业生产资料价格指数的编制方法进行了修改,实现了消费、零售和农业生产资料三套指数一个程序的编制方法。2006 年,经国务院第 65 次常务会议批准,在全国 90 个城市开始编制生活费用指数。2008 年,国家统计局启动统计应急机制,在全国 50 个大中城市开展鲜活食品价格监测制度,为国家调控物价、监测通胀起到了重要作用。2009 年,国家统计局推进统计信息化建设,在全国部分城市,推广使用电子采集器采集价格,从而把流通消费价格采集工作推到崭新阶段。我国居民消费价格调查体系已日趋完善。

4. 银行家问卷调查统计制度

2004 年,为了解银行家对宏观经济运行、货币政策以及本行业景气状况的判断和预期,中国人民银行和国家统计局建立了银行家问卷调查统计制度。此调查制度主要从银行家宏观经济信心指数、银行业景气指数、贷款需求指数、货币政策感受指数四个指标对我国的银行业的发展状况进行分析评价。

专栏 7-6 2013 年第 4 季度银行家问卷调查报告

2013 年第 4 季度,由中国人民银行和国家统计局合作开展的全国银行家问卷调查结果显示:

一、银行家宏观经济热度指数

银行家宏观经济热度指数为38.6%,较上季提高7.3个百分点。其中,69.8%的银行家认为当前宏观经济"正常",较上季提高12.2个百分点;26.5%的银行家认为当前宏观经济"偏冷",较上季下降13.4个百分点。银行家宏观经济热度预期指数为43%,较本季判断提高4.4个百分点。银行家宏观经济信心指数为71.3%,较上季提高10.3个百分点。

二、银行业景气指数

银行业景气指数为77.9%,较上季提高1个百分点。银行盈利指数为81.6%,较上季提高0.5个百分点。银行竞争力指数为63%,较上季下降0.7个百分点。

三、贷款总体需求指数

贷款总体需求指数为74.4%,较上季略降0.3个百分点。分行业看,制造业贷款需求指数为65.7%,较上季提高0.9个百分点;非制造业贷款需求指数为63.7%,与上季基本持平。分规模看,大型和小微型企业贷款需求指数分别为56.9%和76.9%,较上季分别提高0.5和0.6个百分点;中型企业贷款需求指数为67.1%,与上季持平。

四、货币政策感受指数

银行家货币政策感受指数(选择货币政策"适度"的银行家占比)为73.3%,较上季提高2.1个百分点。对下季度,货币政策感受预期指数71.6%,较本季判断下降1.7个百分点。

资料来源:中国人民银行网站。

5. 进出口企业问卷调查制度

2005年,中国人民银行建立了进出口企业问卷调查制度。其最初的调查频度为月度,于2006年后改为季度,调查范围由最初的18省、直辖市逐步扩大到了29个省、直辖市、自治州。调查对象由原来的1100多家企业扩大到了2007年的1500多家进出口企业。调查内容主要包括进出口额、价格、就业盈利情况的方面。

6. 宏观经济数据模型和分析框架

以我国的实际情况为基础,中国人民银行利用现代信息技术开发出了时间序列、企业景气分析等分析软件,逐步建立起了一系列科学实用的经济信息数据库和经济分析模型,为我国的宏观经济环境的分析提供了先进的技术支持。

【思考与应用】

1. 中央银行经理国库的重要意义何在?
2. 试对中外国库管理运作模式进行比较,你认为中国国库运作应如何改革?
3. 中央银行会计有何特点?
4. 中央银行会计的任务包括哪些内容?
5. 金融统计对象的具体内容是什么?
6. 金融统计工作须遵循的原则包括哪些?
7. 简述金融统计的业务流程和主要内容。

8. 阅读下列资料,并谈谈你对目前中国人民银行调查统计工作的看法。

2014年3月25日,中国人民银行在北京召开调查统计工作暨经济形势分析会议时,人民银行副行长潘功胜指出,2013年调查统计工作得到了行领导的高度重视和肯定,也受到全社会的广泛关注。推动统计制度的改革,在金融监管协调部际联席会议框架下,一行三会就建立金融监管信息共享和金融业综合统计协调机制达成了共识,开展金融业综合统计试点。正式对外发布分地区社会融资规模。加强了对影子银行体系的监测与分析。实施金融统计标准化,初步建成标准化存贷款综合抽样统计系统。

在肯定成绩的同时,潘功胜分析了当前调查统计分析工作面临的形势与挑战。一是金融资产规模和结构快速发展,金融创新迅速,金融体系的关联度、复杂度大幅度提高,对传统的金融统计分析框架及其有效性、准确性提出了挑战。二是金融改革的进程与宏观经济变量相互作用,动态演进,需要对改革的效应进行科学的监测、分析、评估,对改革的时机、节奏、强度、策略进行校正和完善。三是国内外经济、金融形势复杂多变,有利条件和不利因素并存,使分析预测难度加大。

潘功胜要求,2014年调查统计部门要处理好日常工作与基础性工作的关系,与时俱进,推动金融统计工作的改革与转型。金融业综合统计是2014年调查统计工作的重中之重,要在金融监管协调部际联席会议框架下,建立协调机制,确立金融业综合统计工作框架,推进金融业核心采集指标体系的落地,扩大金融业综合统计试点范围,加快建立统一、全面、共享的金融业综合统计体系。同时,要做好其他几项重要的统计分析工作。一是对金融市场的资金价格进行准确的统计、监测和分析,进一步完善存贷款利率统计,及时、准确、全面反映我国存贷款的总量、增量、期限及利率水平等情况;加强其他市场利率统计监测,研究构建完整的利率统计体系。二是构建完整的债券统计体系,及时、准确地反映债券市场利率的期限结构和风险结构。三是研究建立影子银行等统计监测体系,研究设计基础性统计框架,加强跨部门统计协作。四是研究改进统计数据展现方式,推进信贷收支表向资产负债表转变。应对表外理财、资金信托、货币市场基金等创新型机构和业务的快速发展,适时评估完善货币供应量统计方法和统计口径。

统计法规、统计标准、信息系统分别从法律、制度、技术等三个维度共同支持金融统计工作的开展,是统计工作的基石。2014年要推动高层次的金融统计立法,明确各部门的职责分工,强化统计共享和统计标准的基础地位,为金融统计提供法律保障。加快金融统计标准化步伐,总行层面要加快对新标准的研究、制定和颁布,评估既有标准化实施效果,分支机构要深化对金融统计标准化工作的理解和认识,切实推进金融统计标准落实。构建金融业综合统计及信息共享平台,将各个业务系统进行有效整合,实现真正的逻辑集中,争取在系统整合、数据共享共用方面取得突破。

———

资料来源:中国人民银行网站。

第八章　中央银行货币政策目标

【本章提要】

货币政策的变化对货币供应量的变动具有决定性影响,对于社会总需求具有调节作用,从而对宏观经济产生全面和长远的影响。货币政策的最终目标是中央银行通过货币政策的制定和操作所期望达到的最终目的,也是中央银行的最高行为准则。货币政策的最终目标是通过控制各调节中介指标而实现的,货币政策中介指标是指中央银行为实现货币政策目标而选定的中间性或传导性金融变量。货币政策最终目标和中介指标的选择在货币政策的制定过程中具有重要的地位和意义。

【基本概念】

货币政策最终目标　中介目标　操作指标　经济增长　物价稳定　国际收支平衡　菲利普斯曲线　可测性　可控性　相关性　同业拆借利率　债券回购利率

第一节　货币政策概述

货币政策是当代各国政府干预和调节宏观经济运行的主要政策之一。中央银行的整个运行都是与货币政策的制定、贯彻及日常操作密切相关的。中央银行的三大基本职能都是围绕政策的制定和贯彻执行来实现的。因此,货币政策是中央银行实行其职能和任务的核心。

一、货币政策的含义

货币政策有广义和狭义之分,广义的货币政策是指政府、中央银行以及宏观经济部门所有与货币相关的各种规定及影响货币数量和货币收支的各项措施的总和。狭义的货币政策是指中央银行为实现既定的宏观经济目标运用各种政策工具调节货币供应量用以影响宏观经济运行的各种方针措施。因此,货币政策所涉及的问题包括货币政策目标、货币政策工具、货币政策中介指标和货币政策传导机制和效应。

二、货币政策的特征

货币政策作为一国的金融政策具有以下几方面特征:

（一）宏观性

货币政策对经济的作用是总体而全方位的，针对经济运行中经济增长、通货膨胀及与此有关的货币供应量、信用量、利率、汇率等问题，一般不直接调控单个银行或企业的金融行为。

（二）需求调节性

货币政策对货币供给量的多少有决定性影响，因而可以调节社会总需求，从而间接影响到社会总供给变动，促进社会总供求平衡而调节宏观经济。

（三）间接性

货币政策对整个经济活动的影响是间接的。对社会总供求的调节主要采用经济调控和法律调控措施，以调整经济主体的行为来实施间接调控，而尽可能避免使用直接行政干预措施。

（四）长期性

从货币政策最终目标而言，稳定物价、充分就业、促进经济增长、国际收支平衡都是长期性的政策目标，虽然一定条件下各种具体的货币政策措施是短期的、随机变化的，但上述总体目标则是不会改变的。

三、货币政策的功能

现代经济社会中，货币流通状况、货币供应与信用总量增长速度及其结构比例对宏观经济运行具有决定性影响，因而以它们为调节内容的货币政策对经济的作用是总体而全方位的，具体功能如下：

（一）通过调控货币供应量保持社会总供求平衡

货币政策对货币供给量的多少有决定性影响，而社会总需求大小直接与货币供给总量相联系，故可调节社会总需求。当社会总需求膨胀导致市场供求失衡而使经济运行困难时，可通过减少货币供给总量的办法恢复经济均衡；反之，社会总需求紧缩可通过增加货币供给量使经济保持持续发展，货币政策对社会总供给也有调节作用。货币供给增长和贷款利率降低可减少投资成本，刺激投资增长、生产扩大，反之可抑制投资，缩减生产。货币政策正是通过对社会总供求两方面的调节使经济均衡增长的。

（二）通过调控利率和货币供给总量追求货币均衡，保持物价稳定

中央银行可通过货币政策工具的操作直接调节货币供应量，使之与客观需要量相适应。还可提高利率使货币购买力推迟，减少居民即期消费需求，同时使银行贷款需求减少，当然，调控通货膨胀或通货紧缩需要各方面综合治理，但货币政策是最为直接有效的主要手段。

（三）调节国民收入中消费与储蓄的比重

货币政策通过对利率的调节能影响人们的消费和储蓄倾向，低利率鼓励消费，高利率有利储蓄。消费与储蓄的比例关系对经济运行有重要制约作用。货币政策根据社会经济总体发展情况和市场供求状况，可采用利率等手段发挥灵活调节消费与储蓄比重的作用。

（四）引导储蓄——投资转化并实现资源合理的配置

储蓄向投资转化依赖一定的市场条件，货币政策可通过利率变化影响投资成本和投资边际效率，提高储蓄投资的比重，并通过金融市场有效运作实现资源的合理配置。

（五）促进国际收支平衡，保持汇率相对稳定

汇率相对稳定是开放经济国家保持国民经济稳定健康发展的必要条件，汇率相对稳定又与国际收支密切相关，货币政策通过本外币政策的协调，控制本币供给，调节利率汇率，进行外汇公开市场业务操作等，可促进国际收支平衡，对一国汇率稳定有重要作用。

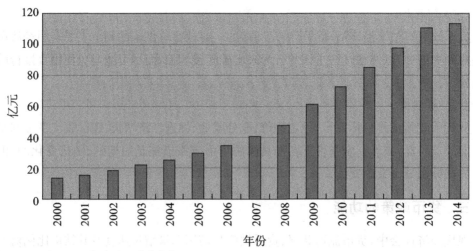

注：2014年采用二月份数据
资料来源：中国人民银行调查统计司www.pbc.gov.cn

我国中央银行历年货币供应量(M2)数值表

四、货币政策的内容

根据货币政策的定义，货币政策有广义和狭义之分，他们分别包含了不同的内容。

（一）广义货币政策的内容

1. 信贷政策

信贷政策指中央银行为管制信用而采用的各种方针措施。中央银行管制信用包括两方面的内容：在量的方面，中央银行要调节社会的信用总量，以适应社会经济发展的资金需要；在质的方面，中央银行要调节社会信用量的构成及信用的方向，做到合理地分配资金，使社会资金运用能发挥最大的经济效益。中央银行管制信用的目的在于实现其货币政策目标。中央银行管制信用的方式主要有两种：一是一般性的信用管制，即对社会信用实施全面的管制；二是选择性的信用管制，即对某种信用的方向和用途加以特别的管制，中央银行信用管制的主要措施有：再贴现政策，法定存款准备金政策，公开市场业务政策以及直接信用控制、窗口指导、消费者信用控制等等。

2. 利率政策

利率政策是中央银行调节和控制市场利率的各种方针和措施。它是中央银行间接控

制信用规模的一种重要手段。中央银行调控市场利率主要包括两方面的内容:一方面调控市场利率的一般水平,使市场利率高低能反映社会的资金供求状况;另一方面调控整个社会的利率结构,使社会资金在合理的资金价格体系指导下进行有效的分配,提高资金的使用效率。中央银行调控市场利率主要通过再贴现政策和其他特别项目的利率管制两种手段。在利率市场条件下,利率政策主要表现为货币当局对市场利率水平及其结构的某种状态的追求,即利率是货币政策的中介指标之一,并为此而采取各种措施。而在利率管制条件下,则表现为国家对利率水平及其结构的直接控制,利率是货币政策推行的工具。

3. 外汇政策

外汇政策是指中央银行调控外汇行市和汇率,实施外汇管制,控制国际资本流动,平衡国际收支的方针和措施。

(1) 中央银行外汇政策的主要内容。主要有以下几点:一是控制和调节外汇行市,以稳定汇率;二是实施外汇管制,以控制资本国际流动;三是保持合理外汇储备,以维持其国际清偿能力;四是控制外汇市场交易,以维护外汇市场稳定。

(2) 中央银行实施外汇政策的主要手段。主要有以下几点:一是政策管制措施,如由中央银行或指定机构来控制一切外汇交易;一切外汇收入都按官方汇率销售给外汇管理机构,一切外汇支出都需经过批准;对外汇交易、外汇供给、外汇收支、外汇留成的数量施以管制。二是汇率管制,如实施固定汇率制、浮动汇率制、中心汇率制、双重汇率制、复汇率制。三是其他外汇政策,如进口许可证制、进口限额制以及外汇储备政策等。

(二) 狭义货币政策的内容

狭义货币政策主要包括四个方面的内容:即政策目标、中介指标、操作指标和政策工具。它们之间的关系主要表现为:中央银行运用货币政策工具,直接作用于操作指标;操作指标的变动引起中介指标的变化;通过中介指标的变化实现中央银行的最终政策目标。在这个过程中,中央银行需要及时进行监测和预警,以便观察货币政策工具操作是否使操作指标进入目标区,并及时调整货币政策工具的操作。另外,在理论分析和效果检验中,货币政策还包括传导机制、政策时滞和政策效应等方面的内容。中央银行货币政策的基本框架大致如图8-1所示:

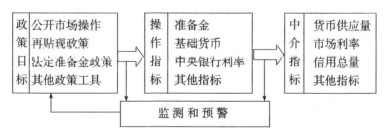

图8-1 中央银行货币政策的基本框图

第二节 货币政策最终目标

货币政策目标是货币政策的首要问题。没有明确的目标,货币政策难以正确地制定和有效实施。货币政策的最终目标是指通过货币政策的制定和实施所期望达到的最终目的,即通过货币政策工具实现的有利于经济增长和社会发展的目标,这也是货币政策的制定者——中央银行的最高行为准则。

一、货币政策最终目标的演变

货币政策最终目标都是与一定时期社会经济问题紧密相关的。在20世纪30年代以前的国际金本位制时期,各国中央银行货币政策的目标主要是稳定币值,包括稳定货币的对内的价值(货币购买力)和对外价值(汇率)。20世纪30年代初世界经济大危机后,西方各国经济一片萧条。伴随着凯恩斯主义"国家干预"的盛行,英美等国相继以法律形式宣称,谋求充分就业是其货币政策目标之一,试图用增加货币供给,扩大就业的方法来繁荣经济。由此,货币政策目标就由原来的稳定币值转化为稳定币值和实现充分就业两项。40年代至50年代初,西方国家又普遍出现了通货膨胀,于是重新强调稳定币值这一目标。但对稳定币值的解释各国略有不同,有的解释为稳定币值是将物价上涨控制在可以接受的水平之内;有的解释为保卫本国货币,以使本国货币购买力不降低。50年代后期,西方各国经济发展理论盛行,同时鉴于前苏联经济快速发展和日本经济的复兴,欧美国家提出发展经济的迫切性,以此保持自身的经济实力和国际地位,中央银行便将经济增长确定为货币政策的目标之一。60年代以后,英美等多个主要资本主义国家持续逆差,使维持固定汇率发生困难,也影响了国内经济的发展。伴随着70年代初发生的两次美元危机和布雷顿森林体系解体,不少国家又先后将国际收支平衡列为货币政策目标之一。20世纪80年代后期以来,伴随着金融风险的增加和金融危机频繁爆发,许多国家的中央银行将金融稳定作为重要的政策目标。同时,自1972年美元与黄金脱钩以后,许多国家都把稳定币值的目标看作为稳定物价。2008年后,美国爆发的次贷危机逐步演变成为全球性金融危机,世界各国央行根据不同的理念和情况采用了有所不同的货币政策,但无一例外将金融稳定和经济增长列为首要目标,美联储、欧洲中央银行、英国和日本及其他亚洲央行的措施通过多种途径放宽了对于货币供应的控制,刺激经济复苏,而国家间货币政策目标的协调与合作也逐渐提上议程,在当代各国货币政策最终目标一般可概括为五项指标:稳定币值(或稳定物价)、充分就业、经济增长、平衡目标收支和金融稳定。

二、货币政策最终目标的内容

确定了货币政策目标之后,货币当局还需要一套完整的指标体系明确以上五项指标的含义,才能够使货币政策工具达到预期目的。这些目标的含义在理论上争议颇多,各国实践也存在着很大差异。

（一）稳定物价

1. 稳定物价的内涵

所谓稳定物价，就是设法防止一般物价水平在短期内不发生显著或急剧的波动。这里的物价指一般物价水平，而非某种商品的价格，一般物价水平所表明的是一种物价变动的趋势或平均水平。在引起一般物价水平上升的原因中，有总需求过多、成本上升、结构性因素，真正与中央银行货币政策有关的只是总需求过多引起的物价上涨，在实践中主要防止由总需求过多而造成的物价上涨。同时在现代信用货币流通条件下，整个物价变动的趋势是上升，只是由于各国社会经济条件不同，在经济发展的不同阶段，不同时期物价变动的幅度有所不同。可能在特定条件下还略有下降，但作为总的变动趋势始终是上升的。在各国实践中主要是控制物价上涨，因为通货膨胀在历史上经常出现，"反通货膨胀与稳定物价水平"有了比较一致的意义。

2. 衡量物价稳定的标准

从各国情况看，在实际经济分析中通常使用三个指标来衡量物价稳定与否：一是GNP国民生产总值平减指数，它以构成国民生产总值的最终产品和劳务为对象，是按当年价格计算的国民生产总值与按固定价格计算的国民生产总值的比率。赞成者认为该指标最具综合性，因此能较全面地反映一般物价水平的变动趋势；反对者认为，最终产品与社会公众日常消费关系并不密切，且其中并未剔除因商品和劳务质量改善而造成物价上涨的影响，因此不足以反映一般物价水平的变动情况。此外，该指数统计困难，多数国家通常一年公布一次，适用性相对较小。二是消费物价指数（CPI），它以消费者的正常支出为对象，能较准确地反映消费物价水平的变化情况。在美国通常是劳工统计局公布的CPI指数。赞成者认为，消费是经济活动的最终环节，而CPI反映的正是消费者购买的商品劳务价格，因而可以较真实地反映购买力的变化和物价的变动趋势，而且这一指数统计便利，公布迅速；反对者则认为CPI统计范围太狭窄，而且日用消费品的种类和价格往往因非经济因素的偶然变动而变动，常常无法全面反映物价水平。三是批发物价指数，它是根据产成品和原材料批发价格编制，一般能够反映大宗商品交易的价格变动情况，对经济波动反映十分敏感。但由于它没有将劳务计算在内，且以大宗交易商品为计算对象，因而无法全面反映社会全部商品和劳务的价格水平变动，更不能反映与消费者密切相关的商品价格变动。因此它也并非是很好的物价水平测度指标。

1973年，统计学家艾奇安（Alchian）和克莱因（Klein）又提出了一种综合资产指数。他们认为消费物价指数、国民生产总值平减指数和批发物价指数都不是完美的指标。因为它们只包括实物资产的价格，却遗漏了特殊实物资产（如金银、宝石、房地产等）和金融资产（如股票、债券等）等其他资产的价格，实际上，一般物价水平变动期间，特殊实物资产和金融资产价格的变动幅度要大大超过一般实物资产价格的变动幅度。因此，他们建议全面计量所有资产的价格变动情况，计算出综合资产指数，以反映一般物价水平的变动情况。但由于该指数所需资料的搜集和计算难度较大、统计困难，所以该指数至今仍停留在理论探索阶段。

在以上衡量物价水平的指数中,前二者运用最广,但现实中人们大都摒弃了物价水平绝对保持稳定的幻想,而倾向于较为宽松、现实的稳定要求。一般认为,物价上升能控制在2%～4%,就基本实现了物价水平的稳定。在具体执行中,各国货币当局的要求不尽相同,一般都根据各个时期的政治经济环境加以变通。如美国在1964年要求将通货膨胀率控制在2%以下,而到了20世纪70年代,通货膨胀率达到两位数,瞄准2%的物价上涨率变得不现实了,于是美国货币当局就将通货膨胀率的上限提高至7%,而一般情况下仍将物价稳定目标定位在4%以下。

(二) 充分就业

1. 充分就业的含义

所谓充分就业,是指将失业率降到社会可以接受的水平,即在一般情况下,符合法定年龄、具有劳动能力并自愿参加工作者,都能在合理的条件下随时找到适当的工作。充分就业并不意味着消除失业,因为在多数国家,即使社会提供工作与劳动力完全均衡,也可能存在摩擦性或结构性以及非自愿失业。摩擦性失业是指在生产过程中由于难以避免的摩擦而造成的短期、局部性失业。结构性失业是由劳动力市场上,劳动力供给的种类和劳动力需求的种类存在不相吻合状态而造成的,或者说寻求工作的劳动力的种类与可得到工作职位的劳动力种类之间存在不协调而造成的失业。当经济周期处在衰退萧条阶段时,因总需求下降会导致整个经济体系较普遍的失业,这种失业称为周期性失业。此外,由劳动者失业时的主观状态,失业还可以分为自愿失业和非自愿失业,前者是劳动者不愿意接受现行工资水平形成的失业,后者是劳动者愿意接受现行工资水平但仍找不到工作的失业。

实现充分就业是社会各部门的共同职责,在诸多引起失业的原因中,与中央银行货币政策直接相关的是总需求不足而造成的失业。中央银行要实现充分就业的政策目标就要消除由于需求不足而造成的失业,促成资源的合理配置和经济的正常运转。

2. 衡量充分就业的标准

充分就业是针对所有能够被利用的资源之利用程度而言,但要测定各种经济资源的利用程度非常困难。因而最常见的办法是计算"失业率"——即失业人口占整个社会劳动力的比重,以间接反映劳动力的就业状况。在一个动态经济环境中,社会难以完全消除失业,失业和职位空缺并存成了常见现象。失业人员要经历一段时间的学习或等待后才能找到新职位,经济发展也需要一定的失业人员作为劳动力后备,这使得货币当局只能确定一个反映近似充分就业的失业率界限。

由于各国的社会经济情况不同,民族文化和传统习惯有差别,可容忍的失业程度也是不同的。有的经济学家认为,失业率低于5%即是充分就业。有的经济学家则认为应将失业率控制在2%～3%以下。20世纪60年代末,弗里德曼等人提出充分就业目标只能确定为将实际失业率降低在"自然失业率"以下。1971年,美国国会联合经济委员会在《联合经济报告》中提出美国长远的合理目标应当是使失业率不超过3%。

(三) 经济增长

1. 经济增长的含义

保持经济增长是各国政府追求的最终目标。在西方经济中,关于经济增长的概念通常有两种观点:一种观点认为,经济增长就是国民生产总值的增加,或者是指人均国民生产总值的增加;另一种观点则认为,经济增长就是一国生产商品和劳务的能力的增长。一般情况下,货币政策是通过保持通货和物价的稳定,保持较高的投资率,为社会经济运行创造良好的货币环境来达到促进经济增长的目的。

2. 衡量经济增长的标准

经济增长通常是由国民生产总值或国民收入或二者的人均数量来衡量,但衡量经济增长应以实物增长为准,而不能以总产值为准。即使以总产值为准,也应剔除价格变动的因素。此外,一国的经济增长与否,必须要以现在的增长情况与过去某一时间的增长情况相比较。美国等国采用实际国民生产净值增长率来反映经济增长情况,借以反映历史国民经济发展状况;英国则主张采用实际国民收入增长率来反映经济增长情况。传统的经济政策应当追求较多的经济增长速度,这取决于经济增长利益和经济增长成本之间的均衡比较。西方经济学家认为,最适度的经济增长率确定在经济增长的边际成本与边际收益相等的点上。但这样的经济增长率却难以确定。弗里德曼则认为只要经济增长能提高公众的干劲,促进社会资源的充分利用就是合理的、适度的。经济增长学家 E. Domar 通过经济增长模型测算出一个国家至少能实现 3%~4% 的经济增长率。实际上,各国政府为了政治、经济和军事上的需求,都在力求实现一定速度的经济增长。其具体要求则随各个时期的政治、经济形势而变化。

(四) 国际收支平衡

1. 国际收支平衡的含义

所谓国际收支平衡,是指一国对其他国家的全部货币收入和货币支出相抵略有顺差或逆差,国际收支平衡主要指国际收支中经常账户和金融与资本账户的收支平衡。这两个账户的平衡与否主要反映在外汇和黄金储备的变动上,只要一国外汇和黄金储备没有明显的增减变化,就可认定实现了国际收支的平衡。当然,这种平衡的时间跨度要延伸至三年或五年。国际收支平衡可分为静态平衡和动态平衡两种。静态平衡是指以 1 年的国际收支数额相抵为目标的平衡。只要年末的国际收支数额相等,就称之为国际收支平衡。目前许多国家都采用这种平衡模式。动态平衡是指一定时期(如 3 年、5 年)以国际收支数额相抵为目标的平衡,以若干年作为平衡周期,并考虑国际收支的结构平衡。这种平衡模式在今后的国际经济交往中将会处于重要的地位。在一个开放型的社会经济中,国际收支状况与国内市场货币供应量有着密切关系。顺差会增加国内市场的货币供应量,加剧商品供给不足和通货膨胀问题;逆差相对造成国内市场商品增多、货币不足的问题。

2. 衡量国际收支平衡的标准

由于按照复式记账的借贷原则,在国际收支平衡表上,借贷双方永远都是相等的,无法判别平衡与否。因此,衡量国际收支平衡与否,一般都是根据国际经济交易的性质来判断。国际经济交易按其性质,一般可划分为自主性交易和调节性交易两类。前者是指个人、单位或官方由于自主动机而进行的交易,后者是为调节自主性交易所产生的国际收支差额而进行的交易。判断一国国际收支平衡与否,就是看自主性交易平衡与否,是否需要调节性交易来弥补。如果不需要调节性交易来弥补,则称之为国际收支平衡。反之,如需要调节性交易来弥补,则称之为国际收支失衡。

三、货币政策诸目标之间的关系

货币当局总是试图通过货币政策来实现物价稳定、经济增长、充分就业、国际收支平衡这四大政策目标。但实际理论分析和政策实践都表明,这些货币政策目标,有些可以兼容协调,如充分就业可以促进经济增长。经济增长反过来又有助于充分就业。货币政策诸目标之间的关系更多地则表现为目标之间的冲突性,四大目标常常不能同时实现。因此,除了研究货币政策目标的一致性以外,还得研究货币政策目标之间的矛盾性以及货币政策目标的选择。

(一)物价稳定与充分就业的矛盾

各国经济的发展历史表明,物价稳定与充分就业之间存在着此消彼长的替代关系,也即一个国家要减少失业或实现充分就业,必然得增加货币供应量,降低税率,增加政府支出,以刺激总需求,将必然在一定程度上引起一般物价水平的上涨。相反,如果要压低物价上涨率,必然就得缩减货币供应量,提高利率,削减政府支出,以此抑制社会总需求的增加,又必然导致失业率的提高。这是英国经济学家菲利普斯研究了1861年至1957年近100年英国失业率与物价变动率之间的关系后得出的结论,即著名的菲利普斯曲线(见图8-2)。

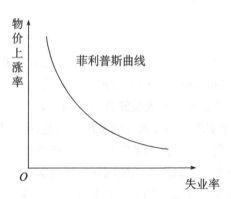

图8-2 物价上涨率与失业率的关系

这条曲线表明失业率与物价上涨率有着一种非此即彼的替换关系,因此要使物价稳定,就得忍受较高的失业率。反之亦然,要降低失业率,物价上涨率就会升高,中央银行只有根据当时的社会经济条件寻求物价上涨率和失业率之间某一适当的组合点,即根据具体的社会经济条件相机抉择而作出正确的组合选择,才能有所兼顾。

(二)物价稳定与经济增长的矛盾

物价稳定是经济增长的前提,经济增长则是物价稳定的基础,二者在一定范围内可以互相促进,超过了这个范围,经济增长则会导致物价上涨,所以采取扩张性货币政策刺激经济增长,也要防止政策作用过度,导致物价上涨和通货膨胀。为了防止通货膨胀和物价上涨,则应采取收缩性货币政策,超过一定限度则会对经济增长产生不利的影响。有经济学家将世界上许多国家近100年中经济增长时期的物价资料进行了分析,发现除经济危机和衰退外,凡是经济正常增长时期,物价都呈上升趋势,特别是第二次世界大战以后的情况更是如此,就我国而言,几十年以来的社会主义经济建设的事实也说明了这一点。

(三)物价稳定与国际收支平衡的矛盾

在开放经济条件下,一国经济状况受其他国家的影响,主要通过该国的国际收支状况反映出来。理论上讲只有各国都维持基本相同的物价稳定水平,并且贸易状况不发生大的变动,物价稳定和国际收支平衡才可并存,但事实上不可能经常出现。若别国发生通货膨胀,本国物价稳定,则会造成本国输出增加,输入减少,国际收支发生顺差;若本国发生通货膨胀,别国物价稳定,表明本国货币对内贬值。在一定时期内购买外国商品便宜,会导致本国输出减少,输入增加,使国际收支恶化。所以瞄准物价稳定的货币政策可能造成国际收支逆差,而缓解国际收支逆差的货币政策又难免造成物价上涨。

(四)经济增长与国际收支平衡的矛盾

经济增长与国际收支平衡之间的矛盾产生于经济增长。当就业增加,收入提高,对进口商品需求相应增加,进口增长快于出口增长,国际贸易发生逆差,国际收支状况恶化。为了平衡国际收支,消除贸易逆差,只能采取紧缩性货币政策,必然抑制国内有效需求,导致生产规模相应缩减,经济增长速度放慢,所以经济增长和国际收支平衡难以同时实现。

四、货币政策最终目标的选择

正因为货币政策四大目标之间既有统一性,但更多表现为矛盾性,所以不可能同时实现这四个目标,于是就出现了货币政策目标的选择问题。货币政策最终目标选择的重点是确定各目标的主次地位和先后顺序。各国由于经济发展水平和经济结构的差异,在货币政策目标上的选择是不同的。目前世界各国的货币政策目标大体上有下面几种类型:一是以维持物价稳定为单一目标,如新西兰、德国、瑞士。虽然中央银行法规定了调节通货及信用供给,促进金融稳定等目标,但没有维持充分就业与促进经济增长等内容。二是以美国为首的一部分工业化国家,他们的货币政策目标非常明确,就是"物价稳定、经济增长、充分就业、国际收支平衡"四大目标。此外还有一些国家把货币的稳定放在优先位置,同时兼顾经济增长。发展中国家多以促进经济增长为首选目标,而开放型经济小国通常将国际收支平衡放在首位。

纵观当今世界较为惯用的货币政策最终目标选择方式,主要有以下几种:

(一)相机抉择

相机抉择的选择方式是指中央银行根据具体经济情况进行决定和选择。相机抉择符合国家宏观经济的要求,将有利于解决面临重大问题的货币政策目标作为一定时期的主要货币政策目标,甚至不惜牺牲其他目标,以保证主要目标的贯彻落实。

(二)临界点原理选择

临界点原理选择是指中央银行结合本国社会对某一问题所承受的限度,找出临界点来选择实施货币政策目标,如通货膨胀与失业率之间是反函数关系,假设社会承受失业率的最大临界点为4%,承受通胀率的最大临界点为4%,在这两个4%之间就是安全范围,如果通胀率高于临界点,而失业率又低于其临界点,就可以以稳定物价为主要目标,而采取紧缩政策。

(三)轮番突出选择

轮番突出选择是指中央银行根据不同时期的经济状况,轮番采取不同类型的货币政策,以实现其政策目标,这是当代各国普遍采用的方法之一。

表8-1 西方主要国家货币政策最终目标的选择

国别	货币政策最终目标的内容及排列次序
美国	充分就业,经济增长,制止通货膨胀,平衡国际收支
英国	充分就业,实际收入的合理增长,低通货膨胀,国际收支平衡
日本	稳定物价,稳定的经济增长,国际收支平衡,充分就业,收入均等化
加拿大	资源合理配置,充分就业,国际收支平衡,反通货膨胀

五、我国货币政策最终目标的选择

中国作为一个转型经济国家,其货币政策目标应该如何确定?选择我国的货币政策目标,必须考虑三个基本问题:首先,货币政策目标的选择必须有利于社会主义市场经济体制的建立与完善。其次,我国中央银行货币政策目标的选择和确立,要有利于促进我国经济的迅速发展及综合国力的逐步增强。最后,我国中央银行货币政策目标的选择还要有利于促进整个物价水平的基本稳定。

自1984年中国人民银行专门行使中央银行职能以后至1995年3月《中华人民共和国中国人民银行法》(以下简称《中国人民银行法》)颁布之前,我国事实上一直奉行双重政策目标,即"发展经济、稳定货币"。这一政策目标有如下特点:一是货币币值稳定与经济增长都是货币政策目标;二是将稳定货币币值放在货币政策目标的首位;三是稳定币值是促进经济增长的手段或条件,经济增长以币值稳定为基础。在过去的计划经济体制下,特别是在把银行信贷作为资源直接分配的情况下,货币总量控制与信贷投向分配都由信贷计划安排,发展经济和稳定货币这两个目标较容易协调。但是改革以后20多年以来的实践表明,大多数情况下,货币政策双重目标并未能同时实现。在支撑经济增长的同时,却伴随着严重的货币贬值和通货膨胀,在1984至1995年的12年中,全国零售物价总指数涨幅超过5%的年份就有9年。近几年来,物价总指数又开始攀升,通货膨胀现象又有明显抬头,经济过热的负效应日益凸现,在经济快速增长的同时,不可避免地带来了通货膨胀现象。

1995年3月颁布实施的《中国人民银行法(修正)》对双重目标进行了修正,确定货币政策目标是"保持货币币值的稳定,并以此促进经济增长"。2003年12月27日重新修订的《中国人民银行法》再次确认了这一目标。这个目标体现了两个要求:(1)不能把稳定币值与经济增长放在同等位置上,从主次看,稳定币值始终是主要的;从顺序来看,稳定货币为先,中央银行应以保持币值稳定来促进经济增长。(2)即使在短期内兼顾经济增长要求,仍必须坚持稳定货币的基本立足点,其背景仍然是制度性通货膨胀下经济有限开放的结果。2008年全球金融危机爆发以后,我国长期实行的以稳定币值为首要任务的双重货币政策目标受到严重的冲击,我国应当尽快适应新形势下完全开放型经济的要求,改革我国的货币政策目标,将现行的、以稳定货币币值为首要任务的双重货币政策目标改革为包括稳定货币币值、保证经济稳定增长、充分就业和国际收支平衡在内的多重货币政策目标。

专栏8-1 我国货币政策周期与经济周期的关联性分析

从我国货币政策周期来看,货币政策的制定和推行与经济周期有着必然的联系,紧缩性货币政策结束之后多数情况下会出现下行的经济周期状态,货币政策周期与经济周期的关联性较强,基于这一认识,我们只有掌握了货币政策周期的特点,认识到货币政策周期与经济周期的必然联系及二者的关系和相互影响,才能做到正确理解货币政策周期和经济周期的目的,保证货币政策的科学性和合理性,满足经济发展需要,为经济发展提供有力的手段支持,目前来看,我国货币政策与经济周期的关联性主要表现在以下几个方面:

1. 我国货币政策周期与经济周期存在必然联系

从我国目前货币政策的实行来看,货币政策周期与经济周期的联系比较紧密,考虑到货币政策的特殊性以及现实作用,某种程度上货币政策决定着经济周期的走向,同时经济周期又是货币政策制定的依据,处于何种经济周期,才能制定相应的货币政策,所以,货币政策周期与经济周期互为因果,二者存在必然联系,且联系紧密,在这种状态下,货币政策的制定一方面要符合经济周期规律,另一方面又要为经济发展服务,所以,货币政策必须保证其灵活性和可持续性,并根据经济周期进行及时调整,提高货币政策的功能性,满足经济发展需要。

2. 紧缩性货币政策之后会紧随经济下行周期

在货币政策制定中,紧缩性货币政策是其中一种重要类型,在经济增速较快,经济发展由偏快向过热发展过程中,通货膨胀率也在逐渐增高,这种状态下如不及时出台正确的货币政策,将会产生经济泡沫,危害实体经济,通常在这一状态下都会出台紧缩性货币政策,用以调节经济增速,这种调整方式可以实现经济发展状态的快速调整,使经济增速由从偏快和过热中降下来,基于这一分析,紧缩性货币政策实行一段时间之后,经济增速必然会出现一定的下降,经济进入下行周期,这种状态属于正常现象,符合经济发展规律,但是紧缩性货币政策只是短期行为,时间过长会对实体经济造成严重影响和制约。

3. 宽松性货币政策之后会紧随经济增长周期

在紧缩性货币政策实行一段时间之后,经济增速会出现一定的回落,这种回落状态具有一定的惯性,为了不因为货币政策的选择对实体经济造成大的影响,不产生大的经济波动,通常在紧缩性货币政策之后会实现宽松性货币政策,通过增加货币投放量等积极的货币调节措施,保证宽松性货币政策执行到位,满足经济发展需求,所以,在宽松性货币政策之后,经济进入增长周期是必然现象。

资料来源:廉靖涛《浅析我国货币政策与经济周期的关系》,《金融经济》,2014.1。

第三节 货币政策中介指标

一、货币政策中介指标的含义与作用

货币政策中介指标是指为实现货币政策目标而选定的中间型或传导性金融变量。货币政策最终目标并不直接处于中央银行控制之下，为了实现最终目标，中央银行必须选择与其最终目标关系密切，中央银行可以直接影响并在短期内可以度量的金融指标作为实现最终目标的中介性指标，通过对这些指标的控制和调节，最终实现政策目标。这是因为中央银行并不能直接决定或控制宏观经济目标，而只能借助于一系列货币政策工具，通过对货币供应量等中介指标的控制和调节，间接地影响宏观经济目标，如图 8-3：

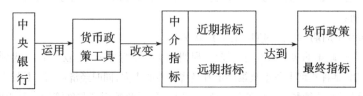

图 8-3 货币政策目标体系

因此，中间性指标成为货币政策作用过程中十分重要的一个中间环节，对它们的选择是保障货币政策目标能否实现的关键。货币政策目标即宏观经济目标是长期的、非数量化的目标，它只能为中央银行制定货币政策提供指导思想，并不能为中央银行的日常操作提供现实的数量依据，因此，中央银行必须找出短期的、数量化的、能用于日常操作的指标作为实现货币政策最终目标的中介或桥梁，并借助于这些中介指标的目标，实现货币政策最终目标。

二、中介目标的特点及选择原则

货币政策的中介目标一般都不止一个，而往往由几个金融变量组成中介指标体系。在货币政策中介指标体系中，经济学界根据各个中介指标对货币政策工具反应的先后及其作用于最终目标的过程，把中介指标分成两类：一类是近期指标，一类是远期指标。中介指标又称操作指标和中间指标。

（一）中介目标的特点

一般来说，近期指标是货币政策直接作用的对象，中央银行对它们的控制力较强，但离货币政策最终目标较远。它们是中央银行通过货币政策工具能对货币政策最先做出反应，能准确有效实现的政策变量。如准备金、基础货币等指标。

1. 近期指标的特点

近期指标有两个特点：

(1) 直接性,即中央银行可通过货币政策工具的运用直接引起这些指标的变化。

(2) 灵敏性,即近期中介指标对货币政策工具的运用反应较为灵敏,或者说,货币政策工具可以准确地作用于操作指标,使其达到目标区。一般而言,近期指标是在中央银行体系之内的可控性指标。

2. 远期指标的特点

远期指标处于货币政策最终目标和近期指标之间,是中央银行通过货币政策操作和传导后能以一定精确度达到的政策变量,通常有市场利率、货币供应量。在一定条件下,信贷量和汇率也可充当远期指标,由于远期指标不在中央银行体系之内,而是受整个金融体系影响的指标。因此,中央银行对远期指标的可控性较弱,但其与货币政策最终目标之间的关系十分密切,中央银行主要通过货币政策工具直接作用于操作指标,进而控制中介指标,最终达到期望的货币政策目标。

(二) 中介目标的选择原则

一般而言,选择中介指标应该遵循下述基本原则:

1. 必须满足"三性"原则要求

"三性"原则即可测性、可控性及与最终目标的相关性原则。

(1) 可测性,指中央银行能够迅速获得这些指标准确的资料数据,且便于进行定量分析,便于进行科学预测。

(2) 可控性,指这些指标能在足够短的时间内受货币政策的影响,中央银行能有效控制和调节其变动状况和变动趋势。

(3) 相关性,指该指标与货币政策有极为密切的相关性,控制住这些指标就能基本实现政策目标。

总之,作为中央银行货币政策中介目标的金融变量,必须首先同时满足上述"三性"的要求,缺一不可。

2. 要有适应性和抗干扰性

中介指标应当是全社会和金融体系了解中央银行货币政策意向和强度的信号器,应当是中央银行观察和检验货币政策措施的指示器,它们也必须与某一特定条件下的经济金融环境相适应。各国的经济和金融环境不同,中央银行实施货币政策的工具不同,经济管理体系不同,金融市场的完善程度不同,由此选择作为中央银行货币政策中介指标的金融变量就不同。目前各国中央银行货币政策中介指标的选择,都体现了间接调控引入和加大市场机制分量的大趋势。

三、近期中介指标

(一) 存款准备金

存款准备金是中央银行货币政策工具影响远期指标的主要传递指标,也是中央银行可以直接操作的指标。存款准备金主要有三种计量口径:①存款准备金总额;②法定存款准备金;③超额存款准备金。法定存款准备金与超额存款准备金之和即为存款准备金总额。法定存款准备金的多少完全取决于法定存款准备金率。由于法定存款准备金率的调整震动太大,一般不宜作经常性调整,因此中央银行可直接操作的经常性指标是超额存款准备金,即通过政策工具来调节监控商业银行及其他各类金融机构的超额存款准备金水平。超额存款准备金的高低,反映了商业银行等金融机构的资金松紧程度。如此项指标过高,说明金融机构资金宽松,从而证明已提供的货币供应量偏多,中央银行应采取紧缩措施,通过调节使金融机构的超额存款准备金保持在理想的水平上,反之亦然。该项指标对商业银行等金融机构的资产业务规模有直接决定作用,对中央银行来说极易判断。但超额存款准备金的高低取决于商业银行等金融机构的意愿和财务状况。在货币政策操作的同时,需要金融监管予以配合。

(二)基础货币

以基础货币为操作指标,就是中央银行对基础货币量的直接调节。基础货币包括流通中的现金和商业银行等金融机构在中央银行的存款准备金,它们是货币供应量伸缩的基础,是市场货币量形成的源头。中央银行提供基础货币通过货币乘数的作用形成等于基础货币的市场货币供给总量。在经济机制充分发挥作用和货币乘数稳定的情况下,调控基础货币量可直接实现对货币总供求的调节。该项指标对中央银行来说极易控制、监测和操作,但离货币政策最终目标较远。

(三)其他指标

在可选择的近期指标中,除了存款准备金和基础货币之外,还有若干金融变量,在实践中常用的主要有同业拆借市场利率、回购协议市场利率、票据市场贴现率等等。这些指标都属于货币市场短期利率。由于中央银行的货币政策操作主要在货币市场上进行,因此,这些指标从理论上而言是可控的,中央银行直接收集这些利率资料不会太困难,这些指标也有较好的可测性,市场利率又是经济的一个内生因素,因此在与最终目标的关系上,这些指标也有较好的相关性。各国中央银行在利用各种措施控制货币供应量时都比较注意观察市场利率的变动情况,并把市场利率作为一个必不可少的货币政策中介指标,但要选用这些指标做中央银行的近期操作指标,最重要的条件是要有一个发达、高效的货币市场。

四、远期中介指标

根据货币政策中介指标的三个基本要求,在市场经济比较发达的国家,可作为中介指标的一般有存贷利率、货币供应量,也包括信贷量和汇率在内。利率、货币供应量等金融变量作为货币政策的中介指标,各有其优点和不足。

(一)利率

以利率作为中介指标,即通过货币政策工具来调节和监控市场利率水平。具体操作原理是根据经济金融环境和金融市场状况提出预期理想的利率基准水平,若偏离这一水平,中央银行就要进行调节。如法定利率水平低于预期理想水平,意味着货币供给大于货币需求,货币供给过多,中央银行可以用缩减货币供给的方法使利率升至预期理想水平;反之,如法定利率水平高于预期理想水平,意味着货币供给小于货币需求,货币供给不足,中央银行可以用扩张货币供给的方法使利率降至预期理想水平。选取利率作为货币政策中介指标,其优点是可测性、可控性强,并能较直接地调节市场总供求;不足之处在于作为货币政策中介指标的必然是市场利率,即其本身是由经济体系内部因素决定的内生变量,当经济繁荣时,利率会因信贷需求增加而上升。当经济停滞或衰退时,利率也会因信贷需求减少而下降。这种变动趋势与中央银行的期望是一致的。经济过热,应提高利率以收紧银根;经济疲软,应降低利率以放松银根。因此,利率作为内生变量和政策变量在实践中很难区别。中央银行较难判断自己的政策操作是否已达到预期目标。

（二）货币供应量

以货币供应量作中介指标,即通过货币政策工具来调节和监控货币供应量增长水平,以使货币供给增长与经济增长要求相适应,具体操作原理是根据经济金融环境和商品市场供求状况提出货币供应量的期望值,并通过货币政策工具的调节实现所期望的水平。如市场货币供应量大于期望值,可能出现商品市场上社会总需求大于社会总供给,商品价格上涨,发生通货膨胀问题,中央银行就要采取措施缩减货币供应量,以达到期望值,实现商品市场供求均衡;反之亦然,当市场货币供应量小于期望值,可能出现商品市场上社会总需求小于社会总供给,商品价格下降,发生通货紧缩问题,中央银行就要采取措施增加货币供应量,以达到期望值,实现商品市场供求均衡。选择货币供应量作中介指标,其优点在于该项指标与经济发展状况联系密切,社会总供给与社会总需求不管由何种因素引起失衡,都会通过货币供应量的过多或过少反映出来,并且这一指标与货币政策最终目标比较接近。因此,中央银行比较容易判断其政策效果。其不足之处在于货币供应量本身包含的范围或统计口径比较复杂,难以清晰界定。同时,中央银行对货币供应量的控制随着当代金融创新的活跃而变得更为困难。

（三）其他指标

除了货币供应量和利率之外,还有一些指标可充当中介指标,它们主要有贷款量和汇率。贷款量又称贷款规模,其规模适度与否对货币供应量及国民经济的正常运转有直接的影响。它具有较好的相关性、可测性和可控性,但规定贷款规模是利用行政手段而非经济手段,不利于市场机制发挥作用。而且如一国金融市场和直接融资较发达时,贷款规模控制与最终目标的相关性会减弱。因此,该指标通常在计划经济或金融市场不发达的国家使用。汇率也可以充当中介指标,特别是在一些对外经济依赖性大的大国和实现本币与某国货币挂钩的国家和地区,往往选择汇率作为中介指标。

在实际操作中,货币政策中介指标应具有一定的弹性。对中介指标理想值的确定,各国一般都是规定一个目标值区间而非一个无弹性的固定数值。所谓目标值区间是指规定一个区域值,即上下限。同时,对实现目标的时间要求也是一个时期,而非一个时点,尽管这个时期可能要求很短。

专栏 8-2　英格兰银行利率仍维持在 0.5%

本月,英格兰银行继续维持了创纪录的 0.5% 低利率。同样保持不变的还有以购买债券来经济刺激的计划,该计划的规模为 3750 亿英镑。尽管有证据表明,英国经济复苏的势头愈发强劲,这一消息仍与分析师之前的预测相一致。人们对英国局部房价的上涨表示担忧,这种担忧使得关于利率上调时间的争论更加激烈。央行货币政策委员会一直对不少企业和个人金融状况感到忧虑,它们往往不能承受利率上升带来的压力,正因如此,央行已超过五年将利率保持在0.5%的历史性低水平。但经济复苏的速度正在加快,上周,经济合作与发展组织(OECD)将英国的预测增长率从2.4%上调至3.2%。然而,这一组织对英国日益白热化的住房市场提出了警告。它表示,英国政府应当考虑提高住房购买帮助计划的参与门槛,这一计划旨在为购房有困难的群体提供按揭担保或贷款。本周二,英国商会表示,目前上调利率"为之过早"。"维持利率现行水平和继续量化宽松都是合情合理的决策。"BBC首席经济学家David Kern说,"货币政策委员会正试图在向商业集团传达一种明确的政策信号,而政策的明确性可以鼓励商业集团增加投资。然而,每当利好消息公布时,随之而来提升利率的呼声却阻碍了它的效果。""目前上调利率还为之过早,与之相反,货币政策委员会应当加强其指导信息的明确性。""迟钝的货币工具"很多经济学家都已经提出了明年利率将会上涨的论述。今年2月份,英格兰银行暗示明年第二季度可能上涨。但是,丰业银行经济学家Alan Clarke表示,如果工资水平持续上涨,则利率的上调可能会发生在圣诞节之前。"无论是英镑汇率的持续上升,还是被抑制的通胀预期,都预示着短期内的良性通货膨胀。"安永会计事务所高级经济顾问Martin Beck说,"在部署其效果已经弱化的利率上调政策之前,央行可能会首先动用它的宏观审慎工具,这一行动最快可能发生在六月金融政策委员会议上。""我们希望,下周出炉的通货膨胀报告,能够为低利率政策的维持提供更多具有启发性和指示性的信息。"

资料来源:BBC新闻网 http://www.bbc.co.uk/2014.5.8。

五、我国货币政策中介目标的选择

20世纪80年代,我国货币政策在中介目标的选择上沿用了改革开放前的做法,即以贷款规模与现金发放作为货币政策中介指标。把贷款规模作为中介指标的理论依据是:货币都是通过贷款渠道供应的,"贷款=存款+现金",只要控制好贷款,就能控制住货币供应。随着市场化金融体制和运行机制的确定,货币政策实施的基础和环境都在发生根本性变化。贷款规模作为货币政策中介指标逐渐失去了两个赖以生存的条件:一是资金配置由计划转向市场;二是国家银行的存款在全社会融资中的比重趋于下降,而其他银行和金融机构特别是金融市场直接融资的比重迅速提高。因此,中央银行指令性的贷款规模不宜再作中介指标,而是作为一种指导性的变量,中国人民银行按日进行统计监测,以利于调控货币供应量。

1994年《国务院关于金融体制改革的决定》明确提出,我国今后货币政策中介指标主要有四个:货币供应量、信用总量、同业拆借利率和银行超额存款准备率。目前,在实际工作中,货币政策的操作指标主要是监控基础货币、银行的超额存款准备率和银行间同业拆借市场利率、银行间债券市场的回购利率。中介指标主要监测货币供应量和以商业银行贷款总量、货币市场交易量为代表的信用总量。货币供应量逐步成为最主要的监测指标。

我国自1994年起开始对外公布M(货币供给层次)系列指标,并于1996年将其采纳为货币政策中介指标。1998年信贷计划取消后,M系列指标成为最重要的货币政策中介指标。就现有情况来看,M系列指标作为中介指标的缺陷日益暴露:在可测性上,加入WTO后金融深化进程的加速和金融创新的不断发展,特别是电子货币的出现和使用,将极大地影响M系列指标统计的准确性;在可控性上,由于我国货币的内生性,中央银行对基础货币的控制能力不足,同时货币乘数并不稳定(1994年至2001年M2/B的均值为3.22,标准差0.363),因此,中央银行对货币供应量指标控制力不强;M系列指标与货币政策最终目标之间的相关性来看,由于M系列指标同物价稳定乃至GDP增长的最终目标之间传导过程过长且十分复杂,M系列指标同最终目标之间呈现出较弱的相关性。

因此在利率市场化和金融深化的前提下,我国应考虑近期将货币政策中介目标转向实际利率,比如一年期存贷款实际利率。利率的可测性好,货币政策信息搜集成本低;从可控性来看,在有良好的利率结构保证的情况下,中央银行通过公开市场操作和对基准利率的调节,可保证基准利率有效传导到目标利率;从相关性来看,利率作为资金价格,渗透在日常的金融交易中,反映了实际资金的供求状况。实证结果也表明,一年期存贷款利率和物价指数有着显著的相关性。但是近年来许多国家将货币政策转向更为直接的通货膨胀目标制度,即通过对一揽子指标的监测实现通货膨胀控制的预期目标,并视情况采用货币政策工具实行干预。从各国大多以物价稳定为最终目标(或目标之一)的现实来看,通货膨胀目标制度的中介目标与最终目标的关联性无疑是大大强化了,甚至可以理解为该制度将中介目标与最终目标合二为一。很明显,同利率作为中介指标一样,该制度同样面临着对通货膨胀预期的准确性问题。但毫无疑问,该制度在其他方面比之利率作为中介目标有着更为积极的意义:通货膨胀目标制度缩短了货币政策传导的路径,消除了诸多不确定性因素的影响,而且在货币政策时滞和有效性上也得到很大的提高。因此,从长远来看,我国货币政策中介目标的演变应当描述为:M系列指标实际利率通货膨胀目标制度。当然,这需要稳健地推进,需要诸多条件的成熟和配套,以更好地实现货币政策最终目标。

【思考与应用】

1. 如何理解货币政策诸目标及其彼此间的关系?
2. 试分析近年来利率政策的调整及其效应。
3. 何为货币政策的操作指标和中介指标?选择它们有何标准?
4. 结合实际说明货币政策有哪些作用?
5. 如何理解和评价我国现行货币政策目标?
6. 你对我国目前货币政策的操作指标和中介指标有何了解,在今后将如何取舍?
7. 查一查相关资料,试评述近五年我国货币政策的实施效果。
8. 观察下表,回答问题

年份	修改日期	提高	降低	利率目标(%)
2014	—	—	0	0—0.25
2013	—	—	0	0—0.25
2012	—	—	0	0—0.25

续表

年份	修改日期	提高	降低	利率目标(%)
2011	—	—	0	0—0.25
2010	—	—	0	0—0.25
2009	—	—	0	0—0.25
2008	12月16日	—	0.75—1	0—0.25
	10月29日	—	0.5	1%
	10月8日	—	0.5	1.5%
	4月30日	—	0.25	2%
	3月18日	—	0.75	2.25%
	1月30日	—	0.5	3%
	1月22日	—	0.75	3.5%
2007	12月11日	—	0.25	4.25%
	10月31日	—	0.25	4.5%
	9月18日	—	0.5	4.75%
2006	6月29日	0.25	—	5.25%
	5月10日	0.25	—	5%
	3月28日	0.25	—	4.75%
	1月31日	0.25	—	4.5%
2005	12月13日	0.25	—	4.25%
	11月1日	0.25	—	4%
	9月20日	0.25	—	3.75%
	8月9日	0.25	—	3.5%
	6月30日	0.25	—	3.25%
	5月3日	0.25	—	3%
	3月22日	0.25	—	2.75%
	2月2日	0.25	—	2.5%

数据来源:联邦储备系统管理委员会 www.federalreserve.gov

(1) 2005—2006年间的基准利率目标呈现怎样的特征,为什么会呈现这样的特征?

(2) 2007—2008年间的基准利率目标发生了什么样的变化,反映了怎样的货币政策?

(3) 2008年后的基准利率目标有什么特点?是哪一种货币政策的表现?

第九章　中央银行的货币政策工具

【本章提要】

中央银行货币政策目标的实现是通过货币政策工具的运用来完成的。所谓货币政策工具是指中央银行为了实现货币政策目标，在实施某项货币政策时所采取的具体措施或手段。货币政策工具分为一般性货币政策工具、选择性货币政策工具和其他货币政策工具等三类。一般性货币政策工具主要包括法定存款准备金政策、再贴现政策和公开市场业务政策等三大政策工具，也称货币政策"三大法宝"；选择性货币政策工具主要有消费者信用控制、证券市场信用控制和不动产信用控制等；其他货币政策工具很多，既有直接的信用控制，也有间接的信用指导。

【基本概念】

一般性货币政策工具　选择性货币政策工具　法定存款准备金政策　再贴现政策　公开市场业务　回购　消费者信用控制　直接信用控制　证券市场信用控制　不动产信用控制　信用配额　流动性比率控制　间接信用指导　道义劝说　窗口指导

第一节　一般性货币政策工具

一般性货币政策工具是指中央银行经常运用的对货币供应总量或信用总量进行调节和控制的政策工具。主要包括法定存款准备金政策、再贴现政策和公开市场业务三大政策工具，也称货币政策"三大法宝"。这些政策工具是针对总量进行调节的，并对整个宏观经济运行产生影响。

一、法定存款准备金政策

（一）法定存款准备金政策的含义

法定存款准备金政策是指中央银行在法律所赋予的权力范围内，通过调整法定存款准备金比率，来影响商业银行等存款货币机构的信贷规模，从而影响货币供应量，实现货币政策目标的一种政策措施。这是各国最普遍使用的一种货币政策工具，也通常被认为是货币政策中最猛烈的工具之一。

存款准备金制度是商业银行将吸收的存款保留一部分用作支付准备金的一种做法。将存款准备金集中于中央银行最初始于英国。而以法律形式规定商业银行必须向中央银行上缴存款准备金并规定法定存款准备金率,则始于1913年美国的联邦储备法。法定存款准备金建立之初目的是为了保持商业银行的流动性和清偿能力,当存款准备金制度普遍实行,并且中央银行拥有调整法定存款准备金率的权利时,这一制度才真正成为中央银行控制货币供应量的政策工具。

(二)法定存款准备金政策的内容

各国中央银行对存款准备金政策的内容都有具体而明确的规定。主要包括以下基本内容:

1. 存款准备金政策实施的对象

对于哪些金融机构应该缴存存款准备金,各国的规定并不相同。一般来说,所有吸收社会公众存款的商业银行等存款货币机构都是存款准备金政策的实施对象。但也有些国家按照存款余额的多少来规定具体的对象。在我国,《中国人民银行法》规定,银行业金融机构,即中华人民共和国境内的商业银行、城市信用合作社、农村信用合作社等吸收公众存款的金融机构和政策性银行、金融资产管理公司、信托投资公司、财务公司、金融租赁公司以及经国务院银行业监督管理机构批准设立的其他金融机构均应按规定的比例和期限向人民银行各分支机构缴纳存款准备金。

2. 规定并调整法定存款准备金比率

法定存款准备金率是指商业银行等金融机构缴存的存款准备金占其存款总额的比例。法定存款准备金率的高低决定了商业银行等金融机构的实际负担。各国对此比率的规定也不尽相同,有的国家中央银行按存款的不同类别规定不同的比率;有的国家中央银行则按存款规模的大小规定不同的比率;有的国家中央银行按照存款银行所在地的不同规定不同的比率。我国过去对所有金融机构实行统一的法定存款准备金率。但中国人民银行决定从2004年4月25日起实行差别存款准备金率制度。这种制度的主要内容是:金融机构适用的存款准备金率与其资本充足率、资产质量状况等指标挂钩。金融机构资本充足率越低、不良贷款比率越高,适用的存款准备金率就越高;反之,金融机构资本充足率越高、不良贷款比率越低,适用的存款准备金率就越低。实行差别存款准备金率制度可以制约资本充足率不足且资产质量不高的金融机构的贷款扩张。从2014年4月起,中国人民银行为了有效支持实体经济的发展,采取定向降低准备金率的做法,从而使法定准备金政策更具有针对性和灵活性。

3. 规定存款准备金计提的基础

中央银行规定哪些存款应该缴存存款准备金及计提的基数。多数国家只对各项存款计提存款准备金,也有些国家把存款以外的其他负债如应付票据和联行资金也列入计提的范围。我国将商业银行等金融机构吸收的一般存款(包括机关团体存款、财政预算外存款)列入计提范围,对吸收的财政存款100%上缴中央银行。

4. 规定存款准备金的计算方法

存款准备金的计算主要有两种方法:一是以存款余额来计算。如旬末、月末余额;二是以一定时期内的存款平均余额计算。相对来说,第二种方法比较真实合理,而且可以有效地控制货币的创造过程。我国统一按照旬末余额进行计算考核。

5. 规定存款准备金的构成

多数国家规定法定存款准备金只能是在中央银行账户上的存款。但也有一些国家将商业银行的库存现金及高流动性资产也视为法定存款准备金。我国中央银行规定存款准备金包含两部分内容：一是法定存款准备金；二是超额存款准备金。这两部分资金都必须存入在中央银行的准备金账户。另外，超额存款准备金和商业银行的库存现金构成了商业银行的支付准备金。

6. 规定存款准备金的计息标准

许多国家中央银行不向商业银行支付准备金利息。这将影响商业银行等金融机构持有准备金的行为。我国目前仍然向商业银行支付准备金利息，其利率一般低于商业银行贷款利率，并呈现下降的趋势。

7. 规定存款准备金持有期的考核办法

这种规定一般有两种情况：一是规定存款准备金执行期内商业银行每日必须保持的准备金数额，按绝对数来执行。二是在规定的执行期内，商业银行平均每日持有的数额，这为商业银行的存款准备金的管理提供了一定的弹性。

8. 规定存款准备金罚则

许多国家中央银行都规定若干处罚条款，如存在商业银行不能按时足额缴存法定存款准备金的情况下，将给予一定的处罚，以保证存款准备金政策的顺利实施。

（三）法定存款准备金政策的作用

现代中央银行的货币发行采取的都是弹性货币供应制度，而中央银行存款准备金政策正是这一制度得以有效运行的重要保障之一。其积极作用主要表现在：

1. 保证商业银行等存款货币机构资金的流动性

法定存款准备金制度的建立，强制商业银行将准备金存入中央银行，可以从制度上避免商业银行超额发放贷款而影响商业银行的流动性和清偿力，以保证商业银行资金的流动性，从而维护存款人的合法权益。

2. 可以调节货币供应总量

存款准备金政策是一个控制信贷规模，从而控制全社会货币供应总量的威力强大的政策工具。法定存款准备金率的调整将直接影响商业银行等存款货币机构的准备金结构，当提高法定存款准备金率时，商业银行的法定准备增加，超额准备减少，在货币乘数的作用下，将降低商业银行创造派生存款的能力，其紧缩的作用是相当明显的，反之亦然。因此，法定存款准备金率政策为中央银行提供了一个调节货币供应总量，实施货币政策的强有力的工具。

3. 有利于中央银行履行银行的银行的职能

银行的银行职能实际是指中央银行面向商业银行和其他金融机构吸收存款、发放贷款、办理结算等业务。存款准备金缴存中央银行，使中央银行可以集中信贷资金，办理银行同业间的清算，向金融机构提供信用贷款和再贴现贷款，以调剂不同地区和不同银行间短期资金的余额，从而有利于中央银行履行其银行的银行的职能。

4. 能迅速达到预期的货币政策目标

货币政策的最终目标是要保持货币币值的稳定,并促进经济的增长。当国民经济出现某些比较严重的问题时,通过法定存款准备金政策的实施,可以比较迅速地达到预期的目标。例如,当国民经济中出现严重通货膨胀时,中央银行通过提高法定存款准备金比率,商业银行的超额准备金就减少,就必然要缩减信贷规模,甚至收回已经发放的贷款,以弥补法定存款准备金的不足,于是,货币供应量将迅速减少,通货膨胀将能得到有效的遏制,从而保持货币币值的稳定。

(四)法定存款准备金政策的评价

法定存款准备金政策操作简单,而且对所有存款货币银行的影响是平等的,对货币供应量有极强的影响力,速度快,效果明显。对于信用制度不很发达的发展中国家来说,比采用其他两种政策工具要方便得多。

当然,法定存款准备金政策也有其缺陷。主要表现在:一是容易引起经济的剧烈动荡。即使是法定存款准备金率很微小的调整,对商业银行的超额准备金、对货币乘数的影响都是非常大的。例如,2014年4月25日起,中国人民银行逐步下调县域农村商业银行人民币存款准备金率2个百分点,下调县域农村合作银行人民币存款准备金率0.5个百分点,据估计,此次降准将释放超过1000亿流动性。二是容易引起商业银行的流动性不足。特别是一些超额准备金率较低的商业银行,一旦提高法定存款准备金率,必然会造成其流动性的缺乏,而影响商业银行业务活动的正常进行。因此,法定存款准备金政策的运用在一定程度上受到了限制,使法定存款准备金率处于相对稳定和不断降低的趋势。

二、再贴现政策

(一)再贴现政策的含义

再贴现政策是指中央银行通过调整再贴现率的办法,来影响商业银行的信贷规模,以达到调节货币供应量,实现货币政策目标的一种政策措施。再贴现政策是中央银行最先使用的、用于控制货币供应量的货币政策工具。它主要包括两方面的内容:一是制定和调整再贴现率,再贴现率是中央银行对商业银行及其他金融机构办理票据再贴现时使用的利率。中央银行根据市场资金供求状况以及国家宏观经济政策需要,随时调整再贴现率,以影响商业银行筹措资金的成本,来调节资金的需求,从而调节货币供应量。二是规定向中央银行申请再贴现的资格,即一方面规定再贴现的票据应具备的条件,以影响商业银行的资产运用;另一方面根据本国金融体系的特征,规定适合本国国情的再贴现的对象,以起到抑制或扶持的作用。通过对再贴现资格的规定影响商业银行及全社会的资金投向。

(二)再贴现政策的作用及其传导机制

再贴现政策的作用途径主要体现在三个方面:借款成本效应、结构调整效应和告示效应。

1. 借款成本效应

中央银行的再贴现率的变化,会影响商业银行等金融机构的准备金和资金成本,从而影响它们的贷款量和货币供应量。如中央银行提高再贴现率,商业银行从中央银行贴现窗口借款的成本将上升,就意味着中央银行限制商业银行通过再贴现来扩张信贷规模,使商业银行的准备金相应缩减,商业银行就只能收缩对客户的贷款或投资规模,从而减少了市场的货币供应量,随之市场利率也相应上升,社会对货币的需求也相应减少。反之,如果中央银行降低再贴现率,商业银行向中央银行借款或贴现的资金成本降低,意味着中央银行鼓励商业银行通过再贴现来扩张信贷规模,商业银行会增加对客户的贷款和投资规模,从而导致市场货币供应量增加,市场利率也相应地降低,社会对货币的需求也会相应增加。因此,中央银行通过调整再贴现率的调整来影响商业银行的借款成本,使其改变贷款和投资活动,从而影响市场的货币供应量。

2. 结构调整效应

中央银行通过再贴现政策不仅能够影响货币供应总量的变化,而且对调整商业银行的信贷结构,使之与产业结构相适应也具有一定的效果。一是规定再贴现票据的种类,决定何种票据具有再贴现资格,从而对不同用途的信贷加以支持或限制,促进经济发展中需要扶持的行业部门的发展;二是对不同的再贴现票据实行差别再贴现率,如中央银行对再贴现票据按国家政策进行分组,对各组票据制定不同的再贴现率,从而影响各种再贴现票据的再贴现数量,使货币供给结构与中央银行的政策意图相符合。

3. 告示效应

告示效应即中央银行调整再贴现率可以产生货币政策变动方向和力度的告示作用,为整个经济社会提供了一种货币政策的信息,从而影响社会公众的预期。例如,中央银行决定提高再贴现率,意味着中央银行将实行的是紧缩性的货币政策,反之,则意味着中央银行将实行一种扩张性的货币政策。而且,由于这种政策信号提前提供,使人们事先做好必要的准备或相应的反应,也有利于这种货币政策目标的顺利实现。

此外,再贴现政策还具有防止金融恐慌的作用。在发生金融危机的时候,再贴现政策往往是中央银行向银行系统提供准备金的一种相当有效的政策工具。通过再贴现可以使资金立刻被送到急需资金应付挤提的银行中去。在美国,几次大的金融危机和恐慌中,美联储都迅速利用再贴现工具防止恐慌的发生和蔓延。例如,1974年在拯救陷入困境的富兰克林国民银行和大陆伊利诺国民银行中,1987年在防止"黑色星期一"股市风潮可能引起的金融恐慌中,2001年的"9·11"恐怖事件中,美联储利用再贴现工具发挥了重要作用。2008年3月16日,为了拯救次贷危机中的美国经济,美联储紧急宣布将贴现率由3.5%下调至3.25%,打破了在三十多年以来不在周末公布改动某项关键利率的常规。

(三)再贴现政策的评价

1. 再贴现政策最大的优点

(1) 有利于中央银行利用它来履行最后贷款人的职责。利用再贴现政策可以提供整个银行系统流动性的"弹性"创造功能,有利于中央银行贯彻其政策意图,维持金融体系的稳定。

(2) 中央银行通过调整再贴现率可以影响商业银行的资金成本和超额存款准备金,从而改变其放款和投资活动。

(3) 再贴现政策对一国的经济影响比较缓和,可以配合其他货币政策工具,既可以达到货币政策目标,又可以避免引起经济的巨大波动,从而有利于一国经济的相对稳定。

2. 再贴现政策的局限性

(1) 中央银行处于被动的地位。因为,利用再贴现政策进行总量调控,主要是通过再贴现率来影响商业银行的借款成本,进而调节货币供应量。在商业银行有多种资金来源渠道的情况下,当再贴现利率提高时,商业银行可以减少或放弃对中央银行再贴现的需求;当降低再贴现利率时,如市场缺乏投资需求,商业银行也不会相应增加再贴现,这样中央银行紧缩或放松银根的目的将难以实现。由此可见,在再贴现政策实施过程中,主动权主要掌握在商业银行手中。

(2) 当中央银行把再贴现率定在一个特定水平上时,市场利率与再贴现率之间的差额将随市场利率的变化而发生较大的波动,它可能导致再贴现规模乃至货币供应量发生非政策意图的波动。

(3) 再贴现率的告示效应也是相对的,有时并不能准确反映中央银行货币政策的意图。

(4) 由于再贴现利率对市场利率具有指导作用,随时调整会引起市场利率的经常波动,从而影响商业银行的经营预期,甚至会导致商业银行无所适从。因此,再贴现率不宜经常变动。

(5) 具有顺应经济周期的特征。当经济处于繁荣时期,贷款的需求增大,迫使市场利率上升,导致市场利率与再贴现率之间的差额扩大,如果中央银行无法迅速调整再贴现率,阻止商业银行的再贴现套利行为,使得再贴现票据的金额上升,货币供给增加,进一步刺激经济的扩张;反之,当经济处于萧条时期,再贴现金额也呈下降趋势,货币供给减少,又进一步加深了萧条的影响。

(四) 中央银行调整再贴现率需要考虑的因素

再贴现率作为一个国家的基准利率,应该能比较准确地反映这个国家市场资金的供求状况和国民经济的运行情况。因此,中央银行在调整再贴现率时,必须要综合国民经济发展过程中的各种因素。主要包括下面几个方面:

1. 物价总水平

物价水平的变动,反映了一个国家市场货币流通量的变化。物价上涨,反映市场货币流通量超过了商品流通的需要,使总需求大于总供给。为此,中央银行可以提高再贴现率,来促使市场利率的提高,从而达到控制市场货币流通量的目的。当物价下降时正好相反,中央银行可以调低再贴现率。

2. 资金供求状况

利率是货币资金的价格,因此利率水平应该反映市场对资金的供求变化情况。中央银行的再贴现率有引导市场利率的作用,因此,中央银行调整再贴现率时,必须考虑市场资金供求状况。当市场资金供不应求时,中央银行可以通过提高再贴现率,使市场利率也随之上升,从而限制市场对资金的需求,达到稳定市场利率的目的。当市场资金供过于求时则反之。

3. 银行的资金成本

商业银行的利润主要来源于存贷款的利差,当商业银行的目标利润率确定后,随着商业银行资金成本的提高,中央银行再贴现利率也可以相应提高,以防止商业银行利用中央银行的再贴现进行套利。

4. 国家宏观经济政策

再贴现率作为国家宏观经济调节的重要杠杆,再贴现的调整和变化必须反映国民经济发展的要求,体现国家宏观经济政策的需要。当国民经济发展过快,经济出现过热现象时,国家宏观经济政策必须实行紧缩政策,中央银行可以通过提高再贴现率,来提高市场利率,从而压缩投资需求和消费需求,以实现国民经济的平稳发展。当国民经济发展缓慢甚至萧条时,中央银行应当实行宽松的货币政策,并相应降低再贴现率。

5. 国际金融市场利率水平

在开放经济的条件下,一国的利率水平,要受到国际金融市场利率水平的影响,当一个国家的利率水平高于国际利率水平时,为了避免国外资金的大量涌入,可以适当降低再贴现率,使市场利率也相应地下降。反之,则应调高再贴现率。

三、公开市场业务政策

(一) 公开市场业务政策的含义

公开市场业务政策是指中央银行在金融市场上买进或卖出有价证券(特别是政府短期债券或中央银行票据),以改变商业银行等金融机构的准备金,进而影响货币供应量和市场利率,实现货币政策目标的一种政策措施。这一货币政策工具是美国联邦储备体系在20世纪20年代发现并开始使用的。当时,美国联邦储备体系创建后,主要依靠再贴现政策作为货币政策工具,通过再贴现和对商业银行放款向银行体系注入基础货币。但是,20年代末的严重经济危机影响了再贴现和对商业银行的放款,影响了向商业银行体系注入基础货币。为了改变这一状况,美国联邦储备银行开始购买美国政府债券,通过这一操作,可以使得信用扩张和利率下降,这样一种新的货币政策工具就产生了。到目前为止,在一般性货币政策工具中,公开市场业务是西方发达国家采用最多的一种货币政策工具。弗里德曼甚至主张把公开市场业务作为唯一的货币政策工具。在他看来,其他货币政策工具所能做到的,公开市场业务都能做到。

(二) 公开市场业务的作用

公开市场业务通常具有下面三方面的作用。

1. 可以影响整个银行系统的基础货币和社会货币供应量

中央银行通过在公开市场上买进或卖出有价证券,可以直接增加或减少商业银行等金融机构的超额存款准备金,引起基础货币的增加或减少,从而影响商业银行等金融机构的贷款规模,并通过货币乘数作用,使货币供应量成倍地扩张或收缩。例如,中央银行向商业银行买进1000万元的政府短期债券,这使商业银行的资产结构发生了变化,商业银行原来持有的政府短期债券减少了1000万元,而在中央银行的存款(超额准备金)增加了1000万元,如果该商业银行原来持有的准备金已经足以保证存款的支付,则它增加的

1000万元准备金后,就可以全部用于发放贷款,从而使贷款增加1000万元,再通过整个银行体系的连锁反应,货币供应量将会成倍增加。

2. 影响市场利率水平和利率结构

中央银行在公开市场上买卖有价证券,不仅影响货币供应量的变化,也会影响市场利率水平和利率结构的变化。它主要是通过两个渠道来影响的:一是中央银行买卖有价证券时,会引起证券供求关系的变化,从而导致证券价格的变化,由于有价证券的价格一般与市场利率成反向的变动关系,因此,证券价格的变化,必然引起市场利率的相应变化。二是中央银行买卖有价证券时,会引起商业银行超额准备金数量的增加或减少,使商业银行的贷款规模相应地增加或减少,市场货币供应量成倍增加或减少,从而导致市场资金供求关系的相应变化,而引起市场利率水平的变化。同时,中央银行通过买卖不同期限结构的有价证券,可以直接改变市场对不同期限有价证券的供求关系,从而使市场利率结构发生相应变化。

3. 与其他货币政策工具配合使用可以提高货币政策的效果

例如,当中央银行准备实行扩张的货币政策而采取降低再贴现率时,如果商业银行没有足够的超额准备金用于增加贷款,使扩张性的货币政策难以奏效。这时,中央银行若以公开市场业务相配合,在金融市场上买进有价证券,则商业银行的超额准备金必然增加,从而使扩张性的货币政策目标得以实现。

(三) 公开市场业务的政策目标

中央银行从事公开市场业务操作的目的主要是调节和控制货币供应量,促进国民经济稳步健康的发展。但是,在国民经济发展的不同时期,宏观经济政策的要求不同,对货币的需求量也不尽相同。为了使市场货币供应量与经济发展的需要相适应,中央银行通过公开市场业务的操作,可以从两个方面实现货币政策目标。

1. 维持既定的货币政策目标,也称保卫防御性目标

当国民经济出现相对比较稳定的发展时期,这时需要保持货币政策的连续性和稳定性,保持货币供应量的相对稳定。但是,影响市场货币供应量的因素来自许多方面,而有些因素中央银行是难以直接控制的。因此,中央银行必须要预测这些因素的变化可能对市场货币供应量产生的影响,并在公开市场上通过及时、准确地短期回购操作来抵消其变化造成的影响,以保持市场货币供应量的稳定,实现既定的货币政策目标。

2. 实现货币政策目标的转变,也称主动性目标

当中央银行货币政策目标的方向和力度需要发生变化时,可以通过公开市场业务来实现其转变。在这一目标下,中央银行主要是通过连续、同向操作,买入或卖出有价证券,增加或减少商业银行的超额准备金总额和货币供应总量,达到实现扩张或收缩的货币政策目标。

(四) 公开市场业务的评价

1. 公开市场业务的特点

与其他货币政策工具相比,公开市场业务具有主动性、直接性、灵活性和可逆转性等四大特点,这四大特点实际上也体现了公开市场业务的优点。

(1) 主动性。公开市场业务可以按照中央银行的主动意愿进行操作。中央银行可以根据国民经济发展的需要明确地控制市场货币供应的数量，并根据金融市场的变化，适时地进行连续性的操作，受不确定的因素影响很小，中央银行始终处于操作的主动地位。

(2) 直接性。中央银行可以根据市场货币流通情况和商业银行资金流动性的状况，通过买卖政府债券等有价证券，使商业银行的超额准备金控制在既定的政策目标所要求的规模之内，即通过影响商业银行准备金从而直接影响货币供应量。

(3) 灵活性。公开市场业务可以灵活精巧地进行，根据宏观经济金融形势的变化要求，用较小的规模进行操作，就可以较为准确地达到政策目标的要求。不会像存款准备金那样，对经济产生过于猛烈的冲击。而且可以进行经常的、连续性的操作，具有较强的弹性，是中央银行进行日常性调节的较为理想的工具。

(4) 可逆转性。当中央银行在公开市场操作中，发现操作失误时，可立即逆向使用该工具，以纠正其错误，避免对市场造成不利影响与波动。而其他货币政策工具则不能迅速逆转。

2. 公开市场业务的缺点

公开市场业务作为一种货币政策工具，与其他货币政策工具一样，也有其缺点，主要表现在：

(1) 公开市场业务操作较为细致、技术性比较强，且随时发生和连续不断的操作，因此，其政策意图的告示作用较弱；

(2) 公开市场业务的操作需要有较为发达的有价证券市场、健全的证券交易立法和众多的可供选择的证券种类等前提条件来满足。如果市场发育程度不够，没有充足的交易工具，将会制约其作用的发挥。

(五) 公开市场业务操作的基本内容

1. 公开市场业务操作的主体

由于公开市场操作的目的是调节和控制市场货币供应量，因此，它只能集中于一个统一的货币市场上由中央银行总行来进行操作，具体实施是通过中央银行公开市场业务操作室来完成的。为了实现公开市场业务操作的目标，公开市场业务操作室必须根据中央银行货币政策意图和商业银行等金融机构的超额准备金状况，首先确定公开市场操作量并制定计划。

2. 公开市场操作的对象

中央银行的公开市场操作是与政府债券一级交易商进行的。一级交易商的选择是由中央银行在众多的证券交易商中按照一定的条件确定的。如我国1996年开始国债公开市场操作时，交易对象有14家，1997年增加为25家，2004年初，中国人民银行建立了公开市场一级交易商考评和调整机制。2014年2月14日中国人民银行确定并公布了2014年度公开市场业务一级交易商名单，共46家，主要包括各类商业银行、政策性银行、部分外资银行和证券公司等。选择的标准有：该金融机构的资本金充足；上一年的交易量名列前茅；信誉良好；经营管理能力较强等。

3. 公开市场操作的交易方式

公开市场操作的交易方式通常有两种：有价证券买卖（买断式交易）和回购。有价证券买卖是指交易双方以约定的价格转让债券所有权的交易行为，它具有长期性、主动性和进取性的特点。回购是交易双方进行的以债券为权利质押的一种短期资金融通的业务。具体地讲，回购是指资金融入方（正回购方）在将债券出售给资金融出方（逆回购方）融入资金的同时，双方约定在将来某一时期由正回购方按约定的回购利率计算的资金额向逆回购方返还资金，逆回购方向正回购方返还原出售债券的融资行为。回购的期限档次有：7天、14天、21天、28天、2个月、3个月和4个月共7种。其中7天和14天是央行使用较为频繁的品种。

4. 公开市场操作的券种

从我国目前中央银行公开市场操作的券种主要有国债、中央银行票据、政策性银行金融债券及中央银行指定的其他债券。2013年1月，立足于现有的货币政策操作框架并借鉴国际经验，中国人民银行创设了"短期流动性调节工具"，作为公开市场操作的必要补充。作为公开市场操作的券种必须具备两个条件：一是必须具有良好的信誉，能够在到期时保证还本付息；二是必须数额巨大，以至于中央银行买卖足以影响金融机构的准备金，从而达到调节货币供求的目的。

5. 公开市场操作方式

公开市场操作一般有长期性储备调节和临时性储备调节两种基本方式。前者是为改变商业银行等存款货币机构的储备水平而使用的，后者是为抵销其他因素的影响，维持商业银行等存款货币机构的储备水平而使用的。两者的特点及影响见表9-1。

表9-1 长期性储备调节和临时性储备调节的比较

公开市场操作		对储备的影响	特点
长期性操作	购入债券	长期性增加	1. 长期内储备调节 2. 单向性储备调节 3. 用于货币政策重大变化
	售出债券	长期性减少	
临时性操作	购入回购协议	临时性增加	1. 短期内储备调节 2. 双向性储备调节 3. 用于维持既定货币政策
	售出回购协议	临时性减少	

资料来源 王广谦：《中央银行学》，高等教育出版社。

6. 公开市场操作的过程

中央银行进行公开市场操作都是按照一定的程序进行的。以中国人民银行公开市场操作为例，其一般的操作过程是：

（1）招标。每次操作前，人民银行公开市场操作室需要公布五个方面的信息：回购的种类（正回购或逆回购）、回购债券的品种、回购的期限档次、回购的数量总额和回购的利率区间，向一级交易商招标。

目前人民银行每周操作两次。根据经济金融运行态势和银行体系流动性的状况，同时依据一级交易商的头寸报表，基本上根据对整个货币市场资金余缺的判断，提出操作计划。

招标包括数量招标和利率招标。数量招标适用于固定利率政府债券或中央银行票据的发行。利率招标按照确定中标利率方式不同又分为荷兰式招标和美国式招标两种。

（2）投标。一级交易商在规定的时间内向公开市场操作室投标。在同一交易日，每个交易商对公开市场操作室发布的每一个招标书的投标次数不得超过3次。

（3）定标。公开市场操作室根据公平、公正、公开的原则，确定各交易商的投标是否中标。公开市场操作室在该交易日向中标的一级交易商发出中标通知书，即成交确认书，它是买卖双方确认交易条款的法律依据。

（4）交割。交易双方必须在次日（遇节假日顺延）进行清算和交割。

以上分别介绍了中央银行三大货币政策工具的运作，在现实生活中，由于经济和金融活动错综复杂，各国中央银行在实施货币政策的过程中，更多地是三大货币政策工具配合使用，以达到最佳效果。例如，当宏观经济紧缩时，中央银行在降低再贴现利率的同时，配合降低法定存款准备金比率和从公开市场购入有价证券等措施，三管齐下达到放松银根、扩张经济的目的。

专栏9-1　中国人民银行灵活开展公开市场操作

灵活开展公开市场双向操作，合理调节流动性水平。中国人民银行加强对银行体系流动性供求影响因素和市场环境的分析监测，根据各阶段流动性供求特点合理把握公开市场操作方向、力度和节奏，搭配使用短期流动性调节工具（SLO）适时适度进行流动性双向调节，实现了银行体系流动性的平稳运行。针对春节前后现金大量投放回笼的季节性特征，适时优化公开市场操作期限品种，充分发挥公开市场操作的预调和微调作用。春节前合理安排21天期以内逆回购操作，有效应对季节性因素引起的短期流动性波动；春节后视现金回笼情况开展14天期和28天期正回购操作，促进银行体系流动性供求的适度均衡。第一季度累计开展逆回购操作5250亿元，开展正回购操作8700亿元，开展SLO操作1000亿元。

保持公开市场操作利率基本稳定，有效引导市场预期。在外部环境复杂多变的情况下，加强对市场利率走势的分析监测，保持公开市场操作利率基本稳定，有效引导市场预期，促进货币市场利率平稳运行。3月末，14天期正回购操作利率为3.8%，28天期正回购操作利率为4.0%。

资料来源：《2014年第一季度中国货币政策执行报告》。

第二节　选择性货币政策工具

所谓选择性货币政策工具，是指中央银行针对某些特殊的经济领域或特殊用途的信贷而采用的货币政策工具，是一般性货币政策工具的必要补充。但与一般性货币政策工具不同，选择性货币政策工具通常可以在不影响货币供应总量的条件下，通过影响商业银行体系的资金投向和不同的贷款利率来发挥作用。在这类货币政策工具中,主要有:消费者信用控制、证券市场信用控制和不动产信用控制等。

一、消费者信用控制

消费者信用控制是指中央银行对消费者购买不动产以外的耐用消费品所规定的信用规模和期限等方面的管理措施,它是中央银行为控制耐用消费品的有效需求而设立的,其目的在于影响消费者对耐用消费品的有支付能力的需求。

随着人们收入水平的提高和现代科学技术的发展,人们对耐用消费品的需求也在不断地增加,在国内生产总值中的比重也在不断提高。因此,它的变动越来越成为影响国民经济波动的一个重要因素。对耐用消费品需求影响较大的是消费信用,因此,中央银行通过加强对消费者信用的管理与控制,会影响到消费者对耐用消费品的需求,进而影响社会总需求和国民经济的运行。

消费者信用控制的管理措施主要有:①规定首期付款的最低金额。②规定消费者信用的最长期限。③规定适用于消费者信用的耐用消费品的种类。④对不同耐用消费品规定不同的放款期限等。当市场出现需求过旺,消费膨胀时,中央银行可以采取提高首期付款的金额,缩短消费信贷的期限,从而提高每期还款的金额,限制使用消费信贷的耐用消费品种类等措施,从而限制消费信贷的规模,能起到抑制消费需求和物价上涨的作用;反之,在经济衰退、消费萎缩时期,中央银行可以减少甚至取消消费者信用限制措施,以提高消费者对耐用消费品的购买能力,起到刺激消费需求的作用,进而有利于促进经济的增长。

当然,中央银行利用消费者信用控制措施来实现其货币政策目标的效果,会受到许多现实因素的影响和制约,特别是当中央银行采取限制性措施来降低对耐用消费品的需求时,情况更是这样。同时,这一政策工具也要求中央银行有较强的监督管理能力。中央银行要对所有的消费者信用进行控制和管理是非常困难的。而且,提供消费信贷的厂商为了促进商品销售,并不愿意执行中央银行消费者信用限制措施,作为消费者是消费信用的受惠者,也不愿意遵循中央银行较严格的消费信用管理规定。这些因素都会影响到这一政策工具效力的发挥。

二、证券市场信用控制

证券市场信用控制是指中央银行为了活跃证券市场的交易活动,通过规定证券交易方式的保证金,控制信贷资金流入证券市场的规模,进而平抑证券市场的供求,实现对证券市场进行调控的管理措施。它是美国在20世纪30年代大萧条中对证券市场进行调控的产物,此后便作为一种货币政策工具一直加以使用。

中央银行规定证券交易保证金限额的目的有两个:一是为了控制信贷资金流入证券市场的数量,从而控制对有价证券的需求,达到稳定证券市场价格的目的。例如,当规定保证金的比例为20%时,交易者只需提供20万元的资金,就可通过贷款获取80万元的资金,来完成100万元的交易;若将保证金比例提高到50%,这时交易者必须筹集50万元的资金,贷款融资提供50万元,才能完成100万元的交易,如交易者只有20万元的资金,他只能通过贷款融资20万元,这样仅完成40万元的交易。因此,通过提高保证金比例,限制融资比例,控制最高贷款额度,从而可以抑制对有价证券的需求,有利于限制有价证券的投机活动。反之,通过降低保证金的比例,则有利于促进证券市场的繁荣。二是为了调节信贷供给结构。当中央银行调整证券交易保证金的比例,就可以影响信贷资金在生产领域、流通领域和证券市场的比例结构。如中央银行提高保证金的比例,那么信贷资金流入证券市场的数量就相应地减少,商业银行就可以将较多的信贷资金投入到生产和流通领域,从而促进国民经济的发展。

20世纪90年代以来,我国证券市场也曾出现过大量的信贷资金流入股票市场、债券市场和期货市场,导致了证券市场过热,出现金融资产泡沫的不正常的运行状况。为了解决这一问题,我国实行了证券业和银行业分业经营的管理体制,有效地抑制了信贷资金进入股票市场,限制证券经纪公司向客户透支炒股等,这对于稳定我国金融市场,抑制金融泡沫,避免金融危机发挥了重要的作用。但是,随着我国金融市场的对外开放,这种分业经营的格局终将被打破,因此,中央银行必须要研究我国证券市场发展的特点,制定适合我国证券市场发展要求的证券市场信用控制的管理办法和措施,以促进我国证券市场和金融业的健康稳定的发展。

三、不动产信用控制

不动产信用控制是指中央银行对商业银行等金融机构办理不动产抵押贷款的管理措施。这一管理措施最早出现在美国,在第二次世界大战和朝鲜战争期间,为了确保经济资源的合理利用,特设置了W规则限制消费信用和X规则限制不动产信用。

不动产信用控制的内容主要包括:规定贷款的最高限额、规定贷款的最长期限、规定贷款利率的标准和规定第一次付现的最低金额等四个方面。同时,对房地产开发公司申请不动产抵押贷款也做出了明确的规定和要求。采取这些措施的目的主要在于限制房地产投机,抑制房地产泡沫。例如,当中央银行降低贷款的最高限额,或缩短贷款的最长期限,或提高贷款利率,或提高第一次付现的最低金额,这必然会增加购房者自筹资金的数量,加大了还款的压力,从而在一定程度上限制了对房地产的需求,以达到平抑房地产价格、调节和控制房地产发展的目的。

我国在20世纪90年代初,出现过房地产过热的现象,各行各业、各种资金大量流向房地产进行投机,形成了房地产泡沫经济。为此,国家采取了一系列措施限制信贷资金过度流向房地产业,从而有效地抑制了房地产泡沫经济的进一步恶化,稳定了国民经济,也避免了金融危机的爆发。到了90年代后期,为了有效地扩大内需,刺激经济增长,消除亚洲金融危机和世界经济衰退的不利影响,国家又通过放开房地产信贷的限制,特别是住房信贷的限制,既配合了住房分配货币化改革的需要,又推动了住房消费和房地产业的发展,为我国的经济逐步走出通货紧缩的阴影起到了一定的促进作用。进入21世纪以来,为了进一步落实房地产信贷政策,防范金融风险,促进房地产金融健康发展,中国人民银行于2003年6月5日下发了《关于进一步加强房地产信贷业务管理的通知》(银发[2003]

121号）。这对制止我国房地产发展过快,稳定金融,促进国民经济健康较快发展起到了积极的作用。而且,近年来中国人民银行在房地产调控政策方面一直发挥着重要的指导作用。

四、优惠利率

优惠利率是指中央银行对国家重点发展的经济部门或产业、产品规定较低的利率所采取的鼓励措施。这种优惠利率不仅在发展中国家被经常使用,即使在发达国家也普遍采用。

优惠利率主要是配合国家产业政策的调整而使用的一项政策措施。例如,对国家急需发展的基础产业、能源产业、新技术、新材料的生产、出口创汇企业和产品的生产、农业生产等,通过制定较低的利率,提供资金方面的支持,以鼓励其发展,从而有利于国民经济产业结构和产品结构的调整和升级换代。

实行优惠利率有两种方式:一是中央银行对这些需要重点扶持发展的行业、企业和产品规定较低的贷款利率,由商业银行具体执行;二是中央银行对这些行业和企业的票据规定较低的再贴现率,引导商业银行的资金投向这些行业和企业。

五、预缴进口保证金

预缴进口保证金类似证券保证金的做法,即中央银行要求进口商预缴相当于进口额一定比例的存款,以抑制进口的过快增长。这类措施多为国际收支经常出现赤字的国家使用。

第三节 其他货币政策工具

除了选择性货币政策工具外,还可以根据一国的具体情况和不同时期的不同需要,运用一些其他的货币政策工具来干预和调节国民经济。这类货币政策工具很多,既有直接的信用控制,也有间接的信用指导。

一、直接信用控制

当上述的货币政策工具不能有效地发挥作用时,或者在特定的经济条件下,中央银行就可以采取直接信用控制措施。所谓直接信用控制,是指中央银行以行政命令等方式对金融机构尤其是商业银行的信用活动进行直接控制。其手段包括:利率上限、信用配额管理、流动性比率和直接干预等。

（一）利率上限

利率上限一般是指以法律的形式规定商业银行和其他金融机构存贷款利率的最高水平,是最常用的直接信用管制工具。例如美国在1980年以前曾长期实行Q条例和M条例,条例的主要内容就是规定不准对活期存款支付利息,定期存款和储蓄存款的利率不准超过规定的最高利率水平等。当时实行Q条例和M条例的主要目的就是为了防止商业银行之间通过提高利率的办法来竞相争夺存款并进行高风险的贷款,以限制金融业内部的过度竞争,保证金融机构的稳健经营。但是,利率上限的实施,限制了存款的自由流动,破坏了金融市场的运行机制,损害了金融市场的运行效率,并会造成存款流出金融机构的"脱媒"现象。同时,如果过多地通过设定利率上限来人为地压低利率水平,会导致金融抑制。因此,中央银行将利率上限作为货币政策工具来使用时,必须要看到它的正面作用和负面影响。而且,随着各国相继实行利率市场化改革,这种货币政策工具的运用将会越来越少。

在我国,随着金融体制改革的逐步深化,利率市场化改革也在不断地推进,中国人民银行对利率的管制逐步放松。我国目前的利率有3个层次:第一层次是中央银行基准利率,即中国人民银行对金融机构的存贷款利率;第二层次是金融机构的法定存款和贷款利率;第三层次是金融市场利率,主要是银行间同业拆借利率。与此同时,中国人民银行也逐步放宽了金融机构存贷款利率浮动的幅度。2013年7月20日,中国人民银行全面放开金融机构贷款利率管制,取消金融机构贷款利率0.7倍的下限,由金融机构根据商业原则自主确定贷款利率水平,从而向利率市场化改革又迈出了一步。

(二)信用配额管理

信用配额管理是指中央银行根据金融市场资金供求状况和客观经济需要对商业银行等金融机构的信用规模进行合理的分配和必要的限制,从而实现对整个信用规模的控制。信用配额管理是一种计划控制手段,在大多数发展中国家,由于资金供应紧张,出现供不应求的状况,经常采用信用配额管理的方法来分配有限的信贷资金。同时,当商业银行的信用扩张,而中央银行利用市场机制的作用无法达到目的时,也会采用这一管理形式。我国直到1998年1月1日,中国人民银行才取消对国有商业银行的贷款规模限额控制。

(三)流动性比率管理

为了限制商业银行等金融机构的信用扩张,中央银行通过规定商业银行等金融机构的流动性资产在其全部资产中所占的比重来达到其目的。规定的流动性资产比率越高,则会增加商业银行短期资产的运用,而限制商业银行长期贷款和投资,因而可以起到限制商业银行信用扩张的作用。同时,提高流动性资产的比率,可以降低商业银行的经营风险。由于资产的流动性与盈利性是一对矛盾,规定过高的流动性比率,必然会影响到商业银行的盈利能力,从而不利于商业银行的经营。

(四)直接干预

直接干预是指中央银行直接对商业银行等金融机构的业务范围、信贷政策、信贷规模等信贷业务进行干预。

(五)特种存款

特种存款是指中央银行为了控制商业银行等金融机构利用过剩的超额准备金扩张信用,而采用行政手段要求商业银行等金融机构按照一定比例将超额准备金的一部分缴存中央银行的措施。中央银行利用特种存款的目的主要有三个:

(1) 银行体系存在过多的超额准备金,但由于诸多原因无法采用提高法定存款准备金比率的办法,便利用特种存款冻结商业银行多余的超额准备金。如英格兰银行在1960年曾实行过这一办法,要求英格兰境内的银行按存款的2%,苏格兰境内的银行按存款的1%缴存特种存款。

(2) 由于存款分布不均衡,超额准备金在银行之间出现过剩与不足并存,当市场机制无法有效调节准备金余缺时,中央银行可以利用特种存款冻结多余的准备金。

(3) 中央银行可以利用特种存款防止高利率过度扩张存款的竞争。对超过规定标准的存款,要求银行缴存特种存款,利用特种存款的低息或无息以起到惩罚的作用。

二、间接信用指导

间接信用指导是指中央银行通过道义劝说和窗口指导等办法间接影响商业银行等金融机构的信用创造。

(一) 道义劝说

道义劝说是指中央银行利用其在金融体系中的特殊地位和威望,通过对商业银行和其他金融机构发布通告、指示或与其负责人进行面谈等方式,交流信息,解释政策意图,来影响商业银行和其他金融机构放款的数量和投资的方向,从而达到控制信用的目的。这种办法在西欧国家使用得比较多,我国也较多地采用。道义劝说尽管在法律上对商业银行和其他金融机构没有约束力,但由于中央银行的特殊地位和特殊影响,其效果往往是非常明显的。

(二) 窗口指导

窗口指导是中央银行根据产业行情、物价趋势和金融市场动向,规定商业银行的贷款重点投向和贷款变动数量等,并"指导"执行。如果商业银行不执行"指导",中央银行可以采取相应的措施给予制裁。窗口指导曾一度是日本银行货币政策的主要工具。其内容主要是根据产业政策、物价走势、金融市场动向、货币政策的要求及上一年度同期贷款的情况,规定各民间城市金融机构每季度贷款的增减额,并以指导的方式要求其遵照执行。如果民间金融机构不按规定的增减额对产业部门的贷款,则日本银行可削减对该金融机构的贷款额度,甚至采取停止提供信用等制裁措施。我国在取消贷款规模控制后,更加注重窗口指导的作用。如在1998年颁发了产业投资指导政策,以指导商业银行的贷款方向。

间接信用指导的优点是比较灵活,可以根据需要随时运用,并且节省费用。但因缺乏法律约束力,因此,其作用的发挥,主要取决于中央银行在金融体系中的地位和威信以及控制信用的足够的法律权力和手段。

专栏9-2 多措并举促进信贷结构优化

中国人民银行认真贯彻中央经济工作会议和国务院关于金融支持实体经济发展指导意见的有关精神,继续发挥再贷款、再贴现、存款准备金率在引导信贷结构优化方面的作用,加强货币信贷政策与产业、区域等政策的协调配合,提高金融服务实体经济的水平。

有效发挥信贷政策支持再贷款的引导作用,支持金融机构扩大"三农"和小微企业信贷投放。中国人民银行于2014年初新设信贷政策支持再贷款,包括支农再贷款和支小再贷款,通过优惠利率降低实体经济融资成本,缓解"三农"、小微企业的"融资难、融资贵"问题。2014年以来,累计下达信贷政策支持再贷款额度1000亿元,其中支农再贷款额度500亿元、支小再贷款额度500亿元。

积极丰富信贷政策操作手段,引导金融机构优化信贷结构。鼓励金融机构利用现代信息和管理技术,创新金融产品和服务,创新经营和考核机制,着力支持符合政策导向的重点领域和薄弱环节。加大对家庭农场等新型农业经营主体的金融支持力度。进一步发展消费金融。全面做好扶贫开发金融服务工作。继续完善民生金融和区域经济协调发展的金融服务工作。加大对有市场发展前景的先进制造业、战略性新兴产业、现代信息技术产业和信息消费、劳动密集型产业、服务业、传统产业改造升级以及绿色环保等领域的资金支持力度。保证在建续建工程和项目的合理资金需求,积极支持铁路等重大基础设施、城市基础设施、棚户区改造等民生工程建设。严格控制对"两高一剩"行业的贷款,支持对整合过剩产能的企业定向开展并购贷款,促进产能过剩矛盾化解。扎实推进扩大信贷资产证券化试点,发挥其盘活存量信贷资产的作用。

信贷结构进一步优化,服务业中长期贷款增速回升,产能过剩行业中长期贷款增速回落,小微企业和"三农"信贷支持力度较大。3月末,服务业(第三产业剔除基础设施和房地产业)中长期贷款余额为3.74万亿元,同比增长15.6%,增速较上年末回升1.9个百分点。其中,文化产业中长期贷款余额为1698亿元,同比增长39.3%。产能过剩行业中长期贷款余额2.08万亿元,同比增长6.0%,增速较上年末回落1.5个百分点。3月末,小微企业人民币贷款同比增长16.3%,比各项贷款增速高2.4个百分点。本外币涉农贷款同比增长17.7%,比各项贷款增速高4.0个百分点。

————————

资料来源:《2014年第一季度中国货币政策执行报告》

【思考与应用】

1. 试分析一般性货币政策工具与选择性货币政策工具的主要区别。
2. 试比较各种货币政策工具的优点和缺陷。
3. 请分析中央银行调整再贴现率需考虑的经济因素。
4. 你认为怎样合理搭配各种货币政策工具才能更好地发挥各自的作用?
5. 请结合我国近几年来在运用货币政策工具中的实践,你认为有哪些变化?如何认识这些变化?
6. 材料分析题:

2004年12月28日,我国中央银行又在其中央银行票据发行史上留下了浓墨重彩的一笔。

这一天,中央银行贴现发行了2004年第102期、第103期中央银行票据,最高发行总量400亿元。两期中央银行票据均为1年期,各发行200亿元。其中第103期中央银行票据缴款日和起息日均为2005年2月21日,距发行日50余天,是历史上首次带有远期性质的中央银行票据。

此前的2004年12月9日,中央银行在公开市场首度发行了3年期中央银行票据,创下了中央银行票据的最长期限。

不仅中央银行票据频频创新,到2004年末,中央银行票据发行量也冲破万亿元大关。

问题：

(1) 央行票据属于哪一类货币政策工具？对宏观经济有何影响？

(2) 作为中央银行的一种货币政策工具，中央银行票据出现如此多的变化，请结合所学知识，谈谈你的认识。

第十章　货币政策的传导机制与效应

【本章提要】

中央银行实施货币政策的目的是通过操作货币政策工具最终达到实现既定的货币政策目标。尽管不同国家,或者同一国家不同时期的货币政策最终目标的选择可能各有侧重,但从货币政策的操作到货币政策最终目标的实现是一个相当长的作用过程,因此普遍存在一个货币政策传导机制的问题。西方经济学中各个宏观经济学派对于货币政策的传导机制都有一定的研究论述,其中影响比较大的主要是凯恩斯学派的传导机制理论和货币学派的传导机制理论。货币政策效应,是指货币政策操作通过货币政策传导机制的作用,实现最终目标所取得的效果。影响货币政策效应的因素有很多,衡量某种货币政策的效应,一是看效应发挥的快慢;二是看发挥效力的大小。与此同时,了解西方各学派对货币政策总体效应评价的演变,对于我们科学地衡量货币政策效应具有重要的提示作用。

【基本概念】

货币政策传导机制　货币政策效应　货币政策的时滞　内部时滞　外部时滞　认识时滞　行动时滞　操作时滞　市场时滞　货币政策的数量效应　政治性经济周期

第一节　货币政策的传导机制

货币政策的传导机制机制是指中央银行运用货币政策工具影响中介指标,进而最终实现既定政策目标的传导途径与作用机制。由于从操作货币政策工具到最终实现既定的货币政策目标是一个相当长的作用过程,货币政策工具的运用不可能直接作用于最终目标,而必须借助于货币政策中介目标。因此,有关货币政策传导机制的理论也有助于我们进一步理解货币政策中介目标的选择。

一、西方货币政策传导机制理论

就是所谓货币政策的传导机制。对货币政策传导机制的分析,在西方主要分成凯恩斯学派的传导机制理论和货币学派的传导机制理论。前者强调利率在货币政策传导机制中起主导作用,而后者则认为货币供给量起主导作用。此外,还有汇率传导机制理论、信用传导机制理论、非货币资产价格传导机制理论等。

（一）凯恩斯学派的货币政策传导机制理论

这种理论最初是就货币市场对商品市场的影响进行分析的，被称为局部均衡分析。其基本思路是：通过货币供给量 Ms 的增减影响利率 r，利率的变化则通过资本边际效益的影响使投资 I 以乘数方式增减，而投资的增减会进一步影响总支出 E 和总收入 Y。这种传递过程如图 10-1 所示：

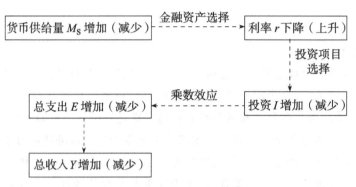

图 10-1　凯恩斯学派货币政策传导过程

在上述传导过程中，利率变动起着最关键的作用：货币供给量的调整首先影响利率的升降，然后才使投资乃至总支出发生变化。因此，当货币供给量增加以后，利率是否随之降低以及降低程度多大，这些都决定了货币政策是否有效以及作用程度大小。如果货币供给量增加，而利率已无法再降低，即存在凯恩斯陷阱时（即 LM 曲线水平区域），货币政策无效（见图 10-2）。

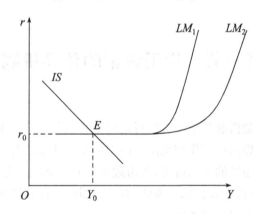

图 10-2　存在凯恩斯陷阱时扩张性货币政策效果

上述的局部均衡分析并未反映货币市场和商品市场之间的循环往复的作用。考虑到两者之间的相互作用，遂有进一步的分析，凯恩斯学派称之为一般均衡分析。其分析过程如下：

（1）假定货币供给量增加，如果产出水平不变，利率会相应下降；下降的利率会刺激投资增加，投资的增加通过投资乘数的作用会引起总产出的增加，于是总收入也相应增加。

(2) 由于产出量的增加,收入的增加,提出了较原来更多的货币需求;在没有新的货币供给投入的情况下,货币需求的增加又会引起下降的利率回升。这是商品市场对货币市场的作用(见图10-3)。

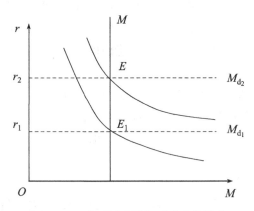

图10-3 货币需求增加对利率的影响

(3) 利率的回升,又会使投资减弱,使总需求减少,产量下降,收入减少;由于收入减少,货币需求下降,利率又会回落,这是一个循环往复的过程。

(4) 上述过程使货币市场供求和商品市场供求同时满足均衡的要求,即最终达到一个均衡点。在这个均衡点上,可能利率较原来的均衡水平低,而产出量较原来的均衡水平高。

当然,在现实经济生活中,货币政策的传导过程比上述分析可能复杂得多,新的问题也在不断出现,因此,凯恩斯学派的传导机制理论也在不断增添新的内容。

(二) 货币学派的货币政策传导机制理论

货币学派关于货币政策传导机制的理论和凯恩斯学派存在分歧。货币学派认为,在货币政策传导机制中,起主导作用的是货币供应量,而不是利率。货币供应量的变动将直接影响收入的变动。其货币政策的传导机制如图10-4所示。

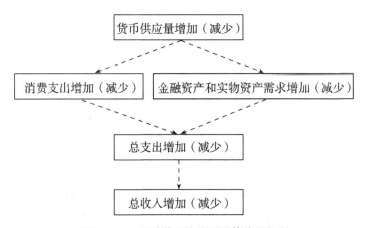

图10-4 货币学派的货币政策传导机制

图 10-4 表示，货币供应量增加，表现在两方面：一方面作为外生变量的货币供给增加，由于货币需求并不改变，公众手持货币量会超过他们所愿意持有的货币量，从而直接引起消费支出增加，使总支出增加，进而总收入增加；另一方面是人们也可能将增加的货币转向购买价格尚未上涨的金融资产和实物资产，资产需求的增加引起资产价格的上升，必然使生产者增加生产，从而增加名义收入。结果是增加的货币供给被由此引起的增加的货币需求所吸收，利率不发生变化。因此，货币供给的变动不是通过利率间接地影响支出和收入，而是通过货币实际余额直接作用于实际资产，引起支出和收入的变化，这就是说，在货币政策的传导机制中，货币供应量是最重要的传导媒介。当然，货币主义者认为货币供应量的变化对实际产量和价格的影响在短期内均可能发生，但就长期而言，则只会影响物价水平。这也体现了货币学派与凯恩斯学派的政策主张的不同。

（三）其他货币政策传导机制理论

① 汇率传导机制理论

汇率是现代开放经济中的重要宏观经济变量，货币政策对于货币汇率有重要的影响，关于货币政策的汇率传导机制的理论主要包括利率平价理论、购买力平价理论和蒙代尔—弗莱明模型等。货币政策的汇率传导机制的基本途径可表示为：

货币供应量 Ms↑→实际利率 r↓→汇率 e↓→净出口 NX↑→总产出 Y↑

② 信用传导机制理论

1942 年，经济学家威廉姆斯提了贷款人信用可能性学说，这是最早有关货币政策信用传导机制的理论，20 世纪 80 年代以后，伯南克则在此理论基础上进一步提出了银行借贷渠道和资产负债渠道两种理论，并得出货币政策传递过程中即使利率没发生变化，货币政策也会通过信用途径影响国民经济。这一信用传导机制的基本途径可表示为：

货币供应量 Ms↑→贷款供给 L↑→投资 I↑→总产出 Y↑

③ 非货币资产价格传导机制理论

托宾的 Q 理论与莫迪利亚尼的生命周期理论，提出了货币政策的非货币资产价格传递机制，这一理论主要强调资产相对价格与真实经济之间的关系，认为货币供应量的变动间接引发的资产价格变动在货币政策传导中起到了至关重要的作用，其基本途径可表示为：

货币供应量 Ms↑→实际利率 r↓→资产价格 P↑→投资 I↑→总产出 Y↑

专栏 10-1　数量型工具的现实困境

回顾中国货币政策传导体系的演变，不难发现这样的过程，过去货币政策传导从中央银行→金融机构→企业，自 1990 年代以后，金融宏观调控方式逐步转化，货币市场进一步发展，从中央银行→货币市场→金融机构→企业的货币政策传导体系逐渐形成。

"但在中国这样一个市场化不高、间接融资占主导的国家，央行在分离了银行监管职能后，货币政策传导不畅的问题随之出现。失去了对银行信贷——这条中国货币政策最为重要的传导途径的直接监管职能后，货币政策传导的链条在无形中被拉长了，也就是说，原本可以直接控制的信贷数量和投向，现在必须要通过货币市场的操作来间接影响，其效力自然大打折扣。"社科院金融研究所曾刚博士认为央行失去了一个原本运用自如的工具，短期内难免会陷入捉襟见肘的窘境。

"作为银行监管机构的银监会,与中央银行所关注的问题以及相应的政策指向往往不同。对中央银行而言,保持货币价值的稳定,为宏观经济运行创造一个平稳的外部环境,是其最主要的目标。但对银行监管当局来说,确保银行业机构的合法、稳健运行,维护市场竞争的公平,并进而保护所有存款者的利益,才是其职责所在。此时,央行与银监会之间的政策冲突和协调问题开始凸现了出来。"曾刚指出,在具体的操作中,两个职能部门会因为短期关注的问题不同,在政策方面出现一些冲突,这些冲突常常会给金融体系的稳定运行带来难以意料的冲击。

从2003年的情况来看,面对银行贷款数量的飞速扩张,央行先是创造性地采用了发行央行票据的方法来回笼货币。本以为可以一劳永逸地解决问题,没想到短短两个月后,货币市场利率再次掉头向下,并一路走低。不得已之下,央行又在2004年4月两次提高存款准备金率并推出了差别准备金率政策。在不到半年的时间中,两度调整存款准备金率,这在各国的货币政策实践中都是相当少见的。

紧缩性政策最后的实现,实际上还是靠银监会起到作用的。就此,曾刚认为,如何加强货币政策当局与银行监管部门之间的政策协调,是未来几年中制定和执行货币政策所必须重视的一个问题。

资料来源:《全球经济观察》,2005。

二、我国的货币政策传导机制

任何一项货币政策作用的发挥,都离不开货币政策传导机制。工业化国家货币政策的传导机制通常都是以市场化利率为前提,以相对完善的资本市场与货币市场为基础,并且借助于各个金融市场之间金融产品的价格的协调变化,使得不同市场中的资金流、信息流可以顺畅地融合在一起。我国正处于金融体制变革时期,货币政策传导机制问题的研究也将是一个在改革中不断探索完善的过程。我国的货币政策传导机制主要是依靠信贷和利率途径,与此同时,证券市场和外汇市场在货币政策传导机制中的作用也显得日益重要。

在我国,信贷市场是货币政策传导的主要渠道。我国的金融体系是典型的银行主导型金融体系,银行贷款仍然是企业最主要的资金来源。我们也曾长期将借贷规模既作为货币政策操作工具,又作为中介目标。到1998年,中央银行取消了实行近五十年的贷款规模限制,标志着我国货币政策当局认识到信贷规模这一货币操作工具的局限性,信贷规模控制工具利率在我国货币政策传导机制中也发挥了积极的作用。近年来,我国货币当局使用利率政策相当频繁,自1996年以来,中央银行曾连续9次降息,可以说是实行一种低利率政策。应该说,利率下调使多方受益:据统计前8次降息,共减少企业利息支出约3000亿元;存贷款利差的逐步扩大,也使商业银行等金融机构成为受益者;而政策性银行的债券筹资成本也大大降低,这些都在一定程度上促进了经济增长。利率下调同时也促进了储蓄分流,支持了资本市场发展。2004年开始的宏观调控曾一次调高利率,一次取消商业银行个人住房贷款的优惠利率,也使宏观调控取得了较好的效果。但我们也应看到,利率在我国货币政策中的作用有限,如1996年到2002年,尽管名义利率屡次下调,但居民的消费热与企业的投资热并未出现;2004年的宏观调控的效果也并非主要主要依靠利率的调节。2008年,我国股市大盘出现大幅下跌,央行在几个月内多次出台降息政策提振市场,也收效甚微出现这种现象的原因主要是因为我国利率弹性较小,使其优化资金配置功能和经济调节功能未能很好地发挥出来。有分析表明,我国固定资产投资的变化与贷款利率之间只表现出一种弱相关性。而我国证券市场经过 10 多年的发展,虽然已初具规模,但市场化程度不高,流动性较差,利率信号的可信度有待提高,外汇市场的发展也受到一定的制约。这些障碍使货币政策传导机制并不顺畅,抑制了货币政策的有效性的发挥。

从外部因素来看,2001 年加入世界贸易组织后,随着我国金融市场与国际金融市场联系的不断加深,我国经济日益面临国际化及自由化的挑战,其运行模式将会发生重大变化,这些均对我国货币政策传导机制产生深刻的影响。一方面,金融机构的多元化的差异性日益增强,货币政策传导将更趋于复杂化。另一方面,多元化和金融机构相应地产生出不同的供给和需求,使金融市场成为一个真正的市场,货币政策变化引发的资产结构调整能够迅速完成并有效传导到国民经济的各个方面,增加了传导渠道,缩短了传导时滞。总之,中国货币政策的传导将在更加不确定的经济金融环境中进行,不可避免的要接受诸多挑战,因此分析中国货币政策传导机制愈发显得重要。但总体来看,我国信贷市场传导货币政策的效率并不高,表现在贷款的使用效率不高,流失严重,商业银行超额准备较多,商业银行贷款明显倾向于少数优势行业、大型企业和大城市等等,在一定程度上扭曲了中央银行货币政策的意图,阻碍了货币政策的传导,使货币政策的效应在一定程度上打了折扣。

第二节 货币政策效应

货币政策效应,就是指货币政策操作通过货币政策的传导机制作用于总支出,最后实现既定目标所取得的效果。总的来说,衡量货币政策的效应,一是看效应发挥的快慢;二是看发挥效力的大小。由于影响货币政策效应的因素很多,除了经济因素外,社会、政治、心理等等非经济因素也在起着重要作用。因此,要科学准确地衡量某一货币政策的效应,必须对各种影响因素综合进行分析,才能避免有失偏颇。

一、西方对货币政策总体效应评价理论的演变

作为宏观经济政策重要组成部分的货币政策,不同学派对其总体效应的评价也一直是众说纷纭。

古典宏观经济学派假设货币只是价值尺度和交易媒介,只是一层"面纱",在宏观上只是决定价格水平的高低:价格水平随货币数量的增加而提高,随货币数量的减少而下降,货币供给量的增减对实际产出等实际经济变量没有实质性的影响,仅仅会使价格水平发生波动。因此,古典宏观经济学派的政策主张是政府不要干预经济,即意味着货币政策完全无效。

从1929年开始,资本主义世界爆发了空前的经济危机,整个经济倒退回了第一次世界大战前的水平,经济处于混乱之中,传统经济学的"自动实现充分就业均衡"的理论遇到了挑战。凯恩斯发表了他的巨著《就业、利息和货币通论》,宣称在资本主义的自由竞争下,由于有效需求不足,并不能保证自动实现充分就业的均衡,因此,资本主义国家必须执行干预经济的政策,即宏观财政政策和宏观货币政策。就宏观货币政策而言,其理论基础为:在经济萧条时期,采取增加货币供给量的扩张性货币政策,可使利率降低,而低利率既能刺激消费,又能刺激投资,从而促进经济的增长,反之亦然。但是货币政策可能受到流动性陷阱的制约,当经济极度萧条时,利率已经降到极限,增加货币供给无法再降低利率,也就无法扩大投资和产出,货币政策此时无效。

凯恩斯主义在第二次世界大战之后有了进一步的发展。新古典综合派将失业和通货膨胀具有替代关系的菲利普斯曲线吸收进来,说明货币政策可以通过工资—价格机制作用于总支出。物价上涨时期,经济繁荣,失业率下降,而经济衰退或萧条时期,物价下跌,失业率较高,因此货币当局可以通过增加货币供给量,以较高的通货膨胀率换取较低的失业率和较高的产出量。

但是到了20世纪70年代,"滞胀"——即经济停滞和失业与通货膨胀同时并存的问题成为各主要资本主义国家面临的严重的经济问题。凯恩斯学派无法解释这一现象,受到货币学派的强烈攻击。以弗里德曼为代表的货币学派根据对历史数据的分析,说明货币供给量的变化对产出有显著的影响,是经济波动的根源,得出"货币最重要"的结论;又提出了附加预期的长期菲利普斯曲线,认为长期菲利普斯曲线不再向右下方倾斜,而是一条垂直的线,暗示着高通货膨胀率和高失业率可能并存;同时根据稳定的货币需求函数和广泛的货币政策传导机制,从理论上说明货币政策长期无效。凯恩斯学派推崇的国家干预恰恰促成经济的波动和紊乱,因而货币学派的政策主张是保持货币供给按"单一规则"增长。

在20世纪70年代批判凯恩斯主义的还有供给学派。以拉弗、费尔德斯坦等为代表人物的供给学派推崇"供给决定需求"的萨伊定律,强调经济自由主义,同时利用拉弗曲线作为减税的理论依据,主张通过降税等措施刺激投资和产出。供给学派认为,由于社会无时不在创造各种各样的货币信用凭证,所以货币当局很难控制货币供给数量。为此他们主张恢复金本位制,限制货币当局任意确定货币供给的增长率,这意味着他们的货币政策主张是单一的稳定。

随后,理性预期学派得到了很大的发展。以卢卡斯为代表的理性预期学派重新确认了西方古典经济学关于经济生活中的主体是"理性人"的假设。他们认为,只有依靠出乎微观主体的预料,宏观经济政策才能生效,但要使所有人长期受骗是不可能的。关于微观经济主体对货币政策效应的抵消作用将在本节下面的论述中加以解释。可以说,理性预期学派进一步完善了货币政策无效说的理论基础。理性预期学派还提出了自己的经济周期理论——实际经济周期理论,认为货币政策只能影响名义量(如价格水平),而不能影响实际量(如就业),产出的波动是实际经济因素波动的结果,纯粹与货币无关,从而将货币政策无效说推到极至。

可以说,货币政策无效说提出了政策操作的难点,但实际经济生活中却不能没有政府宏观经济政策的适时和适度调控。综合考虑各学派对货币政策效应的评价,有助于我们正确地估量某项货币政策的总体效应。

二、影响货币政策效应的因素

(一)货币政策的作用时滞

中央银行从需要制定货币政策,到执行某种货币政策,再到这一政策最终达到既定目标,必须经过一段时间,这段时间即称为"货币政策的作用时滞"。

一般来说,货币政策的作用时滞可分为内部时滞和外部时滞。

1. 货币政策的内部时滞

内部时滞是指作为货币政策操作主体的中央银行从制定政策到采取行动所需要的时间。当经济现象发生变化,中央银行认识到需要制定政策加以矫正,到着手制定政策,再到实施政策,每一个环节都要占用一定的时间。内部时滞又可细分为认识时滞和决策时滞两个阶段:

(1)认识时滞。指从经济形势发生变化,需要中央银行采取行动到中央银行认识到这种需要的时间。这种时滞的存在是由于信息的搜集和情形的判断需要时间,对某个时期的宏观经济状况的精确度量一般只有在其后一些时候才能得到;另一方面,即使有了明确的资料和信息,中央银行对其进行综合性分析,做出客观的、符合实际的判断也需要一段时间。

(2)决策时滞。指从中央银行认识到需要采取行动到制定出新的货币政策的这段时间。中央银行认识到经济形势变化需要实行某种政策后,就要着手拟定政策实施方案,并对所提方案作可行性论证,按规定程序进行报批,然后才能公布、贯彻。整个过程中的每一个环节也要耗费一定的时间。

显然,内部时滞的长短取决于中央银行对作为决策依据的各种信息资料的占有程度和对经济形势发展的预见、分析、判断能力,体现着中央银行决策水平和效率的高低以及对金融调控能力的强弱。

2. 货币政策的外部时滞

外部时滞是指从中央银行采取行动开始,直到对政策目标产生影响为止所需要的时间。这也是作为货币政策调控对象的金融部门及企业部门对中央银行实施货币政策的反应过程。这一反应过程如图10-5所示外部时滞也可以细分为操作时滞和市场时滞两个阶段。

(1)操作时滞。是指从调整政策工具到其对货币政策中介目标发生作用所需要的时间。这段时滞之所以存在,是因为在实施货币政策的过程中,无论使用何种政策工具,都要通过操作变量的变动来影响中介变量而产生效果。各种政策工具对中介变量的作用力度大小不等,因此这段时滞的长短主要取决于商业银行及其他金融机构对中央银行政策的敏感程度和态度,以及对政策工具的反应能力强弱。

(2)市场时滞。是指从中介目标发生反映到其对目标变量产生作用所需要的时间。

货币政策工具对中介目标发生作用,通过中介目标产生效应,不仅企业部门对利率的变动、私人部门对货币收入的变动做出反应有一个滞后过程,而且投资和消费的实现也有一个滞后过程。例如在美国,住宅投资一般需要六个月到一年的时间,才能对利率的变化做出有力的反应,至于那些包括建设新厂房和订购专门设备的投资计划,可能需要花上几年的时间。因此,市场时滞的长短主要取决于调控对象的反应程度。

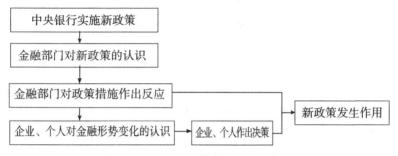

图 10-5　中央银行货币政策外部时滞的反应过程

可见,外部时滞主要是由客观的金融和经济条件所决定的,主要取决于政策的操作力度和金融部门、企业部门对政策工具的弹性大小。由于经济结构以及各经济主体行为因素的复杂性、不稳定性和不易预测性,因此,中央银行对外部时滞的长短很难进行实质性的控制。按照美国的研究表明,货币政策对 GNP 的影响的最高点,一般要经过一至两年的滞后才能达到。

总之,时滞是影响货币政策效应的重要因素。一般而言,如果货币政策的时滞较短或者中央银行对货币政策时滞能够准确预测,那么货币政策就能够更好地实现既定的目标。因为只要有一个确定的范围,中央银行便能根据预期,考察政策生效的状况,并对政策的取向和力度作及时、必要的调整;但如果货币政策的时滞较长,且有很大的变异性,政策效果就难以观察和预测,那么,政策工具在实施和传导过程中就可能变得无所适从,政策的取向和力度也不能根据对政策生效程度的判断而随时确定和灵活调整。例如,中央银行在经济高涨时期采取紧缩性的货币政策,但由于无法准确预测货币政策的时滞,如果货币时滞较长,而在这段时间内,经济形势已发生了很大的变化,紧缩性货币政策直到经济衰退时才产生了降低产出的效果。这样,中央银行的货币政策就会失去其有效性,甚至会扩大经济周期的波动幅度,使国民经济更加不稳定。

(二) 货币政策的数量效应

货币政策的数量效应,通常是指货币政策效应的强度,即货币政策发挥效力的大小。对货币政策数量效应大小的判断,一般着眼于实施的货币政策所取得的效果与既定目标之间的差距。例如,当经济中出现需求拉上型通货膨胀时,社会总需求大于社会总供给,中央银行决定实施紧缩性货币政策,以纠正供求失衡为目标,则评估该项紧缩性货币政策效应的大小甚至于是否有效,就可以从以下几方面来考察:

1. 货币政策只对货币因素产生影响而不对实际产出产生影响

如果通过该项货币政策的实施,紧缩了货币供给,并从而平抑了价格水平的上涨,或者促使价格水平回落,同时又不影响产出或供给的增长率,那么可以说这项紧缩性货币政策的有效性最大。

2. 货币政策对货币因素和实际产出同时产生影响

如果通过货币供给量的紧缩,在平抑价格水平上涨或促使价格水平回落的同时,也抑制了产出数量的增长,那么该项紧缩性货币政策有效性的大小,则要视价格水平变动率与产出变动率的对比而定。若产出量的减少小于价格水平的降低,可视为该项货币政策的有效性较大;反之,若产出量的减少大于价格水平的降低,则该项货币政策的有效性就较小。

3. 货币政策不对货币因素产生影响,而又抑制了产出的增长

如果货币供应量的紧缩无力平抑价格上涨或促使价格回落,却抑制了产出的增长,甚至使产出的增长为负,则该项紧缩性货币政策无效。

衡量其他类型的货币政策效应大小,也可以采用类似的思路。但在现实的经济生活中,宏观经济目标的实现,往往依赖于多种政策的配套进行,如收入政策、价格政策、产业政策等等。因此,要准确、客观地检验某项货币政策的效果大小乃至有无,必须对其与其他政策之间的相互作用及作用大小进行综合分析,这也是一个相当困难的问题。

(三) 其他制度因素与货币政策的效应

在现实经济生活中,影响货币政策效应的因素非常多,除上述几个方面以外,还包括心理、社会、政治等制度因素。因此,要分析货币政策效应,还应综合各种因素进行分析。

1. 微观主体预期的抵消作用

在经济学中,预期是指从事经济活动的人,在进行某项经济活动前,对未来的经济形势及其变化做出一定的估计和判断,以决定自己如何行动。一般来说,由于人们对未来经济行情的变化已有周密的考虑和充分的思想准备,当一项货币政策提出时,各种微观经济主体立即会根据可能获得的各种信息预测政策的后果,并很快地作出决策,而且时滞通常很短,从而使货币政策的预期效果会被合理预期的作用所抵消,政策可能会无效。例如,中央银行推出一项扩张性的货币政策,各种微观经济主体通过所掌握的各种信息预期到社会总需求将增加,物价水平会上升,在这种情况下,工人会通过工会的强大力量与雇主谈判,要求提高工资,以抵消或弥补可能预料到的价格水平上升带来的损失;而企业预期到工资成本的增大和原材料价格的上涨,即总生产成本会上升,投资利润率会由此而下降,于是企业增加生产和扩大就业的积极性就会逐渐丧失,投资需求必然减少。最后的结果是,物价上涨了,产出却没有增长甚至还会减少,货币政策归于无效。

鉴于微观经济主体的预期,我们可能会得到如下结论:只有在货币政策的取向和力度没有或没有完全为公众知晓的情况下,货币政策才能生效或达到预期效果。但是,这样的可能性并不大。经济生活中的微观经济主体都是"理性"的,他们都会在效用最大化和利润最大化的原则驱使下,对任何一项有用的信息作出理性的反应。中央银行的货币政策信息也不例外,合理预期是一定存在的,货币当局不可能长期不让公众知道其所要采取的政策,即使货币当局采取非常规的货币政策,不久之后也会落在人们的预期之内。而且如果货币当局长期采取非常规的货币政策,则会导致微观经济主体作出错误判断,并会使经

济陷入混乱之中。从这个角度讲,货币政策的效应难免被微观经济主体的预期所抵消。

当然,公众的预期对货币政策效应的影响也不能过分夸大:首先,公众预期的普遍形成要有一个过程,不可能没有认识上的"时滞",而且这种预期不一定始终完全正确;其次,即使公众的预测是非常准确的,实施的对策也非常快,但其效应的发挥也是需要一个过程的;同时,中央银行同样会对微观经济主体的行为作出正确的预期。考虑到以上因素,可以说,只有未被中央银行预期到的行为才会抵消货币政策的作用,微观经济主体的预期行为尽管会使货币政策效应打折扣,但其影响是有限的,货币政策仍可奏效。

2. 政治因素对货币政策效应的影响

政治因素对货币政策效应的影响也是巨大的。由于任何一项货币政策方案的贯彻,都可能给不同阶层、集团、部门或地方的利益带来一定的影响,这些主体如果在自己利益受损时作出较强烈的反应,就会形成一定的政治压力。当这些压力足够有力时,就会迫使货币政策进行调整。

在西方国家,突出的表现是"政治性经济周期"对货币政策的影响。一般来讲,高经济增长和低失业率会给执政党带来不少选票。所以,执政党在大选之前都力图刺激经济,而新政府一般在大选后便及时采取收缩政策,使国民经济平稳下来,这就是所谓的"政治性经济周期"。以美国为例,1991年早期,随着美国及其盟国在海湾战争中击败伊拉克取得胜利,一项关于当时美国总统乔治·H·W·布什的民意调查表明,有90%的美国民众对其工作表示满意;但在1992年夏天召开的共和党全国大会时,一项民意调查显示只有29%的民众对其工作表示满意。老布什总统的政治前途为什么会出现如此大的转变?原因在于人们虽然给予其外交政策极高评价,但普遍认为他的国内经济政策效率低下。而民主党候选人比尔·克林顿则更关注经济,把注意力放在国内的经济问题上,提出一系列刺激经济增长、降低失业率的政策主张,从而最终获得选举的胜利。这样的例子在美国的政治史上并不少见,大选之前,各党派纷纷在经济政策上大做文章。另一方面,多数西方国家的中央银行理事会成员任期与政府首脑任期并不一致,因此,往往会出现货币政策与财政政策矛盾的局面,即总统力图刺激国民经济,降低失业率,而中央银行则力图稳定国民经济,抑制通货膨胀。所以,政治性因素也在一定程度上影响着货币政策的效应。

货币政策效应的分析是理论性较强的研究课题,包括相当广泛的内容。如上所述影响货币政策效应的因素是多方面的,各个国家的实际经济情况以及货币政策的作用机制也不尽相同。因此,货币政策效应的分析为一国政府在不同的经济背景下正确选择宏观经济政策,中央银行根据国家的宏观经济决策正确制定和实施货币政策,提供了客观的理论依据和实证检验。

专栏10-2 美联储量化宽松推出五年的实施效果

美联储的量化宽松货币政策(QE)是指2008年美国爆发金融危机以来所实行的非常规货币政策,其核心就是在名义利率接近或等于零的条件下,央行以数量工具来创造货币和扩张信贷以此来减轻银行等金融机构流动性的压力,引导实际利率下降,刺激居民增加消费和企业增加投资,以此带动美国经济从衰退中复苏。

量化宽松政策已经实施五年了，其效果如何还得深入地研究，在此只能粗略地评估。五年来，美联储量化宽松通过稳定金融市场、向市场注入大量的流动性及信贷快速扩张，让美国经济走出衰退的阴影，但是其负面影响也不小。因为，在当时背景条件下，无论是货币扩张还是货币贬值的效应所取得正面效果都不如理论分析的要好。

比如量化宽松实施五年，美联储的资产负债表由平常的1万亿美元上升到3.7万亿美元，美联储向市场注入大量的流动性。在此期间，尽管基础货币快速增长，但货币乘数则快速回落，即商业银行信贷扩张能力则大不如前，美联储注入的基础货币几乎完全转化为商业银行超额准备金。这种情况出现既有市场信贷需求不足的原因，也有银行信贷谨慎性增强的问题。还有，尽管泛滥的流动性没有让美国通货膨胀快速上升（因为美国是一个完全开放的市场，当前企业看不到投资前景，是不愿意增加其投资的，信贷需求扩张意愿不高，从而使得物价也不容易上涨），但是却吹起了美国及新兴市场资产价格泡沫。五年来，不仅美国股市指数早就超过2008年9月金融危机爆发时的水平，连创新高；也吹起不少新兴市场各种资产价格泡沫。也就是说，无论是美国还是新兴市场国家，泡沫破灭的风险正在升高。

2008年美国金融危机以来，去杠杆化成为金融市场调整的主要方式，但是这种调整速度太慢。比如说，美国个人负债水平由2008年开始下跌，由130%跌到110%，但是仍然超过可持续水平。而美国个人储蓄率在2008年时上升到6%，但现在仍然在4.4%的水平，也就是说，经过金融市场的调整，尽管居民负债水平有所下降，但是由于收入水平增长缓慢而使居民的储蓄率根本无法提升。

有研究表明，在伯南克执掌美联储期间，美国贫富差距达到空前的程度。美国加州大学萨伊教授的研究指出，2012年全美顶尖1%高收入组别的收入激增19.6%，而其他99%的收入增幅只为1%，因此，1%的高收入组别占2012年全美居民收入总值高达19.3%，所占比重之高，为1928年以来之最。如果把资本投资收益计算在内，此一顶尖高收入组占全美收入的比重由2009年的18.1%增加到了2012年的22.5%（Mauldin，2013）。

也就是说，过去五年，美国量化宽松的货币政策看上去是保证美国经济没有走上1929年那样经济大萧条之路，并让美国经济从危机阴影中走出，但是该政策最有利的只是少数富人，而不是全体美国人民。量化宽松的货币政策并没有让全体人民来分享其成果。反之，这种货币政策给整个社会与经济带来的后遗症则是难以估量的。

资料来源：易宪容《美联储量化宽松货币政策退出的经济分析》，《金融理论与政策》，2014.1。

三、中国的货币政策实践

《中华人民共和国中国人民银行法》第三条规定：货币政策目标是保持货币币值的稳定，并以此促进经济增长。显然，在"稳定"与"增长"之间，有先后之序、主次之分：它改变了过去的将币值稳定与经济增长并重的做法，第一次将货币币值的稳定作为货币政策目标的侧重点。20世纪90年代开始实施的"适度从紧"的货币政策，可以说是货币政策实施方面的改革与创新的标志。

应该说，自改革开放以来，我国经济的总的趋势是以持续增长为主，但发展并不稳定，经济波动频繁且起伏很大。在高速度发展国民经济的同时，我国始终为通货膨胀问题所困扰。自80年代初期我国就进入了温和的通货膨胀阶段，1985年之后，通货膨胀逐渐升级，最终在1988年，造成了物价上涨率全国平均为18.5%，主要大城市超出了20%的严重通货膨胀局面。我国在 80 年代曾先后三次采取了财政与信贷"双紧"政策（即紧缩性财政政策和紧缩性货币政策），对于迅速平抑物价、控制通货膨胀收到了良好的效果，但又付出了工业生产滑坡、市场严重疲软的代价，并且有将国民经济带入到衰退低谷的危险。

1992 年春，中国经济开始升温，到了 1992 年末和 1993 年初，已经明显过热。许多地方出现的"房地产热"和"开发区热"愈演愈烈。总供给和总需求严重失衡，投资规模失控，消费基金膨胀，通货膨胀压力加大，宏观经济环境日趋严峻。199。针对这些情况的出现，中央政府决定对国民经济进行宏观调控。，宏观调控的各项举措全面启动。为配合适度从紧的财政政策，中国人民银行采取了以抵御经济波动为目的，侧重于稳定而又兼顾增长的"适度从紧"的货币政策，以物价上涨率略低于经济增长率为基本目标模式，期望实现经济的"软着陆"。与以往为抑制过热而全面紧缩信贷，从而使正常的生产和建设也得不到必要的资金保证的宏观政策不同，这次政策制定过程中客观分析了投资冲动的焦点在于"开发区热"和"房地产热"，因而抑制不是针对全部固定资产投资，并非全面紧缩信贷，而是针对其中的房地产和开发区投资，从而使正常的生产和建设资金供给并未受到影响。，选准了政策的切入点和着力点，在全国各地方各部门的共同努力下，宏观经济情况逐年改善，到 1996 年已取得明显成效,，国内外的舆论一致评述并赞扬中国经济成功实现了"软着陆"。

但是到了 1998 年的时候，我国经济已经表现出失速，出现了通货紧缩的现象；同时 1997 年爆发的亚洲金融危机对其他国家经济的影响也在中国反映出来了。面对这样国内国际经济发展的态势，我国政府果断地出台了"积极的财政政策和稳健的货币政策"，同时把"扩大内需，刺激总需求"作为我国经济工作的总方针。据国家统计局的统计，在 1998 年，我国积极的财政政策和稳健的货币政策的配合使用，拉动经济增长的速度是 1.5 个百分点，1999 年为 2 个百分点，2000 年为 1.7 个百分点，2001 年为 1.8 个百分点，2002 年为 2 个百分点。财政收入持续增加，金融运行保持平衡。实践证明，积极的财政政策和稳健的货币政策对拉动总需求，促进经济增长发挥了重要而显著的作用。

2003 年以来，我国宏观经济发生了重要变化，出现了投资增长过猛，信贷投放增长过快，通货膨胀压力加大等问题。中国人民银行先后采取了一系列货币政策手段，加大了对经济的宏观调控力度，使经济过热现象得到了有效控制。到 2005 年上半年，全国经济运行总体情况良好，货币信贷保持稳定增长，信贷结构有所改善，固定资产投资过快增长势头得到抑制。

2008 年次贷危机爆发后，由于欧美诸国在流动性上的普遍宽松做法，人民币升值压力骤增，出口增速持续放缓，国内宏观经济受到不利影响，在这种情况下，央行采取了适度宽松的货币政策，存贷款基准利率和存款准备金率双双下调，放松银根，拓宽企业融资渠道，刺激了消费和投资，有益于企业生产的恢复和发展，2008 至 2011 连续四年保持了 9% 以上的高增长率。2011 年后，由于之前宽松的货币政策和财政政策作用，我国经济通货膨胀压力上升，CPI 一度出现了居高不下的态势，因此，中国人民银行再次采取了稳健的货币政策，保持货币信贷总量合理增长，并优化信贷结构，保障了我国宏观经济的平稳运行。

【思考与应用】

1. 关于货币政策传导过程,凯恩斯学派和货币学派的观点有什么不同?

2. 对于货币政策的效应,西方市场经济国家的看法是如何演变的?你认为货币政策可能起的作用究竟有多大?

3. 什么是货币政策的时滞?为何在制定和实施货币政策时应充分重视时滞作用?

4. 影响货币政策效应的因素有哪些?

5. 请查阅参考资料,了解2004年以来中国人民银行在宏观调控过程中实施了怎样的货币政策?其效果如何?

6. 以下是前美联储主席本·伯南克在其总结性演讲《美联储政策的变化》中关于经济危机后美联储货币政策的内容节选,阅读文章并回答问题。

"提高流动性及其他重大举措是制止金融恐慌的关键,迅速转变货币政策的立场也是极其必要的。联邦公开市场委员会实施非常规量化宽松政策,将联邦基金目标利率从2007年夏天的5.25%降至2008年底的0~0.25%。从那时起,联邦基金利率就一直处于其有效下限。

除了有效下限利率的约束,美联储还提供了进一步的货币宽松政策,采取两种可供选择的工具:一是指导性联邦基金利率,二是大规模采购长期证券的投资组合,其他主要中央银行都采取了大致相同的方式。例如,英国中央银行和日本中央银行都采用详细的指导利率,提出并进行了大规模的资产购买计划,而欧洲中央银行已经为了减轻主权债务风险,给银行提供大量流动性,并提出关于利率未来走势的定性指导。"

"接近零的短期利率,意图通过指导未来政策来帮助塑造市场预期,反过来长期利率下行压力加大,进而缓解金融状况、有利经济活动。尽管零下限的政策利率会产生副作用,对现有政策工具的有效性及成本造成影响,但短期利率指导反映了该如何去实现既定的政策目标,因此这种指导性短期利率成为政策框架的有益补充。通过降低长期利率,大规模资产购买计划同样营造了宽松的货币政策。平衡投资组合,资产购买会减少公众手中长期资产的供给,压低期限溢价,从而降低长期收益。有时候开始或延长资产购买计划的决定可能有一个信号作用,在某种程度上,市场参与者会认为这是决策者的承诺,是宽松的货币政策的立场所在。"

———

资料来源:《中国金融》2014年02期。

(1) 美联储和英国、日本的中央银行运用了哪些货币政策工具?

(2) 结合本章所学,解释美联储货币政策的作用机制。

你认为美联储在经济危机后的一系列货币政策达到效果了吗?谈谈你自己的看法。

第十一章　中央银行的金融监管

【本章提要】

金融监管是金融监督和管理的总称,金融监管是中央银行的重要职能之一。金融监管的目标、原则、内容、方法和侧重点随着金融市场的发展而发展。20世纪90年代以来,国际银行业的运行环境和监管环境发生了很大的变化。巴塞尔协议为有效的银行监管提供了依据,对于防范和化解银行业风险,维护银行体系的稳定发挥了积极作用。金融监管的体制分为集中监管和分业监管两种模式,金融监管能力的提高有赖于一个有效的监管结构。中央银行的金融监管包括对金融机构的监管和对金融市场的监管。对商业银行的监管是中央银行最主要的监管领域。中央银行对金融市场的监管包括对货币市场的监管、对资本市场的监管和对外汇市场的监管。

本章重点是中央银行金融监管的目标、原则、内容、方法和侧重点,金融监管的体制。难点是中央银行金融监管的理论,中央银行对金融机构和金融市场监管的内容。

【基本概念】

金融监管　单一监管体制　多元监管体制　集中监管体制　金融监管的有效性　金融监管的结构　监管的独立性　内部控制　外部控制　分业监管体制　现场检查　信用评级　资本充足率　存款保险制度　普通准备法　特别准备法　金融衍生市场　内幕交易　市场操纵　信息披露

中央银行的目标不是追求利润最大化,而是维护宏观经济和金融体系的稳定和发展。对金融业的监督和管理是中央银行的重要职能之一。随着金融业的发展和金融产品创新的日益膨胀,特别是20世纪90年代以来,金融衍生工具及交易迅猛增长,国际资本流动不断扩张,金融市场波动剧烈,金融风险急剧增大,国际金融环境发生了巨大变化。通过有效的金融监管,防范金融风险,保证金融体系和国民经济的稳定运行的迫切性和重要性日渐突出。

第一节　金融监管概述

一、金融监管的含义

金融监管(Financial Supervision)，是金融监督和管理的总称，指金融监管当局根据社会经济和金融体系的运行情况，按照一定的金融监管的目标，综合运用经济、技术、行政、政策和法律手段，对各类金融机构和金融市场进行监督和管理。金融监管有狭义和广义之分。狭义的金融监管是指中央银行或其他金融监管机构依据国家法律法规，对所有金融机构和整个金融市场实施的监督管理。广义的金融监管是在上述监管之外，还包括了金融机构的内部控制与稽核、同业自律性组织的监管、社会中介组织的监管等。

二、金融监管的产生和发展

（一）金融监管的产生

银行业起源于欧洲中世纪的货币兑换业。最初的银行业并不存在金融监管，也未出现过对银行业进行监管的系统法律和监管机构。以1567年法国、西班牙、葡萄牙政府拒绝偿还银行贷款为典型事件，政府丧失信用的行为导致了中世纪银行业的衰落。此后，出现了政府和商人密切合作的银行——在城市政府管理下的银行。从1580年起，先后在米兰、阿姆斯特丹、纽伦堡、汉堡等城市建立了在城市政府管理下的银行办理存款、贷款和转账结算业务，服务的对象从政府转变为商人。在城市政府管理下的银行的出现，标志着世界金融史上首次出现了有金融监管的银行业。

（二）金融监管的发展

在16、17世纪欧洲资本主义市场经济的初期，市场尚处于相对分割的状态，每家银行在自己的服务范围内发行自己的银行券。银行存款业务发展缓慢，银行主要通过发行银行券增强自身的资金实力。随着市场经济的发展，全国统一大市场处于形成过程中。多种银行券同时流通和为数众多的小银行滥发银行券的状况造成货币流通的不稳定和经济秩序的混乱，对银行业的统一监督和管理呼之欲出。17世纪开始，欧洲各国政府相继成立中央银行，垄断了货币发行权，加强对货币流通的监督和管理。1694年具有政府融资和代理国库职能的英格兰银行成立，是世界金融史上第一家政府的银行，1844年垄断了货币发行权；1688年瑞典国家银行成立，1897年垄断了货币发行权；法兰西银行、荷兰银行也相继于19世纪初成立，并逐步垄断了货币发行权。

18世纪到20世纪西方各国经济和金融危机的不断发生，不断暴露出金融体系中存在的问题，金融体系的稳定有效运行受到威胁。各国中央银行不断调整自身监管的职能和监管的重心，健全和强化金融监管。

19世纪中后期，英国连续爆发了三次经济危机，经济危机的爆发使金融监管当局认识到控制信用对于金融体系稳定运行的重要性,开始利用利率工具控制信用。19世纪后期到20世纪初期,美国也连续爆发了四次经济危机,危机的爆发促使联邦储备体系于1913年建立,并建立了储备金制度和对银行业实行监督管理。

1929年至1933年,资本主义世界爆发了影响最为广泛、持续时间最长、后果最严重的经济危机。在大危机中,金融体系的脆弱和风险充分暴露,金融体系的安全受到严重冲击。包括一些大银行在内的大批银行在危机中破产、信用瓦解、利率失控。这次大危机对世界各国中央银行的金融监管产生了深刻影响。大危机过后,各国纷纷放弃"自由银行制度",加强金融监管。1931年德国中央银行发布"紧急法令",严格控制银行的经营活动,并于50年代对银行的注册及业务范围、资本和存款率、外汇等业务作了严格的规定。1933年和1935年美国两次通过银行条例,加强了对商业银行经营活动的控制。1936年意大利颁布"银行法",突出加强了对银行短、中、长期贷款的监管。同一时期,世界各国的中央银行先后建立了相应的金融监管制度。这一时期中央银行监管的重心是严格限制商业银行的经营活动,如:银行开业审批权、存贷款水平、银行业务范围等,把保证金融体系的安全性作为金融监管的首要目标。

20世纪70年代以来,国际金融环境发生了深刻变化,无论是发达国家还是发展中国家的金融体系都经历着剧烈的变革。20世纪70年代随着以美元为中心的布雷顿森林体系瓦解,国际金融市场出现动荡,发达国家中政府全面管制金融的格局开始受到冲击。美英等一些发达国家开始实行放松管制的经济和金融政策,逐步让国内居民和企业承受利率和汇率浮动风险,减轻政府担负的固定汇率的财政义务,并获得调节国内市场利率的更大空间。20世纪80年代,"放松管制"政策演变为"金融市场自由化"政策,各国金融市场开放在广度和深度上都得到发展,国际金融市场一体化、金融自由化、创新化、证券化和电子网络化潮流逐步兴起。新的环境下,一方面国际金融业得以迅速发展;一方面,金融投机活动大量存在,国际金融体系更加不稳定,国际金融市场动荡不安。各国金融监管当局一方面适应金融创新和国际化的形势,放松了某些管制;另一方面加强了金融监管的国际合作和不断完善金融监管的法律法规。现在各国金融监督管理制度大体上是以这一时期形成的制度发展而来的。1987年12月10日,国际清算银行在瑞士巴塞尔召开了包括美国、英国、法国、联邦德国、意大利、日本、荷兰、比利时、加拿大和瑞典(十国集团)以及卢森堡和瑞士在内的12个国家中央银行行长会议。会上通过了巴塞尔资本协议(BCA),该协议对银行的资本比率、资本结构、各类资产的风险权数等方面作了统一规定。

20世纪90年代以来,随着国际局势进一步走向缓和,更多的发展中国家加入到对外经济开放的行列中,国际资本在全球范围内加快了流动,发达国家的大型金融企业加速海外扩张步伐,金融全球化和自由化进一步发展。20世纪90年代在国际金融市场发展和金融工具创新的同时,金融业风险也不断加大,各国越来越重视对本国金融体系的监管。目前,大多数国家金融监管当局对金融机构普遍实行了固定的最低准备金率、资本充足率、存款保险率标准和最高的资产限制比率。1994年7月24日,巴塞尔银行监管会和国际证券委员会公布了加强对金融衍生产品监管的指导方针和具体条例,并准备提高8%的资本充足比例,旨在通过立法和加强对国际金融创新的监管,特别是对《巴塞尔协议》的遗留问题——市场汇率风险和金融衍生业务风险的监管。2004年6月26日,十国集团的央行行长一致通过《统一资本计量和资本标准的国际协议:修订框架》,即《巴塞尔新资本协议》最终稿。新协议的风险管理范围从银行扩大到保险、证券、信托及资产管理等行业,强调银行资本计提的风险敏感度,加强风险控管,避免发生金融危机。2010年9月12日,由27个国家银行业监管部门和中央银行高级代表组成的巴塞尔银行监管委员会就《巴塞尔协议Ⅲ》的内容达成一致,主要集中在最低资本金比率要求、对一级资本的定义以及过渡期安排三方面,至此,全球银行业正式步入巴塞尔协议Ⅲ时代。

三、金融监管的理论

(一)社会利益论

社会利益论起源于20世纪30年代美国的经济危机。这种理论认为,纯粹的市场机制不能实现对资源的合理配置;由于存在着市场失灵,会导致自然垄断和社会福利的损失,外部效应和信息不对称性还会带来不公平,社会公众的利益受到损害。这种理论指出了市场失灵的三种情况:垄断、外部效应、信息不对称。主张代表社会公众利益的政府对经济进行积极的干预、对金融业进行必要的监管以维护社会公众的利益。

(二)公共选择论

这种理论认为,自由市场制度存在着自身无法克服的市场失灵问题,为合理配置资源和经济体系的有效运行,需要来自市场外部的管制来解决市场失灵的问题。管制作为一种公共产品,应该由代表社会利益的政府来提供和安排。管制是政府职能的一部分,是否管制、管制什么、如何管制是一个公共选择的问题。

(三)金融风险论

这种理论认为,金融业是一个具有特殊性的高风险性行业,需要有效的金融监管控制金融风险。金融业的特殊性表现在:一是所经营的产品的特殊性。金融产品不是普通商品,而是货币资金以及债券、股票、合约等信用产品。它们的经营都以一定的信用为基础,而信用具有不确定性。二是金融风险具有连带性。当一个金融机构丧失支付能力、失去商业信用的时候,可能引起社会公众对整个金融体系产生信任危机,从而引发连锁反应,导致金融动荡。随着各国金融业联系越来越紧密,危机可能会跨过国界,向其他国家扩散,进而可能引发区域性和世界性的金融危机,如20世纪90年代的东南亚金融危机。

(四)保护债权论

这种理论认为,为了有效保护债权人的利益,需要进行金融监管。所谓债权人主要是指存款人、证券持有人、投保人等。由于在金融活动中存在着信息不对称,银行、证券公司、保险公司等金融机构可能利用比债权人拥有更为充分的信息的有利条件,将金融风险或损失转嫁给债权人。为了防止债权人利益受损,维护金融体系的稳定,国家需要通过金融监管约束金融机构的行为,保护债权人利益。

(五)特殊利益理论

这种理论认为,由于作为监管当局的政府官员是在特殊利益集团的帮助下当选的,所以政府的管制会保护和管制当局有密切利益关系的特殊利益集团的利益,而不会保护社会的整体利益。这种理论反对政府的管制。

除上述理论外,金融监管的理论还有追逐论、自律效应论、管制新论等。作为对金融实践的认识和总结,随着实践的发展和深入,金融监管的理论也在不断发展。

四、金融监管的体制

金融监管的体制是指金融监管的职责和权力分配以及组织的方式。由于政治制度、经济制度、经济发展水平、法律和历史文化等原因,世界各国采用的金融监管体制存在一定差别。按照金融监管机构的设立来划分,金融监管的体制可以划分为由中央银行独家承担监管职责的单一监管体制和由中央银行及其他金融监管机构共同承担监管职责的多元监管体制;按照金融监管机构的监管范围划分,金融监管的体制可以划分为集中监管体制和分业监管体制。一般来说,实行单一监管体制的国家都是实行集中监管的体制,实行多元监管体制的国家都实行分业监管的体制。

(一)集中监管体制

在集中监管体制下,由一个金融监管机构集中承担金融监管的职责,对整个金融业进行监管。在绝大多数国家,这个唯一的金融监管机构是中央银行。集中监管体制又称为一元化监管体制。英国是典型的实行集中监管体制的国家。

(二)分业监管体制

在分业监管体制下,由多个金融监管机构共同承担金融监管的职责,多个金融监管机构根据金融业不同的机构主体以及其业务范围的划分,分别在自己的职责范围内进行监管。分业监管体制又称为多元化监管体制。美国是典型的实行分业监管体制的国家。我国现行金融监管也是实行分业监管体制。

专栏 11-1

1. 世界上一些国家的金融监管体制

一些国家的金融监管体制列表

实行集中监管体制的国家	实行分业监管体制的国家
英国、澳大利亚、比利时、奥地利、意大利、卢森堡、荷兰、加拿大、新西兰、瑞士、瑞典、中国(1998年以前)等	美国、加拿大、法国、新加坡、芬兰、西班牙、土耳其、挪威、中国(1998年以后)等

英国曾是实行集中监管体制的典型国家,由英格兰银行承担整个金融业的监管职责。这与英格兰银行在英国金融界享有崇高威望和英国的历史传统有关。

1997年,英国工党政府上台后不久,将英格兰银行的银行监管职能分离出来,与原有的9个金融监管机构合并成立了独立于中央银行的综合性金融监管机构——金融服务管理局(FSA),负责对各领域金融活动的监管。现在英国仍然是实行集中监管体制的国家。

美国是实行分业监管体制的典型国家。从监管的业务范围来看,各监管机构有所交叉,但是监管的侧重点明确。美国联邦一级的金融监管机构是多元的,同时各监管机构在各州都有自己分支机构,被称为双线多头监管体制。

美国金融监管机构的职责划分情况

美国联邦监管机构	监管的业务范围
联邦储备体系	管理会员银行和银行持股公司
货币监理局	审批和检查联邦注册银行
联邦存款保险公司	监督参加保险的非会员银行和已保险的州注册的储蓄银行
联邦住宅贷款银行和下设的联邦储贷保险公司	管理和监督储蓄银行和储贷协会
全国信用合作社管理局	管理和监督信用合作社和协调各管理机构之间以及同各州监督官员的关系
证券交易委员会	主要负责对证券发行和交易的管理

2. 中国的金融监管体制

1998年以前,中国的金融监管体制是集中监管体制。1995年颁布的《中华人民共和国中国人民银行法》以法律形式赋予中国人民银行金融监管的职权。

根据1998年7月23日证券监管机构体制改革方案,中国证券监督管理委员会(证监会)成为全国证券、期货市场的主管机关,依法对全国证券、期货业进行集中统一监管。中国金融监管体制开始了从集中监管体制向分业监管体制的转变。1998年11月中国保险监督管理委员会(保监会)成立,负责对保险业进行监管。2003年4月28日中国银行业监督管理委员会(银监会)成立,负责对银行、资产管理公司、信托投资公司及其他存款类金融机构的监管。我国由此形成了由中国人民银行、银监会、证监会和保监会"一行三会"为主共同负责金融监管的新格局。

五、金融监管的发展趋势

(一)金融监管国际化

金融全球化的发展导致了金融监管的国际化趋势。金融监管只有采用国际合作的方式才能够有效地防范金融风险的发生和蔓延。1997年东南亚金融危机以来,越来越多的国家加入了金融监管的国际合作,金融监管的国际合作的范围也从银行扩大到证券、保险、外汇、金融衍生产品。

(二)监管方式具体化和风险管理全面化

20世纪90年代以来,国际银行业的运行和监管环境发生了很大变化。除了以前强调的信用风险之外,市场风险、流动性风险和法律风险也日趋显现。金融衍生商品市场的市场风险引发了多起重大银行倒闭和巨额亏损案件。金融监管向全面风险管理发展,监管方式越来越具体。

(三)金融监管市场化

市场具有迫使银行有效和合理地分配资金和控制风险的作用,稳健经营的银行可以以更有力的价格和条件从投资者、债权人、存款人那里获得资金;风险程度较高的银行在市场中处于不利地位,必须支付更高的风险溢价、提供额外的担保或其他安全措施。加强对信息披露的监管、加强市场纪律有利于市场机制发挥对金融机构的识别和资源配置作用。

（四）金融监管标准和方式的不断创新

随着金融创新和金融市场的不断发展，产业状况、金融风险状况的不断变化，金融监管的标准和方式不断创新以适应这种发展和变化。例如，在1975年到2013年的三十多年中，巴塞尔协议不断适应国际金融环境的变化，不断完善和创新以适应新的形势的变化，以有效地控制风险。

第二节 金融监管的目标和原则

一、实现有效的金融监管的前提条件

金融监管的首要目标是巩固和提高金融监管的能力和有效性。金融监管的能力和有效性是指有力和有效率地防范金融风险和保证金融体系的稳健运行的程度。金融监管结构是指金融监管的目标、职责、机构等各部分的相互关系和组织框架。监管的结构是为了实现有效监管和提高监管的能力，而监管的能力和有效性的提高依托于一个有效的监管结构。一个有效的监管结构具有以下条件：

（一）明确的监管目标

监管机构必须有明确的监管目标。明确的监管目标有助于监管机构的高级管理人员对资源的有效配置和对具体问题做出正确的决定。明确的监管目标也保证了监管措施的适当和有助于明确监管机构的责任和形成有效的决策机制。

（二）独立的决策权

监管机构必须能够在自己的权力范围内独立决策，而不应受到来自外界的不恰当的干预。法律应该明确监管机构的高级管理人员的去留的规则，避免高级人员被随意的撤职。监管机构的预算也应该具有自主性和具有指定的资金来源，以及独立使用资金的规则。

（三）充足的资源

监管机构必须有足够的资源以保证有效行使其职责。特别重要的是有能力招聘、培训和留住一批经验丰富的业务骨干，并有能力向其职员支付有竞争力的收入。另外，监管机构必须具有足够的资源进行及时有效的数据搜集和处理，以支持监管的有效性。

（四）有效的强制力

监管机构在其监管的范围内有充分的、全权和有效的强制执行能力。这些权力包括：从监管的对象处获得信息的权力、评价金融机构管理者和所有者业务素质和正直程度的权力以及对违规行为采取制裁和在必要的情况下介入到金融机构经营活动的权力。

（五）监管的全面性

监管必须是全面和没有监管漏洞的。不应该存在诸如仅仅因为不知道应该由哪一个机构来监管而使得金融市场上某些特定的经营活动或某种类型的金融机构逃避有效的监管。全面监管的核心原则是监管机构对监管的对象实施有效的一体化监管,并努力消除监管机构间的权限漏洞。

（六）成本效益监管

监管带来直接和间接的成本。直接成本是指那些维持监管机构的日常活动所发生的费用,包括职工工资和日常管理费用以及信息技术的预算费用。间接成本主要是指被监管者带来的为了遵循监管的要求而发生的费用。作为监管的一般原则,在不影响监管效果的前提下,具有较低直接和间接成本的监管安排应该优先于产生较高成本的监管安排。

（七）有效标准和产业结构

监管的制度结构应该反映监管行业的产业结构。由于金融业的产业结构在各国之间存在着很大的差异,监管的结构也要相应地表现出一定程度的变化。没有哪一个类型的监管结构从监管的有效性标准来说是最优的。

二、金融监管的目标

实施有效的金融监管必须有明确的金融监管目标,而且最好以法令的形式确定。不同的国家,经济金融环境不同,金融监管的目标有所差异;相同的国家处于不同的经济发展阶段,金融监管的目标也会有所不同。

20世纪30年代经济大危机之前,自由金融制度在各国占据统治地位,金融监管仅仅局限于注册登记等行政管理方面,有控制市场准入的倾向,但是监管的目标不明确,也没有强有力的监管措施。金融监管处于初级阶段。

随着市场经济的发展,金融业得到较快发展。为数众多的银行各自为政,普遍通过发行银行券的方式扩张自身的业务。银行券的过度发行常常导致银行券无法兑现,造成银行倒闭;很多种类的银行券在市场中流通造成金融秩序混乱,降低了市场经济的效率。各国金融监管当局开始把稳定金融秩序,限制银行业市场准入,控制商业银行银行券的发行,保证银行券可兑换作为金融监管的目标。美国是第一个建立金融监管制度的国家,1864年美国国会通过《国民银行法》,规定了银行开业的最低资本额,并对流通中的银行券与存款规定了最低储备要求;设立货币监理署,专门签发营业执照和执行有关的法律。同年,瑞典立法对私人银行的银行券发行数量进行限制。

1929年到1933年,席卷资本主义世界的经济大危机冲垮了许多国家的金融体系,大量银行纷纷倒闭破产,各国政府和金融监管当局充分认识到金融体系安全和稳定的重要性。1936年英国经济学家凯恩斯《就业、利息和货币通论》一书的出版使国家干预主义逐渐兴盛,为各国加强金融监管提供了理论基础。各国开始把银行业的稳定作为发展经济、稳定社会的重要条件,对金融业实行严格的管制,维护社会公众对银行的信心,并促进金融业的公平竞争。20世纪30年代至90年代初,各国金融监管当局把维护金融业的安全和稳定,维护银行业公平竞争,保证中央银行货币政策的顺利实施作为主要的金融监管目标。

20世纪90年代至今,世界各国的金融监管的目标更加明确和一致,都将维护一个稳定、健全和高效的金融体系,保证金融机构和金融市场健康地发展,维护金融活动各方特别是存款人的利益,积极促进经济和金融发展作为金融监管的目标。金融监管的目标包括三个方面:一是从安全角度出发,保护存款人利益、金融体系的安全和正常运行、金融机构的正常经营活动;二是从市场效率角度出发,创造公平竞争的环境,鼓励金融业的适度竞争;三是从宏观调控角度出发,保证金融机构的经营活动和中央银行的货币政策目标一致。不过,由于各国的国情不同金融监管的目标又各有侧重(见表11-1)。

表11-1 世界一些国家的金融监管目标

国家	金融监管的目标	出 处
美国	维持公众对一个安全、完善和稳定的银行系统的信心;为建立一个有效的和有竞争力的银行系统服务;保护消费者;允许银行体系适应经济的变化而变化	《美国联邦储备法》
英国	对接受存款的机构予以管制;对这些机构的存款人予以保护,禁止使用欺骗性经济手段接受存款	《英国银行法》
德国	监管所有的信贷机构,以保证银行资产的安全、银行业务的正常运营和国民经济运转的良好结果	《德国银行法》
日本	银行业务以公正性为前提,以维护信用、保证存款人权益,谋求金融活动的顺利进行和银行业务的健全妥善运营,以有助于国民经济的健全发展为目的	《日本普通银行法》
法国	法兰西银行是国家赋予权力在国家经济及金融体制下监控货币及信用供给的工作机构,为此,应确保银行体系的正常运作	《法兰西银行法》
韩国	增进全国银行体系的健全运作,并发挥其应有的功能,以促进经济发展,并对全国资源作最有效的利用	《韩国银行法》
新加坡	在政府一般经济政策范围内促进货币稳定及信用、外汇状况有助于经济成长	《新加坡金融管理局法》
中国香港	关于管理银行业务,接受存款业务和关于规定监督业务,是为了保护存款人,增进全面稳定和为银行业有效经营提供条件	香港《银行业条例》
中国	中国人民银行依法监测金融市场的运行情况,对金融市场实施宏观调控,促进其协调发展	《中华人民共和国中国人民银行法》(修正)

三、金融监管的原则

为了实施有效的金融监管,必须坚持和遵循一定的原则。尽管世界各国金融监管的体制和风格各有不同,但是金融监管的原则大致相同。特别是巴塞尔银行监管委员会于1997年9月公布了《有效银行监管的核心原则》之后,各国金融监管当局基本上都将其作为银行业监管的指导原则。

(一)独立性原则

《有效银行监管的核心原则》指出,在一个有效的银行监管体系下,参与银行监管的每个机构要有明确的责任和目标,并应享有操作上的自主权和充分的资源。独立性原则包括两个方面：一是维护金融监管机构的独立性；二是监管当局不干预超出监管范围之外的金融业内部的管理，维护合法的经营活动的独立性。

（二）依法监管原则

依法监管的原则包括两方面：一是所有金融机构必须接受国家金融管理当局的监督与管理，不能有例外；二是金融监管必须依法进行，以确保监管的权威性、严肃性、强制性和一贯性。金融法规的完善和依法管理对于有效的金融监管必不可少。

（三）外部控制和内部控制相结合的原则

外部监管无论多么严密，如果监管的对象不配合，没有严格的内部控制，外部监管无法收到预期的效果。要保证监管的及时有效，就要坚持外部控制和内部控制相结合的原则。

《有效银行监管的核心原则》规定，"发照程序至少应包括审查银行组织的所有权结构、董事和高级管理层、经营计划和内部控制以及包括对资本金在内的预计财务状况等"；"监管程序的一个重要部分是监管者有权制定和利用审慎法规的要求来控制风险，其中包括资本充足率、贷款损失准备金、资产集中、流动性、风险管理和内部控制等"；"内部控制的目的是确保一家银行的业务能根据银行董事会制定的政策以谨慎的方式经营。只有经过适当的授权方可进行交易；资产得到保护而负债受到控制；会计及其他记录能提供全面、准确和及时的信息；而且管理层能够发现和评估业务的风险"。

外部控制的内容包括对金融机构的市场准入、对金融机构的日常经营的监管、对存款保险的要求等。内部控制的内容包括三个方面：一是组织结构方面，对组织机构权利和职责的划分和决策程序等；二是会计方面，对会计规则的规范要求；三是控制程序方面，不同职责分离、交叉核对、资产双重控制、双人签字等，执行双人原则。

（四）稳健运行和风险管理原则

稳健运行历来是各国金融监管当局的重要目标，风险管理是银行业的核心竞争力。为了实现金融体系的稳健运行，所有的监管技术手段体系都应该着眼于金融业的风险防范和管理。稳健运行的金融体系的目标是满足社会经济发展的要求。

1988年巴塞尔协议以资本充足率为核心、以信用风险控制为重点，突出强调了国家风险的监管。2004年巴塞尔新资本协议在继承1988年协议和1997年《有效银行监管的核心原则》（简称《核心原则》）基础上，突出了风险管理的全面化、风险度量的内在化。2010年的《巴塞尔协议Ⅲ》针对《巴塞尔协议Ⅱ》在2007—2009年金融危机中暴露出的不足，大力改进了监管资本标准，突出了逆周期性监管。

（五）金融监管的国际协调原则

经济全球化的发展带来了跨国金融业务和金融活动的增多，国际金融合作成为当今金融监管的重要内容。为了完成对跨国金融业务和金融活动的监管，母国和东道国之间必须建立良好的协调关系。根据1997年《核心原则》，母国的银行监管者必须实施全球性并表监管，对本国银行在世界各地的业务进行有效监管；东道国的银行监管者按照本国监管标准进行监管，并有权分享母国监管当局的相关信息。《核心原则》还就母国和东道国监管的合作、沟通规则进行了规定。

关于金融监管的国际协调,请参看本书第十三章的第二节。

第三节 金融监管的内容与方法

一、金融监管的内容

金融监管的内容相当广泛,按照监管的对象,可以划分为对银行性金融机构的监管与非银行性机构的监管,对金融市场的监管,对外汇外债的监管;按照监管的技术方法,可以划分为风险监管和预防监管等;按照监管对象所处的不同时期划分,可分为事前监管、事中监管和事后监管。

(一) 事前监管

事前监管又称市场准入的监管。所有国家对银行等金融机构的监管都是从市场准入开始,金融机构的准入关系到金融业的结构和规模,关系到金融业的稳定和保护存款人的利益。对金融机构市场准入的监管主要包括三个方面:

1. 金融机构开设以后的盈利前景和对当地经济、金融业的影响

新的金融机构应该具有良好的盈利前景,这是金融机构稳定经营的前提,而且可以对当地经济造成较好的影响。同时,新的金融机构必须符合当地经济发展需要,符合当地金融业发展的政策和方向,符合当地分业经营或者混业经营的规定以及金融业公平竞争的要求。如果当地的金融监管当局认为新的金融机构的开设不符合当地的情况,或者新的金融机构的进入将加剧竞争、对当地金融秩序产生不良影响,可以拒绝金融机构的开业。

2. 申请人的财产基础,通常为对申请人资本金的要求

我国对金融机构市场准入最低资本金的规定见表11-2。

表11-2 中国对金融机构市场准入最低注册资本金的规定

金融机构类型	最低注册资本金
商业银行	10亿元人民币
城市合作银行	1亿元人民币
农村合作银行	5 000万人民币
全国性金融信托投资机构	5 000万人民币
保险公司	2亿元人民币
证券公司	1 000万元人民币
企业集团财务公司	5 000万人民币
外资银行、合资银行	3亿元人民币等值的自由兑换货币
外资财务公司、合资财务公司	2亿元人民币等值的自由兑换货币

3. 申请人、高级管理人员和工作人员的素质和经历

金融机构需具有符合开业资格的法定代表人、高级管理人员和相当比例的有一定经验的从业人员。金融业专业性强、风险大，对经营人员的素质要求高。对于高级管理人员要求有较高的理论水平、丰富的从业经验和信誉状况。对一般员工要求一定的业务知识和从业经验。

（二）事中监管

事中监管就是对金融机构经营过程的日常监管。事中监管的目的是防范金融风险。事中监管包括下面几点：

1. 资本充足比率的监管

资本充足比率，即资本充实率，是保证银行等金融机构正常运营和发展所必需的资本比率。各国金融管理当局一般都有对商业银行资本充足比率的监管，目的是监测银行抵御风险的能力。资本充足率有不同的口径，主要有资本对存款的比率、资本对负债的比率、资本对总资产的比率、资本对风险资产的比率等。1988年《巴塞尔协议》规定，银行资本分为核心资本和附属资本，银行资本与加权风险资产的比率应高于8%，其中核心资本的比率不得低于4%。2004年的《巴塞尔新资本协议》只对风险资产的权益及级次作了调整，其充足比率仍是8%和4%。2010年的《巴塞尔协议Ⅲ》对一级资本提出了新的更审慎的定义，定义一级资本只包括普通股和永久性优先股，并且一级资本充足率从4%提高到6%，同时，总资本金比率将在任意时间必须达到8%。

2. 流动性的监管

流动性是指银行根据存款和贷款的变化，以合理的成本举债或将资产按其实际价值变现，随时满足客户（存款人和贷款人）资金需求的能力。流动性有两方面的含义：一是债务到期日的偿付能力；二是履行贷款承诺的能力。流动性问题是清偿能力监管的核心问题，流动性问题解决不好，就有可能导致流动性支付危机，这一问题对金融机构尤其重要。1997年巴塞尔委员会《核心原则》中指出，流动性管理的目的是确保银行有能力充分满足其合同承诺。对于流动性问题，金融监管当局实际上着重考虑三个方面：资产变现或举债的难易程度与所需时间的长短；变现时可能的资本或利息损失；变现或举债时的成本负担。2010年的《巴塞尔协议Ⅲ》引入了流动性覆盖比率和净稳定融资比率作为银行流动性监管强制标准。

专栏11-2

流动性覆盖率（LCR）指优质流动性资产储备与未来30日的资金净流出量之比，该比率的标准是不低于100%，即高流动性资产至少应该等于估算的资金净流出量，或者说，未来30日的资金净流出量小于0。引入流动性覆盖率（LCR）作为监管指标，意在衡量在监管当局所设定的流动性严重压力情景下，机构是否能够将变现无障碍且优质的资产保持在一个合理的水平，以满足其30天期限的流动性需求。一般认为，如果足以支撑30天时间，届时管理层和监管当局能有足够的时间采取适当的行动，使这家银行的问题得到有序处置。

净稳定融资比率（NSFR）是指可用的稳定资金与业务所需的稳定资金之比。该比率的标准是应大于100%。引入净稳定资金比率（NSFR）作为监管指标，意在对偏重短期的流动性覆盖率指标从更长期

限方面形成补充,鼓励银行通过结构调整减少短期融资的期限错配,增加长期稳定资金来源,特别是用于确保投行类产品、表外风险暴露、证券化资产及其他资产和业务的融资至少具有与它们流动性风险状况相匹配的一部分,满足最低限额的稳定资金来源,防止银行在市场繁荣、流动性充裕时期过度依赖批发性融资,提高监管措施的有效性。

资料来源:鲁政委《流动性风险监管:国际监管潮流及其在我国的应用》,《中国金融》,2010.22。

3. 业务范围的监管

对金融机构业务范围的监管是指对各金融机构从事的业务种类进行限制。各国金融机构业务范围可分为分业经营和混业经营两种。分业经营是指银行业、证券业、保险业、信托业各自经营与自身职能相对应的金融业务;混业经营是指不同金融机构之间经营的业务出现相互交叉和渗透。由于经济、金融业的发展程度、金融监管的水平以及传统习惯的差异,各国对金融机构业务范围的限制程度不同。在当今金融市场一体化、经营业务多样化和金融创新层出不穷的形势下,银行业务的传统界限正在被打破,混业经营成为趋势。但是,各国应立足于国情和金融稳定,对金融机构的业务范围进行监管。

4. 贷款风险管理

资产和负债的风险涉及银行经营的各个方面,其中重点是资产管理。贷款在银行资产中占了很大比率。大多数国家的中央银行都限制贷款投向的过度集中,以分散风险。我国规定商业银行对同一借款人及其关联企业的贷款余额与商业银行资本净额的比例不得超过15%。在经济、金融环境不断的变化中,任何形式的风险集中都可能使一个正常运转的金融机构陷入困境。对银行风险集中程度做出有效的评估,需要对银行业务的深入了解和一套科学的分析和评估方法。

5. 外汇风险管理

外汇风险管理包括两个方面:一是汇率风险;二是对特定国家的资产和负债过于集中引起对该国的国际收支失衡和国家风险。大多数国家对银行的国际收支的趋向很重视,并制定了外汇风险管理制度。由于各国外汇管制制度的不同,各国金融监管当局对商业银行外汇风险的监管也不同。美国、法国、加拿大等国对外汇的管制较松,英国、日本、荷兰等国对外汇的管制较严。

6. 准备金管理

银行的资本充足性与准备金政策之间有着内在的联系,对资本充足性的监管必须考虑准备金因素。监管当局必须确保银行的准备金是在充分考虑谨慎经营和真实评价业务质量的基础上提取的。但实际上,准备金的计提具有较强的顺周期性,为此,以西班牙为代表的一些国家采用了动态准备金制度。准备金政策和提取的方法的统一是增强国际金融体系稳定性的重要因素,也有助于银行业在国际范围内的公平竞争。

7. 存款保护管理

尽管有监管者的努力,但是在一个活跃的市场经济中会不可避免地发生银行倒闭。此时,部分或全部资金的可能损失增加了存款人丧失对其他银行的信心的风险。为了维护存款者利益和金融业的稳健经营与安全,有些国家建立了存款保险制度,规定金融机构按吸收存款的一定比率向专门保险机构缴纳保险金,当金融机构出现信用危机时,由存款保险机构向金融机构提供支援,或由存款保险机构直接向存款者支付部分或全部存款,以维护正常的金融秩序。存款保护为许多银行的债权人提供了一个安全网,由此可增加公众对银行的信心并使金融体系更加稳定。1933年的经济大危机中美国银行破产、倒闭现象十分严重,中小存款者的利益受到损害。1934年美国政府建立了世界上最早的存款保护制度,缓解个别银行经营失败带给整个金融业的冲击,保护了银行和存款者的利益。截至2014年3月,中国尚未建立存款保险制度。但实际上存在隐性存款保险制度,即以国家和政府的信用对存款类金融机构的商业行为进行担保。

(三) 事后监管

事后监管也称为市场退出的监管。尽管有事前、事中的监管,仍然会有一些金融机构由于各种原因陷入困境或面临倒闭。出于审慎监管的目的,监管机构有必要对金融机构的倒闭和清算进行有力的监管。

金融机构可能因为分立、合并或者出现公司章程规定的事由需要解散,因此而退出市场。也可能因为法定的理由(如由法院宣布破产或因严重违规、资不抵债等原因而遭关闭),中央银行将金融机构依法关闭,取消其经营金融业务的资格而退出市场。各国对金融机构市场退出的监管都通过法律予以明确,并且有很细致的技术性规定。对金融机构的退出监管有利于维护存款人利益,保证金融业服务的连续性和防止银行势力操纵市场,鼓励银行正常合并,促进银行业发展。

二、金融监管的方法

金融监管当局综合运用法律手段、经济手段、政策手段和行政手段进行监管。中央银行监管的一般方法包括以下几种:

(一) 事前检查筛选

事前检查筛选是指金融监管当局通过对金融机构开业资格的审查和注册登记,把不合格的申请者排除在市场之外。注册登记前审查的主要内容有:资本金状况、人员素质状况和管理机构是否符合产业政策,管理机构的历史、规模、网点、结构等内容。其中,人员和资金是最主要的内容。如德国等国家要求,一个银行的高级管理人员中必须有两个以上知识和经验丰富、信誉好、有管理能力的人。通过事前检查筛选,可减少或杜绝不合格金融机构的产生,从总体上减小金融风险。

(二) 现场检查

现场检查又称为稽核,是指稽核人员通过亲临现场对金融机构的会计凭证、账簿、报表、现金、物资财产和文字资料进行检查、分析和对有关人员和事件进行查访,以对金融机构进行全面的综合评估。对美国等一些国家的金融监管当局来说,现场检查是主要的金融监管方法;而对英国等另外一些国家的金融监管机构来说,则很少通过现场检查对金融机构进行监管。不过,巴林银行倒闭事件之后,英国监管当局开始重视通过现场检查进行监管。现场检查的主要内容有:金融机构资本充足状况、资产质量、管理质量、收入和盈利水平、清偿能力等。各国对金融机构进行现场检查的时间间隔不相同,比如加拿大每年进行一次,意大利每隔三四年进行一次。

（三）定期报告分析

定期报告分析是一种非现场检查的方法,是指金融监管当局要求金融机构按要求定期提交有关经营活动的资料和报告,按照一定的程序和标准进行整理和分析,对金融机构的经营状况和发展趋势做出评估。定期报告提供了金融机构经营状况的关键性数据以及资产负债表、损益表和发展规划等。对定期报告的分析通常采用趋势分析法和对比分析法。金融机构定期报告的内容口径及时间间隔因金融机构规模大小不同及报告内容不同而异。

（四）内部审计和外部审计

内部审计是由金融机构自行组织实施的审计,审计的内容包括检查自身会计控制、营运控制、行政管理控制等的完整与准确,并参与检查和修改业务政策和业务程序,并对金融机构的盈利情况做出评价。内部审计是金融机构进行内部控制的重要组成部分。内部审计有利于保证金融机构内部控制的有效性和稳健经营。许多国家的金融监管当局对内部审计不但有明确的要求,而且对内部审计的情况进行现场检查。

外部审计是指金融监管当局要求由金融机构外部的注册会计师事务所和审计机构审查金融机构的账目和财务报表,并协助监管当局监督金融机构的经营活动。外部审计有利于提高金融监管的客观公正性。

（五）信用评级

信用评级是指金融监管当局或者社会资信评估机构通过对金融机构的资本充足程度、资产质量、管理水平、盈利能力和资产的流动性等因素的考察,对金融机构的经营状况按一定的标准进行评级。通过对金融机构的信用评级,使得较高评级的金融机构获得更多的发展机会,使获得较低评级的金融机构产生改善经营的压力,从而提高金融资源配置的效率,降低经营风险。

（六）内部监管

金融机构的经营管理者的重要职责之一是建立完善的内部监督和控制体系,保证本部门的安全和稳健经营。英国等一些国家的监管当局特别重视通过内部监管方法进行监管。通过监管当局同被监管金融机构的经营管理者积极对话和合作,完善被监管者内部监管体系,有利于金融机构的稳健经营和提高监管的有效性。

（七）行业组织和社会公众监督

许多国家的金融业行业协会,如银行家协会等在不同程度地发挥着对金融机构的监督作用。行业组织促进了金融机构和信息的交流,有助于降低金融机构的经营风险。有的行业组织还建立了相互救援机制。另外,通过报纸、杂志、专业报告、学术研究和其他形式,使社会公众获得金融业运行的信息,也是实现有效监管的方法之一。

第四节 中央银行对金融机构的监管

一、金融机构的分类

金融机构由银行和非银行金融机构组成。金融机构之间的基本差别只是职能和经营范围的不同。根据世界各国金融机构的大致情况,金融机构可以划分如表11-3:

表11-3 金融机构的分类

金融机构名称	职能和经营范围
中央银行	发行的银行、政府的银行、银行的银行、金融监管的银行
商业银行	金融体系中的骨干,在金融体系中处于主导地位;从事存贷款、投资和其他金融服务
专业银行	专门经营指定范围和提供专业性金融服务;可以分为开发银行、投资银行、储蓄银行、农业银行、进出口贸易银行、土地银行等
信托投资机构	主要办理金融信托业务
合作金融机构	从事封闭性货币信用活动,只对内部会员贷款
保险机构	从事各类保险业务,是金融体系长期资本的重要来源
融资租赁机构	主要从事融资租赁
财务机构(财务公司、金融公司)	通过吸收存款、出售债券、短期金融票据、向银行贷款等方式筹资,向消费者贷款,兼营外汇、证券、投资咨询等业务
跨国金融机构	境内外国金融机构和在境外的本国金融机构,从事跨国金融业务

二、中央银行对商业银行的监管

(一)商业银行在金融机构体系中的地位

商业银行是指主要从事发放周转性工商业贷款、享有创造活期存款特权、以利润最大化为金融目标、提供多样化金融服务的金融机构,是最早出现的金融机构和唯一能提供活期存款的金融机构。在金融机构体系中,商业银行的地位十分突出,它是金融机构的主体组成部分,是数量最多、分布最广的一种金融机构。在货币的供给机制中,商业银行是创造存款货币的最主要的金融机构。对商业银行的监管是中央银行最主要的监管领域。

(二)中央银行对商业银行的监管

1. 对商业银行设立与开业的监管

中央银行对商业银行设立和开业的监管内容包括:

(1) 资本金要求。设立商业银行必须达到法定的最低资本额以保护存款人的利益和维护银行体系的稳定。各国对最低限度资本额的规定不一,美国国民银行的起始资本在扣除筹建开支后须达到 100 万美元,英国授权银行的最低资本为 500 万英镑,德国办理存款业务的各类银行的最低资本为 600 万德国马克,中国商业银行最低限额注册资本金为 10 亿元人民币。

(2) 对高级管理人员素质的要求。监管当局在审批商业银行时要考察高级管理人员包括品质、能力、经验、信誉等方面在内的综合素质。例如,美国审批商业银行时主要考察高级管理人员的财产状况、信用情况、银行从业经历和其他行业工作经历。中国商业银行高级管理人员的素质要求包括:熟悉有关经济、金融法律法规,正确贯彻执行国家的经济、金融方针政策,有金融业经营和管理的丰富专业知识,有很强的管理工作和业务工作能力。同时,还对高级管理人员的资历与学历作了具体规定。

(3) 符合银行业竞争状况和经济发展的需要。监管当局在对商业银行的设立和开业进行审批时会考虑当地银行业竞争状况和当地经济发展的需要。不过,各国对竞争的态度差别很大。例如,美国崇尚自由竞争,认为即使银行已经很多,也不应该限制有能力的新银行的进入以保证市场的效率;日本则对银行准入的审批很严格,多年来银行数量变化不大。

2. 对商业银行业务范围的监管

各国都在法律或商业银行章程中明确规定了商业银行的经营范围。20 世纪 80 年代前在商业银行经营范围上,有以德国为代表的全能型银行和以英国为代表的分离型银行。传统上,许多西方国家只允许商业银行吸收活期存款和发放商业贷款,不得经营其他金融业务。不过,20 世纪 80 年代以来,随着经济全球化和金融一体化、国际化、自由化的出现,在国际金融机构和其他金融机构的双重冲击下,商业银行积极进行金融创新,开发出不受管制的金融产品和服务,商业银行的业务范围不断扩大。这使得商业银行和其他金融机构的界限基本消失,各国商业银行逐渐由分离银行转向全能银行。2009 年公布的美国金融监管改革法案限制自营交易,允许银行投资对冲基金和私募股权,但资金规模不得高于自身一级资本的 3%。目前,在全球主要国家中,中国是实行分业经营、分业监管的最后一个堡垒。

3. 对商业银行日常经营活动的监管

对商业银行日常经营的监管主要包括制定并发布审慎监管政策和实施稽核与检查监督。制定审慎监管政策是对商业银行风险的预防性约束,它以法律法规等形式建立起商业银行在经营管理中的最低行为标准。稽核与检查监督作为规范商业银行经营管理的保证措施。监管的内容有下面几点:

(1) 对资本充足率的监管。1988 年 7 月的《巴塞尔协议》、2004 年的《巴塞尔新资本协议》和 2010 年的《巴塞尔协议Ⅲ》对商业银行资本充足率标准的规定,已经成为世界各国广为接受的资本充足率的标准。保持适度的资本充足率有利于保持商业银行的流动资产比率,减少风险贷款,保持币值稳定和降低经营风险。

(2) 对呆账准备金的监管。中央银行等监管当局对商业银行呆账准备金的计提非常关注。计提得当与否关系到能否准确评估银行的基本盈利能力。呆账准备金计提和冲销有三种方法(见表11-4)。

表11-4 呆账准备金计提和冲销的三种方法

方 法	准备金计提和坏账冲销方式
直接冲销法	平时不计提坏账准备金,当贷款实际损失时直接冲销利润
普通准备法	每年按贷款余额的固定比率提取坏账准备金,贷款实际损失时先冲销呆账准备金,不足再冲销利润
特别准备法	定期检查贷款并估计可能的损失,按估计的损失程度计提特别准备金,贷款实际损失时先冲销呆账准备金,不足再冲销利润

实际的坏账准备金制度是三种方法的结合。普通准备法和特别准备法的组合制度有利于银行的稳健经营而为大多数国家接受。

(3) 对清偿能力的监管。中央银行等金融监管机构对清偿能力的监管主要是通过对资产负债比例的监管,保证资产的流动性。监管当局对银行资产流动性的管理政策有两种:一是向银行发布衡量和管理流动性风险的指导方针;二是要求银行流动资产与存款或总资产的比例达到一定标准。由于流动性的衡量要考虑时间和地点的差异,目前还没有国际统一的流动性标准。2010年的《巴塞尔协议Ⅲ》引入了流动性覆盖比率和净稳定融资比率作为银行流动性监管强制标准,2011年,我国规定以上两项监管标准均为100%。

(4) 对贷款集中程度的监管。贷款集中程度主要由个别的大额贷款与银行资本的比例来衡量。历史经验表明,对个别贷款者的贷款过分集中是大多数银行倒闭的经常性原因。巴塞尔委员会《核心原则》规定,一家银行或银行集团对单一贷款人的贷款不超过资本金的25%,并向监管当局通报超过特定比例(如资本金的10%)的贷款情况。我国规定商业银行对同一借款人及其关联企业的贷款余额与商业银行资本净额的比例不得超过15%。

(5) 对国家风险的监管。国家风险又称国别风险,是指由于某些原因一国政府或私人借款人不能或不愿偿付对外债务可能造成的损失。国家风险分为两种类型:政府风险或主权风险;汇兑风险(见表11-5)。

表11-5 国家风险的两种类型

政府风险或主权风险	汇兑风险
一国政府借款人不能或不愿偿付对外债务,外国贷款人不能诉诸法律要求赔偿	私人借款人由于国家原因不能得到足够的外汇偿付对外债务。造成汇兑风险的三种原因:①国家管制外汇;②实行出口导向政策,将本币贬值,恶化了私人借款人的财务状况;③中央银行出现外汇短缺

国家风险给商业银行的国际资产造成损失,因而受到关注。对借款国考虑比较多的因素有:军事和民事冲突、国际收支余额、GDP增长和货币供给增长率等。

(6) 对外汇风险的监管。商业银行的外汇风险分为:流动性风险、信用风险、控制系统的风险和市场风险等(见表11-6)。

表 11-6　商业银行外汇风险的种类和来源

风险种类	风险来源
流动性风险	商业银行缺乏足够的外汇现金流量满足支付
信用风险	外汇贷款无法收回或来往金融机构违约
控制系统的风险	业务系统出现技术故障造成业务中断；或者交易已经完成，但没有进行交易结算
市场风险	市场变化造成外汇损失

外汇风险威胁到商业银行乃至金融体系的安全。对外汇风险监管的传统做法是将银行的外汇业务量限制在资本的一定百分比内。新的做法是对银行总的外汇风险规定资本要求。巴塞尔委员会颁布的《资本协议市场风险补充规定》要求银行为包括外汇风险在内的所有市场风险补充资本。

(7) 对信息披露的监管。监管机构要求商业银行及时向公众发布经营活动和财务状况的有关信息。目前各国监管当局对银行信息披露的要求差别很大。巴塞尔委员会1997年《核心原则》中认为，"为了保证市场的有效运行，从而建立一个稳定而高效的金融体系，市场参与者需要获得准确、及时的信息。因此，信息披露是监管的必要补充"。1995年巴塞尔委员会和证监会国际组织技术委员会联合发布报告，建议从事衍生品交易的大型商业银行和证券公司公开披露定性和定量信息。定性信息包括风险管理部门的监控情况和会计与计价方法；定量信息包括交易行为、信用风险、流动性、市场风险和交易收益。

(8) 内部控制要求。银行内部控制包括对银行组织机构、资产和负债业务、表外交易、会计系统、授权授信系统和计算机系统等的控制。巴塞尔委员会《核心原则》认为，银行监管者必须确保银行具备与其业务性质及规模相适应的完善的内部控制制度，包括：对审批和职责的明确；将银行承诺、付款和资产与负债账务处理的职能分离；交叉核对；有效的资产保护措施等。银行监管者还必须确保银行制定严格的深入了解客户的政策等，促进银行业形成较高的职业道德和专业水平，防止银行有意或无意被罪犯利用。

4. 对危机银行的监管

尽管中央银行等监管机构对商业银行有着严格的监管，但是由于各种原因，一些商业银行仍然可能陷入危机，面临倒闭和破产。中央银行等监管机构会采取一系列措施进行挽救。另外，许多国家建立了存款保险制度。

(1) 处理危机银行的一般措施（见表 11-7）。

表 11-7　处理危机银行的一般措施

一般措施	做法
贷款挽救	央行直接贷款援助；设立特别机构或基金提供财务援助；组织有实力的银行集资援助
担保	央行或政府向有问题的银行提供担保
并购	组织健全银行兼并或收购危机银行

续表

一般措施	做法
设立过渡银行	设立过渡银行全面承接危机银行业务,以保证危机银行在持续经营的前提下得到有效处理
设立专门的危机银行处理机构	设置专门的危机银行处理机构负责接管和处置危机银行的资产,帮助危机银行恢复经营

(2) 存款保险制度。存款保险制度是美国在 20 世纪 30 年代经济大危机中首创的,目前英国、日本、德国等许多国家建立了存款保险制度。存款保险制度属于一种事后补救措施,有利于保护存款人的利益和金融体系的稳定。也有人认为,存款保险制度鼓励了存款者和银行去冒更大的风险,反而不利于金融风险的控制。

三、中央银行对其他金融机构的监管

(一) 对专业银行的监管

1. 对储蓄银行的监管

储蓄银行是指通过吸收储蓄存款获取资金从事经营业务的银行机构。它通过把分散的、小额货币积累汇集起来,转化为经营资本。筹集的资金主要用于:(1)长期贷款,其中房地产贷款占总资产的 70% 以上;(2)购买政府公债、企业股票和公司债;(3)转存商业银行。

由于绝大部分资金来自于居民的储蓄,所以各国监管当局都对储蓄银行进行严格监管。中央银行等监管机构对储蓄银行的申请开业、经营范围、任职资格等方面都进行监督和控制。

2. 对投资银行的监管

投资银行是指经营对工商企业的投资和长期贷款业务的专业银行,投资银行通过发行股票和债券筹集资金。现代投资银行的资产业务主要有:证券承销、证券交易、私募发行、兼并与收购、基金管理、风险资本、风险控制工具的创造与交易、咨询服务。

与对储蓄银行的监管一样,对资产安全性的监管,是中央银行对投资银行监管的重点。由于证券业务是投资银行的基本业务,投资银行同时受到证券监管机构的监管。

3. 对其他专业银行的监管

不动产抵押银行又称抵押银行,是专门以土地、房屋等不动产作抵押办理放款业务的银行。这种放款一般期限较长,属于长期信贷。抵押银行主要通过发行不动产抵押证券来吸收长期资金。不动产抵押银行的业务对象在西方国家大体可分为两类:一类是办理以土地为抵押的长期放款,主要贷给土地所有者或购买土地的农业经营者;另一类是以城市房屋为抵押的长期放款,主要贷给房屋所有者或经营建筑业的经营者。这类银行接受的抵押品除土地、房屋外,还接受股票、债券和黄金作为贷款的抵押品。各国的抵押银行普遍带有公营性质。目前中国没有专设的抵押银行,只是在《中华人民共和国民法通则》和《借款合同条例》中规定了抵押贷款。

外汇银行是指专门经营外汇和国际结算业务的专业银行。外汇银行经办国外款项的

收付和结算、经营外汇买卖、提供外汇信贷、办理出入境的外币兑换。在取消了外汇管制的国家,中央银行主要是对外汇银行的业务风险进行监管。这些风险包括:汇率风险、利率风险、信用风险、国家风险。在外汇管制的国家,监管的重点在维护外汇管制制度和经营规则。

（二）对政策性银行的监管

政策性银行是指由政府创立或担保、以贯彻国家产业政策和区域发展政策为目的、具有特殊的融资原则、不以盈利为目标的金融机构。政策性银行与商业银行和其他非银行金融机构相比,其特征是:一是政策性银行的资本金多由政府财政拨付或依靠发行金融债券或向中央银行举债,一般不面向公众吸收存款;二是政策性银行经营时主要考虑国家的整体利益、社会效益,不以盈利为目标,但是坚持银行管理的基本原则,力争保本微利;三是政策性银行有特定的业务领域,不与商业银行竞争。

目前,大多数国家设立的主要的政策性银行有:农业银行、进出口银行、开发银行。中央银行对政策性银行的监管表现为指导政策性银行和中央银行政策目标保持一致以及人事参与。

（三）对信托投资机构的监管

1. 对信托投资机构设立、变更和退出的监管

世界上大多数国家在信托投资机构设立时,除要求符合法律和履行法律手续之外,要经过行政主管当局的审核和认可。审核的要点包括:机构名称、地址、资本充足性、组织形式、经营范围、经营者资信状况等。信托投资机构在经营过程中的变更、退出都要接受审核监管,并按照法定程序处理。

2. 对信托投资机构业务范围的监管

世界各国都对信托投资机构的业务范围有明确的限制。美国的信托法对信托投资机构的业务范围规定为两类:固有的信托业务和辅助的信托业务。日本对信托银行的业务经营范围规定为三类:银行业务、信托业务和兼营业务。中国对经营人民币业务的信托机构的业务范围规定为:委托人指明项目的信托投资与信托贷款业务;委托人提出一般要求的信托投资和信托贷款业务;融资性租赁业务等。

3. 对信托投资机构日常经营的监管

（1）对信托投资机构准备金的监管。为了维护委托人的利益,监管机构要求信托机构将一定比例的现金或有价证券存入监管机构,用于补偿信托资金代为运用中的损失或弥补契约表明的收益率不足。

（2）对信托资金运用的监管。信托资金的运用按其来源分为由委托人指定用途的信托资金和由信托机构代为确定用途的信托资金两类。对于前者,监管机构限定信托机构执行契约规定;对于后者,则在运用范围、限额、期限、责任和收益方面有详细规定。

（3）对信托财产经营管理的监管。内容包括:对信托财产的种类的限定;对信托财产的转让、出售、处理的限定;对保证信托财产的独立性的限定等方面。

（四）对合作金融机构的监管

合作金融是按照合作制原则组建的金融组织形式,又称信用合作。金融合作机构是

由个人集资联合组成、以互助为主要宗旨的金融机构,通过向会员提供便捷和低利率的信贷服务,帮助会员解决资金困难。中国合作金融的主要形式是城市信用合作社和农村信用合作社。对合作金融机构监管的内容包括:对市场准入的监管,即对最低注册资本金的要求、对管理人员和从业人员的要求和要求具备健全的组织机构与管理制度、固定的经营场所及必要的设施等;对资产负债比率的监管,合作金融机构必须执行存贷比例和风险控制规定,保证支付到期债务;对业务范围和财务的监管等。

（五）对保险机构的监管

保险机构是通过集中一般公众的巨额保险资金进行管理和运用,当被保险人发生事故时,向被保险人支付赔款给予补偿的金融机构。由于保险行业的高度社会广泛性、专业性和风险性,保险业受到了世界各国金融监管当局的重视。监管的内容包括:政策事项、管理事项、监督事项、禁止和限制事项(见表11-8)。

表11-8　对保险机构监管的事项

监管的事项	具 体 内 容
政策事项	制定保险的方针、政策条例和细则,以规范和调整保险分配关系、稳定发展保险市场、健全和完善补偿制度
管理事项	审批和宣告保险企业的开业、整顿、清理、合并、破产;审批保险企业章程、组织形式和业务范围;审核保险企业的保险条款、基本费率以及责任准备金计算方案;审核资本金运用计划和财务计划;审查批准保险代理人、保险经纪人登记
监督事项	审查年度、季度和月度的财务报告中的偿付能力、资本流动比率、单位危险承保限额、责任准备金计算的准确性、保险条款与保险费率计算的合理性、成本核算与利润形成的合法性等内容
禁止和限制事项	对业务范围的限制等

各国的保险监管机构并不相同。英国的监管机构为商业部;美国的监管机构为州政府、州政府下属的保险署、独立的保险监督管协会。中国1998年11月之前的保险监管机构是中国人民银行,之后为中国保险监督管理委员会。

（六）对外资金融机构的监管

对外资金融机构实施监管是为了维护金融体系的稳定和有效运行以及充分利用外资金融机构的有利影响和消除不利影响。对外资金融机构的监管包括下面几点：

1. 对外资金融机构市场准入的监管

世界各国对外资金融机构市场准入的规定可以概括为以下几个方面：

（1）申请人的实力和经营状况,包括资本和资产总额的数量、经营纪录、管理人员素质、业务重点以及在国际金融界的地位等。各国对外资金融机构的市场准入要求一般高于对本国金融机构市场准入要求。

（2）对机构组织形式的限制。如加拿大只允许外国银行以附属机构的形式进入市场,香港则鼓励采用设立分行的形式。

（3）申请人能够受到母国监管当局有效的监管并且外国金融机构的总部能够以法律等明确形式保证对申请人负责和提供支持。

2. 对外资金融机构业务的监管

(1) 业务范围的监管。大部分国家对外资银行所能经营的业务有一定的允许范围和参与程度的限制,同时明确禁止经营的业务和行业,最常见的是将投资银行业务分开来,禁止商业银行进行包销股票等投资银行业务。

(2) 对存款业务的限制。一是对存款种类的限制,如一些国家限制外国银行从本国的公众部门和类似于养老金的公共控制机构吸收存款;二是对存款数额的限制,如西班牙规定外资银行接受本地居民存款不超过它对居民放款的40%。

(3) 对贷款业务的限制。发展中国家侧重于限制对外资银行的贷款投向,以符合产业和经济政策的需要;发达国家侧重于保证银行本身的安全,而对贷款的总量进行限制。

除此之外,对外资金融机构的监管还包括对利率的限制、对再贴现便利的限制、对税收的限制和对外资银行进行风险监管。东道国监管当局要对外资金融机构的日常经营活动进行必要的监督检查,以了解外资金融机构的经营状况和保证其依法经营。

第五节 中央银行对金融市场的监管

一、金融市场监管概述

(一) 中央银行与金融市场的关系

1. 中央银行是金融市场的金融中介

中央银行在金融市场上,作为资金供给者与资金需求者的中介参与市场活动。由于它集中了各银行的存款准备金和清算资金,当各行发生资金拆借、证券买卖的资金活动和需要清偿债权债务时,就可以为融资双方提供融资便利和清算服务。

2. 中央银行是金融市场的调控者

中央银行作为发行的银行、政府的银行和银行的银行,一方面通过其自身的交易行为调控金融市场的资金运行进而调控整个宏观、微观经济;另一方面在调节经济过程中,既可以运用各种经济手段,又拥有行政手段和法律手段,还可以提供各种经济信息。因此,中央银行的业务活动具有较大的灵活性、综合性与权威性,能够从容地调控金融市场乃至全社会的资金运行。

3. 中央银行是金融市场的监管者

要保证金融市场的正常运行,从而发挥市场机制的作用,就必须制定一些法律制度,如银行法、票据法、证券法、公司法等。中央银行是代表国家制定和执行金融政策和各项法令、条例以及实施这些法令、条例,依法对金融市场进行监督管理的机构。它不对任何企业和个人直接办理存贷业务和证券买卖业务,不以营利为目的,不与银行和其他金融机构竞争。

中央银行货币政策的实施,离不开对金融市场的监管。保证金融市场的平稳、规范运行是中央银行执行货币政策职能的需要。

（二）金融市场监管的一般原则

总结各国金融实践，金融市场监管的一般原则包括：公开、公平、公正原则；全面监管原则；效率原则。

公开原则是指保证与金融市场交易活动有关的信息和文件资料的公开与透明，以满足市场参与者的需要和社会公众的监督；公平原则是指保证参与者地位、权益和责任等方面的平等，创造公平的市场气氛；公正原则是指监管机构依法公正处理金融市场中发生的事件，保证金融体系的健康稳定发展。

全面监管原则是指对金融市场的所有子市场和一切金融交易活动进行全面的监管。

效率原则是指监管要保证市场对金融资源有效配置的效率；以较小的监管成本实现有效的监管。

二、中央银行对货币市场的监管

货币市场由同业拆借市场、票据贴现市场、可转让大额定期存单市场和短期证券市场四个子市场构成。货币市场种类多、交易额大，对金融市场的影响直接而显著。

（一）中央银行对同业拆借市场的监管

同业拆借市场是银行和金融机构之间相互调剂融通短期资金的市场。同业拆借市场最早出现于美国，其形成的根本原因在于1913年美国法定存款准备金制度实施后，存款准备金多余和不足的银行，在客观上需要互相调剂。经历了几十年的发展，当今西方国家的同业拆借市场在交易内容开放程度方面和融资规模等方面，都发生了深刻变化。拆借交易从银行之间扩展到银行与其他金融机构之间。拆借目的已不仅仅限于补足存款准备和轧平票据交换头寸，而且用于满足金融机构在经营过程中出现暂时的、临时性的资金短缺。更重要的是同业拆借已成为银行实施资产负债管理的有效工具。

对同业拆借市场监管内容包括：对拆借市场主体的资格审核，即同业拆借市场的市场准入规则，参加同业拆借的主体仅限于商业银行和其他金融机构；对拆借资金用途的限制，一般仅限于解决临时性、季节性周转资金不足，不得用于固定资金和流动资金贷款；对拆借期限和利率的控制；对拆出、拆入资金占存款比例的监管；对拆借担保的监管，保证担保品的质量和充足以及制定担保规则；对金融机构内部控制的监管。

（二）中央银行对票据市场的监管

票据市场是指以票据为信用工具，进行资金融通活动的货币市场，包括商业票据市场、票据承兑贴现市场。按国际惯例，现代经济中通行的票据分为汇票、本票和支票三种。

1. 对短期商业票据市场的监管

短期商业票据是大公司以短期融资为目的发行的无抵押借款凭证，是一种商业本票。对短期票据市场监管的内容包括：对发行人的限定，短期商业票据只能是信用较高的大公司发行；对票据兑付期限的监管；对国债融资用途的监管，一般筹集的资金只能用于流动资金需求；对融资券发行额度和利率的监管等。

2. 对票据承兑贴现市场的监管

商业汇票市场包括承兑市场、贴现市场、再贴现市场。监管的内容包括：对商业汇票出票人的条件的限定，通常是规定出票人资信状况，并要求商业汇票以真实、合法的商品交易为基础；对于商业汇票承兑、贴现、转贴现、再贴现期限的限定；对于商业汇票贴现、再贴现利率的限定；对商业汇票承兑资格和数量的限定；对贴现、再贴现资金流向、数量的限定等。

（三）中央银行对国债市场的监管

国债是中央政府为筹集财政资金而发行的一种政府债券，是中央政府向投资者出具的、承诺在一定时期支付利息和到期偿还本金的债权债务凭证。国债市场是指以国家信用为保证的国库券、财政债券、特种国债等的发行和交易市场。中央银行对国债市场的监管的内容包括：对国债发行方式、期限和利率等方面的监管；对国债回购业务的品种、对象、期限和利率的监管等。

（四）中央银行对大额可转让定期存单市场的监管

大额可转让定期存单是指存款人在储蓄机构存入一笔固定数额的货币，按与银行约定的利率计算的存款方式。大额可转让定期存单于20世纪60年代初首创于美国，中国于1986年开始发行。中央银行对大额可转让定期存单市场监管的内容包括对发行额度、发行单位和期限等的监管。

三、中央银行对资本市场的监管

各国对资本市场监管的模式分为：集中立法管理、机构自律管理和介于两者之间的中间管理模式。

（一）对证券交易所的监管

证券交易所是进行证券集中的、有组织的交易场所。证券交易所本身并不从事证券买卖业务，只是为证券交易提供场所和各项服务，并履行对证券交易的监管职能。

1. 对证券交易所开设的监管

对证券交易所开设的监管，主要形式有：注册制、核准制和认可制（见表11-9）。

表11-9 对证券交易所开设的监管形式

对证券交易所开设的监管形式	代表国家	内容和特点
注册制	美国	美国证券交易法规定，除交易量过少，经证券交易委员会豁免者以外，有相当交易量的全国性证券交易所需向证券交易委员会注册，经批准后方能营业。证券交易委员会在确认证券交易所的组织结构、管理规则及有关设施等符合相关规定后，才准予注册

续表

对证券交易所开设的监管形式	代表国家	内容和特点
核准制（特许制）	日本	日本证券交易法规定，设立证券交易所需经大藏省特许。特许后经复查，不符合条件者可撤销其特许。在核准制中，由于有主管机关审核，可防止管理不善、缺乏竞争力的证券交易所开业，并防止证券交易所数量过多，因此各国大多实行这一制度
认可制	英国	英国对证券交易所的管理传统上以自律为原则，经承认的证券交易所业务完全自治。实行认可制的国家很少

2. 对证券交易所业务的监管

对证券交易所业务的监管主要是由监管当局依法对证券交易所进行监督检查，同时对其会员实行自律性管理。监管的内容包括三个方面：对证券交易的全过程的监督管理；对交易行为的监督管理；对客户委托买卖交割的监督管理。

（二）对证券交易服务机构的监管

证券交易服务机构包括证券投资咨询公司、资信评估机构以及为证券的发行、上市或证券交易活动出具审计报告、资产评估报告或提供法律文书的会计事务所、资产评估事务所和律师事务所。对证券交易服务机构的监管包括：对机构资格审核、对从业人员资格审核和对服务机构的业务管理。

（三）对证券发行市场的监管

监管当局对证券发行市场的监管包括对新上市证券的审查、控制和监督行为。世界各国都对证券发行采取审核制度。审核制度分为两种：注册制和核准制。

注册制要求发行人在发行证券之前，按有关法律的规定先向证券监管机构和证券交易所进行发行注册。同时提供与证券发行有关的一切信息，并保证其真实性和可靠性。经主管机构审查后，这种证券就可以公开发行。对于政府债券、政府核准的证券和不公开发行的证券免于注册。

核准制是指主管部门规定了证券发行的若干具体条件，证券发行人每次发行证券均应报请证券监管部门审核批准的制度。中国对证券发行和上市实行核准制。

（四）对证券交易市场的监管

证券交易市场包括证券交易所内的交易市场和以证券公司柜台为中心的柜台市场。对证券交易市场的监管是各国对证券市场监管的重点，包括对证券市场交易行为的监管和对上市公司信息披露的监管。

1. 对证券市场交易行为的监管。在信息不对称、交易主体资金和库存证券势力不等的条件下，对证券市场交易行为的监管的重点包括：

（1）对内幕交易行为的监管。内幕交易是指内幕信息的知情人员利用其获得的未公开信息，进行证券交易或者信息交易，以获取利益的行为。监管的内容包括限制内幕信息的知情人进行相关证券的交易、泄漏相关信息和向他人建议进行相关证券交易。

(2) 对市场操纵行为监管。市场操纵是指机构或个人利用资金、库存证券和信息等优势，制造交易价格的虚假升降，从中获利或者转嫁风险的行为。市场操纵行为扰乱了金融市场秩序，增加了金融风险，对于市场操纵行为依法进行相应处罚。

(3) 对市场欺诈行为的监管。市场欺诈行为包括证券机构或从业人员挪用客户证券和资金、引诱客户进行不必要的交易、违背客户真实意愿损害客户利益、编造虚假信息等。各国都立法对市场欺诈行为进行了限制。

2. 对证券市场信息披露的监管

信息披露主要包括证券发行以及上市时的初次信息披露和证券上市后的持续信息披露。前者主要是招股说明书和上市公告书，后者主要是定期报告和临时报告。对信息披露的监管主要是对信息披露的形式和内容的监管。各国都立法对信息披露的形式和内容进行了规定。

（五）对金融衍生市场的监管

金融衍生商品也称金融衍生工具，源于原生性金融商品或基础性金融工具，是一种通过预测股价、利率、汇率等的未来市场行情，以支付少量保证金签订远期合同或互换不同金融商品的派生交易合约，包括期货、期权、远期合约、掉期合约等。金融衍生工具一方面为筹资者和投资者提供了规避价格风险、增加投资收益、降低融资成本和增加融资渠道的手段，另一方面又具有巨大的风险投机性。20 世纪 90 年代以来的国际金融市场的风波都与金融衍生商品有关。

金融衍生商品带来的风险分为两大类：一种是交易主体内部管理不善带来的内部风险，一种是外部市场因素变动带来的外部风险。具体分为：交易主体拒绝履行合同的信用风险；由于市场金融商品价格变动带来的汇率风险、利率风险、价格风险等；各种原因带来的操作失误的风险；法律不完善或者滞后带来的法律风险；市场交易清淡带来的流动性风险。

国际上对金融衍生商品交易的风险管理制度包括：保证金制度，所有会员都必须在结算部开立结算账户并结算全部交易，按规定缴纳基础保证金和交易保证金，各国保证金比率一般在 10% 以下；价格涨跌停板制度、大户报告制度和持仓限量制度，以防止过度投机和市场操纵；每日无负债制度，包括每日结算各会员的盈亏和结算债权债务以防范风险；自营和代理业务强制分离制度，以防止侵害客户利益；风险基金制度，以提高抵御风险能力。2009 年公布的美国金融监管改革法案将之前缺乏监管的场外衍生品市场纳入监管视野，大部分衍生品须在交易所内通过第三方清算进行交易，并要求金融机构将农产品掉期、能源掉期、多数金属掉期等风险最大的衍生品交易业务拆分到附属公司，但自身可保留利率掉期、外汇掉期以及金银掉期等业务。

四、中央银行对外汇市场的监管

外汇市场是不同货币进行交易的场所。外汇市场分为两种形态：一是有形的外汇市场；一是通过电话、电报和电脑网络等现代通信工具进行网络交易的无形市场，当今大部分外汇交易都在无形市场上进行。中央银行对外汇市场监管的目的是防止汇率过度波动、保证国际收支平衡和保证货币政策和汇率政策有效实施。

中央银行对外汇市场的监管包括对银行结售汇市场的监管和对银行间外汇市场的监管。监管的内容包括：对贸易外汇进口兑付和出口收汇的监管、对贸易收支和资本流动以外的非贸易外汇收支的监管、对资本输入和输出的监管、对非居民存款账户的监管、对汇率和汇率调整的监管以及对外汇风险的监管等。

第六节 中国人民银行的金融监管

一、我国金融监管体制的演变

我国的金融监管是伴随着金融业改革的深入逐步发展起来的，总的来说，我国金融监管的发展大体上可分为四个阶段：

（一）初始阶段——1992年以前的金融监管体制

（1）1984年以前，中国人民银行一方面经营普通银行业务，另一方面全面行使金融监管职责。

（2）1984年1月1日开始，中国人民银行专门行使中央银行职能，成为我国的货币当局和全面承担对金融各业监管职能的金融监管当局。一直到1992年底，我国的金融监管体制基本上属于集中单一型监管体制。

这一时期的金融监管主要依靠行政手段管理金融。人民银行从经营与监管合一转变到放弃经营功能，成为一个超脱的金融监管主体，但对金融监管工作研究不多，重视不够，金融监管的作用发挥不理想。

（二）偏重于整顿式、合规性监管的阶段（1993—1994年）

（1）1992年12月，国务院证券委员会（证券委）和中国证券监督管理委员会（证监会）成立，与中国人民银行共同管理证券业。证券委是国家对证券市场进行统一管理的主管机构，证监会是证券委的执行机构，中国人民银行负责证券经营机构的审批和归口管理。

（2）1993年我国正式将"分业经营、分业管理"作为我国金融监管改革的目标。这一时期，强调中央银行的分支机构要转变职能，由过去侧重于管资金、分规模，转变到加强金融监管上来。但监管方式主要是整顿式、运动式，监管内容以合规性为主。

（三）金融监管立法阶段（1994—1997年）

这一时期，我国金融领域的立法速度大大加快，颁布了《中国人民银行法》、《商业银行法》、《票据法》、《保险法》、《担保法》和《关于惩治破坏金融秩序犯罪的决定》及《外资金融机构管理条例》、《金融机构管理规定》等金融法律法规，使中央银行的金融监管逐步走上依法监管的轨道。

(四)金融监管体制改革深化阶段(1998年至今)——分业监管格局的逐步形成和调整

这一时期,吸取东南亚金融危机的教训,中国人民银行的金融监管改革得到了深化。我国金融分业经营、分业监管体制进一步得到完善;人民银行管理体制也进行了重大改革,从按行政区划设置分行改变为按经济区划设置。

(1)在《中华人民共和国商业银行法》和《中华人民共和国证券法》中明确规定实行分业经营、分业监管。

(2)1997年11月,国务院将中国人民银行对证券经营机构的监管权划归证监会。

(3)1998年4月,根据国务院机构改革方案,证券委与证监会合并组成了新的证监会,全面负责对证券、期货市场的监管。

(4)1998年11月,中国保险业监督管理委员会成立,负责监管全国商业保险市场。至此,银行业、证券业、保险业分业监管的体制得以确立。

(5)2003年4月,中国银行业务监督管理委员会成立,统一监管银行、金融资产管理公司、信托投资公司等金融机构。修订了《中国人民银行法》和《商业银行法》,规定中国人民银行的主要职能转变为"在国务院领导下制定和执行货币政策,防范和化解金融风险,维护金融稳定"。

(6)2003年颁布《中华人民共和国银行业监督管理法》,并于2004年2月1日起正式施行。至此,三部银行法和《证券法》、《保险法》、《信托法》、《证券投资基金法》、《票据法》及有关的金融行政法规、部门规章、地方法规、行业自律性规范和相关国际惯例中有关金融监管的内容共同组成了我国现行的金融监管制度体系,标志着我国现代金融监管框架的基本确立。至此,我国金融监管将分别由中国人民银行、中国银行业监督管理委员会、中国证券业监督管理委员会和中国保险业监督管理委员会四个机构分别执行。为确保四部门间在监管方面的协调一致,《中国人民银行法》第九条授权国务院建立金融监督管理协调机制;《银行业监督管理法》第六条、《中国人民银行法》第三十五条分别规定了国务院银行业监督管理机构、中国人民银行应当和国务院其他金融监督管理机构建立监督管理信息共享机制。

二、现行金融监管体制下各监管主体的基本分工

(1)证监会负责全面监管证券、期货市场;
(2)保监会负责全面监管商业保险市场;
(3)银监会负责全面监管银行业、信托投资公司和其他各类金融机构;
(4)人民银行负责监管银行间同业拆借市场、银行间债券市场、银行间外汇市场、黄金市场和其他与人民银行执行货币政策、维护金融稳定、提供金融服务、履行反洗钱职责等直接相关的行为。

三、中国人民银行的金融监管

（一）中国人民银行继续履行监管职责的必要性

证券业、保险业、银行业监管职能分离出去以后，中国人民银行为了有效履行其制定和执行货币政策、维护金融稳定、提供金融服务的职责，必须保留一部分监管权利。这种针对金融机构和金融市场的特定业务活动及其所能发挥的基本功能（而不是针对金融机构的名称或基本分类）进行的监管，即为功能性监管。具体而言，人民银行继续履行部分金融监管职能有以下几个方面的必要：

(1) 制定和执行货币政策的需要。为了有效地制定和执行货币政策，人民银行必须制定金融统计制度和掌握相关的金融统计数据和其他资料；必须制定准备金管理和利率管理等规则，检查监督金融机构执行相关规定的行为，在此基础上运用相关货币政策手段；必须制定银行间市场和黄金市场的市场组织形式及业务活动规则，在此基础上监测金融市场运行情况和货币政策效应。

(2) 维护金融稳定的需要。为了防范金融风险，维护金融稳定，人民银行必须了解金融机构的风险状况及导致风险的原因，因而需要金融机构报送相关的资料，必要时需要对金融机构进行检查监督；必须制定对有问题金融机构实施救助的管理办法并监督执行情况；必须对本币市场实施宏观调控，促进本币市场之间及本外币市场之间协调发展；必须对外汇市场实施管理和宏观调控，防范国际资本流动的冲击。

(3) 提供金融服务的需要。为了管理人民币，人民银行必须制定相关规定并检查监督执行规定的行为；为了维护支付、清算系统的顺利运行，人民银行必须会同银监会制定支付结算规则并监督执行；为了经理国库，人民银行必须制定相关的管理规定并检查监督金融机构执行代理人民银行经理国库的行为；为了管理信贷征信业，推动建立社会信用体系，人民银行需要制定有关信用资料采集、汇总和查询等相关的管理办法并检查监督金融机构、其他单位和个人的执行情况。

(4) 履行反洗钱职责的需要。为了指导、部署金融业反洗钱工作，进行反洗钱的资金监测，人民银行需要制定金融机构反洗钱办法及相关的交易报告制度，并监督检查执行相关规定的行为。

（二）中国人民银行金融监督的基本内容

(1) 监督管理银行间市场和黄金市场。包括对银行间同业拆借市场、银行间债券市场、银行间外汇市场和黄金市场的监管；监测金融市场运行情况，对金融市场实施宏观调控，促进其协调发展。

(2) 监督管理作为货币政策操作基础性制度的执行情况。包括：对准备金管理规定和利率管理规定执行情况的监管；根据需要，建议银监会对银行业金融机构进行检查监督。

(3) 监督管理为履行金融服务职能而建立的相关制度的执行情况。包括对人民币管理规定、清算管理规定、关于金融机构代理人民银行经理国库的管理规定、关于人民银行特种贷款的管理规定、信贷征信管理规定等执行情况的监管。

（4）监督管理系统性金融风险。包括对可能危害金融稳定的银行业金融机构的风险监管和金融市场的风险监管。

（5）监督管理有关外汇管理规定和黄金管理规定的执行情况。

（6）监督管理有关反洗钱规定的执行情况。

（7）对人民银行系统内部的监督管理。

（三）中国人民银行实施金融监管的权力

（1）规章制度制定权。中国人民银行作为国务院的直属机构，有权依照法律和国务院制定的行政性法规，制定其履行各项所必需的规定、管理办法及其他规章。

（2）监管信息索取权。中国人民银行根据履行职责的需要，有权要求银行业金融机构报送必要的财务会计、统计报表和资料。

（3）现场检查监督权。中国人民银行有权对《中国人民银行法》规定的金融机构以及其他单位和个人的有关行为进行检查监督，有权对出现支付困难的金融机构报经国务院批准后进行检查监督。

（4）检查监督建议权。中国人民银行根据执行货币政策和维护金融稳定的需要，有权建议银监会对银行业机构进行监督检查。

（5）监管信息共享权。中国人民银行根据法律和国务院规定，有权与其他金融监管机构共享监管信息。

（6）内部稽核检查权。中国人民银行有责任和权力建议、健全本系统的稽核、检查制度，加强内部的监督管理。

（7）违规行为处罚权。中国人民银行有权根据《中国人民银行法》和其他相关的法律、规章，对金融违规行为施以罚款或其他处罚。

四、中国人民银行与其他监管主体的监管协调

（一）建立金融监管协调机制的必要性

各监管主体在履行各自的监管职责时必然会出现对统一监管对象多头监管的现象。根据金融监管必须遵循的"不干涉金融机构正常经营活动"和"安全稳健与经济效益相结合"的原则，同时也为了避免出现重复监管和监管真空，必须建立监管主体之间有效协调的机制。

（二）金融监管协调机制的内容

（1）建立金融监管协调机制必须确定牵头协调的主体，并赋予其一定的权力。对此，《中国人民银行法》第九条明确指出："国务院建立金融监督管理协调机制，具体办法由国务院规定"。

（2）金融监管协调机制包括监管规则的协调机制。各监管主体都拥有一定的监管规则制定权，不同监管主体制定的监管规则之间有可能出现因政出多门而相互掣肘，这一方面会导致监管效率的损失，另一方面也可能使接受双重或多重监管的监管对象无所适从。因此，各监管主体在制定规章时要避免规则冲突。《中国人民银行法》第二十七条第二款规定："中国人民银行会同国务院银行业监督管理机构制定支付结算规则"。

(3) 金融监管协调机制包括监管信息的共享机制。在避免重复监管的原则下,要确保监管主体能够及时获取所需监管信息,必须建立监管信息共享机制。对此,《中国人民银行法》第三十五条第二款规定:"中国人民银行应当和国务院银行业监督管理机构、国务院其他金融监督管理机构建立监督管理信息共享机制"。

(4) 金融监管协调机制包括现场检查的行动协调机制。《中国人民银行法》第三十二条赋予了人民银行对金融机构以及其他单位和个人九个方面的行为进行监督检查的权力。该法第三十条规定:"当银行业金融机构出现支付困难,可能引发金融风险时,为了维护金融稳定,中国人民银行经国务院批准,有权对银行业金融机构进行现场检查监督"。根据《中国人民银行法》第三十三条规定,即使出于执行货币政策和维护金融稳定的需要,一般情况下中国人民银行也不能亲自对银行业金融机构进行现场检查,而只能"建议国务院银行业监督管理机构对银行业金融机构进行检查监督"。根据该法第三十四条规定,中国人民银行确实需要亲自对银行业金融机构进行检查监督的,也必须经国务院批准方可行动。根据《中国人民银行法》第三十三条规定,当人民银行提出对银行业机构进行检查监督的建议后,"国务院银行业监督管理机构应当自收到建议之日起三十日内予以答复"。

【思考与应用】

1. 金融监管是如何随着金融市场的发展而发展的?结合现代金融市场的发展和巴塞尔协议的修订,谈谈现代金融市场存在的突出问题和金融监管的发展趋势。
2. 比较集中监管模式和分业监管模式的异同和适用的环境。
3. 对商业银行监管的内容和方法有哪些?比较央行对不同金融机构监管的异同。
4. 比较货币市场、资本市场和外汇市场的特点、风险来源和金融监管的异同。
5. 阅读下面的案例,讨论问题。

巴克莱银行因陷入操纵黄金定价丑闻被罚

英国金融行为监管局23日说,由于巴克莱银行的前交易员操纵伦敦黄金定价机制,决定对巴克莱银行处以约2600万英镑(约合4368美元)的罚款。

金融行为监管局当天发表声明说,2012年6月28日,前巴克莱交易员丹尼尔·詹姆斯·普伦基特利用巴克莱银行系统漏洞,试图操纵当天的黄金定价机制从而获利。而巴克莱银行未能妥善处理自身和客户之间的利益冲突,并疏于管理系统漏洞。这种管理不善的行为从2004年到2013年之间持续存在。

金融行为监管局同时对普伦基特开出了9.56万英镑(约合16.06万美元)的罚单。

金融行为监管局的金融犯罪部门主管特雷西·麦克德莫特在声明中表示,巴克莱银行疏于管理,其交易员漠视客户利益,使该行声誉再次受损。

2012年夏天,巴克莱银行曾因涉嫌操纵伦敦银行间同业拆借利率,被英美监管部门处以2.9亿英镑(约合4.88亿美元)的罚款。而普伦基特的不当行为就发生在该行被罚后的第一天。

伦敦黄金定价机制是以单一报价为市场用户提供买卖黄金机会的重要定价机制。巴克莱银行于

2004年6月加入该机制。

摘自新华网,2014.05.24。

问题：

(1) 造成上述巴克莱银行案的原因是什么？

(2) 结合以上案例讨论其对中国银行业监管的启示。

第十二章 中央银行与外汇管理

【本章提要】

外汇管理是当今世界各国中央银行调节外汇和国际收支的一种常用的强制性手段，其目的总的说就是为了谋求国际收支平衡，维持货币汇率稳定。它是国际经济关系发展到一定阶段的产物，其产生的最直接原因是外汇短缺。世界各国（地区）外汇管理的范围和程度可以大致分为全面外汇管理、部分外汇管理和不实行外汇管理三种类型。外汇管理有其作用及局限性，外汇管理的内容包括其机构、对象的规定和管理措施。外债管理受到各国中央银行的普遍重视。外债管理的内容包括外债总量管理；外债结构管理和外债营运管理。

【基本概念】

外汇管理　结售汇制　复汇率　经常项目可兑换　外债管理　偿债率　债务率　负债率

第一节　外汇管理概述

一、外汇管理的概念

外汇管理也称外汇管制，广义上是指一国为维持国际收支平衡和本币汇率稳定，指定或授权中央银行运用各种手段，包括法律的、行政的、经济的措施，对在其国境内和管辖范围内的外汇收、支、存、兑、借贷、国际间结算等活动进行管理。狭义上是指对本国货币和外国货币在兑换上实行一定的管制。

外汇管理是当今世界各国中央银行调节外汇和国际收支的一种常用的强制性手段，其目的是为了谋求国际收支平衡，维持货币汇率稳定，保障本国经济正常发展，加强本国在国际市场上的经济竞争力。

二、外汇管理的产生和演变

外汇管理是国际经济关系发展到一定阶段的产物，其产生的最直接原因是外汇短缺。纵观西方各国，外汇管理经历了一个复杂的历史过程，在不同时期的经济环境下，外汇管理体制存在着很大差异。

第一次世界大战前,世界各国普遍实行金本位制,黄金自由转移,外汇自由交易,汇率相对稳定,国际收支可以自动调节平衡,各国均未实行外汇管理,外汇可以自由地在国际间流动。第一世界大战爆发后,除少数国家外,资本主义各国都发生了巨额的国际收支逆差。英、法、德、意等参战国为了控制外汇资源,防止资金外逃,减缓汇率的剧烈波动,弥补国际收支逆差,尽可能多地筹集黄金和外汇资金进行战争,各国先后取消了外汇的自由买卖,禁止黄金输出,实行严格的外汇管理。

同时,随着西方各国战后经济的恢复和发展,政治、经济及金融形势趋于稳定,从1923年起,各国先后实行了金块本位制和金汇兑本位制,主要资本主义国家先后取消了严格的外汇管理,而某些经济力量较弱的国家仍然坚持实施不同程度的外汇管理。1929~1933年,资本主义世界爆发了严重的经济危机,资本主义各国普遍发生了国际收支和货币信用危机。为了实现本国货币汇率的稳定,维护本国经济利益,许多资本主义国家恢复或加强了外汇的管理。其中,国际收支危机严重的国家实行了全面集中和分配外汇的管理措施,而美、英、法、瑞士、荷兰等债权国则采取了组成货币集团(如美元集团、英镑集团),实行货币贬值和运用外汇平准基金等手段,进行外汇倾销,争夺国际市场。

第二次世界大战期间,除了远离战场的美国和中立国瑞士等国家外,资本主义各国普遍实行了严格的外汇管理。战后初期,日本和西欧各国面临着严重的经济、信用和国际收支等种种危机,外汇短缺,不但没有因为战争结束而放松外汇管理,而且还强化了部分外汇管理措施。不少发展中国家为了摆脱资本主义国家的支配,也通过实行外汇管理来维护本国利益。

从20世纪50年代后期起,西方资本主义国家的经济得到了普遍的发展,国际收支状况得到改善,在国际货币基金组织的敦促下,1958年,英、法、原西德、荷兰等13个西欧国家相继取消或部分取消了外汇管理,实行了有限度的货币自由兑换。1960年,日本也实现了部分货币自由兑换,外汇管理从战后的全面、严格管理逐步走向放松管理。

20世纪70年代末期以后,主要资本主义国家都基本上取消了非歧视性的对外交易的直接管理或限制。1979年10月,英国全面放松外汇管理,撤销了所有的外汇管理条例;1980年12月,日本开始实行新的"外汇法",基本放宽了对各种外汇交易的限制,随后又放宽了其余的外汇管理。20世纪80年代中期,法国和意大利也放松了对大部分外汇交易的限制,并在20世纪90年代初取消了其余的限制。不少新兴工业化国家以及其他发展中国家,仍然实行较为严格的外汇管理。从20世纪90年代开始,原来实行计划经济体制的国家,纷纷向市场经济体制转轨,在转轨过程中,不断地放松外汇管理,吸引外资,积极地创造条件实现货币的自由兑换。

综上所述,外汇管理产生于资本主义世界的国际收支危机、货币信用危机,而外汇管理的深度与广度则与一国的经济实力及国际收支状况密切相关。一般来说,一国经济发展稳定,外汇储备比较充裕,国际收支顺差或基本平衡,则该国的外汇管理就比较宽松,甚至会取消外汇管理,实行外汇自由交易;反之,一国的经济发展缓慢,外汇储备紧缺,国际收支持续逆差,则该国的外汇管理就比较严格。随着世界经济的发展,国际交往日益频繁,各国经济相互依赖程度不断加深,在世界范围内出现了逐步放宽外汇管理的趋势。但是,没有一个国家绝对地没有外汇管理,即使是名义上完全取消了外汇管理的国家,在对居民的贸易收支或对非居民的资本项目收支也还时常进行间接的限制。

三、外汇管理的范围和程度

不同的国家和地区,由于经济发展水平和经济管理体制不同,对外汇管理的范围和程度不同,总的来说,世界各国(地区)外汇管理的范围和程度可以大致分为下面三种类型。

(一)全面外汇管理

实行全面外汇管理的国家和地区对国际收支项目中的贸易外汇收支、非贸易外汇收支和资本项目收支都实行严格的外汇管理,其货币一般是不可自由兑换的。目前大多数发展中国家和前苏联、东欧的一些国家都属于这一类型。这类国家和地区经济比较落后,外汇资金缺乏,出口创汇能力不足,为了计划使用稀缺的外汇资源,维持国际收支平衡,不得不实行严格的外汇管理。

(二)部分外汇管理

实行部分外汇管理的国家和地区一般对经常项目下的贸易收支和非贸易收支原则上不加以限制,准许外汇自由兑换和汇出入,但对资本项目的收支仍然加以限制,其货币一般是有限制的自由兑换货币。一些工业发达国家如丹麦、澳大利亚等国和一些新兴工业化国家以及经济金融状况较好的发展中国家均属这一类型,这些国家和地区经济比较发达,经常项目收支良好,外汇储备较为充裕。

(三)基本不实行外汇管理

不实行外汇管理的国家和地区允许本国货币自由兑换,对经常项目和资本项目的收支基本不加以限制,当然这些国家在一定情况下也会采取变相的措施加以限制。工业发达国家如美、英、德、加拿大和瑞士以及科威特、沙特阿拉伯等资金充裕的石油输出国属于这一类型。这类国家和地区经济很发达,人均GDP很高,黄金外汇储备充裕。

四、外汇管理的作用及局限性

(一)外汇管理的作用

1. 改善国际收支,增加外汇储备

解决国际收支的困难往往是一国进行外汇管理的主要目的。我们知道,持续的国际收支逆差会导致一国外汇储备减少,从而影响国内经济的正常发展,为此,各国通过对各种外汇收支进行统一管理,实行多种汇率制等措施来改善国际收支,防止外汇储备的大量流失。很多发展中国家出现国际收支失衡的主要原因是国内的生产结构不能适应国际市场的发展变化,如果采用财政、货币政策来调节的话,不仅见效较慢,而且可能使国内经济发展停滞或动荡甚至引起政局不稳。在这种情况下,外汇管理成为这些国家解决国际收支问题的首选方式。

2. 稳定汇率,保持国内物价稳定

物价与外汇汇率密切相关。如果一国国际收支持续顺差,国内外市场供给大于需求,会引起外汇汇率下跌,本币汇率上升,这一方面会导致该国收购外汇而增加本币的投放,从而增加通货膨胀的压力;另一方面本币汇率上升可能不利于本国商品出口。为此,一国可以实行外汇管理,对外汇交易加以限制,同时中央银行可对外汇市场进行干预,以保持汇率稳定,抑制物价上涨。

3. 保护民族工业发展

发展中国家通过外汇管理,可以对一切外汇交易活动进行严格控制,从而可以限制一些对本国民族工业有威胁的商品的进口,同时采用优惠汇率等方法促进本国商品出口,进而可以调整进出口商品结构以及产业结构,保护民族工业,促进本国经济的发展。

4. 扩大财政收入来源

国家垄断外汇经营和买卖,可以从中获得利润,此外,课征外汇税、许可证的批准、进口预存款制度的规定、歧视性关税等都可以使国家得到额外的财政收入。

(二)外汇管理的局限

外汇管理尽管可以达到上述一些目的,对一国经济发挥一定的积极作用。但同时外汇管理的局限性也比较明显,主要表现在以下几点:

1. 妨碍国际经济交易的正常进行

外汇管理人为地为国际间的经济交往制造障碍,国际贸易、国际资本流动都受到影响,而且容易导致国家间的贸易摩擦,如贸易战、货币战等,严重影响国际间正常的经济交往,影响世界经济的健康发展。

2. 无助于国际收支问题的根本解决

实行外汇管理的国家,其货币汇率基本上由国家制定和控制,这种汇率往往不能正确反映货币的实际价值,因而汇率作为经济杠杆调节国际收支的功能就不能发挥,而且可能误导一些企业的生产和投资。此外,保护民族经济的管理措施,可能降低民族工业的竞争力,使经济发展缺乏后劲。

3. 造成外汇黑市猖獗

实行外汇管理的国家,除了官方市场外,往往还存在外汇黑市,有时官方汇率与黑市汇率的差别还很大。一般来说,一国的外汇管理越严格,该国的外汇黑市也越猖獗。外汇黑市的存在,弱化了外汇市场功能,使外汇市场陷入混乱状态,干扰了国家的正常经济秩序。

4. 易于滋生腐败,效率低下

在外汇管理的背景下,面临一系列较为复杂的行政管理问题,容易导致行政费用加大,且助长官僚、腐败之风,对社会风气造成不良影响,也大大降低了外汇管理的效率。

第二节　外汇管理的主要内容

一、外汇管理的机构和对象

（一）外汇管理的机构

外汇管理的机构指国家指定和授权进行外汇管理的机构。各国实践中基本有三种类型：第一类是国家授权中央银行作为外汇管理机关，如英国指定英格兰银行执行外汇管理工作；第二类是国家设立在中央银行指导下的专门的外汇管理机构，如法国、意大利和中国就是这种类型；第三类是国家行政部门负责外汇管理，如美国由财政部负责，日本由通产省和财务省负责。

（二）外汇管理的对象

外汇管理的对象包括人、物、地区和行业。对人的管理划分为居民和非居民，所谓居民，是指在本国境内居住和营业的自然人和法人（而不论国籍）；所谓非居民，则是指在本国境外居住和营业的自然人和法人。一般而言，外汇管理对居民较严，而对非居民较宽松。对物的管理主要包含外币、金银等贵金属、外币支付凭证（汇票、支票、本票、旅行支票、信用卡等）、外币有价证券（股票、息票、公司债券、人寿保险单等），对物的管理也包括对本国货币出境的管理，如日本曾规定居民和非居民携带出境不得超过 500 万日元。对地区的管理有两层含义：一是对国内不同地区采取不同的外汇管理，如对经济特区实施宽松的外汇管理政策；二是对不同国家和地区实行不同的政策，如对友好国家和结盟国家宽松，对敌对国家较严。外汇管理的行业管理主要是指对本国不同行业、产业采取不同的措施，如对有利于本国工业发展的先进技术、设备及原材料的进口给予鼓励。

二、外汇管理的措施

外汇管理措施主要是从数量管理和价格管理两方面入手的。数量管理就是对外汇交易的数量进行限制，包括对贸易外汇收支、非贸易外汇收支、资本输出入、银行外汇账户、黄金和现钞输出入和经营外汇业务的金融机构的管理。价格管理主要是针对汇率的管理。

（一）对贸易外汇的管理

1. 对出口收汇的管理

出口外汇收入是国家重要的外汇来源，一般实行出口结汇制度，即要求出口商将其出口所获外汇收入按照官方汇率在一定时间内结售给外汇指定银行，以保证外汇由国家集中掌握。同时为鼓励出口创汇，有些国家还采取一些优惠措施，如创汇企业可留有一定比例的外汇、对某些出口商品给予减免税收或价格补贴、给出口商发放优惠贷款或以优惠利率贴现出口商的汇票等。

2. 对进口付汇的管理

外汇支出的审批权一般掌握在国家手中,如规定进口所需外汇必须由国家外汇管理部门批准,或对进口商颁发进口许可证、配额证,凭证可购买外汇。除对进口外汇进行核批手续外,为减少进口外汇支出,有些国家还采取一些其他措施,如进口预存款制(Advance Import Deposit),即进口商在进口某些商品时,向指定银行预存一定数量款项,银行不付利息;要求进口商获得外国提供的一定数额的出口信贷;对进口所需外汇征收一定的外汇税;提高开出信用证的押金以控制进口等等。

(二) 对非贸易外汇的管理

非贸易外汇收支,又被称为无形外汇收支,除贸易收支和其他资本流动以外的各项外汇收支都在此范围内,主要包括:与贸易有关的运输费、保险费、佣金;与资本输出入有关的股息、利息、专利费、许可证费、特许权使用费、技术劳务费等;与文化交流有关的版权费、稿费、奖学金、留学生费用等;与外交有关的驻外机构经费;旅游费和赡家汇款等。对非贸易外汇收支的管理常用的措施有:许可证制度或审批制,限额制度,课征非贸易外汇购买税,登记制度等。总体而言,各国对非贸易外汇的管理比贸易外汇的管理要宽松,但发展中国家对非贸易外汇的支付还存在较多的限制。

(三) 对资本输出输入的管理

对资本输出输入的管理是常见的管理形式,它直接影响到一国的外汇供求和国际收支状况。因此,无论发达国家还是发展中国家都十分重视对资本项目下的外汇管理。但由于两类国家的经济发展状况相差甚远,所以所采取的措施往往有很大不同。

1. 对资本输出的管理

限制资本输出的措施有:冻结非居民的账户,未经管汇机关的批准非居民的金融资产不能动用或汇出;限制本国银行和企业向国外提供贷款,限制企业向国外投资,限制居民购买外国有价证券;对本国居民在国外的投资收益征税。发达国家由于自身资金实力雄厚,需要寻找更为有利的投资场所进一步占领国际市场,一般都允许资本自由输出,央行的管理力度不大。但在特定时期也会限制资本输出,如美国在 20 世纪 60 年代为缓解国际收支逆差曾实行利息平衡税,对本国居民购买外国证券所得利息征税,对直接投资进行限制,规定银行贷款最高额等。大部分发展中国家为了发展民族经济,在积极引进外资的同时,对本国资金的外流采取较严格的管理措施,如限制向国外投资,禁止购买外国债券、股票等。一些发展中国家取消了对资本项目的限制,东南亚金融危机以后马来西亚、巴基斯坦等国宣布重新限制资本项目。

2. 对资本输入的管理

国际收支持续顺差的发达国家为了防止外部资本大量流入造成本币升值而削弱出口竞争力,减轻国内通货膨胀压力,对资本的输入一般采取限制输入的管理措施。一是严格控制本国企业和跨国公司向国外借款。如德国在 20 世纪 70 年代曾规定凡利用外资和贷款超过 8000 马克者,需经中央银行批准。二是规定本国银行吸收非居民存款要缴纳较高的存款准备金。1972 年德国曾规定对银行吸收非居民存款缴纳 90%～100% 的准备金。三是某些国家规定对非居民活期存款不付利息。如瑞士曾规定非居民存款超过 10 万瑞士法郎不但不付利息,还按季收10%的手续费。四是限制外部资金进入国内购买股票、债券等。如日本1972年禁止非居民购买本国的有价证券。发展中国家外汇资金短缺,一般都采取鼓励外资流入的政策,如降低税率、允许投资利润自由汇回等。如泰国规定,外商在泰国投资可享受优惠待遇,包括保证本年度净收入汇出国外和资本汇出国外,央行不加干预。

(四) 对银行外汇账户的管理

对银行外汇账户的管理主要涉及:外汇账户的开立、外汇账户上存款的支付、外汇账户存款利息等。如20世纪90年代的韩国,曾把银行外汇账户分成银行账户、外汇存款账户、对外账户、居民账户、非居民韩元存款账户和海外移民账户六种,并对后三种账户设定多项限制,以加强对资本项目的管理。

(五) 对黄金和现钞输出入的管理

实行外汇管理的国家往往对黄金也进行管理,一般对黄金输出或输入均严加管理,也有国家对黄金输出管理严而对黄金输入管理松。对外币现钞的输出入一般实行限额管理,有时一些国家还对本国现钞出境加以限制,规定输出限额,超出限额必须经外汇管理机关批准。美国规定,5000美元以上的现钞输出,必须向海关申报登记;中国现规定一次出境最高限额为20000元人民币。

(六) 对经营外汇业务的金融机构的管理

对经营外汇业务的金融机构的管理既包括对本国经营外汇业务的银行设立和运作的管理,也包括对外国金融机构在本国设立和运作的管理。如对国内金融机构的对外资产和负债头寸实行限额,限制外国金融机构经营国内业务,实施客户限制或地域限制等措施。

(七) 对汇率的管理

对汇率的管理有直接管理和间接管理两种。间接管理实际上就是一国对外汇市场进行干预,即中央银行建立外汇平准基金,在外汇市场上买进或抛出外汇,影响市场的供求状况,从而使汇率稳定在一定水平上或避免汇率过度的上涨(或下跌)。发达国家对汇率的管理主要是间接管理。

发展中国家对汇率的管理主要是直接管理。直接管理是国家直接规定各项外汇收支结算的汇率,即采取多种汇率制或复汇率制。其具体形式有下面三种:

1. 法定的差别汇率

一国根据不同的需要规定两种或两种以上不同的汇率,如对进出口贸易结算规定一个汇率(即贸易汇率),对非贸易和资本流动规定一个汇率(即金融汇率)。有些国家甚至根据进出口商品的类别和非贸易收支的种类,规定多种汇率,以达到奖出限入的目的。

2. 外汇转移证制度

这是复汇率制的一种特殊形式,是指出口商向指定银行结汇时,除按汇率取得本币外,银行还另发一张外汇转移证,这种外汇转移证可以在市场出售,所得本币作为对出口商的一种补贴,这实际上是一种变相的出口优惠汇率。反之,进口商进口商品时,除了按汇率向银行购买外汇外,还需要在市场上购买外汇转移证,这就增加了进口商的进口成本,实际上是对进口商实行了一种较苛刻的汇率。

3. 官方汇率与市场汇率相结合

有些国家既有官方汇率,又有市场汇率。而官方汇率往往高估本币价值,所以在官方汇率下,以本币表示的外币价格低于市场价格。此时国家规定有些业务必须用官方汇率结算,有些业务必须用市场汇率结算,这实际上也是一种较隐蔽的复汇率制。

专栏 12 - 1　外汇管理案例——马来西亚方案

1997~1998 年东南亚金融危机期间,马来西亚面临经济、股市及马元急速下滑,企业大规模倒闭,银行呆坏账急速上升,在此情况下马来西亚首相马哈蒂尔于 1998 年 9 月 1 日宣布了一系列外汇管理措施,主要包括:①非当地居民进行马元兑换须经中央银行批准,即时生效;②离岸户口之间的马元转账,自 10 月 1 日起须经央行批准;③持有大马股份不足一年者,沽售股份所得马元一年内不得兑换外币;④国民在海外投资超过一万马元须事先获得当局批准;⑤所有出口和进口均以外币结算;⑥国民外游不得携带多于一千马元;⑦到马来西亚的游客,在离境时带走的外币不得多于带入的外币。

1. 选择外汇管理:两害取其轻

在探讨外汇管理的种种不良后果之前,一个值得注意的问题是:若不采取外汇管理,马来西亚经济在未来一段时期将会变成怎样? 随着东南亚金融危机的急速扩散,马元兑美元 8 月底的汇率已较金融风暴前下跌 40%,吉隆坡股市综合指数亦下挫 72%(以美元计价则下挫幅度达 83%),包括楼价在内的资产价格暴挫造成了许多实质影响,许多参与房地产及股市投资的企业及个人均出现严重亏损,除了拖累与其有贸易关系的其他企业及银行,呆坏账的上升又进一步促使银行收紧信贷,信贷增长由金融风暴前的 30% 急剧下降至 7 月的 8.8%,以至马来西亚整个经济体系因缺乏资金而不能正常运转。

此外,为了避免马元汇率过度下滑,利率被迫保持高企(三个月同业拆息长期高企在 11%)进而影响需求和企业成本。基于上述种种原因及外部需求疲弱,马来西亚经济由以往的 8% 以上的高增长急速下滑至 1998 年第二季度的 6.8% 负增长,经济下滑又进一步削弱内部需求,使其他本来可以正常运作的企业也出现问题,银行呆坏账又急速上升。由于许多银行本来就因为贪污问题而积压许多问题贷款,若任由情况继续发展下去,将会出现银行不能履行其正常支付,进而诱发一连串挤兑事件。

2. 外汇管理为马来西亚刺激经济创造条件

由于上述情况的存在,我们不难理解实施外汇管理是没办法中的办法。虽然外汇管理导致市场扭曲、衍生黑市汇率、引发腐败以及需要增大管理费用,但却使政府可在无须忧虑汇率的前提下采取刺激经济的措施。

在马元汇率固定在 1 美元兑 3.8 林吉特后,马来西亚央行于 9 月 3 日宣布将三个月同业拆息干预利率由 9.5% 大幅下调至 8%,并宣布希望最优惠利率可由现时最高 10.76% 下降至 9.06%。除了通过减息来舒缓经济外,马来西亚央行亦同时宣布自 9 月 16 日起,银行的流动资金比率下限由 17% 下调至 15%,由此将容许银行能腾出更多的资金来借予企业及协助经济运行。此外,若部分海外马元可能根据新规定在 10 月 1 日前被调回国,将可增加马来西亚的货币及资金供应,从而协助经济回稳。最后,在排除汇率下泻的绊脚石后,马来西亚政府亦可通过适度增加财政预算来刺激经济。可以预见,马来西亚在新措施下尚有较大的减息空间,若经济能因此而回稳甚至复苏,将可稳定甚至减少银行体系的呆坏账问题。

不可否认,外汇管理将削弱外资进入马来西亚的意图,但长期投资者始终是看盈利机会,若盈利前景良好,即使管理较多,投资者一样回来。长远来说,外汇管理只会轻微削弱外国企业来马来西亚的投资意向。因此,我们认为,实施外汇管理措施后的马来西亚经济至少在短期内可以停止下滑,这点总比不实行外汇管理要好。

三、中国的外汇管理

改革开放以前,中国实行高度集中的计划经济体制,由于外汇资源短缺,中国一直实行比较严格的外汇管理。1978年实行改革开放战略以来,中国外汇管理体制改革沿着逐步缩小指令性计划,培育市场机制的方向,有序地由高度集中的外汇管理体制向与社会主义市场经济相适应的外汇管理体制转变。1996年12月中国实现了人民币经常项目可兑换(即取消对经常项目外汇支付或转移的汇兑限制),对资本项目外汇进行严格管理,初步建立了适应社会主义市场经济的外汇管理体制。

(一)中国现行的外汇管理框架

1. 人民币经常项目可兑换

(1)经常项目外汇收入实行银行结汇制度。境内机构经常项目下的外汇收入,除国家规定准许保留的外汇可以在外汇指定银行开立外汇账户外,都须及时调回境内,按市场汇率卖给外汇指定银行。凡经有权管理部门核准或备案具有涉外经营权或有经常项目外汇收入的境内机构(含外商投资企业),经注册所在地国家外汇管理局及其分支局批准均可开立经常项目外汇账户,在核定的最高金额内保留经常项目外汇收入。

(2)取消经常项目外汇支付限制。境内机构经常项目用汇,可以按照市场汇率凭相应的有效凭证用人民币向外汇指定银行购汇或从其外汇账户上对外支付。佣金等超过一定比例或数额,经外汇局进行真实性审核后,可以在银行办理兑付。个人因私用汇,标准以内的可以凭有效凭证直接到银行办理,超过标准的可以持有效凭证到外汇局进行真实性审核后到银行购汇。从2007年1月开始,个人结汇、境内个人购汇的年度总额由2万美元提高到5万美元,并允许个人开立外汇结算账户,更好地满足境内个人的用汇需求。这些政策的调整和放宽,增强了服务贸易和个人购汇的灵活性,为企业和个人外汇业务的开展提供了便利性

(3)实行进出口收付汇核销制度。1991年1月1日,中国开始实行出口收汇核销制度;1994年8月1日始,又实行了进口付汇核销制度。出口收汇核销是指货物出口后,由外汇局对相应的出口收汇进行核销;进口付汇核销是指进口货款支付后,由外汇局对相应的到货进行核销。出口收汇核销和进口付汇核销制度,成为监督进出口外汇资金流动,进行经常项目下银行结售汇真实性审核,防范外汇资源流失和违规资本流动冲击的重要手段。1999年5月1日起实行出口收汇考核办法,以出口收汇率为主要考核指标,对出口企业收汇情况分等级进行评定,并对不同等级的企业采取相应的奖惩措施,扶优限劣,支持出口,并督促企业足额、及时收汇。2006年10月20日,国家外汇管理局与海关总署签署《关于共同推进进出口收付汇核销改革工作合作备忘录》,将合作推进进出口收付汇核销改革,进一步促进贸易便利化。"备忘录"的签署,为新的贸易外汇管理机制启动后,全面准确掌握企业进出口货物信息,实现对企业贸易外汇收支总量非现场核查,以及对贸易外汇跨境收支的预警与监测奠定了基础,将进一步促进中国涉外经济的持续、健康、较快

发展。

（4）通过进出口报关单联网核查系统进行贸易真实性审核。1999年1月1日，海关、外汇指定银行和外汇局之间的进出口报关单联网核查系统正式启动，大大便利了企业进出口项下结、售、付汇的真实性审核，提高了工作效率。

2. 资本项目外汇严格管理

根据外汇体制改革的总体部署和长远目标，中国资本项目外汇收支管理的基本原则是：在取消经常项目汇兑限制的同时，完善资本项目外汇管理，逐步创造条件，有序地推进人民币在资本项目下可兑换。在上述总原则下，目前中国对于资本项目外汇还进行严格管理并执行三个共同原则：一是除国务院另有规定外，资本项目外汇收入均需调回境内；二是境内机构（包括外商投资企业）的资本项目下外汇收入均应在银行开立外汇专用账户，外商投资项下外汇资本金结汇可持相应材料直接到外汇局授权的外汇指定银行办理，其他资本项下外汇收入经外汇管理部门批准后才能卖给外汇指定银行；三是除外汇指定银行部分项目外，资本项目下的购汇和对外支付，均需经过外汇管理部门的核准，持核准件方可在银行办理售、付汇。

3. 不断改进的人民币汇率形成机制

1994年以前，我国先后经历了固定汇率制度和双轨汇率制度。1994年汇率并轨以后，我国实行以市场供求为基础的、有管理的浮动汇率制度。企业和个人按规定向银行买卖外汇，银行进入银行间外汇市场进行交易，形成市场汇率。中央银行设定一定的汇率浮动范围，并通过调控市场保持人民币汇率稳定。

1997年以前，人民币汇率稳中有升，海内外对人民币的信心不断增强。但此后由于亚洲金融危机爆发，为防止亚洲周边国家和地区货币轮番贬值使危机深化，中国作为一个负责任的大国，主动收窄了人民币汇率浮动区间。随着亚洲金融危机的影响逐步减弱，近年来我国经济持续平稳较快发展，经济体制改革不断深化，金融领域改革取得了新的进展，外汇管制进一步放宽，外汇市场建设的深度和广度不断拓展，为完善人民币汇率形成机制创造了条件。

2005年7月21日中国人民银行宣布完善人民币汇率形成机制改革，经国务院批准，自2005年7月21日起，我国开始实行以市场供求为基础、参考一篮子货币进行调节、有管理的浮动汇率制度。人民币汇率不再盯住单一美元，形成更富弹性的人民币汇率机制。中国人民银行将根据市场发育状况和经济金融形势，适时调整汇率浮动区间。2008年，金融危机横扫全球，人民币汇率改革的进程被打乱，为了抵御国际金融危机的冲击，中国人民银行于2008年9月开始将人民币对美元汇率锁定在6.8235元/美元，并只允许其在这一汇率上下轻微浮动，这一举措让人民币汇率重新回到了与美元挂钩的状态。2010年6月19日，随着全球经济发展的逐步复苏和回暖，中国人民银行启动了"进一步汇率制度改革"，促使人民币对美元小幅、稳步升值，逐步增强人民币对美元汇率的双边波动性。2005年汇改以来，为适应全球经济形势的变化和中国外汇市场逐步开放的需要，中国外汇管理部门结合中国实际情况，采取的一系列深化外汇市场改革的措施，包括询价制度的引入、做市商制度的引入、强制结售汇制度的取消等重要举措，进一步完善了市场价格机制,调控了外汇市场政策管理,对中国外汇市场影响颇深。

4. 不断完善的国际收支宏观管理体系

国际收支是一国对外经济活动的综合反映,国际收支平衡表是对一定时期内一国国际收支活动的综合记录,是宏观经济决策的重要依据。中国从1980年开始试编国际收支平衡表,1982年开始对外公布国际收支平衡表,1996年开始实行新的《国际收支统计申报办法》。在1996年推出通过金融机构进行国际收支间接申报的基础上,1997年又推出了直接投资、证券投资、金融机构对外资产负债及损益、汇兑等四项申报工作。国际收支统计申报和分析预测在中国宏观经济调控体系中发挥了重要的作用。

5. 加强对金融机构外汇业务的监督和管理

建立银行间外汇市场和实现经常项目可兑换后,经常项目的外汇收支基本上直接到外汇指定银行办理;资本项目的外汇收支经外汇管理部门批准或核准后,也在外汇指定银行办理。银行在办理结售汇业务中,必须严格按照规定审核有关凭证,防止资本项目下的外汇收支混入经常项目结售汇,防止不法分子通过结售汇渠道骗购外汇。1994年以来,加强了对金融机构外汇业务经营中执行外汇管理政策的监管、检查和处罚,并建立了相应的管理制度和办法。

6. 逐步建立适应社会主义市场经济的外汇管理法规体系

1980年12月,中国颁布了《中华人民共和国外汇管理暂行条例》,此后又公布了一系列外汇管理法规及办法。1994年改革后,对《暂行条例》进行了修改,1996年2月颁布了《中华人民共和国外汇管理条例》(下面简称《条例》);1996年底实现人民币经常项目下可兑换后,又对该《条例》进行了修订。《条例》是中国外汇管理法规体系中的一个极为重要的基本法规。近年来,对建国以来的各项外汇管理法规进行了全面清理和修订后,2008年1月1日,《中华人民共和国外汇管理条例》经国务院第20次常务会议通过,并于公布之日起开始实施。陆续颁布的法规、规章体现了1994年以来外汇体制改革的成果。总之,根据中国国情和外汇管理工作实践,不断充实、完善外汇管理法规,逐步建立健全"科学、合理、有效"的外汇管理法规体系,对于保证经常项目外汇自由兑换和对资本项目外汇进行有效控制,对于加强国际收支宏观调控和维护外汇市场正常运行起着重要的法制保障作用。

(二)中国外汇管理体制改革的前景

改革开放以来,中国一直积极推进外汇管理体制改革,不断减少行政干预,加大外汇分配领域的市场调节力度,取得了很大的成就,实现了人民币经常项目可兑换,初步建立了符合社会主义市场经济要求的外汇管理体制,经受了亚洲金融危机的冲击和2008年全球金融危机,促进了国民经济持续健康发展和对外开放水平的进一步提高。

中国外汇管理体制改革的长远目标是实现人民币完全可兑换。目前人民币在资本项目下是有严格限制的可兑换。从国际经验来看,实现资本项目完全可兑换需要具备一定前提条件,而中国当前的国情和经济实际决定了人民币资本项目可兑换还将是一个中长期的渐进过程。同时,实现资本项目可兑换是一个系统工程,涉及各种金融活动领域和大量的非金融机构,需要各部门共同参与,各项改革配套到位,逐步从有严格限制的可兑换过渡到较宽松限制的可兑换,再到基本取消限制的可兑换。

现阶段,适应中国加入世界贸易组织后的新形势,中国的外汇管理将一如既往地坚持改革开放的大方向,坚持人民币完全可兑换的长远目标。在此前提下,不断改进经常项目外汇管理手段,进一步完善资本项目外汇管理措施,围绕维护国际收支平衡和人民币汇率稳定,加强银行外汇收支监管,打击外汇非法交易活动,整顿和规范外汇市场秩序,提高服务水平,努力为支持对外贸易和鼓励外商来华投资创造良好环境和条件,最终实现包括资本项目可兑换在内的人民币完全可兑换,促进国民经济健康发展。

第三节 中央银行的外债管理

随着一个国家经济开放程度的增强,外债对国际收支和整个国民经济影响日益扩大,因此外债管理受到各国中央银行的普遍重视。

一、中央银行外债管理及其意义

外债管理是指一国政府通过设立或授权某一政府机构对外债的借入、使用、偿还、运行的全过程加以协调、监督与控制。外债管理是一国国民经济管理的一个重要组成部分,它对于避免发生债务危机,提高外债使用的经济效益有着十分重要的意义。一般来说,外债管理多由一国的中央银行来实施。中央银行的外债管理,具有以下几点意义:

(一)获取外债统计信息、灵活决策的需要

中央银行对外债的管理,能够准确、及时、全面地掌握外债信息,国家宏观决策部门据此才能科学地制定未来的借债计划,才能及时地进行计划的调整和进行政策协调。

(二)避免发生债务危机,维护国家资信的需要

中央银行对外债管理的直接作用在于避免借债不当造成债务危机,维护本国的对外金融资信。债务危机是伴随着国际债务的不断发展而出现的。20世纪70年代中期以来,很多发展中国家缺乏外债管理经验,外债借用失控,在70年代形成并在80年代相继爆发了世界性债务危机。

(三)债务国提高借用外债使用效益的需要

中央银行对外债管理的最终目的是提高所借外债的经济效益。良好的经济效益是推动债务国经济增长,避免债务危机的基础,是实现所借外债按期偿还的先决条件。央行实施外债管理,应使外债的使用规模和结构能够满足国民经济发展的有实际偿付能力的社会总需求,有效地利用紧缺的外汇资源,实现外债的良性循环,使外债在国民经济发展中发挥最大的经济效益。

二、外债管理的主要内容

外债管理主要包括借入外债和使用外债两个方面。对于"借",关键是将规模控制在

本国经济的承受能力范围之内,保持外债结构的合理;对于"用",关键是保证借入外债投向的合理和避免外债使用过程中的风险。因此,外债管理的内容可具体分为规模、结构、投向和风险管理等四个方面。

(一)外债规模管理

外债规模管理是确定一国的中长期和年度合理负债水平。负债过多,超过本国的承受能力和消化吸收能力,会造成不必要的风险和浪费;而借款过少又难以满足国家建设的资金需求,造成国民经济发展的迟滞。因此,确定适度的外债规模是发展中国家有效管理外债的关键,但也是难点之一。

一般而言,外债规模主要受三个因素影响:一是经济建设对外债的需求量;二是国际资本市场的可供量;三是本国对外债的承受能力。外债的承受能力是确定外债规模最重要的因素,加强外债规模的控制,必须通过科学的定性、定量分析,寻找最佳规模的数量界限。从理论上讲,国内储蓄和投资的差额决定利用外资中扣除可利用的直接投资外,就是需要借用的外债规模。至于国际资本市场的可供量,则处于不断的变动之中。对于一国外债的承受能力,国际上通常采用下列衡量指标:

(1)偿债率。偿债率是一国或地区当年外债还本付息额与当年商品和劳务出口收汇额的比率。偿债率是衡量外债适度规模的核心指标,反映一国当年出口商品和劳务的外汇总收入中有多大比重用于偿付外债本息。国际上通行的警戒线是控制在20%以下。世界银行曾对45个债务国作过分析,偿债率超过20%的17个国家中,15个国家出现了严重的债务问题,不得不重新安排债务。这一指标的局限性在于出口创汇收入只是偿债的一个方面,未包括国际储备等因素,仅适用于衡量一国短期债务清偿能力。

(2)债务率。债务率是一国或地区年末外债余额占当年商品与劳务出口收汇额的比率。债务率反映了对外举债能力的大小,是衡量一国还债能力和风险的指标,一般控制在100%以内。

(3)负债率。负债率是一国或地区年末外债余额占当年国民生产总值(GNP)的比率。负债率表明了一国对外负债与整个国民经济发展状况的关系,其比值的高低反映了一国GDP对外债负担能力,国际上通常认为安全线为20%。

以上各项指标均为静态指标。在实际监测中,往往还需要一定的动态指标进行外债动向分析。常见的动态指标有:

外债规模增长速度≤外汇收入增长速度;

外债饱和后,外债余额增长速度≤年外汇收入增长速度;

年偿还外债本息增长速度≤年外汇收入增长速度。

上述指标能清楚地反映一国债务负担情况,容易操作。但是就各国具体情况而言,还应具体研究国情,结合国内外发展的变化趋势,作出具体的判断。

(二)外债结构管理

外债结构管理是在确定的总规模范围内,对外债来源、期限、币种、利率、投向以及借款人筹状况所进行的分析与合理安排,以降低成本,减少风险,保证借债能力,使外债发挥最大效益。具体内容包括下面几点:

1. 融资结构管理

国际融资有多种形式,官方和国际金融机构的贷款、出口信贷、发行债券、国际租赁、补偿贸易等等。各种形式具有不同的优势和特点。官方和国际金融机构贷款带有援助性质,具有期限长、利率低等特点,适于国民经济结构调整和基础产业的发展。发行债券,具有筹资金额大、成本低等特点,适于大型项目。出口信贷,由于直接与设备引进相互融和,因而受到政府的补贴和担保,具有成本低、风险小的特点,适于成套设备的引进。商业信贷,具有使用方便、偿还灵活等特点,适于出口创汇项目。租赁,特别是杠杆租赁,可以享受税收优惠,进而降低成本,适于大型运输工具的租用和不可购买但可租用设备。补偿贸易,既可以吸收资金,又可以带动出口,因此适于中小型技术改造项目。

由于商业银行贷款一般利率较高,若一国所借商业银行货款超过其债务总额的70%则可能陷入偿债困难。所以,发展中国家在借外债时,应尽可能地吸收官方或国际金融机构的优惠贷款,并根据引进设备和技术的特点采用不同的融资方式,以降低成本,增加收益。

2. 期限结构管理

期限结构是指1年期以上的中长期外债和1年及1年期以下的短期债务的分布状况。一般而言,短期债务成本较中、长期低,但容易在短期内形成偿债高峰,产生债务困难,甚至导致债务危机。对外债的期限结构的管理,首先,要通过对外债年限的合理安排,按照国际惯例,使短期外债占外债总额的比例控制在25%以下;其次,要避免借入大量年限相同的外债,防止还债过于集中;最后,要避免短期外债的增长长时间超过中长期外债的增长,防止债务短期化。

3. 利率结构管理

国际资本市场上存在着固定利率和浮动利率,固定利率在借款时就确定,可以清除利率波动的风险。浮动利率随市场资金的供求而变动,难以把握,风险较大。由于政府对本国资本流动的干预,又有优惠利率和非优惠利率之分。对外债的利率结构进行管理,包括如下两个方面:

(1) 中长期债务尽可能使用固定利率,以防止国际资本市场变化对一国整体债务成本的影响,同时避免单一利率,以享受利率正常变动的益处。在利率水平看跌时期,选择浮动利率,这主要适用于短期债务;反之,在利率水平看涨时期,选择固定利率,可降低成本。在一般情况下,还以选择固定利率为宜,因为这样便于成本核算和还债安排以及减少风险。依据国际经验,浮动利率债务占总体债务的比重不应超过50%。

(2) 在不受政治和使用限制的条件下,尽可能争取政府贷款或国际金融机构贷款,以享受优惠利率;同时降低非优惠利率即国际商业性贷款的比例。在对外债的利率结构进行管理时,可采用国际金融市场上的掉期和期权等新工具,以便于管理工作的进行。

4. 币种结构管理

外债的币种结构管理的主要内容是如何选择借款的计价货币以及如何安排总体债务中各种债务货币所占的比例。因此,对外债币种进行管理,一是做好主要货币汇率和利率走势的分析预测工作,尽可能多选择软通货为借款计价货币;二是为防范汇率风险,要坚持多元化的原则。如美元、日元、欧元、英镑、瑞士法郎等主要货币都应占一定的比重。三是从国家整体债务上讲,外债币种要与出口收汇、外汇储备相一致,避免偿债过程中的汇率风险;四是在一个具体项目上,要使借、用、收、还四个环节币种相一致,避免汇率风险,保证按时偿还。五是在外债币种结构既定的情况下,可以根据不同货币汇率、利率的走势,利用国际金融市场的创新工具运作,如债务互换等,调整币种结构。

5. 市场与国别结构管理

对借外债的市场与国别结构进行管理,主要在于多元化。由于不同市场有不同的资金来源和筹资工具,不同国家对资本流动的管理法律不尽一致,政治态度不时变化,因此要使外债来源稳定,需广泛地涉足各个市场和国家。合理的市场结构是根据各资本市场的管理、市场容量和金融工具的特点,结合国内资金的需求,选择不同的市场,同时避免同一时间集中进入同一市场。借外债合理的国别结构,是根据引进设备的特点和债权国的资金提供形式,确定利用不同国家的贷款。避免集中于一个或几个国家,以免受政治波动影响,使外债来源稳定,满足国内建设对外债的需求。

6. 投向结构管理

外债投向结构又称外债运用结构,是对外债的具体使用安排。安排外债投向结构应遵循的原则是:投向合理,保证重点,增加创汇,优化产业结构。按照这一原则,对外债的投向管理主要包括如下内容:

(1) 要求政府贷款和国际金融组织的贷款主要投向国家重点项目和基础产业以及优化国民经济结构的行业,如能源、交通、电子、通信等。

(2) 商业贷款主要投向创汇能力强、回收期短的项目,以增强出口创汇能力,增加偿还能力。

(3) 短期借款只能用于流动资金和临时周转,不能用长期投资,防止债务短期化。

(4) 根据不同行业和不同地区确定不同形式的外债投入,使国民经济均衡发展。

(5) 创汇项目、非创汇项目和社会效益项目要保持适当比例和梯形格局,使国民经济既有发展后劲,又能保证对外偿付的来源。

(三) 外债营运管理

外债营运管理是指外债从借入到使用、产生效益及至最后偿还的全部过程。外债营运管理就是对外债的借入、使用、偿还全过程的管理。外债的借、用、还三个环节环环相扣,因此,在外债管理中,不仅要注重外债总量和结构的管理,还应注重外债的对外举债方式、外债使用、外债偿还等外债营运各个环节的管理。只有加强对外债借、用、还全过程的科学管理,才可保证按时对外还本付息,提高本国在国际上的信誉。

1. 外债的借入管理

外债的借入管理主要是对举借外债具体方式或种类的管理。如对政府贷款的管理;对国际金融组织贷款的管理;对国际商业贷款的管理;对境外发行外币债券的管理。

2. 外债的使用管理

在外债使用管理上,首先,应把握最优资源配置原则、生产性原则、经济效益原则和资源转换原则。其次,是对负债使用投向的监控。再次,确定外债使用效益的考核指标。

3. 外债的偿还管理

偿还外债是继续举借外债的前提。同时,一国能否及时、足额地归还外债,是衡量一国国际信誉高低的标志。因此,有效地利用外债偿还资金来源,合理地安排偿还时间,及时地偿还外债,尽量保证在偿还的同时减轻对经济的消极影响。具体来说应注意如下几点:第一,制订长期的对外经济发展战略,实行有计划地偿债。第二,充分利用各种金融创新手段,减轻偿债负担。第三,在一定条件可以借新债还旧债。借新债还旧债,不仅可以在发生偿债困难时使用,更是一种债务安排技巧,在保持外债总量不变的情况下,改善外债偿还的期限结构,以争取宽松的偿债时间,以及利用国际金融市场上利率变化,借入低利债务偿还原有的高利债务,从而减轻总体债务负担。第四,必要时可运用行政、经济和法律手段,及时、主动地偿还外债,以维护本国的国际信誉。

4. 外债风险管理

在外债的管理和经营过程中,债务偿还受多种因素变动的影响。国内政策的调整,国际经济形势的变化,可以在不同程度上延缓项目效益的发挥,使回收期延长,增大偿还的风险。所以,风险管理在于增强应变能力,适应国际金融贸易的变化和国民经济政策与结构的调整。具体来讲,外债风险管理包括如下内容:

(1) 社会效益项目年还本付息总额小于年外汇储备增加额,这主要是保证国民经济基础产业的发展,并按时还债。

(2) 在外债中长期指标分配上,要有一定的机动指标不用于项目投资,而是用于债务结构的调整。随着债务积累增大,机动比例应保持在10%左右,以防止整体债务风险。

(3) 建立偿债风险基金。在每年出口收入中提取适当比例,这个比例是根据每年逾期本息占应还本息的比例,以保证呆账部分和偿付困难部分的还本付息。

(4) 采用掉期、期权、远期和即期外汇买卖等金融工具,利率、汇率的风险调整,使债务合理化。

专栏 12-2 阿根廷债务危机引发的金融危机

一、危机前状况

20世纪80年代,阿根廷遭受债务危机,当时通货膨胀率一度超过2000%,国民经济一片混乱。90年代初梅内姆总统实施了一系列改革措施,核心是实行货币局制度,规定1比索等于1美元的严格挂钩,货币基础完全以中央银行的储备作保证,经常项目和资本项目交易活动所需的比索可自由兑换美元。这些措施对控制通胀起到了很好的效果,经济的对外开放吸引了大量的外资,政府举借的高额外债促进了经济的快速发展。1991~1997年,作为拉美第三大经济体的阿根廷GDP年增长率保持在6%~10%之间。2001年初,阿根廷人均国内生产总值约1万美元,银行存款近900亿比索,按照1∶1的固定汇率,即为900亿美元,人均2500美元,开始跻身中等发达国家行列。

二、危机过程

但是表面的繁荣蕴含了巨额债务的隐忧,也是造成危机的根源。2001年底,因为担心政府偿债冻结个人外汇账户,阿根廷民众一天内从银行账户挤提存款13亿美元。为了防止银行挤兑和外汇流失导致金融系统崩溃,2001年12月初,阿政府宣布了一系列紧缩财政开支的政策措施。

2001年12月1日,经济部长制定法令,规定居民个人每周从银行存款账户提现不得超过250美元,每月提取现金最高限额为1000美元,同时严格限制居民出国携带的美元数量。12月5日,国际货币基金组织拒绝认可阿根廷的治理经济计划,并冻结了给予阿国的12.64亿美元贷款,市场上出现抛售阿根廷国债的恐慌。12月12日,政府推迟发放140万退休人员的养老金,爆发街头抗议活动。12月13日,统计数字表明失业率高达18.3%,劳动工会号召全国罢工。12月17日,阿根廷政府出台的政府财政预算将政府开支削减了约20%。12月19日,爆发抢劫超市的暴动和游行示威,德拉鲁总统宣布全国进入紧急状态。此后,短短两周时间内,阿根廷换了4位总统。

政治和社会危机进一步加深了货币金融危机,比索大幅度贬值,1∶1的固定汇率完全崩溃。到2002年中期跌破1美元兑3比索的比率,国内银行长时间关门。2002年第一季度,阿根廷经济衰退16.3%,贫困人口增加40%,失业率超过18%,2002年全年国内生产总值负增长达到两位数。危机还传染到拉美其他国家如巴西、墨西哥、委内瑞拉和乌拉圭等国。

三、危机爆发原因及启示

国际社会普遍认为,阿根廷危机的本质原因是巨大的财政赤字和沉重的外债负担引起的债务危机。债务问题会产生联动效应,面临沉重的债务负担,当进入偿债高峰期时,政府必须从国内外市场借新债来偿还旧债。这一方面加大了对国内货币市场的压力,紧缩了国内经济,另一方面对外汇市场产生压力,本币贬值加剧。对外借款受阻时,投资者失去信心,纷纷撤资,最终引发货币金融危机。此次危机的爆发,主要原因可以归纳为:

1. 阿根廷的债务负担过重,超过了经济的承受能力

2001年阿根廷外债余额1423亿美元,占国内生产总值的55%,人均外债3841美元,居拉美首位。1992～2001年的10年内应付的外债利息823亿美元,人均2 300美元,国内公共债务1 550亿美元,占国内生产总值的比重超过40%。这个比例对于发达国家来说还不算高,但对于新兴发展中国家而言,就有些不堪重负。况且阿根廷的债务结构不合理,一是还本付息过度集中,都集中在2001～2004年;二是外债构成绝大部分为美元;三是大多数债务为固定利率,而且高达10%以上,还本付息负担进一步加重。

2. 国内经济过分依赖外资流入

阿根廷的经济长期以来依赖外资的支撑,但是1997年东南亚金融危机的发生使得流入拉美的外资锐减,2000年仅为100亿美元,而这段期间的银行借款净流出130亿美元。资金的短缺使得阿根廷国内经济难以为继。

3. 僵硬的货币局汇率制度难以有效调控经济

强势美元使阿根廷比索严重高估,加大了企业生产成本,在国际市场上降低了竞争力。调查显示,在拉美其他国家纷纷将本国货币进行贬值的背景下,阿根廷成为世界上投资成本和生产成本最为昂贵的国家之一。1999年上台的德拉鲁总统只能紧缩财政政策,如削减社会福利,债务重组等,另一方面求助于国际货币基金组织。从2001年中期开始,阿根廷政府曾多次试图进行债务重组,卡瓦略曾在6月将即将到期的300亿美元的短期债务转换成中长期债务,11月底,又将国内投资者持有的550亿美元的高利率债券强制性地转换成低利率债券,但是这些都不能根本解决债务问题。相反,这种做法却极大地动摇了民众的信心,引发国民不满,直接导致储户挤兑银行和后来的一系列暴动骚乱行为。

由此可见,保持合理的外债规模和结构、适当地管理利用外资、循序渐进地开放本国资本市场,是维持一国经济健康发展的基础。

三、中国外债管理

（一）中国的外债定义

中国国家外汇管理局对外债的定义是：指中国境内的机关团体（包括政府组织、事业单位）、企业、金融机构或其他机构对中国境外的国际金融组织、外国政府、金融机构、企业或者其他机构用外币承担的具有契约性偿还义务的全部债务。具体包括国际金融组织贷款、外国政府贷款、外国银行和金融机构贷款、买方信贷、外国企业贷款、发行外币债券、国际金融租赁、延期付款、补偿贸易中直接以现汇偿还的债务、其他形式的对外债务。

20世纪80年代以来，中国的外债规模不断扩大，80年代初，外债尚不足100亿美元，80年代后期，外债规模逐年递增，截止至2013年年底，我国外债余额为8631.67亿美元，增长速度远远快于国民生产总值的增速。国际上比较公认的短期外债与外汇储备的比例的安全线为100%。2001年至2013年期间，随着外汇储备规模的不断增长，我国短期外债占外汇储备的比例从39%下降至17.71%。目前中国是世界三大债务国之一。

（二）中国外债管理制度

1. 中国外债管理制度的沿革

改革开放前，我国外债管理比较简单。改革开放以后，为了加速国民经济的发展，我国开始大量引进外资，外债余额增加很快，从1985年到1990年，我国的外债余额由158亿美元增加到525.5亿美元，平均每年递增27.9%，但债务结构基本合理，仅以表明偿债能力的短期债务与总债务之比为例，1988年为18%，1990年为12.9%，大大低于国际上通行的25%的安全警戒线指标。

随着我国开放程度的进一步加深，外债对我国国际收支的平衡和国民经济的发展，影响日益加深。为了加强外债管理，我国先后出台了一系列法规，主要有：1987年8月27日国家外汇管理局发布的《外债统计监测暂行规定》；中国人民银行1987年9月28日发布的《关于中国境内机构在境外发行债券的管理规定》；1989年11月10日国家外汇管理局发布的《外债登记实施细则》；1991年9月26日国家外汇管理局发布的《境内机构借用国际商业贷款管理办法》；1995年1月26日，国家外汇管理局发布的《外债、外汇（转）贷款还本付息操作规程》；国务院1996年1月29日发布、1997年1月14日修改的《外汇管理条例》；中国人民银行1996年9月25日发布的《境内机构对外担保管理办法》以及国家计划委员会与国家外汇管理局1997年4月16日发布的《境外进行项目融资管理暂行办法》。2003年1月8日国家计委、财政部、国家外汇局联合发布了《外债管理暂行办法》，定于2005年3月1日起实施，是我国首部从全口径角度规范各类外债管理的规章，对外债定义和分类、举借外债和对外担保、外债资金使用、外债偿还和风险管理，以及外债监督等作了明确规定。同时，为深化外汇管理体制改革，简化行政审批程序，强化外债统计监测，防范外债风险，国家外汇管理局决定改进外债登记管理方式，2013年4月28日，国家外汇管理局发布《外债登记管理办法》。

2. 中国外债管理机构

我国没有设立统一的外债管理的机构，而是根据政府机构的职能分工以及历史沿革，

按业务相近原则对外债的某些过程实行归口管理:

(1) 中国人民银行负责建立全国统一的国外借款信贷、结算制度,以便加强对国外借款的信贷和结算监督;

(2) 财政部负责建立和健全全国统一的国外贷款的借、用、还的财政、会计核算制度,加强对外债的财务管理、会计核算和财政监督;

(3) 对外经济贸易合作部和海关总署负责建立和健全全国统一的借用国外贷款的进出口货物监管制度、关税优惠政策和管理办法,加强国外贷款进出口物资的监督;

(4) 国家税务总局负责建立和健全全国统一的国外贷款借、用、还的税收政策和制度,以加强外债的税收管理和监督;

(5) 国家审计署负责建立和健全全国统一的国外贷款借、用、还的审计制度和法规,以加强对外债的审计监督;

(6) 国家外汇管理局按照国家确定的方针、政策和利用国外贷款计划,负责管理对外债务的有关事项,并负责建立外债统计监测系统和对外公布外债数字。

在对外借款的具体管理中,实行的是在国务院统一领导之下的部门分工负责制,即:

(1) 国家计划委员会负责借用外资计划的制订和外债项目的审核批准工作;

(2) 对外贸易经济合作部负责审核外国政府的对华贷款;

(3) 财政部负责世界银行对华贷款;

(4) 中国人民银行负责审核国际货币基金组织、亚洲开发银行的对华贷款以及商业银行贷款和发行国际债券;

(5) 中国银行负责审核日本输出入银行的能源贷款;

(6) 农业部负责审核联合国农业发展基金的对华贷款;

(7) 国家外汇管理局负责对外担保的管理。

3. 中国外债管理方式

在国际上中国基本上是属于一个比较严格的外债管制的国家。目前从世界范围来讲,对外债管理来讲,基本采用两种方式,即数量的管制和价格的管制。数量管制就是从外商直接投资的总规模和借用国际商业贷款的总规模在数量上进行控制,或者叫做额度控制;价格管制主要是在税收的环节或者在利率的环节进行管制,来提高资本流动的成本这样的一种管制方法。中国的外债管制方式基本上属于数量管制。

(三) 中国外债管理的目的

1. 总量适度

借债规模要和国内资金的配套能力、偿债能力以及对资金需求相适应。按照世界银行的建议,中国外债指标的安全线为15%的偿债率、20%的负债率和75%的债务率。

2. 结构合理

外债结构合理主要体现在外债的种类结构、利率结构、期限结构、币种结构要合理搭配。

(1) 种类结构。种类结构是各种性质的外债在外债总额中所占的比重。要有多元化的融资来源,还要根据用途和目标来选择外债种类。

(2) 利率结构。利率结构是各种利率的外债在外债总额中所占的比重。应尽可能利用优惠利率的贷款,并使固定利率和浮动利率的债务保持适当的比例以降低借款成本。

(3) 期限结构。期限结构是各种期限的外债在外债总额中所占的比重。外债偿还期限有短、中、长三种期限,应使债务偿还期均匀分布,避免集中借贷和偿还。

(4) 币种结构。币种结构是各种外币计价的外债在外债总额中所占的比重。币种适宜以收汇结算使用较多的货币为主,适当兼顾软硬货币的搭配,以避免国际金融市场上汇率频繁变动的风险。

3. 注重效益

通过借、用、还三个环节的良性循环,实现外债经济效益和社会效益的统一,要把外债投资项目自身创汇偿债比重调整到占偿债总额的 80% 以上,以达到出口创汇与偿还外债平衡有余。

4. 保证偿还

按照中央统借统还、地方统借统还、自借自还的方式确定偿债责任制,做到"谁借谁还",确保对外信誉。

【思考与应用】

1. 简述外汇管理的主要内容。
2. 从外汇管理的历史来看,一个国家是否实施外汇管理主要取决于哪些因素?
3. 结合某个国家的外汇管理状况,分析实施外汇管理的作用及其局限性。
4. 结合我国国情与东南亚金融危机的教训,论述我国现阶段进行适度外汇管理的必要性。
5. 结合当前我国的外汇体制改革,探讨人民币实现资本项目自由兑换的条件及改革进程。
6. 简述我国外债管理的主要内容。
7. 结合当前我国外债现状,谈谈对我国外债规模与结构的看法。

专栏 12-3　23 号文"撬动"外债监管枷锁,中国资本大门逐渐松动

导语:这一次是悄然"洞开"。虽非　步到位,但开放尺度令人诧异。这次的不同在于全面推广,但也只是试行而已,并非正式政策文件。

就在中国外汇储备触及 4 万亿美元之际,国家外汇管理局出台了《跨国公司外汇资金集中运营管理规定(试行)》(汇发[2014]23 号)。

"包括中资在内,只要上年度外汇收支规模 1 亿美元以上的跨国公司或单一企业集团"的市场主体,均可以开办外汇资金集中运营管理试点业务。

"这次开放的力度很大,跨国公司的国际外汇资金主账户与境外划转自由,并且资金集中运用便利的同时,企业还可以运营直接投资、外债、对外放款等资金。"瑞穗证券亚洲公司首席经济学家沈建光说。

一位在 2012 年 12 月参与试点的大型跨国公司资金部负责人告诉《经济观察报》,试点的动作非常大。这次的不同在于全面推广,但也只是试行而已,并非正式政策文件。

"松"动

其实,"外管局并没有完全放松监管,跨境资金的流动最终还是在其监测平台系统控制之下,风险可控。"上述跨国公司资金部负责人说。但该人士也认为,任何政策都无法绝对杜绝"灰色"地带的交易,这与23号文本身无关。

而从不久前的"沪港通"到23号文,遵循既定的资本账户开放路线图,中国试探人民币资本项目可兑换路径的步子迈得越来越大。

23号文的最大看点是,创新跨国公司账户体系,允许跨国公司同时或单独开立国内、国际外汇资金主账户,集中管理境内外成员企业外汇资金,开展资金集中收付汇、轧差净额结算,账户内可以全部或部分共享外债和对外放款额度。

这意味着企业的资金运作空间更大。"不同于现行区分经常项目、资本项目的管理体制,打破了经常、资本常规管理界限,以公司治理结构相对良好的跨国公司为载体,通过国内、国际外汇资金主账户管理方式,分别集中管理境内、境外成员单位外汇资金,降低整体结算及汇兑成本。"外管局有关负责人解释。

不过,不要以为在上述资金管理框架下可以自由兑换。前述跨国公司资金部负责人说,"企业还需要提供相应的凭证,必须要有真实的贸易背景,但是可将提供凭证的时间延迟至一个月。可见资本账户开放仍是一个循序渐进的过程"。

据外管局负责人介绍,2012年12月1日以来,外管局在全国12个省市开展了三批跨国公司外汇资金集中运营管理试点,参与试点企业73家(包括2247个境内外成员单位),12家中外资银行成为试点合作银行。试点成效之一是大幅降低了企业财务成本。

首批"跨国公司总部开展资金集中运营管理试点"企业之一的宝钢就是试点受益者。

2012年12月21日,中国银行与宝钢集团在沪就"全球现金管理服务总体框架协议"签约。宝钢通过中国银行全球现金管理平台实现全球外汇资金集中管理。据2013年宝钢股份年报数据,其财务费用较上年同期减少10.3亿元,原因之一便是宝钢利用海外资金平台降低融资成本,利息支出相应减少。

提及具体的操作细节,外管局相关负责人解释,跨国公司可以在境内成员企业之间调剂使用,并按照意愿方式办理结汇。资金使用时,开户银行应审核真实性后直接支付,并留存相关单证5年备查。原则是谁使用资金谁提供单证。

"企业如果满足真实的业务需求,资金调度操作起来很方便";上述跨国公司资金部负责人说,"这等于是集团企业在华设立'资金中心'的概念,可以根据需要调拨资金,对外放款……

显而易见,外管局正在下一盘资本项目放开提速的大棋,风险如何管控呢?

尽管23号文规定"便利跨国公司融通资金,国际外汇资金主账户与境外划转自由,没有额度控制";但国内、国际账户内的互联互通,不能超过规定的外债和对外放款额度。

因为额度是控制监管的"阀门"。这也是外管局此次深化改革试点采取防控风险措施之一。

沈建光说,23文体现出外管局充分信任"银企"。如文件要求银行按照"了解客户"、"了解业务"、"尽职审查"等原则办理经常项目收结汇、购付汇手续。事实上,外管局防控风险的措施也包括强化银企责任,要求银行、企业签署确认书,承诺合规办理业务。

而"数据监测与核查检查"体现在风控技术上,外管局采取双重措施。如外管局赋予国内、国际资金主账户专门账户代码,采集两账户外汇收支等信息;集中收付或轧差净额结算,则需进行还原数据申报。

就此,一位外管局接近人士坦言,23号文对现有监管政策有一定挑战,因为不再是收支两条线,而是收支轧差之后的数据。尽管要求试点企业申报还原数据,但很大程度上这取决于企业的自觉行为,现行监管可能需要做出适应性调整。

而跨国企业进行资金内部定价,价格转移是全球普遍现象,即使有政策障碍,其也会绕道而行,因为制度上提供了这样一种便利。

在23号文下发的同时,市场传银监会也下发一份《关于开展进口铁矿石贸易融资情况快速调研的通知》(下称"通知"),分析人士"剑指"市场的玩家是重金在握的央企。

事实上,如果观察"通知",不难发现一些企业进行贸易融资的秘密。该"通知"要求认真分析进口铁矿石贸易融资的情况,调研是否存在虚假贸易套利。

按照企业降低财务成本的本能诉求,23号文也许会有助于个别套汇套利的央企做相关贸易融资,且真假难辨。

如市场分析认为,贸易商利用从银行获得的授信占压资金,推高铁矿石融资泡沫。而这个市场的玩家往往是重金在握、套利的央企。招商银行总行金融市场部高级分析师刘东亮说,目前国内大宗商品大规模进口超出了国内的实业需求,一部分铁矿石进口被用于融资套现。

多位人士分析,旨在服务实体经济、贸易便利化的23号文也许会利于央企进行各种贸易融资活动。但这并不是重点,"关键在于外债管理上有所突破与松动,便于企业集中收付资金,试点是出于贸易便利化的考虑"。上述外管局接近人士说。

不过在北京金融衍生品研究院首席宏观经济研究员赵庆明看来,跨国公司的资金运作相对规范,风险可控。

外管局此外的风控措施是,银行企业办理业务,需留存相关单证备查,通过外管局跨境资金监测平台加强数据统计与监测分析。

实际上,试点之前,外管局并没有绝对禁止资本金、外债结汇,但按照正面清单办理程序的手续很复杂。"23号文的创新之处在于将正面清单换成负面清单,相信负面清单会越来越少。"赵庆明说。

如23号文要求资本金、外债结汇采取负面清单管理。资本金和外债资金意愿结汇,审核真实性后对外支付。

不言而喻,在中国外储即将冲顶4万亿美元之际,外管局推进中国资本账户的开放,二者之间或许有必然联系。缓解中国外储的运营压力之一就是开放资本项目,藏汇于民,让资金"走出去"。

一位央行人士坦言,"引进来"和"走出去"相关的货币汇兑仍面临较多前置行政审批,货币汇兑的自由度偏低。

这位人士解释,监管层在汇兑环节设置很多前置条件,如在外商投资企业"引进来"和境内企业"走出去"中投资、增资、减资、清算和先行回收时,政府规章会规定银行必须审查是否获得前置审批,否则不许结汇或者购汇,违反规定进行结、购汇的银行将受到处罚。

而23号文试图规避上述政策壁垒,在有限的条件下,赋予企业自主配置外汇资金的空间。

"也是时候推动资本项目的开放了。一些观点认为,开放中国资本账户时间窗口在2015年至2020年。"赵庆明说。

按照上述央行人士的话,资本项目可兑换面临的真正问题是:能否管好外债与短期投机性资本。若是,则资本项目可兑换的风险可控。

不过,这一切尚待观察。而中国资本账户开放的进程似乎正在按照一定的时间表在"走"。"如果两年内实现利率市场化,则人民币在2016年可兑换。因为资本项目可兑换、汇率与利率市场化、人民币国际化等互为条件,是协同推进的关系。"沈建光说。

资料来源:http://finance.ifeng.com/a/20140506/12268479_0.shtml

第十三章 中央银行的对外金融关系

【本章提要】

当今世界经济日益呈现出一体化的趋势,金融的国际化也越来越明显,金融机构、金融市场及金融业务的国际化对中央银行的对外金融关系提出了新的要求。中央银行既要明确在对外金融关系中的地位和基本任务,又要积极主动地与国际货币基金组织、世界银行集团、国际清算银行、地区性国际金融组织等国际金融组织与机构加强合作。

【基本概念】

国际金本位体系　布雷顿森林体系　牙买加体系　旧巴塞尔协议　巴塞尔新资本协议　有效银行监管核心原则

第一节　国际货币政策协调

一、中央银行在对外金融关系中的地位

在经济一体化与金融国际化的趋势下,各国的经济与社会政策、货币政策、利率和汇率政策、国际收支状况和国际储备,乃至于经济周期与波动,都会对其他国家产生深刻的影响。货币政策已越来越超越国界而成为一种国际性的政策。在这种形势下,大力发展一国对外金融关系,建立、发展与各国中央银行间的密切联系,彼此开展自觉的政策协调与合作,已成为必须之举。中央银行是各国货币的唯一发行者,是货币流通与信用的组织者,是宏观经济的控制与调节者。它的这些职能决定了它在对外金融关系方面的地位和基本任务。

(一) 中央银行在对外金融关系中的作用

1. 充当政府对外金融活动的总顾问和全权代表

由于中央银行在一国经济和社会生活中的地位和特殊作用,它的业务与技术的高度专业性和它在国内外金融方面的丰富经验,使它成为各国政府对外金融方面的总顾问。例如,美国联邦储备委员会主席有美国"第二总统"之称,其在制定和执行国内外经济和金融政策方面有着举足轻重的影响,远不局限于对外金融政策方面的顾问角色。各国中央银行总裁或行长还依法代表国家出席各种国际性金融会议,在世界性金融组织中发挥其作用,如代表国家出席国际货币基金组织大会或区域性金融组织大会,在会上发表意见,

阐明立场,提出方案,进行投票表决,签署有关条约、协议或文件等。

2. 与各国中央银行进行官方结算

国际收支能反映国家之间复杂的金融关系与活动。各国之间一旦出现国际收支差额可以由中央银行出面,以黄金和特别提款权等储备资产为手段进行最终清算,更经常的是采用改变官方负债的方法加以调整。

3. 进行资本国际流动的调节管理和对外负债的全面监测

中央银行还是一国资本国际流动的调节者和对外负债的全面监测者。它通过汇率政策、外汇管制政策,规定国际借贷的条件或额度控制,银行对外借款、特别准备金的缴纳等手段,控制和调节资本的流入或流出。它还通过规定每年对外投资的数量,调整利率以影响资本的流入流出。此外,自国际债务危机发生以来,各国中央银行加强了对外负债的全面监测管理,并建立了相应的监测调控体系。

4. 充当各国黄金和外汇储备的管理者

黄金与外汇储备资产是一国最基本的支付手段或最后清偿手段,是一国保持汇率稳定和从事国际经济活动的基础。中央银行负责保管黄金,调整外汇储备的数量,调整货币结构和期限结构,并保证外汇储备的安全性,这些必然产生一系列的对外金融关系和一系列国际金融活动。为应付外汇市场的非常情况,维护本国汇价的基本稳定,许多国家都设有由特别提款权、黄金和外汇组成的"外汇平准基金",并由中央银行持有。

5. 进行外汇交易

中央银行进行外汇交易并无获利的动机,而是作为一种重要的干预和管理手段,以缓和由于临时性原因而造成的外汇收支不平衡所引起的短期资本流动,或者为了平抑汇价或避免外汇市场的某种波动所带来的损失。

6. 调节与监督国际金融活动

为使一国的国际金融活动正常有序地进行,中央银行对本国金融机构对外借款以及对外贷款和投资的数量和规模进行监督管理;审查或批准本国金融机构建立国外分支机构或购买外国银行机构的申请;审查或批准外国银行在本国建立机构,收买或持有当地银行股份的申请,并进行监督和管理。

7. 发展与各国中央银行及各国际金融机构的对外金融关系

各国中央银行,作为对外金融关系的全权代表,负责同各国中央银行、各种国际金融机构建立和发展双边与多边友好合作关系,交流经验,互通信息,增进了解,改进和完善各自的管理技术,促进本国和各国经济、金融的发展与稳定。

8. 充当对外金融的总体发展战略的制定者

对外金融发展战略是一国经济与社会发展战略的重要组成部分,是一个巨大而复杂的系统工程。对外金融发展战略必须最大限度地服从于和服务于该国经济与社会发展总战略,并与其相互协调配合。中央银行要在持续的、全面的国际金融调查研究的基础上,结合本国特点和情况制定和推行对外金融的总体发展战略与政策。

(二) 中央银行与国际金融机构的协作关系

1. 代表政府参与国际货币基金组织的活动

国际货币基金组织于1945年12月27日成立,是当今世界上最富有全球代表性和影响力的政府间国际金融组织,同时也是各种国际金融组织中最有影响力的一个。国际货币基金组织自从运营以来,对于加强国际货币合作、稳定国际汇率、缓和国际收支危机方面以及促进世界经济发展等方面,都起到一定的积极作用。它在很大程度上能不断适应变动着的世界经济、金融和政治形势的发展。一般由各国的财政部长或中央银行行长担任该国理事,出席基金组织的年会或其他重要会议。

各国中央银行代表本国政府出席国际货币基金会议并阐述对世界经济和国际金融重大问题的立场,还同基金组织沟通情况、交流看法,取得该组织的信用贷款和信托基金;成员国还可得到各种形式的技术援助,如人员培训、技术指导、经济金融业务咨询等。

2. 与世界银行集团等国际金融机构建立合作关系

世界银行集团是由国际复兴开发银行、国际开发协会、国际金融公司、解决投资争端国际中心和多边投资担保机构组成。其最初目的是为西欧国家战后复兴提供资金支持,1948年马歇尔计划中的欧洲复兴资金落实之后,业务目标转变为帮助发展中国家发展生产力,促进其社会进步和经济发展,改善和提高人民生活。其中前3个机构为集团的主要业务机构。各国中央银行除参与国际货币基金的活动以外,还同世界银行集团建立各种形式的交流与合作关系,并开展各种业务往来。

3. 参与国际清算银行活动

国际清算银行于1930年5月在巴塞尔成立。据国际货币基金组织的估计,全球金融市场上游资总额在7.2万亿美元以上,每天有1.2万亿美元以上的游资在全球寻找获利机会。随着国际金融一体化的发展,数额巨大的国际游资到处兴风作浪,单个国家的金融管理当局根本无力与之相抗。所以,必须进行国际统一金融监管,才有可能减少以至消除金融创新和国际游资的负面影响。

4. 参与区域性国际金融组织活动

随着经济全球化的进一步发展,各发展中国家为了缩小与发达国家的差距,由各国的中央银行牵头组织,成立了一系列区域性的金融合作组织,在发展中国家开展广泛的合作与信贷活动。如西非货币联盟、中非货币联盟、中非国家开发银行等。

二、国际货币政策协调的必要性

在全球经济一体化的趋势下,金融一体化得到了相应的发展,一国尤其是大国的货币政策必然会对别国产生影响,同样,一国也会受到他国货币政策的影响,使得一国在某一特定时期的经济政策能否达到预期的效果,不仅要看其国内的经济政策执行情况,还要看其他国家的相关经济政策的执行状况。当一国发生经济危机时,又可能导致全球性经济危机,产生国际经济与货币秩序的混乱。例如1994年墨西哥金融危机;1997年的东南亚金融危机;1998年的俄罗斯金融危机;1999年的巴西金融危机等金融危机事件。这些金融危机事件从对内角度看多为一国的经济结构、负债规模、负债比例、宏观经济政策等不当所引发的金融危机。而从对外角度来看则可归因于盲目的国际贷款、游资的冲击等原因所致。但同时,我们也不得不意识到国际货币政策协调的失衡也是这些危机产生甚至是加重的原因所在。

为了避免这种货币政策的相互影响对各国经济造成不良的冲击,国际间的货币政策协调就显得尤为重要。这种协调在当前的世界经济发展中频繁发生,并且对世界经济和金融的发展产生着越来越重要的作用。例如欧元的诞生从某种程度上说也是国际间经济政策协调的产物。因此,研究国际间经济政策的协调,尤其是中央银行的货币政策协调,在当前国际金融形势下具有极为重要的意义。

国际经济和金融的一体化以及经济货币政策的相关性使得各国经济的相互依赖程度不断加深,金融创新和金融衍生工具的大规模使用也产生了许多诸如投机过度、金融诈骗和诱发金融危机等国际性问题,因而各国迫切地需要稳定的国际货币经济秩序。解决这一矛盾的途径无非有两条,一是改革国际货币体系,二是加强国际间的货币政策协调。从长期看,对国际货币体系的改革是大势所趋,然而由于各国之间经济发展水平的不平衡性,目前,很难找到一个能为各国普遍接受的改革方案。在这种情况下,加强国际间的货币政策协调,正被越来越多的国家所重视和运用。

三、国际货币政策协调作用和内容

(一)较好的国际货币政策协调,可以起到的作用

(1)有利于保持汇率稳定,促进国际贸易的发展和国际资本的流动。

(2)有助于实现国际收支的平衡。当一国出现国际收支不平衡的时候,在进行国内政策调整的同时,通过国际货币政策协调,有关当事国采取共同的行动,有利于调节国际收支不平衡状态。

(3)有利于促进国际金融市场的稳定。事实证明,当各主要工业国家采取协调一致的国际货币政策时,有利于稳定国际金融市场,防止国际金融市场市场行情的大起大落。

(4)有助于危机管理。通过各国的全面或部分国际货币政策的协调,对国际上突发性的、后果特别严重的事件进行缓解,使其渡过危机。

(二)国际货币政策协调的主要内容

1. 汇率政策的协调

汇率稳定是国际贸易和世界经济不断发展的前提,也是各国货币政策的目标之一;因此汇率政策的协调历来是国际货币政策协调的核心内容之一。

2. 利率政策的协调

利率涉及一国货币对内稳定的问题,同时,根据利率平价理论,两国之间的利率发生相对变化,必然会影响到两国货币之间的汇率,因此,协调国际间的利率政策,有利于保持国际货币体系的稳定和健康发展。

四、不同国际货币体系下的国际货币政策协调

不同的国际货币体系下,由于其结构框架及运行机制不同,其国际货币政策协调也体

现着不同的内容和特点。在以国际金本位体系为代表的固定汇率制下,对国际收支不平衡的调节是自动进行的,不需要中央银行的干预,基本上不需要进行国际间的货币政策协调。而在此后,随着金本位制的瓦解,对各国而言,国际货币政策协调的重要性则愈显突出。

(一)布雷顿森林体系下的国际货币政策协调

布雷顿森林体系是以美元为中心的汇兑平价体系,其特点是美元与黄金挂钩,其他货币与美元挂钩。在布雷顿森林体系下,各国与美元的法定平价一经国际货币基金组织(IMF)确认,便不得随意更改,其波动幅度不得超过平价的±1%。只有当成员国基本国际收支不平衡时,经 IMF 批准才能改变汇兑平价。

在布雷顿森林体系下,汇率制度体现出相当的固定汇率制的特征。另外,根据1944年通过的《国际货币基金协定》和《国际复兴开发银行协定》,在布雷顿森林体系下,解决国际收支问题主要通过三条途径:一是依靠国内经济政策;二是依靠 IMF 组织的贷款;三是当成员国发生国际收支根本不平衡时,可以依靠改变汇兑平价。

由此我们可以看出,在布雷顿森林体系下,各国中央银行间的货币政策协调主要是通过国际货币基金组织来进行,协调的目标是保持以美元为中心的汇兑平价体系的稳定。这一目标包含了两方面的内容,一是维持黄金的美元价格即黄金官价的稳定;二是维持其他货币与美元之间汇兑平价的稳定。这种协调主要是通过国际货币基金组织的一些规范来进行,属于规则协调。IMF 是布雷顿森林体系下进行国际货币政策协调的主要机构,它吸收了全球 160 多个国家参加,享有很高的威望。IMF 组织有一整套制定、实施和监督法规的完整程序,在协调南北关系,协调西方发达国家之间的利益冲突,维护汇兑平价方面功不可没。在布雷顿森林体系存续的二十几年间,IMF 组织做了大量工作,组织和协调其成员国达成了很多有利于稳定布雷顿森林体系的协议。

(1) 1959 年 9 月 9 日,为了扩大对成员国的资金援助,IMF 组织的第一次普遍增资生效,其份额增加了 50%,资金扩大到 140 亿美元。

(2) 1960 年 10 月,资本主义世界发生了第一次黄金危机,黄金价格突破了每盎司 35 美元的官价,曾一度达到 40 美元。为稳定黄金价格,西方主要国家的政府卖出了大量黄金,并达成了稳定黄金价格协议。一年后,IMF 组织 8 个西方国家组成了黄金总库以稳定金价。

(3) 1961 年 2 月 15 日,9 个西欧国家接受了 IMF 组织第八条款的义务,至此,所有西方主要国家的货币都实现了可兑换性。

(4) 1962 年 2 月 13 日,美国与西方 14 个主要国家的中央银行签订了总额为 117.3 亿美元的"货币互换协定",通过中央银行间的短期限额信贷,各国在面临货币压力时可以立即提款应急,提高了干预市场的能力。

(5) 1962 年 10 月 24 日,IMF 与十个主要西方国家达成了总额为 60 亿美元的借款总协定,以在必要时支持美元,稳定国际货币体系的运转。

(6) 1968 年 3 月,黄金总库 7 个成员国(法国已在此前退出了黄金总库)决定实行黄金双价制,各国中央银行间保持黄金官价,而私人市场上的金价可以自由浮动。

(7) 1969年8月,IMF组织设立特别提款权账户,增加国际储备货币,缓解对美元的压力。

在布雷顿森林体系下,十国集团在协调国际间货币政策方面也发挥了重要的作用。十国集团产生于1962年的借款总协定,由美国、原西德、英国、法国、日本、意大利、加拿大、荷兰、比利时及瑞典十个国家组成。在20世纪60年代和70年代前半期,十国集团成了讨论国际货币问题的重要论坛,主要西方国家在十国集团的讨论中达成了很多协调性的货币政策协定,为维护和稳定布雷顿森林体系做出了贡献。

(二) 牙买加体系下的货币政策协调

1976年1月8日,国际货币基金组织临时委员会达成了《牙买加协定》,同年4月,国际货币基金组织理事会通过了IMF协定第二次修正案,这两项文件标志着国际货币关系从此进入了牙买加货币体系时代。

在牙买加体系下,各国可以自由选择汇率安排,浮动汇率制与固定汇率制合法共存。整个汇率体制呈现出两大趋势,一是区域集团内实行相对固定的汇率制度,二是主要货币之间的汇率出现了巨幅波动。从总体来看,牙买加体系趋向于实行自由的汇率安排。在浮动汇率制下,各国可以借助汇率的变动对国际收支进行连续和自动的调节,从而可以比较自主地推行国内经济政策而不必考虑国际收支问题,但牙买加体系仍然是不稳定的,造成这种不稳定的原因有很多,如短期资本的大量流动,国际间利率和通货膨胀率的巨大差异。另外,牙买加体系是一个国际储备多元化的体系,各国中央银行将本国的部分国际储备从一种货币转向另一种货币时,势必加大外汇市场的波动幅度。

外汇市场的剧烈波动,影响到各国的国内经济政策的效果,也影响到国际间的贸易与投资,因此,各国普遍希望通过国际间的货币政策协调,稳定国际外汇市场和国际汇率体系。在牙买加体系下,国际间的货币政策协调兼具了规则协调和随机协调的特点,其中,IMF组织依然发挥了重大作用。IMF组织每年召集一次由成员国中央银行行长或财政部长参加的年会,磋商国际金融稳定、国际收支平衡、国际债务及国际银行业务等重大问题,交流各国的货币金融政策并制定一些共同遵守的准则。事实上,迄今为止,IMF组织依然是最重要的国际金融组织,肩负着促进整个国际货币体系有效合作的责任。

西方七国首脑会议及后来的七国集团也是牙买加体系下进行中央银行间货币政策协调的一个重要论坛。西方七国首脑会议始于1975年11月的朗布依埃会议,到后来发展为七国集团(Group of Seven)。在牙买加体系下,西方国家比较大的货币政策协调有下面几次。

(1) 20世纪80年代初,美国里根政府为对付高通货膨胀,实行高利率政策,西欧和日本也不得不提高利率,结果造成国际收支恶化,失业率上升。1983年,西方七国首脑会议在威廉斯堡达成"经济复兴宣言",表示各国政府要协调政策,降低财政赤字。

(2) 20世纪80年代中期,美国贸易赤字急剧扩大,贸易保护主义抬头,美元居高不下。1985年9月,西方五国财长在纽约的广场饭店开会,决定共同干预外汇市场。美国同意削减赤字,而日本同意让日元升值。这次广场会议被认为是西方大国通过协调来控制国际汇率的开始,具有重大的意义。

(3) 1987年2月21日至22日,西方七国中除意大利外的六国财长和中央银行行长在法国巴黎卢浮宫举行会议,会议强调采取协调的货币政策对美元进行稳定。美国答应把政府赤字从1987年的占国内生产总值的3.9%降低到1988年的2.3%,德国许诺进行额外的减税行动并保持较低的利率水平,日本同意采取措施刺激国内需求并改革税收制度,法国同意削减政府赤字、降低税收、加快工业的私有化和金融市场的自由化进程,加拿大则同意改革税收制度并加快私有化改革。同年4月,美国、日本和德国采取了协调的利率政策以稳定美元,美国联邦储备银行把利率水平提高了0.5个百分点以抑制国内的通货膨胀。

(4) 1987年10月19日,是西方股市的"黑色星期一",美国道·琼斯工业股票平均价格指数下跌了508点,跌幅达22.6%,股市的巨幅动荡给国际金融市场带来了一片混乱。西方七国采取了五次大规模的联合干预,各国中央银行纷纷发表声明,表示将保证金融系统的流动性,同时法、德、日都降低了利率,避免了类似于1929年的经济大萧条。

(三)欧元产生后的国际货币政策协调

1999年1月1日,欧元正式诞生。欧元的诞生对整个国际金融形势和国际货币体系都有着深远的影响,国际支付体系、国际汇率体系、国际储备体系、国际资本市场以及国际银行业都将因欧元的产生而产生较为深刻的变化。在欧元产生后的新的国际金融形势下,国际间的货币政策协调也会发生相应的变化。

主要发达国家之间的货币政策协调,在1987年卢浮宫会议之后,经历了一个低潮时期。那么,欧洲货币联盟的建立与欧元的出台,会不会给国际货币政策合作带来新的压力呢?一些经济学家通过研究发现,一种新的更为均衡的经济格局会导致国际货币体系新的不稳定。在一个不对称的经济格局中,一个大国在经济总量上远远超过其他国家,该国会成为国际经济与货币政策协调中的当然领导者。大国以货币供应量作为货币政策的主要中介指标,而其他小国则与大国一起通过协调干预外汇市场以稳定各自的名义汇率,以此达到国际货币体系的平衡。在这种既定的平衡格局中,如果再出现一个新的较大的国家或经济体,那么这种新的更为对称的经济格局将会导致原体系的不稳定,因为两大货币之间汇率的变化,不仅会对这两个大国或经济体产生较大的影响,也会对世界其他国家产生较大的影响。这个结论表明,欧洲货币联盟的建立和欧元的出台,将会加大汇率管理方面国际协调的难度。从实际情况看,欧元产生后,对国际货币政策协调将会产生两个主要的影响。

1. 从欧洲货币联盟内部来看,统一的货币所在国需要采用一些主要经济指标趋于相同的标准

1991年的《关于欧洲经济货币联盟的马斯特里赫特条约》(简称《马约》)为欧盟各国过渡到欧洲货币联盟制定了四个标准:①通货膨胀率不超过三个最好国家水平的1.5%;②财政赤字不超过GDP的3%,累积公债不超过GDP的60%;③政府长期债券利率不超过三个最低国家平均水平的2%;④在加入欧洲货币联盟前两年汇率稳定,中心汇率不得重组。1997年6月18日欧盟15国在阿姆斯特丹首脑会议上又通过了《稳定和增长公约》,进一步强调了《马约》提出的财政状况标准,要求成员国在加入欧洲货币联盟后仍然能自觉维持财政纪律。由此可见,欧洲货币联盟成立及欧元产生后,其内部各成员国之间将进一步加强经济与货币、财政政策的协调,以维护统一货币的稳定,促进成员国的经济增长。

2. 从欧洲货币联盟与其他发达国家之间的关系来看,欧洲目前经济增长速度较低,失业率相对较高,各国经济发展还相对不平衡

在欧洲货币联盟成立后,欧元国家有必要与美国、日本等主要国家进行积极的货币政策合作。从国际储备角度来看,欧元必然会同美元、日元一样成为国际主要的储备货币,欧洲货币联盟对稳定国际货币体系负有重大的责任,欧洲货币联盟同美国、日本等主要发达国家之间的货币政策协调将有利于国际金融局势和国际货币体系的稳定。

3. 从经济迅速成长的发展中国家看,随着经济地位的上升和对外经济与金融联系的增加,参与国际货币政策协调的重要性也大大增加了

在新形势下,中央银行货币政策协调非常重要。世界经济和国际金融的一体化发展以及各国经济货币政策的溢出效应,决定了各国中央银行必须进行货币政策的国际协调。在不同的货币体系下,中央银行间的货币政策协调有着不同的特点,但总的来说,货币政策协调不外乎规则协调与随机协调两种。在当前国际货币体系得到新发展的情况下,国际货币政策协调正面临着新的挑战。

第二节 中央银行金融监管的国际协作

当今世界经济的发展,越来越呈现出经济一体化和区域集团化的趋势,世界经济的一体化必然带来金融市场与金融业务发展的一体化,同时,对各国中央银行也提出了金融管理一体化的要求。也就是中央银行作为各国政府对外金融关系方面的顾问和全权代表,有必要担负起金融监管国际协作的艰巨任务。

一、中央银行金融监管国际协作的必要性

1. 促使各国中央银行金融监管的国际协作

全球经济的一体化发展,使得跨国公司规模、数量急剧增长,分支机构遍布全球。世界性、区域性国际金融机构空前活跃。同时,由于金融业务技术自动化、电子化的发展,金融业务能在全球范围内24小时连续不断地运转,使得任何一国都可以参与全球任一个主要金融市场的业务活动。国际金融市场和国内金融市场日益融合,并以国际金融中心为依托,通过信息网络和金融网络形成了全球统一的不受时空限制的无国界的全球金融市场。进入20世纪90年代,金融国际化进程加快,资本国际间流动异常活跃。这些都不同程度地加剧了各国中央银行进行金融监管的难度,因此,加强金融监管的国际协作是非常有必要的。

2. 金融不断创新促使各国中央银行金融监管的国际协作

当代金融创新,种类繁多、范围广泛、速度极快。按照其内容来看,主要包括金融业务的创新、金融市场的创新和金融制度的创新。互联网金融以及信息技术的高速发展增大了各国金融监管的风险与难度,单靠一个国家央行的力量已很难有效地实现金融监管。这势必需要各国央行加强同世界上其他国家及国际组织的联系,通过资源共享,共同进行金融监管,促进各国及世界的金融稳定。

二、金融监管国际协作的内容

由于跨国银行和国际间资本流动的迅猛发展,国际间信贷资金金额剧增,银行竞争加剧,金融风险增大,这些变化迫切需要加强国际金融监管。到目前为止,国际金融界在金融监管的国际协作方面取得了一系列进展与突破,但其中最重要的当属1988年的旧《巴塞尔协议》、1997年的《有效银行监管的核心原则》。"巴塞尔协议"是国际清算银行(BIS)的巴塞尔银行业条例和监督委员会的常设委员会——"巴塞尔委员会"于1988年7月在瑞士的巴塞尔通过的"关于统一国际银行的资本计算和资本标准的协议"的简称。该协议第一次建立了一套完整的、国际通用的、以加权方式衡量表内与表外风险的资本充足率标准,有效地扼制了与债务危机有关的国际风险。2004年的新《巴塞尔协议》和2013年1月6号新发布的《巴塞尔协议Ⅲ》。

(一)旧《巴塞尔协议》的主要内容和意义

1. 旧《巴塞尔协议》的主要内容

"巴塞尔协议"是国际清算银行(BIS)的巴塞尔银行业条例和监督委员会的常设委员会——"巴塞尔委员会"于1988年7月在瑞士的巴塞尔通过的"关于统一国际银行的资本计算和资本标准的协议"的简称。该协议第一次建立了一套完整的、国际通用的、以加权方式衡量表内与表外风险的资本充足率标准,有效地扼制了与债务危机有关的国际风险。旧《巴塞尔协议》主要有四部分内容:(1)资本的分类;(2)风险权重的计算标准;(3)1992年资本与资产的标准比例和过渡期的实施安排;(4)各国监管当局自由决定的范围。体现协议核心思想的是前两项,即:资本的分类,也就是将银行的资本划分为核心资本和附属资本两类,各类资本有明确的界限和各自不同的特点;还有就是风险权重的计算标准。报告根据资产类别、性质以及债务主体的不同,将银行资产负债表的表内和表外项目划分为0、20%、50%和100%四个风险档次。风险权重的划分目的是为衡量资本标准服务,有了风险权重,报告所确定的资本对风险资产8%(其中核心资本对风险资产的比重不低于4%)的目标标准比率才具有实实在在的意义。

旧巴塞尔协议主要针对的是信用风险,旨在通过实施资本充足率标准来强化国际银行系统的稳定性,消除因各国资本要求不同而产生的不公平竞争。其核心内容是资本的分类。

2. 旧《巴塞尔协议》的意义

(1)《巴塞尔协议》提出了以资本充足性管理为核心的风险资产管理模式,从资本构成及资产风险权数来控制银行资产的风险,增强银行的稳定性,为国际银行统一监管提供了有效的风险控制手段。

(2)《巴塞尔协议》将银行的表外项目纳入了银行资产管理范围,减少了表外业务急剧扩张给银行带来的风险,是银行风险管理的最大突破,有利于银行的稳健经营。

(3)《巴塞尔协议》为国际金融监管提供了统一的标准和方法,使金融监管的国际协作成为可能和必然。在《巴塞尔协议》产生以前,各国金融监管的标准有松有紧,造成了各国银行的不平等竞争。而《巴塞尔协议》则使国际银行监管产生了统一标准,各国中央银行均要根据此协议对本国银行进行监管。因此,《巴塞尔协议》有利于各国金融监管的统一和协调,促进金融监管的国际协作。

(二)《有效银行监管的核心原则》

《有效银行监管的核心原则》是巴塞尔委员会继《巴塞尔协议》之后推出的又一份重要文件,它顺应了新的经济金融形势发展的需要。自20世纪80年代中后期以来,随着资本市场自由化和国际银行业的迅速扩张,再加上新技术的突飞猛进和大量的金融创新,交易工具与手段不断更新,使世界金融形势变得错综复杂,全球经济金融一体化进程进一步加快,国际金融市场之间的联系更加紧密。无论是发达国家还是发展中国家,一国所发生的金融危机会很快扩散到其他国家和地区,如墨西哥金融危机、亚洲金融危机等,都在国际金融领域造成了很大的震动。各国都已意识到,对金融风险的防范客观上需要加强监管的国际合作,在全球范围内提高监管的整体水平。尽管《巴塞尔协议》的执行已经在一定程度上降低了银行信贷风险,但以金融衍生工具为主的市场交易风险仍经常发生,这说明仅靠资本充足率的规定已不足以充分防范金融风险。巴塞尔委员会也认识到了这一现实,在对以往工作进行总结的基础上,在广泛征求各方面意见之后,于1997年推出了《有效银行监管的核心原则》。该原则的主要内容可以分为七大部分,共25条。其中的主要内容如下:

1. 有效银行监管的先决条件

在一个有效的银行监管体系下,参与银行组织监管的每个机构要有明确的责任和目标,并应享有工作上的自主权和充分的资源;适当的银行监管的法律框架是必要的,其各项条款应包括对银行组织的审批及持续监管,要求其遵守法律与法规及安全稳健性的权力和对监管者的法律保护。另外还要建立监管者之间分享信息及为信息保密的各项安排。

2. 发照和结构

(1)必须明确界定已获得执照并接受银行监管的各类机构可以从事的业务范围。

(2)发照机关须有权制定发照标准并拒绝一切不符合标准的申请。

(3)银行监管者必须有权审查和拒绝银行向其他方面转让大笔股权或控制权的申请。

(4)银行监管者必须有权制定用以审查银行的大笔收购和投资的各项标准。

3. 审慎法规和要求

(1)监管者要规定适用于所有银行的、适当的最低资本充足率审慎要求。

(2)独立评估银行贷款发放、投资以及贷款和投资组合持续管理的政策和程序。

(3) 银行监管者应确保银行建立评估银行资产质量和贷款损失储备金的政策、做法和程序。

(4) 银行监管者应确保银行的管理信息系统能使管理者有能力识别其资产的风险集中程度；银行监管者必须制定审慎限额以限制银行对单一借款人的风险程度。

(5) 银行监管者应确保银行仅在商业基础上向相关企业和个人提供贷款，而且这部分信贷必须得到有效的监测。

(6) 银行监管者应确保银行制定出完善的政策与程序，以便在国际信贷和投资活动中识别、监测和控制国家风险及转移风险。

(7) 银行监管者应确保银行建立准确计量并充分控制市场风险的体系。

(8) 银行监管者应确保银行建立全面的风险管理程序以识别、计量、监测和控制各项重大风险。

(9) 银行监管者必须确定银行是否具备与其业务性质及规模相适应的完善的内部控制制度。

(10) 银行监管者必须确定银行具有完善的政策、做法和程序。

4. 持续银行监管手段

(1) 银行监管体系应包括某种形式的现场和非现场监督。

(2) 银行监管者必须与银行管理层保持经常性接触，全面了解该机构的经营情况。对银行的各项业务实施全球统一监管。

(三) 新《巴塞尔协议》

新巴塞尔协议是在对旧巴塞尔协议进行修订的基础上产生的，其突破和创新、深入之处主要体现在强调了现代跨国银行监管的三大支柱：最低资本要求、监管者外部评估和市场约束。其中的第一柱——最低资本要求中，就全面继承了旧资本协议关于资本构成、资本充足率计算的规定。但与旧资本协议相比，新资本协议除了更精细、更全面地评估银行信用风险、市场风险及操作风险等各种因素外，还提出了比旧资本协议更复杂、更具风险敏感性的框架、原则和方法。

(四) 《巴塞尔协议Ⅲ》

受 2008 年全球金融危机的直接催生，《巴塞尔协议Ⅲ》几经波折，终于于 2013 年 1 月 6 日发布其最新规定。它体现了微观审慎监管与宏观审慎监管有机结合的监管新思维，按照资本监管和流动性监管并重、资本数量和质量同步提高、资本充足率与杠杆率并行、长期影响与短期效应统筹兼顾的总体要求，确立了国际银行业监管的新标杆。主要有以下特点和内容：

1. 强化资本充足率监管标准

《巴塞尔协议Ⅲ》确定了三个最低资本充足率监管标准，截至 2015 年 1 月，全球各商业银行的一级资本充足率下限将从现行的 4% 上调至 6%。其中，由普通股构成的核心一级资本占银行风险资产的下限将从现行的 2% 提高至 4.5%；此外，各银行还需增设"资本防护缓冲资金"，总额不得低于银行风险资产的 2.5%。资本充足率保持 8% 不变。

2. 引入杠杆率监管指标,控制银行表内外业务风险

巴塞尔委员会引入杠杆率旨在实现两个目标:第一,为银行体系的杠杆率指标确定底线,以缓释去杠杆化带来的不确定风险以及对金融体系和实体经济带来的负面影响;第二,采用简单、透明、基于风险总额的指标,作为风险资本比率的补充指标,为防止模型风险和计量错误提供额外的保护。2011年初按照3%的标准(一级资本/总资产)开始监控杠杆率的变化,2013年年初开始进入过渡期,2018年正式纳入第一支柱框架。

3. 建立流动性风险监管标准,增强银行体系维护流动性的能力

2008年国际金融危机表明,即便在银行资本充足和资本质量得到保证的前提下,流动性出现问题也容易造成不可收拾的局面。为此,巴塞尔委员会引入了两个流动性监管新指标,即流动性覆盖率(LCR)和净稳定融资比率(NSFR)。具体而言,流动性覆盖率指银行流动性资产储备与压力情景下30日内净现金流出量之比,用于度量短期(30日内)单个银行流动性状况,目的是提高商业银行短期应对流动性停滞的敏感性。净稳定融资比率指可用的稳定资金与业务发展所需资金之比,用于衡量银行在中长期内可供使用的稳定资金来源是否足以支持其资产业务发展,也可以反映中长期内银行所拥有的解决资产负债期限错配的资源和能力。这两个指标的提出,将能够进一步增加银行维护流动性的能力。

除上述《巴塞尔协议》的三个版本和《有效银行监管的核心原则》以外,其他国际性组织也在积极推动金融监管的国际协作。如1995年6月西方七国首脑会议提出建立金融危机预警机制,在全球范围内监控金融市场风险;1994年9月西方十大工业国中央银行行长在巴塞尔达成协议,拟订了公开衍生金融产品交易资讯的统一标准;2008年11月,华盛顿G20峰会各国首脑提出的针对金融危机的种种改革措施;2009年3月,金融稳定论坛发布《解决金融体系顺周期性的建议》等等。据此,我们不难看出,随着世界货币的一元化、金融电子的网络化,各国央行将在国际货币体系、金融风险防范的法律、法规、技术操作等诸多方面进行协作,在相互关联与依托中增强各国的金融监管能力。

【思考与应用】

1. 为什么说中央银行在对外金融关系中起着积极重要的作用?
2. 为什么说中央银行国际货币政策协调是极其重要的?
3. 为什么说《巴塞尔协议》体现了各国中央银行金融监管的国际协作精神?
4. 请思考一下有效银行监管的核心原则的内容是什么?
5. 结合当前国际金融的发展趋势,试述加强国际金融监管的必要性。

第十四章　中央银行宏观经济分析

【本章提要】

对宏观经济状况是否有一个科学的判断，是中央银行货币政策制定和调整能否准确和适度的前提。中央银行宏观经济分析框架包括国民收入与产品、国际收支、政府财政和货币四大宏观经济账户。资金流量表从资金的角度核算部门之间的资金联系，反映各部门储蓄和投资的差额以及资金缺口的弥补过程等，它是中央银行制定货币政策，管理金融活动的一个十分有用的分析工具。中央银行的宏观经济分析主要包括两个方面：一是金融分析，主要是对货币总量、货币结构和其他金融因素的分析；二是经济分析，是对企业、居民家庭、政府部门、国外部门的经济活动和收支状况等进行分析。

【基本概念】

宏观经济分析　国民经济核算体系　资金流量表资产负债表　国内生产总值　货币分析　消费分析　投资分析

宏观经济分析是对整个国民经济的分析，它包含两个层次的内容：一是对宏观经济运行状况的判断，包括对历史规律的把握，现状的分析计量和发展趋势的预测，即对国民经济进行总量分析；二是对运行机制和变化特点的解释，即对国民经济进行结构研究。就中央银行而言，对宏观经济运行状况是否有一个科学的判断，是货币政策制定和调整能否准确和适度的前提。因此，宏观经济分析是中央银行制定和实施货币政策的基础工作。

第一节　中央银行宏观经济分析框架

及各账户间的关系中央银行进行宏观经济分析，就是要通过对国民经济的系统分析，来揭示经济发展的状况和趋势；了解经济发展的全貌、洞察经济运作中存在的问题，并为中央银行货币政策的制定及金融宏观调控的实施提供正确的依据。宏观经济分析是把社会总体的经济活动作为研究对象，研究的一系列与经济的总体运行相关的变量如收入、产出、就业、价格水平、利率水平、货币供应量、对外贸易、国际收支、税收、政府支出等，重点分析这些变量在一定时期内的变动情况及相互间的变动关系。为此，就需要对宏观经济的总体运行进行分析，这一分析框架是以国民经济核算体系为基础的。

一、宏观经济分析框架的构成

宏观经济分析框架一般包括国民收入与产品、国际收支、政府财政和货币四大账户，每一个账户说明经济的一个特定方面，它们共同构成一个相互联系的体系。

（一）国民收入与产品账户

国民收入与产品账户又称为"国民账户"，用以衡量一国在一定时期内发生的宏观经济活动的总价值和本国居民在一定时期内经济活动的总体水平。国民账户可以从国内生产总值（GDP）、国民生产总值（GNP）和国民可支配收入（GDI）三个方面来表述其总产量。

1. 国内生产总值（GDP）

国内生产总值是指一个国家或地区的所有常住单位在一定时期内所生产和提供的最终产品和劳务的价值总和。可以通过对参与经济交易三方的任何一方进行考核计量：产品生产部门的产量；提供生产要素所获得的收入；为获得产品而形成的支出。对应这三方，也有三种计算方法，即生产法或增加值法、收入法、支出法。

（1）生产法。它是从生产方面来计算国内生产总值的一种方法，也称部门法或增加值法。其方法是将国民经济各部门生产的总产品价值，扣除生产过程中消耗的中间产品价值，所得到这一年中新创造的价值（即增加值），再把各部门一年中新创造的价值累加起来，就得到该年国内生产总值。其计算公式为：

GDP＝各部门增加值之和

各部门增加值＝总产出－中间投入

（2）收入法。它是从收入角度根据生产要素在初次分配中应得到的收入份额来计算增加值，然后按各部门增加值加总计算国内生产总值，又称分配法。其计算公式为：

GDP＝固定资产折旧＋劳动者报酬＋生产税净额＋营业盈余

（3）支出法，又称最终使用法。它从产品的最终使用的角度出发，把全社会各项最终使用的支出相加得到国内生产总值。其计算公式为：

GDP＝个人消费＋投资＋出口＋政府消费

以上三种计算方法分别反映了分析总产量的三种统计途径，但三种计算方法所得结果是一致的。因为它们的计算对象相同，是用三种不同计算方法对同一对象的计量。明确了国内生产总值的三种计算方法及其计算结果的一致性，对中央银行宏观调控有着重要的意义。从第一种方法计算的国内生产总值总量及构成动态中，可以掌握经济活动总量的构成状态，进而掌控总量的动态和各构成贡献。这样，当经济增长发生波动时，就可以从各部门的角度找到波动的原因，从而采取相应的调节措施。从第二种方法计算的国民生产总值及构成中，可以掌握一定时期内收入流量的总量及构成状态，从而一方面掌握经济增长过程各个生产要素的贡献，另一方面，由于各部门收入规模客观上规定了该部门的支出及融资规模，因此可以依据这一结果明确调节融资的方向和控制部门支出构成的办法。第三种方法计算的国内生产总值及构成是从需求面分析出发，体现了私人部门、公共部门等的收入去向，可以掌握支持经济增长的需求总量及构成因素，分析造成经济短期波动的需求原因，为利用财政和货币政策调节社会总需求找到着眼点。结合收入计算的部门收入构成资料,可以掌握部门收支状况,为调节部门收入获得准确信息。

2. 国民生产总值(GNP)

国民生产总值是指一定时期内国内生产总值与来自国外的要素净收入之和。所谓来自国外的要素净收入,就是本国从国外(非常住单位)获得的劳动者报酬和财产收入(如利息、利润、租金)等,减去国外(非常住单位)从本国获得的劳动者报酬和财产收入的净额,即:

国民生产总值＝国内生产总值＋来自国外的劳动者报酬和财产收入－国外从本国获得的劳动者报酬和财产收入

或:国民生产总值＝国内生产总值＋国外要素收入净额

3. 国民可支配收入(GDI)

国民可支配收入是指本国在一定时期内获得的原始收入的基础上,经过与国外的转移支付收支之后可最终用于消费和投资的收入。可分为国民可支配总收入(GNDI)和国民可支配净收入(NNDI)。其计算公式为:

国民可支配总收入＝国民生产总值(国民总收入)＋来自国外的转移支付净额
国民可支配净收入＝国民生产净值(国民净收入)＋来自国外的转移支付净额

4. 国内生产总值(GDP)、国民生产总值(GNP)和国民可支配收入(GDI)之间的关系

国民账户的三个方面的关系可用以下公式表示:

$GDP = C + I + (X - M)$

$GNP = GDP + YF = C + I + (X - M + YF)$

$GDI = GNP + TR = C + I + (X - M + YF + TR)$

式中:

C 表示私人部门和政府部门的消费支出;

I 表示私人部门和政府部门的投资支出(包括存货变化);

X 表示商品和服务出口;

M 表示商品和服务进口;

YF 表示要素净收入;

TR 表示净转移。

由于国民储蓄(S)等于国民可支配收入减去消费,即 $S = GDI - C$,所以上面的第三个公式可以表述为:

$S - I = X - M + YF + TR$

这一公式表明,任何外部的不平衡都会反映在内部(国内)的不平衡上。即居民在国内商品和劳务上的支出金额或称消费和投资的金额,大于或小于国内产量,其差额应该是与国外交易的净额。

(二) 国际收支账户

国际收支账户由三个方面构成(如表14－1)。反映本国居民与外国人商品、服务、收益及无偿转移等交易记录的对外经常账户余额;本国居民的国外净资产变化及其他资本流动的资本和金融账户余额;与国际储备和账务清算有关的官方储备账户的净额。可用

下列公式表述构成国际收支账户这三个方面的关系：

CA＋F－AR＝0

式中：

CA 表示经常项目；

F 表示资本和金融项目；

AR 表示官方净储备。

表 14－1　2013 年 1～6 月中国国际收支平衡表　　　　　　单位：千美元

项　　　目	差　额	贷　方	借　方
一、经常项目	984	12 788	11 804
A. 货物和服务	1024	11 544	10 520
a. 货物	1576	10 577	9 001
b. 服务	－551	967	1519
B. 收益	－2	991	993
C. 经常转移	－38	254	292
二、资本和金融项目	1 187	6 877	5 690
A. 资本项目	24	27	3
B. 金融项目	1 162	6 850	5 687
a. 直接投资	775	1 475	699
b. 证券投资	241	454	213
c. 其他投资	146	4 921	4 774
三、储备资产	－2036	6	2041
A. 货币黄金	0	0	0
B. 特别提款权	1	1	0
C. 在基金组织的储备头寸	5	5	0
D. 外汇	－2 041	0	2 041
E. 其他债券	0	0	0
四、净误差与遗漏	－135	0	135

中央银行分析国际收支账户的一个最主要的目的，就是要判断经济是否存在对外失衡问题，并作出是否需要调整政策来纠正这种失衡的决策。然而，复式记账法又意味着国际收支账户在定义上必然保持账面的平衡。因此，对外交易的记录必须再进行分类加工以便于政策分析。这种分类加工的基本方式是：不同对外交易按项目加总、借贷相抵后得出净额，以划分不同性质的对外交易项目各自的顺差或逆差，顺差或逆差的判断通常是依据自主性交易补偿后的差额而定。由于这种确定方法出自于分类者对交易者主观动机的判断从而在区别自主性交易与补偿性交易时，事实上并不存在明确的标准。因此，在货币

当局及其他宏观经济管理部门的国际收支分析实践中,往往有多种差额概念,其中使用最普遍的是贸易差额、经常项目差额、基本差额和总差额四种差额概念。

(三)财政账户

财政账户体现着政府预算总量、预算资金的来源及去向。为了保持与其他金融统计的一致,并便于国际比较,IMF的《政府财政统计手册》确定了政府业务及其分类的三种基本规则:第一,政府的确定不是依照法律标准,而是依据其职能;第二,政府财政统计数据应衡量(不是估计或推算)某段时期内政府与世界其他地方的支付流量;第三,交易分类不是依据最终效果,而是根据每笔交易发生时的实际特征而定。依据这些规则,财政账户分为收入、支出和融资三大块。

财政分析的基本内容是财政收支的平衡状况,即财政收支是盈余还是赤字。按政府交易的基本特征,对财政账户的分析,可分析五个方面的差额:收入与支出差额;非偿还与应偿还交易差额;有偿与无偿交易差额;经常性与资本性交易差额;金融资产与负债的差额。这些差额反映着财政的赤字或盈余。

(四)货币账户

一国金融体系中的机构可分为货币当局、商业银行等存款货币机构以及其他金融机构三类,与之相对应货币账户也可分为货币当局的账户、货币概览和金融概览三个层次。

货币当局的账户一般指中央银行的资产负债表;货币概览是将货币当局与存款货币银行的数据合并在一起而成,表现了货币体系中的货币、信贷及对外净资产等金融要素的变动情况;金融概览是将其他特定存款机构的资产负债表与货币概览并为一体编制而成。我国中央银行目前尚未将证券市场的业务数据归纳进去,因而只编制银行概览,没有编制金融概览。

与上述的国民账户、财政账户和国际收支账户不同,以上三个层次的货币账户均是存量账户,所登记的数据均为某一时点通常是期末的资料。这三个层次的货币账户,就构成货币部门的分析框架。

1. 货币当局资产负债表

货币当局资产负债表分为资产、负债与资本两栏,资产方反映了中央银行投放基础货币的渠道,负债方则体现着中央银行投放的基础货币存量。货币当局资产负债表及时提供了中央银行基础货币供给的变动情况,因而显得特别重要。

2. 货币概览

存款货币银行资产负债表由资产、负债及所有者权益三部分构成,平衡公式为:资产=负债+所有者权益。自2006年起,中国人民银行按月汇总合并《货币当局资产负债表》以及《其他存款性公司资产负债表》,编制公布《存款性公司概览》,不再披露《银行概览》与《货币概览》。

表 14-2　存款性公司概览　　　　　　　　　　　　　　　单位：亿元

项目	2014.2	2014.3
国外净资产	283 589.65	284 032.46
国内信贷	947 973.61	972 329.30
对政府债权（净）	45 233.52	48 406.96
对非金融部门债权	817 668.75	831 077.66
对其他部门债权	85 071.34	92 844.68
货币和准货币	1 131 760.83	1 160 687.38
货币	316 625.11	327 683.74
准货币	815 135.72	833 003.64
不纳入广义货币的存款	27 665.05	28 640.34
债券	105 600.92	108 253.93
实收资本	32 887.68	33 107.34
其他（净）	−66 351.23	−74 327.23

3. 金融概览

《金融概览》是对整个国家金融系统的运行情况的反映，我国尚未编制金融概览。

由于大多数非银行金融机构对货币创造的作用很小，因而在分析货币账户时，除经货币当局准许经营部分存、贷款业务的特定存款机构外，一般不将它们包括进去。我国的特定存款机构是指金融信托投资公司和国家开发银行、中国进出口银行两家政策性银行。将特定存款机构资产负债表与货币概览合并后，即为银行概览。编制银行概览的主要目的是统计 M_2。

货币供应量数据来自银行概览，在银行概览的负债方。货币项目包括中央银行发行的现金货币和银行体系吸收的活期存款，是一国的货币供应量（M_1）；准货币项目包括了定期存款、储蓄存款及银行体系吸收的其他存款，其与货币项目一起，构成一国的广义货币（M_2）。

二、宏观经济分析框架中各账户间的关系

国民收入与产品、国际收支、财政和货币这四大主要的宏观经济账户，具有大体上相同的目的，即为管理当局提供分析框架和决策依据。因此，它们是宏观经济分析和决策过程的一个重要组成部分。

（一）宏观经济账户的共同特征

四大宏观经济账户共同构成一个相互联系的体系，在确立经济主体和记录经济交易方面，具有明显的共同特征。

1. 都涉及由其全体居民组成的经济体

居民与国民在概念的内涵上不同，外延上既有重合，又有交叉。大多数国民是本国居

民,但一国的居民可能是另一国的国民,反之,另一国的国民也可能成为本国的居民。

2. 都记录经济交易

经济交易包括两个方面的内容:一是商品、劳务和金融资产的流动,二是转移支付或单方面转移。

(二) 国民账户与国际收支账户的关系

国民账户与国际收支账户的联系,较集中地反映出一国在一定时期内储蓄与投资的均衡关系。在国民账户中,储蓄被定义为国民可支配收入减去消费。因此,若投资大于同期储蓄,则超过部分必然体现为对外收支经常项目逆差。

(三) 财政账户与国民账户、国际收支账户的关系

国民账户是用以衡量整个经济体的经济交易量,而财政账户则是用以衡量政府对经济体其他部门的影响。财政账户为记录政府资金来源与运用的数据提供了一个框架,确立这一框架的目的是便于对政府在收入、支出、资本积累和融资等方面的交易进行分析。国民账户也以标准形式表示有关政府经济活动的详细数据,并且也有与财政账户相关联的综合指标,如政府消费和投资这两个指标,就反映了财政账户的经常性支出和资本性支出的数据。

财政账户与国民账户在记账方式上有差别:财政账户用现金支付制记录交易,而国民账户则用权责发生制记录交易;同时为了强调把政府与金融机构的职能彻底分开,财政账户排除了政府所属金融机构的交易记录,而国民账户则不排除。

财政账户与国际收支账户除了在范围和记录基准方面有较小的差别外,两者大体以同样的方式记录交易。在范围方面,国际收支账户不区别不同层次的政府,财政账户将中央政府与其他层次的政府、公共企业等区分开来,并把超国家当局与本国之间的所有经济交易专项列出;在交易的记录方面,财政账户与国际收支账户都衡量流量而不衡量存量的变化。财政账户主要采用现金支付制记录,其只记录支付流量;国际收支账户采用权责发生制记录,其在居民与非居民之间发生所有权变化时记录资金流量、支付额和负债。

(四) 货币账户与其他宏观经济账户的关系

一方面,货币账户与宏观经济的其他账户在计量方式上有明显区别:货币账户统计的是存量数据,记录的是在某一时点上的交易结果;而其他三大账户均是统计交易流量,记录的是某一时期内发生的交易数量。另一方面,货币账户与其他宏观经济账户又有密切联系:它通过对外资产和负债项目与国际收支账户相联系;通过政府在银行系统的头寸与财政账户相联系;通过与国际收支账户、财政账户的对应成分,间接地同国民账户发生联系。

宏观经济四大账户的基本关系框架可用图 14-1 表示。图 14-1 中,国民收入与产品账户记录有关一国的增值、收入和支出的非金融交易以及有关对世界其他地区的资本融通的金融交易;财政账户说明有关财政收入和支出的非金融交易和有关总盈余或赤字融资的金融交易;国际收支账户既表明非金融交易,又表明金融交易,前者出现在经常项目中,后者则出现在资本项目及储备项目中;只有货币账户不表示非金融交易,仅表示银行体系的资产与负债。因此,货币账户(包括各层次银行的资产负债表和货币概览、银行

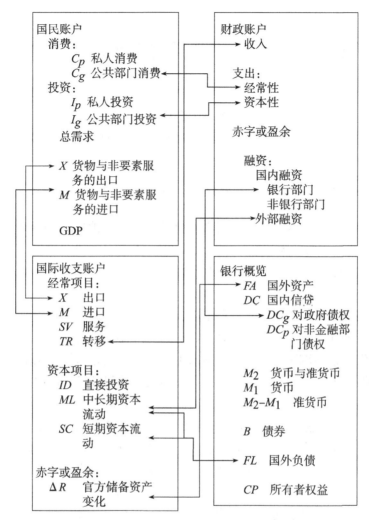

图 14-1　宏观经济四大账户的基本关系框架图

本图来源：王广谦主编《中央银行学》，高等教育出版社，1999，第 176 页。

概览）的分录的变化反映金融流量。

专栏 14-1　中国国民经济核算体系（2002 年）

为了全面准确地反映我国经济发展水平和经济运行情况，更好地满足党政领导部门的决策需要和社会各界的研究分析需要，2002 年国家统计局会同中国人民银行等国务院有关部门制定了《中国国民经济核算体系》（以下简称新核算体系），从 2003 年开始逐步实施。新核算体系由五套基本核算表、一套国民经济账户和两张附属表组成。五套基本核算表包括国内生产总值表、投入产出表、资金流量表、国际收支表和资产负债表；一套国民经济账户包括经济总体账户、国内机构部门账户和国外部门账户；两张附属表即自然资源实物量核算表和人口资源与人力资本实物量核算表。

摘自：中华人民共和国国家统计局网站。

第二节 中央银行宏观经济分析的工具与内容

宏观经济账户的确立为中央银行提供了合适的宏观经济分析框架，资金流量分析则为中央银行的宏观经济分析准备了技术性较强的工具。中央银行的宏观经济分析的主要内容有金融分析和经济分析。

一、中央银行宏观经济分析工具——资金流量表

资金流量表从资金的角度核算部门之间的资金联系，从收入到支出的角度对交易主体进行分类，反映各部门储蓄和投资的差额以及资金缺口的弥补过程等，它对于国家管理宏观经济，中央银行制定货币政策和管理金融活动，都是一个十分有用的分析工具。

（一）资金流量表的内容

由于各国宏观经济调控对核算的要求以及国民生产总值核算的详细程度不同，资金流量核算各有不同的内容。归纳起来，大致分为三种情况：一是只核算金融交易；二是包括金融交易、总储蓄和实物投资；三是以国内生产总值为核算的初始流量，不仅包括金融交易，还包括收入分配、再分配与消费及投资的形成过程和各机构部门的资金融通情况。我国的资金流量表是由国家统计局和中国人民银行从1992年正式开始编制的，其内容采用了第三种核算范围，包括实物交易和金融交易两部分。其中，统计局负责编制资金流量表的实物交易部分，中国人民银行负责编制金融交易部分，其交易的衔接工作由二者共同负责。这样能更好地体现实物资金流和金融资金流的动态结构，以利于分析资金在不同渠道中的数量和流向。中央银行作为货币部门的核心，编制资金流量表的金融交易账户，是其统计分析部门的重要任务之一。资金流量表采取标准式矩阵结构，为5（机构部门）×31（交易项目）的资金流量表，由主栏"交易项目"，宾栏"国民经济的各经济主体——机构部门"纵横交叉组成，各机构部门下分设资产栏和负债栏。数据登入采用复式记账方法。这样可以从资金的来源和运用两个方面，反映资金在各部门之间的流转情况。资金流量表的基本表式如表14-3和表14-4。

对于以上资金流量表，需要说明几个方面：

（1）各部门数值是对国民生产总值的分解，即各部门增加值之和等于国民生产总值；

（2）国内总储蓄与投资的差额等于国际收支中经常账户差额减去要素收入和转移收入；

（3）国外金融交易各项数字与国际收支资本账户、国际储备账户各项目数字一致。

（4）国内金融交易合计项全国"来源"和"运用"相等。

（二）资金流量表的编制

资金流量表的编制包括国内金融交易的编制和国外金融交易的编制。

表 14-3 资金流量表(金融交易)

机构部门 交易项目	非金融企业部门		金融机构部门		政府部门		住户部门		国内合计		国外部门		合计	
	使用	来源	使用	来源	使用	来源	使用	来源	使用	来源	使用	来源	使用	来源
一、净金融投资														
二、资金运用合计														
三、资金来源合计														
(一)通货														
本币														
外币														
(二)存款														
活期存款														
定期存款														
住户储蓄存款														
财政存款														
外汇存款														
其他存款														
(三)贷款														
短期贷款														
中长期贷款														
财政贷款														
外汇贷款														
其他贷款														
(四)证券														
债券														
国债														
金融债券														
中央银行债券														
企业债券														
股票														
(五)保险准备金														
(六)结算资金														
(七)金融机构往来														
(八)准备金														
(九)库存现金														
(十)中央银行贷款														
(十一)其他(净)														
(十二)国外直接投资														
(十三)其他对外债权债务														
(十四)储备资产														
(十五)国际收支净误差与遗漏														

表 14-4 资金流量表(实物交易)

机构部门 交易项目	非金融企业部门		金融机构部门		政府部门		住户部门		国内合计		国外部门		合计	
	使用	来源	使用	来源	使用	来源	使用	来源	使用	来源	使用	来源	使用	来源
一、净出口														
二、增加值														
三、劳动者报酬														
（一）工资及工资性收入														
（二）单位社会保险付款														
四、生产税净额														
（一）生产税														
（二）生产补贴（一）														
五、财产收入														
（一）利息														
（二）红利														
（三）土地租金														
（四）其他														
六、初次分配总收入														
七、经常转移														
（一）收入税														
（二）社会保险缴款														
（三）社会保险福利														
（四）社会补助														
（五）其他														
八、可支配总收入														
九、最终消费														
（一）居民消费														
（二）政府消费														
十、总储蓄														
十一、资本转移														
（一）投资性补助														
（二）其他														
十二、资本形成总额														
（一）固定资本形成总额														
（二）存货增加														
十三、其他非金融资产获得减处置														
十四、净金融投资														
十五、统计误差														

1. 国内金融交易的编制

国内金融交易的编制包括间接金融活动项目编制、直接金融项目编制和外币交易项目编制。间接金融交易包括：通货、活期存款、定期存款、储蓄存款、短期贷款、长期贷款、财政借款，这些金融交易活动与金融机构相联系，将各金融机构报表按照上述金融交易项目划分要求进行调整汇编，并对每项交易数字进行部门分解。贷款发放对象可以按企业、农户、个体经济加以区分。直接金融项目可根据财政部门和中国人民银行的有关统计资料进行编制。外币交易项目编制要根据各金融机构的外汇业务统计报表，单独编制外币信贷业务数字。

2. 国外金融交易的编制

国外金融交易根据国际收支统计资料进行编制。国外金融交易项目设置与国际收支资本往来和国际储备项目设置相对应，可以根据国际收支资本往来项目和国际储备项目资料归并编制。

从上述的资金流量表的内容及其编制中可以看出，资金流量表事实上都已包括在国民账户、国际收支账户、财政账户与货币账户这四大宏观经济账户所记录的资料之中。因此，资金流量分析充分体现了四大宏观经济账户之间的相互联系，是由动态的角度对宏观经济账户的综合分析。

二、中央银行宏观经济分析的内容

中央银行宏观经济分析包括两个方面：一是金融分析，即对货币信贷的增减变动情况进行监测，对增减变动的原因进行解释。二是经济分析，即对企业、居民家庭、政府部门和国外部门的经济活动和收支状况进行分析。这两个方面是相互联系、不可分割的，它们共同构成了中央银行宏观经济分析的整体。

（一）金融分析

作为金融部门，中央银行必须强调对本部门主要经济变量的分析和预测。这主要包括货币总量的分析、货币结构的分析和其他金融因素分析几个方面。

1. 货币总量分析

（1）货币总量的分析原理。由于中央银行宏观经济调控的目标变量难以直接控制，就必须制定某些中介变量指标，通过对这些中介变量的调控，对国家的目标变量产生影响。作为货币部门的中央银行，其所控制的主要金融变量是货币。而货币总量在决定产量、价格和国际收支方面起着重要作用，这些又恰好是国家宏观经济政策最终目标的具体反映。因此，中央银行的宏观金融分析应具体落实在对货币总量的分析与预测上。

在制定货币政策时，货币当局必须明确其所能够使用的政策工具和所要求达到的最终目标之间的关系。然而，这种关系通常是间接的，只有操作目标（工具变量）才是直接受货币当局控制和影响的变量。因此，作为中介目标的货币总量也并不一定是中央银行所能直接决定的，仍然存在着对其分析和预测的问题。就货币政策的传导机制理论而言，一方面要通过分析货币对最终目标的弹性，来确定为实现最终目标所需达到的货币总量水平；另一方面要通过货币总量的预期水平，来确定工具变量的实施力度。而在制定和实施货币政策的实践过程中,这两个方面都要求对货币总量进行预测。此外,货币总量的分析和预测,也是评估政策调整方案的可行性和考核货币政策实施效果必不可少的关键步骤。

为了进行正确的分析和预测,必须明确真实货币总量与名义货币总量的区别。真实货币总量即货币需求量,就其实证意义而言,是以不变价格计算的货币总量;名义货币总量则是以可变价格计算的实际货币存量,即银行概览中的货币与准货币数据。固然,货币当局只能影响名义货币供应量。但就货币的需求与供给两方的关系而言,货币需求是主动方,货币供给总是处于被动地位,货币总是为了满足不断增长的需求而投放到流通中的。因此,对货币数量发生影响的绝非中央银行一家,各金融部门乃至非金融部门都可以货币需求方对实际货币存量施加影响。因此,对货币总量的分析和预测,必须结合货币供求双方。

(2) 货币总量的预测技术。既然货币总量的变化涉及货币的供求双方,而货币需求又往往取决于人们愿意持有货币量。因此,对货币总量预测时,应将人们的行为因素考虑进去。常用来预测货币总量的方法有两种:一种是以货币需求函数为基础,运用回归技术进行测算;另一种是依据货币流通速度的变化趋势来测算。后一种预测方法技术性较弱,并带有明显的主观意识,因而预测结果也不很可靠,一般不宜单独使用,往往将其用来与前种方法的预测结果进行比较、验证。

2. 货币结构分析

货币结构分析主要是指对不同层次货币之间的比例结构的分析。由于当代各国货币当局在实施货币政策过程中,往往将货币供应量作为主要中介目标,而不同层次的货币供应量对不同政策目标的作用机制和不同政策工具的适应程度具有明显差异。因此,分析货币结构,对货币政策中介目标的选择、货币政策实施效果的检验和评价等,具有十分重要的理论意义和实际意义。货币的结构分析主要包括货币的流动性分析和货币对实际经济过程总体作用的分析两个方面。

(1) 货币的流动性分析。M_1 体现的是现实的社会购买力,M_2 中除 M_1 之外的储蓄存款和定期存款等准货币,体现的是潜在的或未来的社会购买力,占比重的高低,体现了货币流动性的强弱。对货币流动性强弱的分析,既能够为中央银行宏观金融调控提供决策依据,也有助于中央银行货币政策的实施效果评价。若占的比重下降,意味着现实社会购买力增长的减缓或不足,这可能直接导致社会有效需求不足。以此为依据,中央银行要增加有效需求,解决现实社会购买力不足的问题,就可以通过加大增长率来带动 M_1 的增长,或者在增长率维持稳定的前提下,提高 M_1 的增长率,加大占的比重以增强货币的流动性。

(2) 货币对实际经济过程总体作用的分析。货币对实际经济过程总体作用状况,主要通过和两个层次的货币占国内生产总值(名义 GDP)的比重这两个指标来反映。占名义 GDP 的比重指标,反映货币供应量对实际经济过程的作用程度,其占名义 GDP 的比重指标,反映一国的金融深化程度。目前,这两个指标成为各国中央银行判断货币政策有效性的重要依据。在中国,由于金融技术相对落后,现金使用量较多,与居民的消费和物价等经济因素关系密切,因此目前仍是我国分析货币结构的主要对象之一。但是,随着我国市场经济的进一步发展和完善,金融的深化和金融技术的提高,现金结算占交易的份额逐渐下降,在我国市场上作为交易媒介和支付手段的主导地位在逐渐弱化。

3. 其他金融因素分析

中央银行的金融分析除了货币总量与结构分析两个重要方面外,还包括对国际收支状况和国际储备量,各类银行的资产与负债的规模、资产质量及负债结构、同业拆借的交易量及利率,非银行金融机构的经营状况,债券、股票的发行量、交易量及价格,外汇市场的供求状况、外汇交易量及汇率等金融因素的分析。这些指标分别从不同角度反映金融运行状况。

4. 金融交易流量结构分析

金融交易流量结构是指各种金融交易项目的金额占融资总额的比重,它可以分析各机构部门对金融投资的偏好。对金融交易流量结构进行动态比较,可以分析各种金融工具的发展趋势。

(二)经济分析

中央银行经济分析工作,主要是在综合经济过程各方面因素及各经济部门收支的基础上,对经济变量之间关系作经验分析,以此来考察各类经济现象,为宏观经济决策提供依据。中央银行的经济分析一般包括总体经济分析和部门分析。

1. 总体经济因素分析

中央银行的总体经济因素分析,主要是对一些反映宏观经济现状及变化的经济指标的核算和分析。这些指标主要有国内生产总值及经济增长率、产业结构、地区经济结构、不同产业的产值及其增长率等等。这些指标均从不同角度反映国民经济的总体运行状况。

2. 消费分析

一定时期的一国(或地区)消费与投资的总和等于国民生产总值。消费平衡分析的主要内容包括:本期形成的消费品供应量与本期形成的消费品购买力之间的平衡关系;本期全部消费品供应量与本期全部消费品购买力之间的平衡关系;期末消费品库存与期末结余购买力关系分析;本期消费品购买力实现程度分析;消费品零售额与消费品库存比例分析;消费品生产与消费品消费额比例关系分析;消费需求变动规律;影响消费品供应量因素分析;影响消费品购买力的因素分析;货币流通量与商品零售额的比例关系;货币流通量与商品库存额的比例关系;消费品购买力或货币流通量与居民货币收入的比例关系;消费率及消费结构的分析等。消费率可反映消费水平和国民消费倾向,其计算公式为:

总消费率=总消费/国民可支配总收入×100%

对于消费率可以做动态比较分析,也可以做地区间或国际比较分析,以便揭示存在的问题。对居民消费结构分析,可计算出各种商品和服务支出的比重,反映居民消费结构的特点,分析其变化和发展的合理趋向。

3. 投资分析

投资分析包括固定资产投资分析、流动资产投资分析和投资率分析。固定资产投资分析主要包括在建项目投资总规模分析、年度投资规模分析、固定资产投资结构和投资效益分析。在建项目投资总规模等于年度投资规模乘以建设周期。

（1）在建项目投资总规模分析的主要内容。在建项目投资总规模分析包括建设周期变动情况；在建项目个数变动情况；新开工和施工项目变动情况；在建项目年投资系数变动情况；项目投产率变动情况等。

（2）年度投资规模分析的主要内容。年度投资规模分析包括年度固定资产积累占国民收入的比例；固定资产投资与重工业总产值相对速度；固定资产投资与社会总产值比例；固定资产投资占国民生产总值比例；固定资产投资与钢材、木材、水泥生产相对速度等。

（3）固定资产投资结构分析的主要内容。包括生产性和非生产性投资结构分析；物质生产部门内部投资结构分析；非物质生产部门内部投资结构分析等。

（4）固定资产投资效益分析的主要内容。包括固定资产支付使用率、项目建成投产率、建设工期等指标的分析。

（5）投资率往往和储蓄率结合起来分析。投资率可反映出投资水平，其计算公式为：

总投资率＝总投资/国民可支配总收入×100％

总储蓄率＝储蓄额/国民可支配总收入×100％

总储蓄（总结余）和总投资平衡分析按机构部门进行，基本方法是分别计算各机构部门的储蓄率和投资率，通过比较发现不平衡，然后分析总体上各部门之间的资金调剂和如何发挥金融市场的作用。

4. 企业收支分析

企业收支分析可从流量角度或存量角度进行。从存量角度分析企业收支，主要是分析企业货币资金的占用状况及其变化的原因。企业货币资金是货币供应量的主要构成内容。从宏观上看，企业货币资金占用水平上升（或下降），表明货币供应量的增加（或减少）。在衡量企业货币资金占用是否合理时，关键是要看企业货币资金占用系数。企业货币资金占用系数等于企业货币资金与销售收入之比。此外，存量角度的企业收支分析还包括企业资产构成分析，分析各项非货币资产占总资产的比重变化；负债分析，分析企业负债和资本构成的变化，即分析企业自有资金、借入资金、往来负债的变化；信用分析，包括现金比率、速动比率、流动比率、长期资产对长期负债比率、负债对资本比率等指标。

从流量角度分析企业收支实质上是对企业投入产出或收益性分析，它是从经济效益角度对企业收支的分析。主要包括对企业资金状况分析、偿债能力分析、资金周转效率分析、获利能力分析等。

5. 居民家庭收支分析

居民家庭收支分析的主要内容有：

（1）居民家庭收入的形成和居民家庭收入结构变动分析。消费结构分析可以从消费品的档次结构、消费者的水平结构、消费者的职业结构、消费的地区结构等多方面进行。

（2）居民家庭消费的变动分析。

（3）居民家庭储蓄分析。包括储蓄发展水平分析、储蓄结构分析、储蓄存款稳定性及变动规律分析。

6. 财政收支分析

财政收支对货币供应量的影响,取决于财政收支状况及其平衡方法。一般情况下,财政节余引起货币供应量减少。弥补财政赤字的办法有:动用历年节余、发行政府债券、向中央银行透支和借款等。因此,与之相对应,财政收支分析也就包括:财政动用历年节余影响货币供应量分析;财政发行政府债券影响货币供应量分析;财政向中央银行透支和借款影响货币供应量分析。

7. 国际收支分析

中央银行国际收支分析的主要内容有:

(1) 贸易收支变动分析,重点分析贸易发展水平和贸易结构的变动。

(2) 资本往来分析。

(3) 国际储备变动分析。

8. 生产形势分析

(1) 生产规模的变动分析。

(2) 生产速度的变动分析。影响生产速度的因素来源于需求方面、供给方面和制度方面。需求因素主要有投资、消费和出口等;供给因素主要是劳动力、生产资料和劳动对象等生产要素;制度因素有经济管理体制和企业管理体制等。

(3) 预期生产速度分析。一般来说,可通过宏观经济相关变量、微观企业景气动向和数学方法三个角度进行生产速度的分析。

(4) 生产结构分析。

9. 价格与通货膨胀分析

(1) 价格变动影响分析。如对货币购买力的影响分析,对职工收入的影响分析,以及对农民收入的影响分析等。

(2) 通货膨胀分析。对通货膨胀的成因进行分析时,需要从社会总需求大于社会总供给的成因开始。

(3) 通货膨胀效应分析。通货膨胀效应表现在收入和财富分配、资源配置、资金积累、经济增长等各方面,通货膨胀效应随时间、地点、条件的变化而变化,要准确把握它,需要具体问题具体分析。

综合上述金融分析和经济分析的几个方面,中央银行可对经济、金融形势做出较为客观的判断,从而为制定货币政策和评价政策实施效果提供实证依据。

专栏 14-2 宏观经济分析

2014年第一季度,中国经济开局平稳,经济结构呈现积极变化。居民收入较快增长,消费拉动作用增强,投资实际增速有所回升,贸易顺差收窄;农业生产形势稳定,第三产业增长持续快于第二产业;消费价格基本稳定,就业形势较好。第一季度,实现国内生产总值(GDP)12.8万亿元,同比增长 7.4%,居民消费价格(CPI)同比上涨 2.3%。经济运行速度保持在合理区间,总体符合宏观调控和发展预期。

一、世界经济金融形势

世界经济复苏形势继续向好。美国经济稳定复苏,恶劣天气的短期干扰逐渐消退。欧元区经济微弱复苏,通缩风险上升。日本经济增长放缓,连续21个月出现贸易逆差,财政压力加大。新兴市场经济体经济下行压力加大,部分国家政局不稳,金融市场动荡,风险上升。地缘政治博弈激化成为全球经济的风险之一。

(一)主要经济体经济形势

美国经济稳定复苏。主要受恶劣天气影响,2014年一季度GDP增速(环比折年率)放缓至0.1%。工业生产好转,制造业和服务业扩张加快,供应管理协会(ISM)公布的制造业和非制造业PMI指数3月分别升至53.7和53.1。3月失业率维持在6.7%,通胀维持低位。

短期财政风险有所缓解。截至3月末,联邦政府2014财年财政赤字为4133亿美元,较上年同期减少1870亿美元。

欧元区经济继续微弱复苏。2013年全年GDP萎缩0.4%,其中第四季度GDP环比增长0.3%,连续第三个季度正增长。2014年3月,欧元区经济景气指数上升至102.5,创2011年8月以来最高水平;综合PMI达到53.1,连续9个月位于50荣枯线以上。但失业率仍居高不下,通胀依然维持低位。3月,失业率维持在11.8%,综合物价指数(HICP)同比增长0.5%。

日本经济增速减缓,但通缩局面有所改善。2013年全年GDP增长1.5%,其中第四季度增长0.7%,较上半年明显减弱。受消费税调高影响,消费者信心指数2013年11月以来持续下滑,2014年3月降至37.5,为2011年9月以来的最低水平。日元贬值导致进口成本上升,3月贸易逆差1.4万亿日元,已连续21个月出现贸易逆差。1至3月核心CPI同比涨幅均为1.3%,为5年来新高。3月失业率降至3.6%,就业形势稳定。

部分新兴市场经济体爆发金融动荡。2014年1月美联储开始启动退出量化宽松政策,阿根廷等部分新兴市场经济体爆发金融动荡,跨境资本大规模流出,汇率大幅贬值。3月份以来,新兴市场经济体金融市场总体上已趋于平静,个别国家由于经济基本面恶化、国内政局严重动荡、地缘政治博弈激化,短期内仍可能面临较大困难。整体上看,新兴市场经济体经济基本面仍相对稳健,汇率贬值和利率调整有利于应对冲击,一些新兴市场经济体已通过政策调整和结构改革增强抗风险能力,爆发全面危机、经济增速大幅下滑的可能性不大。

(二)国际经济展望及面临的主要风险

总体看,2014年全球经济复苏形势向好,经济增长将有所加快。主要原因有:一是发达经济体经济增长动力增强,财政整顿和金融条件将支持经济更快增长。二是新兴市场经济体基本面总体尚好,经济增长不会出现大幅下滑。三是WTO多哈谈判取得进展,全球贸易和投资环境将进一步改善。四是国际经济合作进一步加强。

展望未来,全球经济仍可能面临以下风险:

一是美国退出量化宽松货币政策可能影响美国和全球经济复苏及金融市场稳定。量化宽松政策退出的步伐仍存较大不确定性,影响金融市场的稳定和企业的生产投资行为。量化宽松货币政策退出触发的部分新兴市场经济体金融动荡也可能对美国产生负面影响。

二是欧元区面临低通胀或通缩风险。2013年第四季度以来欧元区通胀率跌至1%以下,一些经济较弱国家甚至接近于零。如果通胀水平持续低于目标值,欧元区长期通胀预期可能下行,容易引发通缩风险,可能抑制欧元区经济增长,并拖累全球经济复苏。

三是日本经济下行压力增加。2014年4月1日消费税由5%上调至8%,对消费和内需的影响还需观察。日元贬值直接增加了进口压力,但对出口的刺激作用并不明显;同时受部分新兴市场经济体经济增长放缓等因素影响,日本贸易赤字有进一步扩大的可能。日本政府还将长期面临削减债务和刺激经济增长的两难境地。

四是部分新兴市场经济体短期内面临风险加剧的可能。全球经济复苏仍较缓慢,难为新兴市场经济体提供强大的外部需求,美联储退出量化宽松政策步伐的不确定性以及投资者对于新兴市场经济体基本面的担忧可能引发金融市场动荡、资本外流和汇率无序调整,加之国际金融危机以来,部分新兴市场经济体出现私人和公共部门杠杆率攀升、银行信贷规模过快扩张、宏观经济失衡加剧等问题,在外部环境趋紧的背景下,将使其承受更大压力。此外,地缘政治博弈也可能对全球经济产生负面影响。乌克兰政治危机短期内难以解决,未来走向不确定性较大,可能对欧洲能源供给和经济复苏产生影响。

在2014年4月更新的《世界经济展望》中,国际货币基金组织(IMF)将2014年全球经济增速下调0.1个百分点至3.6%。其中,美国经济增速维持2.8%不变、欧元区经济增速上调0.1个百分点至1.2%、日本经济增速下调0.3个百分点至1.4%、新兴市场及发展中经济体经济增速下调0.2个百分点至4.9%。

二、中国宏观经济运行

2014年第一季度,中国经济运行整体平稳,经济结构呈现积极变化。居民收入增长较快,消费平稳增长,投资实际增速有所回升,贸易顺差收窄。农业生产形势稳定,第三产业增长持续快于第二产业。消费价格涨幅温和,就业形势较好。第一季度,实现国内生产总值(GDP)12.8万亿元,同比增长7.4%,增速比上年同期低0.3个百分点。居民消费价格(CPI)同比上涨2.3%,涨幅比上年同期低0.1个百分点。贸易顺差为167.4亿美元,比上年同期少252.8亿美元。

(一)消费平稳增长,投资实际增速有所回升,贸易顺差收窄

城乡居民收入增长较快,消费需求平稳增长。第一季度,城镇居民人均可支配收入8155元,同比增长9.8%,扣除价格因素实际增长7.2%;农村居民人均现金收入3224元,同比增长12.3%,扣除价格因素实际增长10.1%。第一季度城镇储户问卷调查结果显示,居民当期收入感受指数为50.7%,较上季提高0.4个百分点。社会消费品零售总额为6.2万亿元,同比增长12%,扣除价格因素,实际增长10.9%,比上年同期加快0.1个百分点。分城乡看,城镇消费品零售额5.4万亿元,增长11.8%;乡村消费品零售额8528亿元,增长12.8%。

固定资产投资实际增速高于上季,民间投资占比继续上升。第一季度,固定资产投资(不含农户)完成6.8万亿元,同比增长17.6%,比上年同期和上年全年低3.3和2.0个百分点。扣除价格因素,实际增长16.3%,比上季高1.7个百分点。其中,民间投资4.4万亿元,增长20.9%,占全部投资的比重为64.8%,占比较上年同期提高1.5个百分点。分地区看,中西部投资增速继续快于东部,东、中、西部地区固定资产投资比上年分别增长16.4%、20.2%和19.1%。分产业看,第一、二、三次产业投资比上年分别增长25.8%、14.7%和19.6%。

(二)农业生产形势稳定,工业生产增速有所回落

第三产业增加值增长快于第二产业。第一季度,第一产业增加值7776亿元,同比增长3.5%;第二产业增加值57587亿元,同比增长7.3%;第三产业增加值62850亿元,同比增长7.8%。三个产业增加值占GDP比重分别为6.1%、44.9%和49%。第三产业占比较上年同期提高1.1个百分点。

农业生产形势稳定。根据全国11万多农户种植意向调查,2014年全国稻谷意向种植面积增长0.15%,小麦减少0.56%,玉米增长1.75%,棉花减少6.77%。第一季度,猪牛羊禽肉产量2347万吨,增长2%。

工业生产增速有所回落。第一季度全国规模以上工业增加值同比增长8.7%,增速较上年同期低0.8个百分点。全国规模以上工业企业实现利润总额12942.4亿元,同比增长10.1%。其中,主营活动利润为12238.5亿元,增长9.4%,规模以上工业企业主营业务收入利润率为5.4%,比上年同期高0.1个百分点。规模以上工业企业产销率为97.1%,比上年同期低0.1个百分点。第一季度中国人民银行

5000户工业企业调查显示,企业生产经营下滑,设备利用水平降低,但企业家信心有所增强。企业经营景气指数为55.3%,较上季下降2.8个百分点;企业平均设备利用率为77.9%,较上季下降1.7个百分点;企业盈利指数为50.9%,较上季下降6.7个百分点;企业家信心指数为67%,较上季上升1.1个百分点。

(三)价格形势基本稳定,居民消费价格涨幅温和

第一季度,居民消费价格(CPI)同比上涨2.3%,比上季度回落0.6个百分点,各月涨幅分别为2.5%、2.0%和2.4%。食品价格上涨放缓是CPI涨幅回落的主要原因。第一季度,食品价格同比上涨3.5%,比上个季度低2.0个百分点,拉动CPI上涨约1.2个百分点;非食品价格同比上涨1.7%,比上个季度高0.1个百分点,拉动CPI上涨约1.1个百分点。消费品价格涨幅明显回落,服务价格涨幅基本稳定。第一季度,消费品价格同比上涨1.9%,涨幅比上个季度低0.8个百分点;服务价格同比上涨3.1%,涨幅比上个季度低0.1个百分点。

生产价格降幅有所扩大。第一季度,工业生产者出厂价格(PPI)同比下降2.0%,降幅比上个季度扩大0.6个百分点,各月分别下降1.6%、2.0%和2.3%。其中,生活资料价格下降0.3%,影响PPI下降约0.1个百分点;生产资料价格下降2.5%,影响PPI下降约1.9个百分点。工业生产者购进价格同比下降2.1%,降幅比上个季度扩大0.6个百分点。企业商品价格(CGPI)同比下降2.0%,降幅比上个季度扩大1.5个百分点。农产品生产价格同比下降1.2%,农业生产资料价格同比下降0.6%。

(四)财政收支增速有所提高

第一季度,全国财政收入35025.7亿元,同比增长9.3%,增速比上年同期高2.4个百分点;全国财政支出30432.5亿元,同比增长12.6%,增速比上年同期高0.5个百分点。收支相抵,全国财政收支盈余为4593.3亿元,比上年同期减少403.9亿元。

从结构上看,全国财政收入中,税收收入30187.8亿元,同比增长10.2%;非税收入4837.9亿元,同比增长4.4%。分税种看,国内增值税同比增长9.4%,国内消费税同比增长4.8%,营业税同比增长4.2%,企业所得税同比增长8.9%,进口货物增值税和消费税同比增长12.2%,个人所得税同比增长13.4%。从支出结构看,财政支出增长较快的有医疗卫生与计划生育支出、城乡社区支出、社会保障和就业支出、教育支出等,同比分别增长26.4%、17.7%、14.2%、14%。

(五)就业形势基本稳定

第一季度,城镇登记失业率为4.08%,比上季提高0.03个百分点。中国人力资源市场信息监测中心对全国102个城市的公共就业服务机构市场供求信息进行的统计分析显示,劳动力市场供求总体平衡,需求略大于供给,求人倍率为1.11,较上季度和上年同期均上升0.01。分行业看,金融业、房地产业、交通运输、仓储和邮政业、信息传输、计算机服务和软件业等行业的用人需求均有较大幅度同比增长,而居民服务和其他服务业、租赁和商业服务业等行业用人需求同比下降。与上年同期相比,新成长失业青年的求职人数有所减少,就业转失业人员、本市农村人员和外埠人员的求职人数有所增长。52.8%的用人需求对技术等级或职称有明确要求,中、高级技能人员及高级专业人员需求缺口依然较大。

(六)经常项目顺差缩小

初步统计,2014年第一季度,经常项目顺差为72亿美元,比上年同期减少404亿美元;资本和金融项目顺差1183亿美元,比上年同期增加282亿美元;外汇储备资产增加1258亿美元,比上年同期减少313亿美元。

外债总规模继续上升。截至2013年末,外债余额为8632亿美元,同比增长17.1%。其中,登记外债余额为5267亿美元,同比增长18.2%,占外债余额的61%;短期外债余额为6766亿美元,同比增长

25.1%,占外债余额的 78.4%。

摘自《2014年第一季度中国货币政策执行报告》,www.pbc.gov.cn,2014年5月6日。

第三节　中央银行宏观经济分析基本方法

总的来说,中央银行的宏观经济分析在基本方法上,要做到定性分析与定量分析相结合,以定量分析为主;研究现金与货币供应量相结合,以研究货币供应量为主;研究金融与经济相结合,立足金融;研究微观经济与研究宏观经济相结合,以研究宏观经济为主。

一、定性分析与定量分析

定性分析与定量分析相结合,以定量分析为主。定性分析与定量分析不能截然分开,一般情况下,定性分析应该建立在定量分析的基础上。中央银行在开展宏观经济分析时,要用正确的理论和科学的分析方法,对大量的经济金融数据进行深入的研究分析,把握经济金融变化规律,客观、准确地判断经济金融形势,这是中央银行正确制定和适时调整货币政策的条件。

二、现金与货币供应量研究相结合,以货币供应量研究为主

存款货币和现金一样,都是支付手段,其中支票存款与现金一样都具有很高的流动性,储蓄存款和定期存款虽不能用于直接支付或转账,但储蓄存款在一定程度上可以随时支取,转换为现金,居民和企业的定期存款也可以转化为现金或活期存款,因此,有支付能力的货币需求既包括现金,也包括存款货币,在货币供应总量中,有80%以上的货币表现为存款货币形态。此外,随着信用卡的出现和迅速发展,也影响着人们的消费支付方式。从一定意义上讲,社会总需求管理就是货币需求管理。中央银行的基本职责是管理货币,不仅要管理货币,更重要的是管理货币供应量。因此,中央银行宏观经济分析的首要任务,就是要检测、分析货币的变化,重点是监控货币供应量。

三、金融与经济研究相结合,从金融的角度研究经济

从国民经济核算看,中央银行拥有货币账户、国际收支统计账户以及信贷和资金等一手数据资料。这些统计账户和数据,集中反映了经济交易部门对货币的需求、反映了国民收入、消费、储蓄、投资、进出口贸易、政府预算收支的发展变化趋势。因此,中央银行宏观经济分析必须改变传统的分析方法,跳出就金融论金融的框子,从货币的变化入手,深入研究分析经济的变化趋势,同时,从宏观经济变化趋势中去研究金融的变化及发展。如果不站在金融的角度,不充分有效地运用掌握的统计资料,就失去了自己的优势;如果不从宏观经济的广阔视野和高度去认识金融的变化,对金融变化的认识也就难以深入,难以体

现货币政策的超前性,因此,中央银行的宏观经济分析必须立足金融,深入研究经济的变化情况。

四、微观经济研究与宏观经济研究相结合,以宏观经济研究为主

中央银行要研究宏观经济的运行状况,就必须了解企业生产、利润变化和居民个人的收支变化等微观经济,并在此基础上研究国民收入、消费、储蓄、投资及其对货币流通和货币供应量的影响,从而为中央银行制定货币金融政策服务。因此,中央银行要有效地发挥宏观经济调控作用,就要研究微观经济,但又要超脱于微观经济,善于从宏观角度去分析微观经济活动,把握经济金融全局问题。

【思考与应用】

1. 请对 2002 年《中国国民经济核算体系》的内容进行评价。
2. 试论述中央银行宏观经济分析的内容与方法。
3. 假定你是中国人民银行货币分析部门的职员,请你根据以下我国 2012 年年底的货币供应量余额表,作货币总量的分析和货币结构的分析。

年份	货币和准货币(M_2)	货币(M_1)	流通中现金(M_0)	单位活期存款	准货币	单位定期存款	个人定期存款	其他存款
2006	345 603.60	126 035.10	27 072.60	98 962.50	219 568.50	38 732.10	161 587.30	19 249.10
2007	402 442.20	152 560.10	30 375.20	122 184.90	250 882.10	46 932.50	172 534.20	31 415.40
2008	475 166.60	166 217.10	34 219.00	131 998.20	308 949.50	60 103.10	217 885.40	30 961.10
2009	606 225.00	220 001.50	38 246.00	181 755.50	386 223.50	82 284.90	260 771.70	43 166.90
2010	725 851.80	266 621.50	44 628.20	221 993.40	459 230.30	105 858.70	30 3302.50	50 069.10
2011	851 590.90	289 874.70	50 748.46	239 099.23	561 743.20	166 616.04	352 797.47	42 329.69
2012	974 148.80	308 664.23	54 659.77	254 004.46	665 484.57	195 940.13	411 362.59	58 181.86

参考文献

1 凯文·多德,默文·K·刘易斯主编;陈雨露,王芳译.金融与货币经济学前沿问题.北京:中国税务出版社,2000
2 鲁迪格·多恩布什等著.宏观经济学(第10版).北京:中国人民大学出版社,2010
3 罗伯特·弗兰克,本·伯南克著;郑捷等译.宏观经济学原理.北京:清华大学出版社,2004
4 米什金著;李扬等译.货币金融学(第4版).北京:中国人民大学出版社,1998
5 蔡志刚.中央银行独立性与货币政策.北京:中国金融出版社,2004
6 曹龙琪.货币银行学.北京:高等教育出版社,2000
7 曹龙骐.金融学.北京:高等教育出版社,2003
8 曹龙骐主编.中央银行概论(修订本).成都:西南财经大学出版社,1997
9 陈松林.金融稳定的基石:货币政策要素协调.武汉金融,2004(4)
10 陈学彬主编.中央银行概论.北京:高等教育出版社,2000
11 陈雨露主编.国际金融.北京:中国人民大学出版社,2000
12 陈雨露.全球化条件下的金融理论发展.经济理论与经济管理,2003(10)
13 吉余峰.论西方国家金融监管的新趋势.当代财经,2000(6)
14 贾康,阎坤,周雪飞等.财政部财政科学研究所"国库管理体制改革及国库现金管理研究"课题组研究报告,2003(10)
15 江其务.中央银行理论与实务.石家庄:河北人民出版社,1990
16 胡海鸥.货币理论与货币政策.上海:上海人民出版社,2004
17 胡援成,陈燕.货币银行学.北京:中国财政经济出版社,1996
18 黄达.货币银行学.北京:中国人民大学出版社,2000
19 黄强.货币政策与中国的经济增长.西安:陕西人民出版社,1994
20 康书生,鲍静海.货币银行学.石家庄:河北人民出版社,2003
21 孔祥毅主编.中央银行通论(第2版).北京:中国金融出版社,2000
22 李琼.中国货币政策目标的选择.北京:社会科学文献出版社,2009
23 廉靖涛.浅析我国货币政策与经济周期的关系.金融经济,2014(02)
24 刘立平.现代货币银行学.合肥:中国科学技术大学出版社,2003
25 刘仁伍,吴竞择.国际金融监管前沿问题.北京:中国金融出版社,2002
26 刘锡良等.中央银行学.北京:中国金融出版社,1997
27 刘欣,郭忠林主编.国际金融基础新编.北京:清华大学出版社,2004

28	刘朝明,张衔著.中国金融体制改革研究.北京:中国金融出版社,2003
29	鲁政委.流动性风险监管:国际监管潮流及其在我国的应用.中国金融,2010(22)
30	罗斌,龙薇主编.中央银行学.长沙:湖南大学出版社,2003
31	彭志坚.中国金融前沿问题研究(2003).北京:中国金融出版社,2003
32	钱小安.货币政策规则.北京:商务印书馆,2002
33	钱小安.中国货币政策的形成与发展.上海:上海人民出版社,2000
34	阮佳,韦桂丽.张晓明.中央银行学.北京:清华大学出版社,2010
35	沈国兵主编.国际金融.上海:上海财经大学出版社,2004
36	盛慕杰主编.中央银行学.北京:中国金融出版社,1989
37	童适平编著.中央银行学教程.上海:复旦大学出版社,2003
38	王广谦.中央银行学.北京:高等教育出版社,2011
39	伍戈.对金融危机后货币政策目标的再思考.宏观经济研究,2009(08)
40	武康平.货币银行学教程.北京:清华大学出版社,1999
41	武拉平等.宏观经济学.北京:中国农业大学出版社,2004
42	夏德仁,李念斋.货币银行学.北京:中国金融出版社,1997
43	徐刚,沈禹钧.中央银行学概论.上海:上海财经大学出版社,2000
44	闫屹,杨丽主编.国际金融.北京:人民邮电出版社,2003
45	杨德勇,贾奇珍著.金融监管论.呼和浩特:内蒙古人民出版社,1998
46	殷醒民主编.国际金融.北京:高等教育出版社,2004
47	于殿江,胡世瑜.货币银行学原理.北京:人民邮电出版社,2004
48	易宪容.美联储量化宽松货币政策退出的经济分析.金融理论与政策,2014(01)
49	张贵乐,吴军.中央银行学.北京:中国金融出版社,1999
50	张强.中央银行学.北京:首都经济贸易大学出版社,2003
51	张耀主编.中央银行概论.成都:西南财经大学出版社,1996
52	赵何敏.中央银行学.武汉:武汉大学出版社,1998
53	赵何敏,黄明皓.中央银行学.北京:清华大学出版社,2012
54	赵平.我国金融监管存在的问题及对策.金融与保险,2001(9)
55	郑祚春主编.中央银行理论与业务.成都:西南财经大学出版社,1990

附件一

中华人民共和国中国人民银行法(修正)
(2003年)

第一章 总 则

第一条 为了确立中国人民银行的地位,明确其职责,保证国家货币政策的正确制定和执行,建立和完善中央银行宏观调控体系,维护金融稳定,制定本法。

第二条 中国人民银行是中华人民共和国的中央银行。

中国人民银行在国务院领导下,制定和执行货币政策,防范和化解金融风险,维护金融稳定。

第三条 货币政策目标是保持货币币值的稳定,并以此促进经济增长。

第四条 中国人民银行履行下列职责:

(一)发布与履行其职责有关的命令和规章;

(二)依法制定和执行货币政策;

(三)发行人民币,管理人民币流通;

(四)监督管理银行间同业拆借市场和银行间债券市场;

(五)实施外汇管理,监督管理银行间外汇市场;

(六)监督管理黄金市场;

(七)持有、管理、经营国家外汇储备、黄金储备;

(八)经理国库;

(九)维护支付、清算系统的正常运行;

(十)指导、部署金融业反洗钱工作,负责反洗钱的资金监测;

(十一)负责金融业的统计、调查、分析和预测;

(十二)作为国家的中央银行,从事有关的国际金融活动;

(十三)国务院规定的其他职责。

中国人民银行为执行货币政策,可以依照本法第四章的有关规定从事金融业务活动。

第五条 中国人民银行就年度货币供应量、利率、汇率和国务院规定的其他重要事项作出的决定,报国务院批准后执行。

中国人民银行就前款规定以外的其他有关货币政策事项作出决定后,即予执行,并报国务院备案。

第六条 中国人民银行应当向全国人民代表大会常务委员会提出有关货币政策情况和金融业运行情况的工作报告。

第七条 中国人民银行在国务院领导下依法独立执行货币政策,履行职责,开展业务,不受地方政府、各级政府部门、社会团体和个人的干涉。

第八条 中国人民银行的全部资本由国家出资,属于国家所有。

第九条 国务院建立金融监督管理协调机制,具体办法由国务院规定。

第二章 组织机构

第十条 中国人民银行设行长一人,副行长若干人。

中国人民银行行长的人选,根据国务院总理的提名,由全国人民代表大会决定;全国人民代表大会闭会期间,由全国人民代表大会常务委员会决定,由中华人民共和国主席任免。中国人民银行副行长由国务院总理任免。

第十一条 中国人民银行实行行长负责制。行长领导中国人民银行的工作,副行长协助行长工作。

第十二条 中国人民银行设立货币政策委员会。货币政策委员会的职责、组成和工作程序,由国务院规定,报全国人民代表大会常务委员会备案。

中国人民银行货币政策委员会应当在国家宏观调控、货币政策制定和调整中,发挥重要作用。

第十三条 中国人民银行根据履行职责的需要设立分支机构,作为中国人民银行的派出机构。中国人民银行对分支机构实行统一领导和管理。

中国人民银行的分支机构根据中国人民银行的授权,维护本辖区的金融稳定,承办有关业务。

第十四条 中国人民银行的行长、副行长及其他工作人员应当恪尽职守,不得滥用职权、徇私舞弊,不得在任何金融机构、企业、基金会兼职。

第十五条 中国人民银行的行长、副行长及其他工作人员,应当依法保守国家秘密,并有责任为与履行其职责有关的金融机构及当事人保守秘密。

第三章 人民币

第十六条 中华人民共和国的法定货币是人民币。以人民币支付中华人民共和国境内的一切公共的和私人的债务,任何单位和个人不得拒收。

第十七条 人民币的单位为元,人民币辅币单位为角、分。

第十八条 人民币由中国人民银行统一印制、发行。

中国人民银行发行新版人民币,应当将发行时间、面额、图案、式样、规格予以公告。

第十九条 禁止伪造、变造人民币。禁止出售、购买伪造、变造的人民币。禁止运输、持有、使用伪造、变造的人民币。禁止故意毁损人民币。禁止在宣传品、出版物或者其他商品上非法使用人民币图样。

第二十条 任何单位和个人不得印制、发售代币票券,以代替人民币在市场上流通。

第二十一条　残缺、污损的人民币,按照中国人民银行的规定兑换,并由中国人民银行负责收回、销毁。

第二十二条　中国人民银行设立人民币发行库,在其分支机构设立分支库。分支库调拨人民币发行基金,应当按照上级库的调拨命令办理。任何单位和个人不得违反规定,动用发行基金。

第四章　业　务

第二十三条　中国人民银行为执行货币政策,可以运用下列货币政策工具:

(一)要求银行业金融机构按照规定的比例交存存款准备金;

(二)确定中央银行基准利率;

(三)为在中国人民银行开立账户的银行业金融机构办理再贴现;

(四)向商业银行提供贷款;

(五)在公开市场上买卖国债、其他政府债券和金融债券及外汇;

(六)国务院确定的其他货币政策工具。

中国人民银行为执行货币政策,运用前款所列货币政策工具时,可以规定具体的条件和程序。

第二十四条　中国人民银行依照法律、行政法规的规定经理国库。

第二十五条　中国人民银行可以代理国务院财政部门向各金融机构组织发行、兑付国债和其他政府债券。

第二十六条　中国人民银行可以根据需要,为银行业金融机构开立账户,但不得对银行业金融机构的账户透支。

第二十七条　中国人民银行应当组织或者协助组织银行业金融机构相互之间的清算系统,协调银行业金融机构相互之间的清算事项,提供清算服务。具体办法由中国人民银行制定。

中国人民银行会同国务院银行业监督管理机构制定支付结算规则。

第二十八条　中国人民银行根据执行货币政策的需要,可以决定对商业银行贷款的数额、期限、利率和方式,但贷款的期限不得超过一年。

第二十九条　中国人民银行不得对政府财政透支,不得直接认购、包销国债和其他政府债券。

第三十条　中国人民银行不得向地方政府、各级政府部门提供贷款,不得向非银行金融机构以及其他单位和个人提供贷款,但国务院决定中国人民银行可以向特定的非银行金融机构提供贷款的除外。

中国人民银行不得向任何单位和个人提供担保。

第五章　金融监督管理

第三十一条　中国人民银行依法监测金融市场的运行情况,对金融市场实施宏观调控,促进其协调发展。

第三十二条 中国人民银行有权对金融机构以及其他单位和个人的下列行为进行检查监督：

（一）执行有关存款准备金管理规定的行为；

（二）与中国人民银行特种贷款有关的行为；

（三）执行有关人民币管理规定的行为；

（四）执行有关银行间同业拆借市场、银行间债券市场管理规定的行为；

（五）执行有关外汇管理规定的行为；

（六）执行有关黄金管理规定的行为；

（七）代理中国人民银行经理国库的行为；

（八）执行有关清算管理规定的行为；

（九）执行有关反洗钱规定的行为。

前款所称中国人民银行特种贷款，是指国务院决定的由中国人民银行向金融机构发放的用于特定目的的贷款。

第三十三条 中国人民银行根据执行货币政策和维护金融稳定的需要，可以建议国务院银行业监督管理机构对银行业金融机构进行检查监督。国务院银行业监督管理机构应当自收到建议之日起三十日内予以回复。

第三十四条 当银行业金融机构出现支付困难，可能引发金融风险时，为了维护金融稳定，中国人民银行经国务院批准，有权对银行业金融机构进行检查监督。

第三十五条 中国人民银行根据履行职责的需要，有权要求银行业金融机构报送必要的资产负债表、利润表以及其他财务会计、统计报表和资料。

中国人民银行应当和国务院银行业监督管理机构、国务院其他金融监督管理机构建立监督管理信息共享机制。

第三十六条 中国人民银行负责统一编制全国金融统计数据、报表，并按照国家有关规定予以公布。

第三十七条 中国人民银行应当建立、健全本系统的稽核、检查制度，加强内部的监督管理。

第六章 财务会计

第三十八条 中国人民银行实行独立的财务预算管理制度。

中国人民银行的预算经国务院财政部门审核后，纳入中央预算，接受国务院财政部门的预算执行监督。

第三十九条 中国人民银行每一会计年度的收入减除该年度支出，并按照国务院财政部门核定的比例提取总准备金后的净利润，全部上缴中央财政。

中国人民银行的亏损由中央财政拨款弥补。

第四十条 中国人民银行的财务收支和会计事务，应当执行法律、行政法规和国家统一的财务、会计制度，接受国务院审计机关和财政部门依法分别进行的审计和监督。

第四十一条 中国人民银行应当于每一会计年度结束后的三个月内，编制资产负债表、损益表和相关的财务会计报表,并编制年度报告,按照国家有关规定予以公布。

中国人民银行的会计年度自公历1月1日起至12月31日止。

第七章 法律责任

第四十二条 伪造、变造人民币,出售伪造、变造的人民币,或者明知是伪造、变造的人民币而运输,构成犯罪的,依法追究刑事责任;尚不构成犯罪的,由公安机关处十五日以下拘留、一万元以下罚款。

第四十三条 购买伪造、变造的人民币或者明知是伪造、变造的人民币而持有、使用,构成犯罪的,依法追究刑事责任;尚不构成犯罪的,由公安机关处十五日以下拘留、一万元以下罚款。

第四十四条 在宣传品、出版物或者其他商品上非法使用人民币图样的,中国人民银行应当责令改正,并销毁非法使用的人民币图样,没收违法所得,并处五万元以下罚款。

第四十五条 印制、发售代币票券,以代替人民币在市场上流通的,中国人民银行应当责令停止违法行为,并处二十万元以下罚款。

第四十六条 本法第三十二条所列行为违反有关规定,有关法律、行政法规有处罚规定的,依照其规定给予处罚;有关法律、行政法规未作处罚规定的,由中国人民银行区别不同情形给予警告,没收违法所得,违法所得五十万元以上的,并处违法所得一倍以上五倍以下罚款;没有违法所得或者违法所得不足五十万元的,处五十万元以上二百万元以下罚款;对负有直接责任的董事、高级管理人员和其他直接责任人员给予警告,处五万元以上五十万元以下罚款;构成犯罪的,依法追究刑事责任。

第四十七条 当事人对行政处罚不服的,可以依照《中华人民共和国行政诉讼法》的规定提起行政诉讼。

第四十八条 中国人民银行有下列行为之一的,对负有直接责任的主管人员和其他直接责任人员,依法给予行政处分;构成犯罪的,依法追究刑事责任:

(一)违反本法第三十条 第一款的规定提供贷款的;

(二)对单位和个人提供担保的;

(三)擅自动用发行基金的。

有前款所列行为之一,造成损失的,负有直接责任的主管人员和其他直接责任人员应当承担部分或者全部赔偿责任。

第四十九条 地方政府、各级政府部门、社会团体和个人强令中国人民银行及其工作人员违反本法第三十条的规定提供贷款或者担保的,对负有直接责任的主管人员和其他直接责任人员,依法给予行政处分;构成犯罪的,依法追究刑事责任;造成损失的,应当承担部分或者全部赔偿责任。

第五十条 中国人民银行的工作人员泄露国家秘密或者所知悉的商业秘密,构成犯罪的,依法追究刑事责任;尚不构成犯罪的,依法给予行政处分。

第五十一条 中国人民银行的工作人员贪污受贿、徇私舞弊、滥用职权、玩忽职守,构成犯罪的,依法追究刑事责任;尚不构成犯罪的,依法给予行政处分。

第八章 附 则

第五十二条 本法所称银行业金融机构,是指在中华人民共和国境内设立的商业银行、城市信用合作社、农村信用合作社等吸收公众存款的金融机构以及政策性银行。

在中华人民共和国境内设立的金融资产管理公司、信托投资公司、财务公司、金融租赁公司以及经国务院银行业监督管理机构批准设立的其他金融机构,适用本法对银行业金融机构的规定。

第五十三条 本法自公布之日起施行。

附件二

中华人民共和国外汇管理条例

第一章 总则

第一条 为了加强外汇管理,保持国际收支平衡,促进国民经济健康发展,制定本条例。

第二条 国务院外汇管理部门及其分支机构(以下统称外汇管理机关)依法履行外汇管理职责,负责本条例的实施。

第三条 本条例所称外汇,是指下列以外币表示的可以用作国际清偿的支付手段和资产:

(一)外国货币,包括纸币、铸币;
(二)外币支付凭证,包括票据、银行存款凭证、邮政储蓄凭证等;
(三)外币有价证券,包括政府债券、公司债券、股票等;
(四)特别提款权、欧洲货币单位;
(五)其他外汇资产。

第四条 境内机构、个人、驻华机构、来华人员的外汇收支或者经营活动,适用本条例。

第五条 国家对经常性国际支付和转移不予限制。

第六条 国家实行国际收支统计申报制度。凡有国际收支活动的单位和个人,必须进行国际收支统计申报。

第七条 在中华人民共和国境内,禁止外币流通,并不得以外币计价结算。

第八条 任何单位和个人都有权检举、揭发违反外汇管理的行为和活动。对检举、揭发或者协助查处违反外汇管理案件有功的单位和个人,由外汇管理机关给予奖励,并负责保密。

第二章 经常项目外汇

第九条 境内机构的经常项目外汇收入必须调回境内,不得违反国家有关规定将外汇擅自存放在境外。

第十条 境内机构的经常项目外汇收入,应当按照国务院关于结汇、售汇及付汇管理的规定卖给外汇指定银行,或者经批准在外汇指定银行开立外汇账户。

第十一条 境内机构的经常项目用汇,应当按照国务院关于结汇、售汇及付汇管理的规定,持有效凭证和商业单据向外汇指定银行购汇支付。

第十二条　境内机构的出口收汇和进口付汇，应当按照国家关于出口收汇核销管理和进口付汇核销管理的规定办理核销手续。

第十三条　属于个人所有的外汇，可以自行持有，也可以存入银行或者卖给外汇指定银行。

个人的外汇储蓄存款，实行存款自愿、取款自由、存款有息、为储户保密的原则。

第十四条　个人因私用汇，在规定限额以内购汇。超过规定限额的个人因私用汇，应当向外汇管理机关提出申请，外汇管理机关认为其申请属实的，可以购汇。个人携带外汇进出境，应当向海关办理申报手续；携带外汇出境，超过规定限额的，还应当向海关出具有效凭证。

第十五条　个人移居境外后，其境内的资产产生的收益，可以持规定的证明材料和有效凭证向外汇指定银行购汇汇出或者携带出境。

第十六条　居住在境内的中国公民持有的外币支付凭证、外币有价证券等形式的外汇资产，未经外汇管理机关批准，不得携带或者邮寄出境。

第十七条　驻华机构及来华人员的合法人民币收入，需要汇出境外的，可以持有关证明材料和凭证到外汇指定银行兑付。

第十八条　驻华机构和来华人员由境外汇入或者携带入境的外汇，可以自行保存，可以存入银行或者卖给外汇指定银行，也可以持有效凭证汇出或者携带出境。

第三章　资本项目外汇

第十九条　境内机构的资本项目外汇收入，除国务院另有规定外，应当调回境内。

第二十条　境内机构的资本项目外汇收入，应当按照国家有关规定在外汇指定银行开立外汇账户；卖给外汇指定银行的，须经外汇管理机关批准。

第二十一条　境内机构向境外投资，在向审批主管部门申请前，由外汇管理机关审查其外汇资金来源；经批准后，按照国务院关于境外投资外汇管理的规定办理有关资金汇出手续。

第二十二条　借用国外贷款，由国务院确定的政府部门、国务院外汇管理部门批准的金融机构和企业按照国家有关规定办理。外商投资企业借用国外贷款，应当报外汇管理机关备案。

第二十三条　金融机构在境外发行外币债券，须经国务院外汇管理部门批准，并按照国家有关规定办理。

第二十四条　提供对外担保，只能由符合国家规定条件的金融机构和企业办理，并须经外汇管理机关批准。

第二十五条　国家对外债实行登记制度。境内机构应当按照国务院关于外债统计监测的规定办理外债登记。

国务院外汇管理部门负责全国的外债统计与监测，并定期公布外债情况。

第二十六条　依法终止的外商投资企业，按照国家有关规定进行清算、纳税后，属于外方投资者所有的人民币，可以向外汇指定银行购汇汇出或者携带出境；属于中方投资者所有的外汇,应当全部卖给外汇指定银行。

第四章　金融机构外汇业务

第二十七条　金融机构经营外汇业务须经外汇管理机关批准,领取经营外汇业务许可证。

未经外汇管理机关批准,任何单位和个人不得经营外汇业务。经批准经营外汇业务的金融机构,经营外汇业务不得超出批准的范围。

第二十八条　经营外汇业务的金融机构应当按照国家有关规定为客户开立外汇账户,办理有关外汇业务。

第二十九条　金融机构经营外汇业务,应当按照国家有关规定交存外汇存款准备金,遵守外汇资产负债比例管理的规定,并建立呆账准备金。

第三十条　外汇指定银行办理结汇业务所需人民币资金,应当使用自有资金。外汇指定银行的结算周转外汇,实行比例幅度管理,具体幅度由中国人民银行根据实际情况核定。

第三十一条　金融机构经营外汇业务,应当接受外汇管理机关的检查、监督。

经营外汇业务的金融机构应当向外汇管理机关报送外汇资产负债表、损益表以及其他财务会计报表资料。

第三十二条　金融机构终止经营外汇业务,应当向外汇管理机关提出申请。金融机构经批准终止经营外汇业务的,应当依法进行外汇债权、债务的清算,并缴销经营外汇业务许可证。

第五章　人民币汇率和外汇市场

第三十三条　人民币汇率实行以市场供求为基础的、单一的、有管理的浮动汇率制度。

中国人民银行根据银行间外汇市场形成的价格,公布人民币对主要外币的汇率。

第三十四条　外汇市场交易应当遵循公开、公平、公正和诚实信用的原则。

第三十五条　外汇市场交易的币种和形式由国务院外汇管理部门规定和调整。

第三十六条　外汇指定银行和经营外汇业务的其他金融机构是银行间外汇市场的交易者。

外汇指定银行和经营外汇业务的其他金融机构,应当根据中国人民银行公布的汇率和规定的浮动范围,确定对客户的外汇买卖价格,办理外汇买卖业务。

第三十七条　国务院外汇管理部门依法监督管理全国的外汇市场。

第三十八条　中国人民银行根据货币政策的要求和外汇市场的变化,依法对外汇市场进行调控。

第六章　法律责任

第三十九条　有下列逃汇行为之一的,由外汇管理机关责令限期调回外汇,强制收

兑,并处逃汇金融30%以上5倍以下的罚款;构成犯罪的,依法追究刑事责任:

(一) 违反国家规定,擅自将外汇存放在境外的;

(二) 不按照国家规定将外汇卖给外汇指定银行的;

(三) 违反国家规定将外汇汇出或者携带出境的;

(四) 未经外汇管理机关批准,擅自将外币存款凭证、外币有价证券携带或者邮寄出境的;

(五) 其他逃汇行为。

第四十条 有下列非法套汇行为之一的,由外汇管理机关给予警告,强制收兑,并处非法套汇金额30%以上3倍以下的罚款;构成犯罪的,依法追究刑事责任:

(一) 违反国家规定,以人民币支付或者以实物偿付应当以外汇支付的进口货款或者其他类似支出的;

(二) 以人民币为他人支付在境内的费用,由对方付给外汇的;

(三) 未经外汇管理机关批准,境外投资者以人民币或者境内所购物资在境内进行投资的;

(四) 以虚假或者无效的凭证、合同、单据等向外汇指定银行骗购外汇的;

(五) 非法套汇的其他行为。

第四十一条 未经外汇管理机关批准,擅自经营外汇业务的,由外汇管理机关没收违法所得,并予以取缔;构成犯罪的,依法追究刑事责任。经营外汇业务的金融机构擅自超出批准的范围经营外汇业务的,由外汇管理机关责令改正,有违法所得,没收违法所得,并处违法所得1倍以上5倍以下的罚款;没有违法所得的,处10万元以上50万元以下的罚款;情节严重或者逾期不改正的,由外汇管理机关责令整顿或者吊销经营外汇业务许可证;构成犯罪的,依法追究刑事责任。

第四十二条 外汇指定银行未按照国家规定办理结汇、售汇业务的,由外汇管理机关责令改正,通报批评,没收违法所得,并处10万元以上50万元以下的罚款;情节严重的,停止其办理结汇、售汇业务。

第四十三条 经营外汇业务的金融机构违反人民币汇率管理、外汇存贷款利率管理或者外汇交易市场管理的,由外汇管理机关责令改正,通报批评,有违法所得的,没收违法所得,并处违法所得1倍以上5倍以下的罚款;没有违法所得的,处10万元以上50万元以下的罚款;情节严重的,由外汇管理机关责令整顿或者吊销经营外汇业务许可证。

第四十四条 境内机构有下列违反外债管理行为之一的,由外汇管理机关给予警告,通报批评,并处10万元以上50万元以下的罚款;构成犯罪的,依法追究刑事责任:

(一) 擅自办理对外借款的;

(二) 违反国家有关规定,擅自在境外发行外币债券的;

(三) 违反国家有关规定,擅自提供对外担保的;

(四) 有违反外债管理的其他行为的。

第四十五条 境内机构有下列非法使用外汇行为之一的,由外汇管理机关责令改正,强制收兑,没收违法所得,并处违法外汇金额等值以下的罚款;构成犯罪的,依法追究刑事责任：

（一）以外币在境内计价结算的；

（二）擅自以外汇作质押的；

（三）私自改变外汇用途的；

（四）非法使用外汇的其他行为。

第四十六条 私自买卖外汇、变相买卖外汇或者倒买倒卖外汇的，由外汇管理机关给予警告，强制收兑，没收违法所得，并处违法外汇金额30%以上3倍以下的罚款；构成犯罪的，依法追究刑事责任。

第四十七条 境内机构违反外汇账户管理规定，擅自在境内、境外开立外汇账户的，出借、串用、转让外汇账户的，或者擅自改变外汇账户使用范围的，由外汇管理机关责令改正，撤销外汇账户，通报批评，并处5万元以上30万元以下的罚款。

第四十八条 境内机构违反外汇核销管理规定，伪造、涂改、出借、转让或者重复使用进出口核销单证的，或者未按规定办理核销手续的，由外汇管理机关给予警告，通报批评，没收违法所得，并处5万元以上30万元以下的罚款；构成犯罪的，依法追究刑事责任。

第四十九条 经营外汇业务的金融机构违反本条例第二十九条、第三十一条规定的，由外汇管理机关责令改正，通报批评，并处5万元以上30万元以下的罚款。

第五十条 当事人对外汇管理机关的处罚决定不服的，可以自收到处罚决定通知书之日起15日内向上一级外汇管理机关申请复议；上一级外汇管理机关应当自收到复议申请书之日起2个月内作出复议决定。当事人对复议决定仍不服的，可以依法向人民法院提出诉讼。

第五十一条 境内机构违反外汇管理规定的，除依照本条例给予处罚外，对直接负责的主管人员和其他直接责任人员，应当给予纪律处分；构成犯罪的，依法追究刑事责任。

第七章　附　则

第五十二条 本条例下列用语的含义：

（一）"境内机构"是指中华人民共和国境内的企业事业单位、国家机关、社会团体、部队等，包括外商投资企业。

（二）"外汇指定银行"是指经外汇管理机关批准经营结汇和售汇业务的银行。

（三）"个人"是指中国公民和在中华人民共和国境内居住满1年的外国人。

（四）"驻华机构"是指外国驻华外交机构、领事机构、国际组织驻华代表机构、外国驻华商务机构和国外民间组织驻华业务机构等。

（五）"来华人员"是指驻华机构的常驻人员、短期入境的外国人、应聘在境内机构工作的外国人以及外国留学生等。

（六）"经常项目"是指国际收支中经常发生的交易项目，包括贸易收支、劳务收支、单方面转移等。

（七）"资本项目"是指国际收支中因资本输出和输入而产生的资产与负债的增减项目，包括直接投资、各类贷款、证券投资等。

第五十三条 保税区的外汇管理办法,由国务院外汇管理部门另行制定。

第五十四条 边境贸易和边民互市的外汇管理办法,由国务院外汇管理部门根据本条例规定的原则另行制定。

第五十五条 本条例自 1996 年 4 月 1 日起施行。1980 年 12 月 18 日国务院发布的《中华人民共和国外汇管理暂行条例》及其配套的细则同时废止。

附件三

外债管理暂行办法

第一章 总　则

第一条 为加强外债管理，规范举借外债行为，提高外债资金使用效益，防范外债风险，制定本办法。

第二条 本办法所称"外债"，是指境内机构对非居民承担的以外币表示的债务。

第三条 本办法所称"境内机构"，是指在中国境内依法设立的常设机构，包括但不限于政府机关、金融境内机构、企业、事业单位和社会团体。

第四条 本办法所称"非居民"，是指中国境外的机构、自然人及其在中国境内依法设立的非常设机构。

第五条 按照债务类型划分，外债分为外国政府贷款、国际金融组织贷款和国际商业贷款。

（一）外国政府贷款，是指中国政府向外国政府举借的官方信贷；

（二）国际金融组织贷款，是指中国政府向世界银行、亚洲开发银行、联合国农业发展基金会和其他国际性、地区性金融机构举借的非商业性信贷；

（三）国际商业贷款，是指境内机构向非居民举借的商业性信贷。包括：

1. 向境外银行和其他金融机构借款；

2. 向境外企业、其他机构和自然人借款；

3. 境外发行中长期债券（含可转换债券）和短期债券（含商业票据、大额可转让存单等）；

4. 买方信贷、延期付款和其他形式的贸易融资；

5. 国际融资租赁；

6. 非居民外币存款；

7. 补偿贸易中用现汇偿还的债务；

8. 其他种类国际商业贷款。

第六条 按照偿还责任划分，外债分为主权外债和非主权外债。

（一）主权外债，是指由国务院授权机构代表国家举借的、以国家信用保证对外偿还的外债。

（二）非主权外债，是指除主权外债以外的其他外债。

第七条 本办法所称"对外担保"，是指境内机构依据《中华人民共和国担保法》，以保证、抵押或质押方式向非居民提供的担保。

对外担保形成的潜在对外偿还义务为或有外债。

第八条 国家对各类外债和或有外债实行全口径管理。举借外债、对外担保、外债资金的使用和偿还须符合国家有关法律、法规和本办法的规定。

第九条 国家发展计划委员会、财政部和国家外汇管理局是外债管理部门。

第二章 举借外债和对外担保

第十条 国家发展计划委员会会同有关部门根据国民经济和社会发展需要,以及国际收支状况和外债承受能力,制定国家借用外债计划,合理确定全口径外债的总量和结构调控目标。

第十一条 国家根据外债类型、偿还责任和债务人性质,对举借外债实行分类管理。

第十二条 国际金融组织贷款和外国政府贷款由国家统一对外举借。

国家发展计划委员会会同财政部等有关部门制定世界银行、亚洲开发银行、联合国农业发展基金会和外国政府贷款备选项目规划,财政部根据规划组织对外谈判、磋商、签订借款协议和对国内债务人直接或通过有关金融机构转贷。其中,世界银行、亚洲开发银行、联合国农业发展基金会和重点国别外国政府贷款备选项目规划须经国务院批准。

第十三条 财政部代表国家在境外发行债券由财政部报国务院审批,并纳入国家借用外债计划。其他任何境内机构在境外发行中长期债券均由国家发展计划委员会会同国家外汇管理局审核后报国务院审批;在境外发行短期债券由国家外汇管理局审批,其中设定滚动发行的,由国家外汇管理局会同国家发展计划委员会审批。

第十四条 国家对国有商业银行举借中长期国际商业贷款实行余额管理,余额由国家发展计划委员会会同有关部门审核后报国务院审批。

第十五条 境内中资企业等机构举借中长期国际商业贷款,须经国家发展计划委员会批准。

第十六条 国家对境内中资机构举借短期国际商业贷款实行余额管理,余额由国家外汇管理局核定。

第十七条 国家对境内外资金融机构举借外债实行总量控制,具体办法另行制定。

第十八条 外商投资企业举借的中长期外债累计发生额和短期外债余额之和应当控制在审批部门批准的项目总投资和注册资本之间的差额以内。

在差额范围内,外商投资企业可自行举借外债。超出差额的,须经原审批部门重新核定项目总投资。

第十九条 境内机构对外担保应当遵守国家法律、法规和外汇管理部门的有关规定。

第二十条 境内机构不得为非经营性质的境外机构提供担保。

第二十一条 未经国务院批准,任何政府机关、社会团体、事业单位不得举借外债或对外担保。

第二十二条 境内机构对外签订借款合同或担保合同后,应当依据有关规定到外汇管理部门办理登记手续。国际商业贷款借款合同或担保合同须经登记后方能生效。

第三章　外债资金使用

第二十三条　外债资金应当主要用于经济发展和存量外债的结构调整。

第二十四条　国际金融组织贷款和外国政府贷款等中长期国外优惠贷款重点用于基础性和公益性建设项目,并向中西部地区倾斜。

第二十五条　中长期国际商业贷款重点用于引进先进技术和设备,以及产业结构和外债结构调整。

第二十六条　境内企业所借中长期外债资金,应当严格按照批准的用途合理使用,不得挪作他用。确需变更用途的,应当按照原程序报批。

第二十七条　境内企业所借短期外债资金主要用作流动资金,不得用于固定资产投资等中长期用途。

第二十八条　使用外债资金的固定资产投资项目应当实行项目法人责任制,由项目法人对外债资金的使用效益负责。

依据《中华人民共和国招标投标法》和国外贷款机构有关规定需要进行招标采购的,应当严格按照规定执行。

第二十九条　外债管理部门负责对外债资金使用进行管理和监督。

第三十条　国家发展计划委员会依据《国家重大建设项目稽查办法》的规定,向使用外债资金的国家重大建设项目派出稽查特派员,对项目的实施和资金使用情况进行稽查。

第四章　外债偿还和风险管理

第三十一条　主权外债由国家统一对外偿还。主权外债资金由财政部直接或通过金融机构转贷给国内债务人的,国内债务人应当对财政部或转贷金融机构承担偿还责任。

第三十二条　非主权外债由债务人自担风险、自行偿还。

第三十三条　债务人可以用自有外汇资金偿还外债,也可经外汇管理部门核准用人民币购汇偿还外债。

第三十四条　债务人无法偿还的外债,有担保人的,应当由担保人负责偿还。

第三十五条　担保人按照担保合同规定需要履行对外代偿义务时,应当到外汇管理部门办理对外担保履约核准手续。

第三十六条　债务人应当加强外债风险管理,适时调整和优化债务结构。

在不扩大原有外债规模的前提下,经国家发展计划委员会核准,债务人可以通过借入低成本外债、偿还高成本外债等方式,降低外债成本,优化债务结构,其中,涉及主权外债的,需经财政部核准。

第三十七条　债务人可以保值避险为目的,委托具有相关资格的金融机构运用金融工具规避外债的汇率和利率风险。

第五章　外债监管

第三十八条　外债管理部门根据国家法律、法规和本办法有关规定,对外债和对外担保实施监管。

第三十九条 外债管理部门履行监管职责时,有权要求债务人和相关单位提供有关资料,检查有关账目和资产。

第四十条 境内机构举借外债或对外担保时,未履行规定的审批手续或未按规定进行登记的,其对外签订的借款合同或担保合同不具有法律约束力。

第四十一条 不以借款合同或担保合同等形式体现,但在实质上构成对外偿还义务或潜在对外偿还义务的对外借款或担保,须按照本办法纳入外债监管。

第四十二条 禁止违反利益共享、风险共担原则,以保证外商直接投资固定回报等方式变相举借外债。

第四十三条 未经外债管理部门批准,境外中资企业不得将其自身承担的债务风险和偿债责任转移到境内。

第四十四条 经营外汇业务的金融机构在为境内机构开立外汇、外债账户和处理外汇资金往来业务时,发现违反本办法规定的行为,应当及时向有关外债管理部门报告,并协助外债管理部门进行调查。

第四十五条 外债管理部门应当掌握外债动态,建立和完善全口径外债监测预警机制。

第四十六条 国家外汇管理局负责外债的统计监测,定期公布外债统计数据。

第四十七条 境内机构违反本办法规定举借外债或对外担保的,由其主管部门对直接负责的主管人员和其他直接责任人员依法给予相应的行政处分。构成犯罪的,依法追究刑事责任。

第四十八条 外债管理部门的工作人员徇私舞弊、滥用职权或玩忽职守,由其所在部门依法给予行政处分。构成犯罪的,依法追究刑事责任。

第六章 附　则

第四十九条 境内机构向香港、澳门特别行政区和台湾地区的机构举借债务或提供担保,比照本办法进行管理。

第五十条 外债管理部门应当依据本办法,制定和完善有关实施细则。

第五十一条 本办法由国家发展计划委员会、财政部和国家外汇管理局负责解释。

第五十二条 本办法自2003年3月1日起施行。